KB075810

헌법의 현장에서

헌법의 현장에서

초판 1쇄 펴낸날 2018년 7월 31일

지은이   김선수
펴낸이   박재영
편집   임세현, 강혜란
교정교열   김덕련
디자인   윤선호

펴낸곳   도서출판 오월의봄
주소   서울시 마포구 양화로 133, 1605호
등록   제406-2010-000111호
전화   070-7704-2131
팩스   0505-300-0518

이메일   maybook05@naver.com
트위터   @oohbom
블로그   blog.naver.com/maybook05
페이스북   facebook.com/maybook05

ISBN   979-11-87373-46-9 03300

이 도서의 국립중앙도서관 출판예정도서목록(CIP)은 서지정보유통지원시스템 홈페이지
(http://seoji.nl.go.kr)와 국가자료공동목록시스템(http://www.nl.go.kr/kolisnet)에서
이용하실 수 있습니다. (CIP제어번호: CIP2018023764)

• 책값은 뒤표지에 있습니다. 잘못된 책은 바꾸어 드립니다.

헌법의
현장에서

변호사 김선수의
헌법재판 변론기

차례

책머리에

필자는 2014년 10월에 그동안 담당했던 노동사건들의 변론기를 묶어서《노동을 변호하다》란 제목으로 단행본을 출판했다. 국가나 회사에 의하여 부당하게 탄압받고 재판 과정에서도 말로 표현할 수 없는 고통을 당하면서도 꿋꿋하게 법정투쟁을 전개한 당사자들을 기리는 의미도 있었다. 2017년 1월에 이 책을 일본에서 같은 제목으로 번역 출판해주었다. 어느 나라나 어려운 여건 속에서 법정투쟁을 하는 노동자들의 모습은 마찬가지다.

이번에 헌법재판 변론기들을 모아 출판하게 되었다. 필자는 헌법재판소가 출범한 해인 1988년 3월에 변호사 업무를 시작했다. 그렇기에 필자의 변호사 경력은 헌법재판소와 함께하고 있다고 할 수 있다. 현행 헌법 및 헌법재판소법상 인정되는 헌법재판의 종류는 ① 위헌법률심판, ② 헌법소원심판, ③ 탄핵심판, ④ 권한쟁의심판, ⑤ 정당해산심판 등이다. 탄핵심판, 정당해산심판 및 권한쟁의 심판은 구두변론에 의하고, 위헌법률심판과 헌법소원심판은 원칙적으로 서면심리에 의하되 재판부가 필요하다고 인정하는 경우에는 변론을 열 수 있다(헌법재판소법 제30조). 탄핵심판, 정당해산심판 및 권한쟁의심판은 헌법재판소가 사실상 제1심이자 최종심으로서 사실관계까지 조사해야 하므로 필요적으로 구두변론을 거쳐야만 한다. 위헌법률심판과 헌법소원심판은 사실관계와 쟁점이 비교적 명확하게 정리되어 있으므로 서면심리를 원칙으로 하고 예외적으로 중요 사건에 대해 구두변론을 거치도록 한 것이다.

　　필자는 이런저런 헌법재판들을 담당했는데, 탄핵심판 사건 이외의 모든 유형의 헌법재판을 대리했다. 대리인인 변호사의 입장에서는 공개변론으로 진행했는지 여부가 중요하다. 공개변론을 시행할 경우 변론기일을 위한 변론서면을 별도로 제출해야 하고, 공개변론기일에 모두변론과 최종변론을 해야 하며, 참고인을 추천하고 참고인에 대한 질문을 준비하고 질문을 해야 하므로 철저하게 준비해야 하고 또한 변론기일에 상당한 긴장을 하게 된다. 구두변론과 관련하여 헌법재판소 심판규칙 제12조(구두변론의 방식 등)는 "① 구두변론은 사전에 제출한 준비서면을 읽는 방식으로 하여서는 아니 되고, 쟁섬을 요약·정리하고 이를 명확히 하는 것이어야 한다. ② 재판관은 언제든지 당사자에게 질문할 수 있다. ③ 재판장은 필요에 따라 각 당사자의 구두변론 시간을 제한할 수 있고, 이 경우에 각 당사자는 그 제한된 시간 내에 구두변론을 마쳐야 한다. 다만, 재판장은 필요하다고 인정하는 경우에 제한한 구두변론시간을 연장할 수 있다. ④ 각 당사자를 위하여 복수의 대리인이 있는 경우에 재판장은 그중 구두변론을 할 수 있는 대리인의 수를 제한할 수 있다. ⑤ 재판장은 심판절차의 원활한 진행과 적정한 심리를 도모하기 위하여 필요한 한도에서 진행 중인 구두변론을 제한할 수 있다. ⑥ 이해관계인이나 참가인이 구두변론을 하는 경우에

는 제1항부터 제5항까지의 규정을 준용한다"고 규정한다. 제13조
(참고인의 지정 등)는 "① 헌법재판소는 전문적인 지식을 가진 사람을
참고인으로 지정하여 그 진술을 듣거나 의견서를 제출하게 할 수
있다"고 규정하고, 제16조(참고인 진술)는 "① 참고인의 의견진술은
사전에 제출한 의견서의 내용을 요약·정리하고 이를 명확히 하는
것이어야 한다. ② 재판장은 참고인 진술시간을 합리적인 범위 내
에서 제한할 수 있다. ③ 재판관은 언제든지 참고인에게 질문할 수
있다. ④ 당사자는 참고인의 진술이 끝난 후 그에 관한 의견을 진
술할 수 있다"고 규정하고 있다.

구술변론기일의 진행은 대개 다음과 같은 순서로 이루어진다.

순서	내용	시간
개정 선언 및 출석 확인 등	재판장이 진행	
대리인 모두변론	청구인 – 피청구인	각 5분~10분
참고인 진술, 질의응답	청구인 – 피상고인	각 10분~15분
대리인에 대한 질의응답	재판부에 의한 질의	각 10분~15분
대리인 최후변론	청구인 – 피청구인	각 5분

필자가 대리한 헌법재판을 공개변론으로 진행한 사건과 서면심리
로 진행한 사건으로 구분하여 정리해보면 다음 표와 같다.

<공개변론 사건>

순번	선고일 사건번호	사건명	사건유형 등	공개 변론일	결과
1	1991. 7. 22. 89헌가106	사립학교법 제55조 위헌심판	전교조 설립, 해직 교원 위헌 법률	1990. 4. 16.	합헌 (반대의견: 이시윤·김양균·변정수)
2	2008. 1. 17. 2007헌마 700	중앙선관위의 대통령에 대한 선거중립 위반 경고조치 취소	노무현 대통령 헌재법 68① 헌법소원	2007. 11. 1.	청구기각 (위헌의견: 조대현·송두환)
3	2011. 3. 31. 2008헌바 141 등	친일재산 국가귀속법 위헌소원	친일재산위 원회, 위헌 법률	2010. 4. 8.	합헌 (일부 위헌의 견: 목영준·이강국·이동흡·조대현)
4	2009. 10. 29. 2009헌라 8·9·10	언론관계법 (신문법, 방송법 등) 날치기 권한쟁의	국회의원 대 국회의장 간 권한쟁의	2009. 9. 10. / 9. 22.(영상 자료 검 증) / 9. 29.	가결 선포 무효 기각 (무효의견: 조대현·송두환, 신문법 김희옥 추가)
5	2010. 11. 25. 2009헌라 12	언론관계법 날치기 부작위 권한쟁의	국회의원 대 국회의장 간 권한쟁의	2010. 7. 8.	기각 (인용의견: 이강국·조대현·김희옥·송두환)

순번	선고일 사건번호	사건명	사건유형 등	공개 변론일	결과
6	2014. 8. 28. 2011헌가18·헌바32·2012헌바185	국가공무원법 제66조 제1항 등 위헌소원	전교조 시국선언 사건, 위헌법률	2013. 12. 12.	합헌 (반대의견: 김이수·이정미)
7	2010헌바474·2011헌바64	근로자파견법 직접고용간부 조항 위헌소원	현대자동차 사내하청 노동자(최병승) 등 위헌법률	2013. 6. 13.	청구인 헌법소원 취하 (2016. 5. 9.)
8	2014. 12. 19. 2013헌다1 / 2013헌사907	통합진보당 해산심판	정당(통합진보당) 해산	준비기일 2회, 변론기일 18회, 선고기일	해산결정 (기각의견: 김이수)
	2014. 2. 27. 2014헌마7	헌법재판소법 제40조 제1항 등 위헌확인			단순 합헌 (한정 합헌의견: 김이수)
	2016. 5. 26. 2015헌아20	통합진보당 해산(재심)			각하 (재심 인정하되, 재심사유 부정)

<서면심리 사건>

순번	선고일 사건번호	사건명	사건유형 등	결과
1	1992. 6. 26. 90헌바25	소액사건심판법 제3조 헌법소원	헌재법 §68② 헌법소원	합헌 (위헌의견: 변 정수)
2	1996. 12. 26. 93헌바17	노동쟁의조정법 제4조 등 위헌소원	헌재법 §68② 헌법소원	합헌, 각하
3	1997. 11. 27. 94헌마60	공소 제기 후 수사기록 등사 신청 거부 처분 취소 헌법소원	헌재법 §68① 헌법소원	위헌 (반대 견: 김용 준·신창언)
4	2002. 11. 28. 2001헌바50	한국보건산업진흥원 법 부칙 제3조 위헌 소원	헌재법 §68② 헌법소원	합헌 (위헌의견: 윤 영철·권성· 주선회)
5	2007. 8. 30. 2003헌바 51·2005헌가 5	국가공무원 §66① 위헌소원	전국공무원 노동조합 차봉천 위원장 형사사건	합헌 (위헌의견: 송두환·조대 현·김종대)
	2005. 9. 29. 2003헌바52	형법 §144(직무유기) 위헌소원		합헌 (위헌의견: 권 성·주선회)
6	2005. 10. 27. 2003헌바50 등	지방공무원법 §58 위헌소원	전국공무원노 동조합 부위원 장 형사사건	합헌 (위헌의견: 전효숙·조대 현·송인준· 주선회)

순번	선고일 사건번호	사건명	사건유형 등	결과
7	2003. 5. 15. 2001헌가31	필수공익사업 직권중 재 조항 위헌소원	전국보건의료 산업노동조합 노동쟁의중재 회부결정무효 확인소송	합헌 (위헌의견: 한대현·하경 철·김영일· 송인준)
8	2011. 12. 29. 2010헌바 385 등	노동조합 및 노동관계조정법 제42조의2 등 (필수공익사업 필수유지 업무제도) 위헌소원	전국보건의료 산업노동조합 필수유지업무 결정 취소 사건	합헌
9	2012. 3. 29. 2011헌바53	노동조합 및 노동관계조정법 제12조 제3항 제1호 (노조설립신고서 반려) 위헌소원	전국공무원 노동조합 설립신고 헌재법 §68② 헌법소원	합헌
10	2012. 5. 31. 2009헌마 705, 2010헌 마90(병합)	국가공무원 복무규정 제3조 제2항 (집단·연명으로 또는 단 체 명의를 사용하여 국가 정책 반대, 국가 정책 수 립·집행 방해 금지) 등 위헌확인	헌재법 §68① 헌법소원	합헌 (일부 위헌의 견: 목영준· 이정미, 위헌 의견: 송두환)
11	2012. 7. 26. 2011헌마142	기소유예 처분 취소 (직장폐쇄를 이유로 퇴거 불응죄 의율)	헌재법 §68① 헌법소원	기각

순번	선고일 사건번호	사건명	사건유형 등	결과
12	2013. 7. 25. 2011헌바199	국민건강보험법 제5조 제2항 등 위헌소원	헌재법 §68② 헌법소원	제62조 제5 항, 제64조 제1항 합헌, 나머지 각하
13	2013. 11. 28. 2011헌바270	구 소송촉진 등에 관한 특례법 제3조 제1항 등 위헌소원	헌재법 §68② 헌법소원	각하 (진정입법부 작위를 다투 는 헌법소원 인정 여부)
14	2014. 3. 27. 2011헌바43	정당법 제22조 제1항 제1호 (지방공무원의 정당 발기 인 및 당원 자격 제한) 등 위헌소원	헌재법 §68② 헌법소원	합헌 (위헌의견: 박한철·김이 수·강일원· 서기석)
15	2014. 4. 24. 2009헌마 248	기소유예 처분 취소 (촛불자동차연합 사건)	헌재법 §68① 헌법소원	인용 (검사의 기소 유예 처분 이 후에 그 처분 에 적용된 법 률조항 부분 에 대해 헌법 재판소의 한 정 위헌결정 이 있는 경우)
16	2014. 8. 28. 2011헌바50	구 지방공무원법 제58조 제1항 등 위헌소원	헌재법 §68② 헌법소원	합헌 (위헌의견: 김 이수·이정미)

순번	선고일 사건번호	사건명	사건유형 등	결과
17	2015. 4. 30. 2011헌바163	공직선거법 제90조 제1항(사전선거운동) 등 위헌소원	헌재법 §68② 헌법소원 무상급식 반대 후보 낙선운동	합헌 (서명운동금 지조항에 대 한 반대의견: 박한철·김이 수·강일원)
18	2015. 5. 28. 2013헌마 343	노동절 제외 공휴일 규정(대통령령) 위헌 확인 헌법소원	헌재법 §68① 헌법소원 (법원공무원노조 조합원들)	기각 (위헌의견: 김 이수)
19	2016. 12. 29. 2016헌바43	민사소송법 제451조 제1항 제9호(판결에 영 향을 미칠 중요한 사항 에 관하여 판단을 누락한 때) 위헌소원	헌재법 §68② 헌법소원	합헌결정

　이 책에서는 그중 7건의 공개변론 사건과 5건의 서면심리 사건 등 12개 사건의 변론기를 정리했다. 위헌법률심판 사건, 권리구제형 헌법소원심판 사건, 위헌심사형 헌법소원심판 사건, 정당해산심판 사건, 권한쟁의심판 사건 등이 포함되어 있다. 우리나라에서 그동안 대통령 탄핵심판 사건이 두 건 청구되어 한 건은 기각되고(노무현 대통령) 한 건은 인용되었는데(박근혜 대통령), 필자는 탄핵심판 사건에는 관여하지 못했다. 정당해산심판 사건은 현재까지 단 한 건 청구되어 인용결정이 있었는데, 필자는 그 사건에서 피청구인인 통합진보당의 의뢰를 받아 소송대리인단장으로 참여했다.

정당해산심판청구가 다시 제기된다면 국가적 차원에서도 불행이라 하지 않을 수 없다. 어쩌면 위 사건이 유일한 정당해산심판 사건이 될 가능성이 높으므로 그런 사건을 대리한 것은 법률가로서는 값진 경험이었다고 할 수 있다.

청구인을 대리하여 법률이나 공권력 행사의 위헌을 주장한 사건도 있고, 피청구인을 대리하여 합헌을 주장한 사건도 있다. 필자의 주장이 받아들여진 사건은 '친일반민족행위자 재산의 국가 귀속에 관한 특별법' 위헌소원 사건에서 합헌결정을 한 것과 공소제기 후 수사기록 복사 거부 처분 취소 헌법소원 사건에서 위헌결정을 한 것이 있다. '파견근로자 보호 등에 관한 법률' 위헌소원 사건에서는 피청구인의 이해관계인으로 참여해서 합헌을 주장했는데, 청구인이 취하하여 최종적인 결정을 받지는 못했다. 나머지 사건에서는 원하는 결정을 받지 못했다. 그렇지만 많은 사건에서 필자의 주장에 동의한 소수 의견이 나왔고, 후에 법 개정으로 해결된 것도 있다. 전교조 사립학교법 제55조 위헌소원 사건에서 합헌결정을 받았지만 후에 '교원의 노동조합 설립 및 운영에 관한 법률'이 제정됨으로써 해결되었고, '노동조합 및 노동관계조정법'의 필수공익사업 직권중재제도 조항 위헌소원 사건에서 합헌결정이 선고되었지만 후에 법률 개정과정에서 직권중재제도가 폐지되었다.

2017년 3월 10일 헌법재판소가 박근혜 대통령 탄핵결정을 함으로써 헌법재판소의 위상과 중요성이 다시 한 번 확인되었다. 통합진보당 해산결정을 할 때와 같은 재판부 구성원들이 전원일치(박한철 소장은 임기 만료로 결정에 참여하지 못했음) 의견으로 박근혜 대통령을 파면하는 결정을 한 것이다. 통합진보당 해산결정으로 우리 사회에서 다원적 민주주의가 설 땅을 잃고 대신 획일적 가치가 전횡하였기에 대통령 탄핵이라는 극단적인 상황에까지 이른 것이 아닌가 하는 안타까움이 있다. 통합진보당 해산심판청구가 기각되었다면 대통령 탄핵이라는 불상사까지 이어지지는 않았을 수도 있을 것이라는 아쉬움이다.

헌법재판을 통해 기본권을 신장하고 국가공권력의 남용을 견제하고자 했던 노력의 일환을 정리했다. 헌법재판에 대해 이해하고 그 역할과 한계 그리고 개선 방향 등에 대해 고민하는 계기가 된다면 더 바랄 것이 없겠다.

1부
공개변론 사건

헌법에 대한 상식적인
국어 독해만 했어도

1 전교조 사립학교법
위헌심판 사건

전교조의 설립과 대량 해고

전국교직원노동조합(약칭 전교조)은 교원과 공무원의 노조 설립이
금지되던 시절인 1989년 5월 28일 '참교육'을 기치로 내걸고 설립
되었다.

  교원들은 1958년경부터 단결권 등의 확립을 구하였으나, 정
부 당국의 부정적 유권해석과 법 운영으로 조직을 하지 못했다. 이
승만 정부에서 발생한 3·15 부정선거에 대항하면서 교원노조의 필
요성이 처음으로 제기됐고, 4·19혁명 직후인 1960년 4월 29일 대
구에서 60명의 교사가 모여 처음으로 중등교원노조를 설립했다.
7월 17일 서울에서 전국 조직인 한국교원노동조합총연합회(한국교
조)가 결성됐다. 이 단체는 전교조의 효시로 평가받는다. 그 과정에서
과도정부가 교원노조의 해체를 지시하여 교원노조가 1960년 6월 25
일 대한변호사협회에 교원노조의 결성과 가입에 관한 법적 견해를
질의했고, 대한변협은 이에 대해 7월 10일 교원노조가 합법이라는

회시를 보냈다. 한국교조는 평교사의 노동권 보장, 어용 단체인 대한교련의 해체를 주장하며 활동을 시작했다. 그러나 5·16 군사쿠데타 후 한국교조는 군사정부에 의해 강제 해산됐다. 그 후 군사정권들은 교원과 공무원의 노동조합 결성을 금지했다. 1986년 5·10 교육민주화선언[1]을 거쳐, 1987년 6월항쟁이 확산되면서 초·중·고 평교사들이 모여 '민주교육추진 전국교사협의회'(전교협)를 결성했다. 전교협은 세워진 지 1년 만에 전국 평교사의 10퍼센트에 이르는 3만 명의 회원을 확보했고, 1989년 5월 28일 전교조 창립 대회를 개최하여 전교조를 설립했다

전교조는 창립선언문에서 "우리의 교직원노동조합은 민주시민으로 자라야 할 학생들에게 교원 스스로 민주주의의 실천의 본을 보일 수 있는 최선의 교실이다. 이 사회의 민주화가 교육의 민주화에서 비롯됨을 아는 우리 40만 교직원은 반민주적인 교육제도와 학생과 교사의 참삶을 파괴하는 교육 현실을 그대로 둔 채 더이상 민주화를 말할 수 없으며 민주주의를 가르칠 수 없다. 누구보다도 우리 교직원이 교육민주화운동의 구체적 실천인 전국교직원노동조합 건설에 앞장선 까닭이 여기에 있다"고 천명했다. 전교조는 강령으로 "1. 우리는 교육의 자주성, 전문성 확립과 교육 민주화실현을 위해 굳게 단결한다. 2. 우리는 교직원의 사회·경제적 지위 향상과 민주적 권리의 획득 및 교육 여건 개선에 모든 노력을 기울인다. 3. 우리는 학생들이 민주시민으로서 자주적 삶을 누릴 수 있도록 민족·민주·인간화 교육에 앞장선다. 4. 우리는 자유, 평화, 민주주의를 사랑하는 국내 여러 단체 및 세계 교원 단체와 연대한다"를 채택했다. 전교조는 설립 직후 '촌지 안 받기', '올바른 역사 교

육' 등의 정책을 추진했다.

당시 노태우 정권은 전교조가 지향하는 '참교육'에 대한 이데올로기 공세를 펼치며, 전교조 간부 107명을 구속하고 1,527명을 강제 해직하는 전대미문의 탄압을 자행했다.

교원의 노동3권 관련 헌법과 법률의 변천 과정

1947년 8월 12일 공포된 국가공무원법(법률 제44호) 제37조는 "공무원은 정치활동에 참여하지 못하며 공무 이외의 일을 위한 집단적 행위를 하여서는 아니 된다"고 규정했다. 위 규정은 교육공무원법(1953. 4. 18. 법률 제285호) 제29조에 의해 교육공무원에게도 적용되었고, 사립학교법 제41조에 의해 사립학교 교원에게도 준용되었다. 제1공화국에서 공무원 중 현역군인, 군속, 경찰관리, 형무관리, 소방관리의 경우에 노동3권이 모두 인정되지 않고, 단순한 노무에 종사하는 공무원의 경우에는 노동3권이 모두 인정된다는 점에 대해서는 다툼이 없었으나, 일반공무원과 교육공무원의 노동3권 인정 여부에 대해서는 해석상 다툼이 있었다. 이에 대해 법무부는 일반공무원과 교육공무원의 경우 단결권, 단체교섭권, 단체행동권이 모두 인정된다고 유권해석 했다가(교통부 질의에 대한 법무부 유권해석, 법무 제300호, 1953. 6. 8.), 단결권만 인정될 뿐 단체교섭권과 단체행동권은 부정된다고 견해를 바꾸었고(체신부 질의에 대한 법무부 유권해석, 법무 제1451호, 1958. 4. 15.), 다시 노동3권 모두 인정되지 않는다고 견해를 바꿨다(문교부 질의에 대한 법무부 유권해석, 법무 제1189호, 1959. 3. 14.).

4·19혁명 후에 한국교조가 설립되어 활동했으나 5·16 군사

쿠데타 후 해산됐다. 군사정권 시기인 1963년 4월 17일 전면 개정된 국가공무원법 제66조는 "공무원은 노동운동 기타 공무 이외의 일을 위한 집단적 행위를 하여서는 아니 된다. 다만 각령으로 정하는 사실상 노무에 종사하는 공무원은 예외로 한다"고 규정했고, 이 조항은 교육공무원법(1963. 12. 5. 개정) 제43조에 의해 교육공무원에게 적용되고, 나아가 사립학교법(1963. 6. 26. 법률 제1362호) 제55조에 의해 사립학교 교원에게도 준용되었다.

　　교육공무원을 포함한 공무원의 노동3권 금지 입장은 제4공화국과 제5공화국 그리고 제6공화국에서도 그대로 유지됐다. 이런 상황에서 전교조가 1989년에 설립된 것이다.

사립학교 교원에 대한 노동3권 전면 금지 규정의 헌법 독해

국공립학교 교원은 공무원 신분이지만, 사립학교 교원은 공무원이 아니다. 그런데 사립학교 교원은 사립학교법 제55조로 인해 노동3권이 전면적으로 금지된다. 사립학교법 제55조는 "사립학교의 교원의 복무에 관하여는 국공립학교의 교원에 관한 규정을 준용한다"라고 규정하고 있다. 국공립학교 교원에게 적용되는 교육공무원법이 교육공무원의 복무에 관하여 특별한 규정을 두고 있지 않기 때문에 교육공무원은 교육공무원법 제1조, 제53조 제4항에 따라 그 복무에 관하여 국가공무원에 관한 일반규정인 국가공무원법의 적용을 받게 된다. 결국 공무원의 복무에 관한 국가공무원법 규정은 사립학교의 교원에게도 준용된다. 그런데 국가공무원법 제7장('복무'의 장)에 규정되어 있는 관계 법률 조항 중 제66조 제1항은 "공무원은 노동운동 기타 공무 이외의 일을 위한 집단적 행위를 하여서는 아니 된다. 다만, 사실상 노무에 종사하는 공무원은 예외로 한다"라고 규정하여 공무원의 복무에 관한 위 규정이 사립학교의 교원에게도 그대로 적용되게 된다. 이와 관련하여 사립학교법 제58조 제1항 제4호는 사립학교의 교원이 "정치운동 또는 노동운동을 하거나 집단적으로 수업을 거부하거나 또는 어느 정당을 지지 또는 반대하기 위하여 학생을 지도·선동한 때"를 면직 사유로 규정했다. 이에 따라 사립학교 교원은 노동3권을 전면적으로 제한받고 그 위반 시 면직된다. 전교조 소속 교사들은 바로 위 조항들에 의해 파면 또는 해임되었던 것이다.

우리 헌법의 국어 독해상 사립학교 교원의 노동3권(단결권, 단체교섭권, 단체행동권)을 전면적으로 금지하는 것은 불가능하다. 헌법 제33조는 "① 근로자는 근로조건의 향상을 위하여 자주적인 단결권·단체교섭권 및 단체행동권을 가진다. ② 공무원인 근로자는 법률이 정하는 자에 한하여 단결권·단체교섭권 및 단체행동권을 가진다. ③ 법률이 정하는 주요방위산업체에 종사하는 근로자의 단체행동권은 법률이 정하는 바에 의하여 이를 제한하거나 인정하지 아니할 수 있다"고 규정하고 있다. 헌법 제33조는 사립학교 교원에 대해 개별적 법률유보를 정한 바가 없기 때문에 사립학교 교원의 노동3권을 제한할 근거를 헌법 제33조에서 도출해낼 수는 없다. 그러면 일반적 법률유보에 대해 규정한 헌법 제37조 제2항으로 가야 한다. 제37조 제2항은 "국민의 모든 자유와 권리는 국가안전보장·질서유지 또는 공공복리를 위하여 필요한 경우에 한하여 법률로써 제한할 수 있으며, 제한하는 경우에도 자유와 권리의 본질적인 내용을 침해할 수 없다"고 규정하고 있다. 노동3권 전체를 박탈하는 것은 '자유와 권리의 본질적인 내용을 침해'하는 것이다. 노동3권 전체를 송두리째 부정하는데 그것이 본질적 내용의 침해가 아니라고 어떻게 강변할 수 있겠는가? 헌법에 대한 상식적인 국어 독해를 하는 한 사립학교법 제55조는 위헌을 벗어날 수가 없다.

해직 교원들의 소송 제기와 위헌제청결정 또는 위헌소원

전교조 설립에 참여했다는 이유로 해직된 교원들은 전국 각지에서 법적 불복 절차를 밟았다. 국공립학교 교원들은 소청 절차를 거쳐 행정소송을 제기했고, 사립학교 교원들은 학교법인을 상대로 파면 또는 해임 무효 확인 소송을 제기했다. 사립학교 교원들은 각 소송에서 사립학교법 제55조, 제58조에 대해 위헌제청신청을 했다.

해고된 사립중학교와 고등학교 교사 두 분이 조영래 변호사를 방문하여 상담을 하고 사건을 의뢰했다. 학교법인은 1989년 7월 20일 자로 두 선생님에 대하여 "1989년 5월 28일 '교육노동자로서의 기본권익을 적극 옹호하고 민주교육의 발전에 기여할 목적'을 표방하고 설립된 전교조의 설립취지에 찬동하고 이에 가입하여 활동함으로써 노동운동을 했다"는 이유로 직위해제 처분을 한 후 이어서 8월 8일 자로 면직 처분을 했다. 이에 1989년 9월 7일 관할법원인 서울지방법원 서부지원에 면직 처분 무효 확인 등 청구소송(89가합527)을 제기했다. 청구원인으로 직위해제 처분 및 면직 처분의 근거조항인 사립학교법 제55조 및 제58조 제1항 제4호의 규정이 헌법 제33조 제1항을 위반하여 무효라고 주장했다. 그리고 9월 21일에 위 법률조항들에 대한 위헌제청신청(89카373)을 했다. 서부지원은 위헌제청신청을 이유 있는 것으로 받아들여 1989년 10월

13일 헌법재판소법 제41조 제1항의 규정에 따라 사립학교법 제55조 및 제58조 제1항 제4호에 대한 위헌여부의 심판을 제청했다. 그 위헌심판사건의 사건번호는 89헌가106호이다.

전국의 많은 법원에서 같은 조항에 대해 위헌제청결정을 했다. 그런데 서울민사지방법원 노동전담부(재판장 박용상 부장판사)는 1990년 4월 2일 위헌제청신청에 대해 기각결정을 했다. 헌법재판소가 1990년 4월 16일 공개변론을 하기로 통지한 상태에서 위와 같이 기각결정을 한 것은 헌법재판소 결정에 영향을 끼치려는 의도가 있는 것 아니냐는 언론 보도가 있었다.

헌법재판소 공개변론

헌법재판소는 1990년 4월 16일 오후 2시에 공개변론을 열었다. 전국 법원에서 88건의 위헌제청결정이 있었고, 박용상 재판부의 기각결정에 따른 헌법소원 등이 있었다. 헌법재판소의 결정 선고 시까지 위헌제청결정이 100건, 법원의 기각결정에 의한 헌법소원이 8건 병합되었다고 한다. 우리 사건이 공개변론 사건으로 지정되어, 청구인 측 대리인으로 우리 사무실 소속 변호사가 출석하게 되었다.

우리는 헌법재판소에 공개변론을 위한 위헌의견서를 별도로 제출했다. 주요 요지는 ① 사립학교 교원의 노동3권을 전면적으로 금지하는 것은 헌법 제33조, 헌법 제37조 제2항, 헌법 제11조 제1항을 위배하여 위헌이고, ② 국제노동기구ILO 제87호 조약(결사의 자유 및 단결권의 보호에 관한 조약)과 제98호 조약(단결권 및 단체교섭권에 대한 원칙의 적용에 관한 조약), 국제연합 교육과학문화기구UNESCO와 국제노동기구가 1966년 10월 5일에 채택한 '교원의 지위에 관한 권고', 일반적으로 승인된 국제법규인 국제연합의 '인권에 관한 세계선언' 제23조 제4항(사람은 누구를 막론하고 각자의 이익을 옹호하기 위하여 노동조합을 결성하고 가입할 권리를 가진다) 규정에 위반되므로 국제법 존중의 원칙을 규정한 헌법 제6조 제1항에 반하여 위헌이라는 것이었다.

당시 조영래 변호사가 미국 방문 중이어서 나와 윤종현 변호사가 청구인 측 대리인으로 출석했다. 피청구인 측 당사자로는 정원식 문교부장관이 출석했다. 참고인으로는 위헌론 측에서는 임종률 숭실대 교수, 양건 한양대 교수, 이수호 전교조 사무처장(전 신일고 교사)이 참석하여 진술했고, 합헌론 측에서는 이상규 변호사, 김상철 변호사, 강인제 동북고 교장이 참석하여 진술했다.[2]

언론은 정원식 장관이 피청구인으로서 합헌 변론을 했고, 필자가 청구인 대리인으로서 위헌 변론을 했다고 보도했다.[3]

언론은 정원식 문교부장관이 "사립학교는 국공립학교와 마찬가지로 국가의 감독권 아래 있으며, 국가가 책임져야 할 보통교육의 일부분을 담당하고 있는 공교육기관"이라는 전제하에 "교원의 노동운동을 금지한 사립학교법 조항은 헌법에 위배되지 않는다"는 취지로 변론했고, 필자는 신청의견을 통해 "사립학교법 규정은 근로자의 노동3권을 보장한 헌법 제33조, 기본권 제한의 일반원칙을 규정한 헌법 제37조 제2항, 평등권을 규정한 헌법 제11조 제1항에 위배되므로 위헌"이며 "이 조항이 그대로 존재하는 것은 헌법을 정점으로 하는 법적 질서를 침해하는 것"이라고 변론했다고 보도했다. 이수호 전교조 사무처장은 "사립교원은 공무원이 아닌데도 공무원에게 요구되는 모든 의무를 강요당하고 있으며,

공무원이 누리는 권리는커녕 노동3권 등 피고용자로서의 권리까지 박탈당한 채 인권과 생존권까지 재단에 저당 잡혀 있다"고 주장했다. 심판정에서 이수호 사무처장은 1만 2,010명의 전국 사립학교 교사들로부터 받은 '사립학교법 위헌판결 촉구 서명'을 제출했다.

필자는 당시 처음으로 헌법재판소 대심판정에서 진행된 공개변론에 참여했다. 변호사 경력도 3년차여서 어리둥절할 때였다. 국어 독해상 위헌이 너무 명백해서 그 점을 강조했고, 간략하게 위헌사유를 설명했다. 다른 측면에 대해서는 이수호 사무처장과 임종률, 양건 교수가 진술해주었다.

공개변론을 마치고도 1년 3개월 후에 선고

헌법재판소가 공개변론을 마쳤을 때 언론에서는 1990년 6월 중으로 결정을 할 것으로 예측하는 보도를 했다. 그렇지만 헌법재판소는 공개변론을 하고 1년 3개월이나 지난 후인 1991년 7월 22일에야 선고했다(89헌가106 등 병합사건). 결과는 예측과는 달리 합헌결정이었다.

재판관 6명이 합헌의견이었다. 6명이 위헌의견이어야 위헌결정이 선고되는데, 오히려 합헌의견이 6명이나 되었다. 조규광 소장을 비롯하여 이성렬·김진우·한병채·최광률·김문희 재판관이 합헌의견이었다. 이시윤·김양균·변정수 재판관이 각각 다른 의견으로 소수 의견을 전개했다.

국어 독해력의 문제

노동3권의 본질적 내용 침해와 관련하여 다수 의견의 요지는 다음과 같다. ① 헌법 제31조 제6항은 국민의 교육을 받을 기본적 권리를 보다 효과적으로 보장하기 위하여 교원의 보수 및 근무조건 등을 포함하는 개념인 '교원의 지위'에 관한 기본적인 사항을 법률로써 정하도록 한 것이므로 교원의 지위에 관련된 사항에 관한 한 위 헌법조항이 근로기본권에 관한 헌법 제33조 제1항에 우선하여 적용된다. ② 사립학교 교원에게 헌법 제33조 제1항에 정한 근로3권의 행사를 제한 또는 금지하고 있다고 하더라도 이로써 사립학교 교원이 가지는 근로기본권의 본질적 내용을 침해한 것으로 볼 수 없고, 그 제한은 입법자가 교원 지위의 특수성과 우리의 역사적 현실을 종합하여 공공의 이익인 교육제도의 본질을 지키기 위하여 결정한 것으로 필요하고 적정한 범위 내의 것이다. ③ 사립학교법 제55조 및 제58조 제1항 제4호는 헌법이 교원의 지위에 관한 사항을 국민적 합의를 배경으로 한 입법기관의 권한에 위임하고 있는 헌법조항에 따라 규정한 것으로서 사립학교 교원을 근로3권의 행사에 있어서 일반 근로자의 경우와 달리 취급하여야 할 합리적인 이유가 있고, 또한 국공립학교 교원에게 적용되는 교육공무원법 및 국가공무원법의 관계규정보다 반드시 불리한 것으로도 볼 수 없으므로 헌법 제11조 제1항에 정한 평등 원칙에 위반되는 것이 아니다.

　　이에 대해 이시윤 재판관은 "위 사립학교법 각 조문에서 금지하는 노동운동은 오로지 단체교섭권 및 단체행동권의 행사를 뜻하는 것으로 볼 것이고 이를 넘어서 단결권의 행사까지 포함하여 금지하는 것이 된다면 기본권 제한의 한계를 넘어선 본질적 내용의 침해가 되는 입법이 되어 헌법 제33조 제1항, 제37조 제2항

에 위반된다. 여기서 합헌이 될 단결권 행사의 노동운동은 헌법 제
33조 제1항에서 규정한 바 근무조건의 향상을 목적으로 하는 노동
조합의 결성이나 그러한 노동조합에의 가입에 그친다"는 견해를
밝혔다. 김양균 재판관은 "사립학교 교원은 근로자의 지위에서 영
위하는 생활영역에서 일반 근로자와 원칙적으로 똑같은 근로3권
이 보장되어야 하며, 일반 근로자와 정당한 이유 없이 차별하여 그
의 근로3권을 전부 부정하고 있는 사립학교법 각 조문은 헌법상의
법치주의원리와 헌법 제11조 제1항, 제33조 제1항, 제37조 제2항
에 정면으로 위배되고 아울러 제10조, 제6조 제1항과도 조화될 수
없으므로 위헌"이라는 의견을 밝혔다. 변정수 재판관은 "헌법
제31조 제6항을 내세워 헌법 제33조 제1항에 의하여 사립학교 교
원에게도 당연히 그 향유 자격이 부여된 단결권, 단체교섭권, 단체
행동권을 제한하거나 박탈해도 된다는 논리는 노동3권을 향유할
수 없는 근로자를 공무원에 한정한 헌법 제33조 제2항의 규정에
명백히 저촉되며, 헌법 제37조 제2항에 의한 제한이라 하더라도
사립학교 교원에 대하여 노동운동을 전면적으로 금지하고 있는 위
사립학교법 각 조문은 헌법 제33조, 제37조 제2항에 위반되어 위
헌"이라는 입장을 밝혔다.

이시윤 재판관은 피교육자의 교육받을 권리와 헌법 제31조
제6항을 합헌론의 근거로 드는 다수 의견에 대해 지극히 당연한
법리적 비판을 했다. "피교육자의 교육을 받을 기본권과 교육자
의 근로기본권은 서로 상충하는 관계임에 틀림없으나 그 어느 것
도 헌법에 근거를 둔 것이며, 따라서 어느 것이나 존중하여야 하고
도외시해서는 안 될 헌법상의 권리인 것이다. 두 개의 기본권이 상

충하는 경우이면 서로 양립·조화를 모색하여야 하는 것이지, 그중 하나의 기본권인 피교육자의 교육을 받을 권리만을 우선시켜 이를 최대한 보장하고 그 저해 요인을 발본 제거하기 위하여 다른 기본권인 사립학교 교원의 근로기본권을 최대한 위축시켜 이를 완전히 형해화시키는 입법은 결코 기본권 상충의 경우에 맞는 법리라고 할 수 없다. 따라서 국민의 교육을 받을 권리의 보장 때문에 사립학교 교원의 단결권마저 부인하여야 할 근거는 될 수 없다.""헌법 제31조 제6항 …… 은 교원의 지위에 관하여 개별적 법률유보를 하고 있는바, 이는 교육제도와 교원의 기본권을 제31조의 전체 조문과의 관련성을 고려할 때 법률로써 더 강화하고 보호하려는 취지인 것으로 보이며, 따라서 여기의 법률의 유보는 침해적 법률유보라기보다는 형성적 법률유보로 보아야 할 것이다. 따라서 이 규정을 사립학교 교원의 근로기본권 제한의 근거로 삼기는 어려운 일"이다.

김양균 재판관은 다수 의견에 대해 "헌법의 해석은 헌법의 명문의 규정을 최대한 존중하는 방향으로 해석되어야 하며 목적론적 해석방법을 시도한다고 하더라도 명문규정의 의미적, 논리적, 체계적 해석의 한계를 일탈할 수 없으며 함부로 헌법의 명문규정의 의미를 축소하거나 내용을 경시하는 헌법해석을 한다면 그것은 어떠한 이유와 명분을 실시하더라도 장기적으로는 헌법저항의 요인만 양산, 증폭시키는 결과를 가져올 것이기 때문에 헌법은 곧 이곤대로 해석되어야 한다는 지극히 평범하고 당연한 이치를 재차 강조하고 싶은 것"이라고 비판했다.

변정수 재판관은 "근로자의 노동3권은 공산주의 체제에서는 있을 수 없고 오직 자본주의 경제체제를 근간으로 하는 자유민주주의 체제 아래서만 있을 수 있는 것이며, 이는 자유민주주의 체제에 유해한 것이 아니라 유익한 것이며 동시에 자유민주주의 체제 유지를 위하여는 필요불가결한 안전판이다. 그러기에 자유민주주의를 채택하고 있는 사회에서는 예외 없이 근로자의 노동3권을 인정하고 있으며 교원에 대하여서도 사립학교만이 아니라 공립학교 교원에 대해서까지 예외 없이 이를 인정하고 있고 다만 국가에 따라서는 단체교섭권이나 단체행동권에 대하여 일부 제약을 가하고 있는 경우가 있을 뿐이며 자유민주주의를 표방하면서 교원의 노동 3권을 아주 부인하는 나라는 없다는 것에 주목해야 한다"고 한 후, 다수 의견에 대해 "너무도 명백한 위헌법률에 대하여 합헌선언 함으로써 공권력의 위헌적인 처사를 합리화시켜준 다수 의견의 논리는 견강부회적인 헌법해석으로 헌법정신을 왜곡했다는 평을 듣지 않을까 염려된다. 헌법정신의 왜곡은 그것이 가사 주관적인 애국적 동기에 의한 것일지라도 가장 경계해야 할 헌법 파괴 행위라는 것을 알아야 한다"고 강력하게 경고했다.

소수 의견은 사립학교 교원의 노동3권을 전면적으로 금지하는 것은 현행 헌법의 국어 독해상 불가능하다는 우리 주장을 전폭적으로 수용했다. 김양균 재판관이 '목적론적 해석방법을 시도한다고 하더라도 명문규정의 의미적, 논리적, 체계적 해석의 한계를 일탈할 수 없으며 함부로 헌법의 명문규정의 의미를 축소하거나 내용을 경시하는 헌법해석을 해서는 안 된다'고 지적한 것이 바로 그것이다. 이시윤 재판관도 "근로기본권의 근본적 부인은 헌법을 고쳐 규정함은 별론, 현 헌법체계하에서는 법률로서는 가능할 수 없는 것"이라고 하여 이를 명확히 지적했다. 변정수 재판관은 "근로자의 노동3권에 대한 특별제한은 공무원에 대한 경우와 주요방위산업체 근로자에 대한 경우 등 이상 두 가지 경우를 제외하고는 다른 특별제한은 허용되지 아니하며, 다만 헌법 제37조 제2항의 규정에 근거해서 국가안전보장·공공복리·질서유지를 위하여 필요한 경우에 한하여 최소한의 한도에서 할 수 있는 일반제한이 허용될 수 있을 뿐"이며, "헌법 제37조 제2항을 빙자하여 노동3권 중 어느 하나라도 완전히 배제한다면 이는 노동3권의 본질적 내용을 침해하는 것이어서 위헌임을 면할 수 없을 것"이라고 지적했다.

김양균 재판관은 검사 출신인데, 평생 법률해석을 업으로 해온 판사 출신의 다수 의견을 개진한 재판관들이 검사 출신 재판관보다 못한 해석을 한 것이다.

근로3권·근로기본권 대 노동3권·노동기본권

위 결정문에서 눈여겨볼 대목의 하나는 '노동3권'·'근로3권', '노동기본권'·'근로기본권'이란 용어가 재판관에 따라 달리 사용되고 있다는 점이다. 헌법상 근로자, 근로조건, 근로의 권리란 용어가 사용되었으나 노동조합, 노동부, 노동쟁의, 노동관계조정법 등 단체법적 관점에서는 '노동'이라는 용어가 사용되었다. 당연히 '노동3권'과 '노동기본권'이란 용어가 교과서와 법원 판결이나 헌법재판소 결정에서 사용되었다. 그런데 어느 순간, 대법원 판결과 헌법재판소 결정에서 근로3권과 근로기본권이란 용어가 사용되기 시작했다. 최초로 사용된 것은 대법원이 1990년 11월 27일 선고한 제3자 개입 금지 조항 관련 전원합의체 판결(89도1579)에서 배만운 대법관이 다수 의견에 대한 보충 의견을 전개하면서 '근로삼권(노동삼권)'·'근로3권(노동3권)'이라고 사용한 것으로 파악된다. 대법원 1991. 8. 27. 선고 90다8893 판결에서는 '근로기본권'이라는 용어도 사용되었다. 반면, 대법원 1995. 3. 10. 선고 94다14650 판결은 '노동3권'이라는 용어를 사용했고, 대법원 1995. 12. 21. 선고 94다 26721 쟁의기간 중 임금 지급 관련 전원합의체 판결에서 정귀호, 이돈희, 이용훈 대법관은 소수 의견에서 '노동삼권'이라는 용어를 사용했다. 그 이후 일반적으로 대법원 판결은 근로3권·근로기본권이란 용어를 사용했다.

헌법재판소는 1990년 1월 15일 선고한 제3자 개입 금지 조항 위헌사건결정(89헌가103)까지는 '노동삼권'이라는 용어를 사용했고, 결정요지에서는 '노동자'라는 용어까지 사용했다. 그런데 사립학교법 제55조 위헌심판 사건 결정에서는 재판관마다 다른 용어를 사용했다. 변정수 재판관은 임기를 마칠 때까지 '노동3권' 및 '노동기본권'이라는 용어를 사용했다. 그 이후 헌법재판소도 '근로삼권'과 '근로기본권'이라는 용어로 통일했다. 그리고 많은 교과서들도 '근로3권'·'근로기본권'이란 용어를 일반적으로 사용하는 경향이 있다.

그러나 '근로삼권'이나 '근로기본권'이라는 용어는 순전히 정치적 고려가 작용한 것이며 노동조합을 근로조합, 노동쟁의를 근로쟁의라고 부르는 것만큼이나 어감을 고려하지 않은 것으로 부적절하다는 지적이 있다.[4]

또한 이명박 정부에서 초대 노동부장관을 역임한 이영희 교수는 교과서에서 '노동3권'·'노동기본권'이라는 용어를 사용하는

헌법의 현장에서

것은 물론이고 '노동자'라는 용어도 사용하고 있다.[5]

　'노동3권'·'노동기본권'이란 용어는 헌법이나 법률상의 용어가 아니므로 헌법재판소와 대법원이 용어 사용을 통일하면 해결될 수 있는 문제다.

국제 노동기준에 대한 무시:
정와부지해 하충부지빙 井蛙不知海 夏蟲不知氷?

국제법 존중 원칙 위배와 관련하여 다수 의견은 "교육에 관한 국제법상의 선언, 규약 및 권고문 등은 우리의 현실에 적합한 교육제도의 실시를 제약하면서까지 교원에게 근로권이 제한 없이 보장되어야 한다든가 교원단체를 전문직으로서의 특수성을 살리는 교직단체로서 구성하는 것을 배제하고 반드시 일반 근로조합으로서만 구성하여야 한다는 주장의 근거로 삼을 수 없다"는 입장을 취했다.

　김양균 재판관은 "비록 우리나라가 ILO에는 가입하고 있지 않다고 하더라도 UNESCO에 가입하여 그 회원국인 만큼 UNESCO의 권고와 인권에 관한 세계선언의 내용을 수용하거나 준수할 의무가 있다고 할 것인데, 이를 전혀 외면하고 있는 것은 사해일가의 개방 추세 속에 살아가는 오늘날의 세계 질서에 비추어 보거나 불원국제연합 회원국이 되게 되어 있는 우리나라의 위상으로 보거나 인권 보장의 세계화 현상에 동조하고 있는 태도라 보기 어려우며 헌법(제6조 제1항)과 조화되기도 어려운 것"이라는 견해를 밝혔다.

　《장자莊子》에 "우물 안 개구리는 바다를 알지 못하고, 여름 벌레는 얼음을 알지 못한다井蛙不知海 夏蟲不知氷"는 구절이 있다. 대한

민국 정부 또는 헌법재판소·대법원의 다수 의견이 국제적인 노동 기준에 대해 무시하는 태도로 일관해서 UN이나 ILO 또는 OECD 등으로부터 노동3권에 대한 심각한 침해를 개선할 것을 수차례 권고 내지 지적을 받고 있는 실정이다. 국제사회의 어엿한 일원으로 정당한 대우를 받기 위해서도 국제 노동기준을 적극적으로 고려할 필요가 있다.

전교조 합법화와 그 이후의 퇴행

1993년 문민정부가 들어선 이후 전교조 교사들의 복직 신청을 받으면서 해직 교사 가운데 95퍼센트가 복직됐다. 그러나 해직된 1,490명 가운데 66명은 복직을 거부했다. 그런 상황에서 1997년 노사정위원회에서 전교조를 합법화하기로 결정했다. 1998년 교원 노조법이 국회에 상정됐고, 1999년 1월 29일 교원노조법이 제정되어 7월 1일부터 시행되었다. 전교조는 10년의 불법 시대를 거쳐 합법화되었다. 헌법재판소가 사립학교법 위헌심판 사건에 대한 공개변론을 하고 이른 시기에, 아니면 적어도 결정을 선고한 1991년 7월에 위헌결정을 했더라면 우리 역사는 달리 전개되었을 것이다. 노동3권 보장의 수준은 현저하게 올라갔을 것이고, 우리 사회 민주주의의 토대도 훨씬 튼실하게 다져졌을 것이다.

그런데 전교조가 합법화되고 14년이 흐른 2013년 10월 24일 박근혜 정부의 고용노동부장관은 전교조 규약에 해직교원의 조합원 자격을 인정하는 조항이 있고, 실제 9명의 해직교원이 조합원으로 가입하여 활동하고 있다는 이유로 전교조에 대해 법외노조 통보 처분을 함으로써 전교조의 법적 지위를 부정했다. 전교조는 이

처분에 대해 불복하여 행정소송을 제기함과 동시에 효력정지 신청을 하여 법적으로 다투었다. 다시 교원노조의 설립조차 인정하지 않던 암흑의 시절로 되돌아갔다. 전교조에 대한 법외노조 통보 처분의 정당성을 주장하는 입장에서는 사립학교법 제55조 위헌심판 사건 결정의 다수 의견을 그대로 원용했다. 역사가 진보한다는 것은 사실이 아니고, 언제라도 퇴행할 수 있다는 것이 진실인 모양이다. 위 사건에서 서울고등법원은 2014년 9월 19일 자로 교원노조법 제2조에 대해 위헌제청결정[6]을 함과 동시에 법외노조 통보처분의 효력정지결정을 했다.[7]

재판부는 교원노조법 제2조[8]가 헌법 제37조 제2항의 과잉금지 원칙에서 벗어나 교원의 헌법상 보장된 단결권을 침해하고, 헌법 제11조의 평등 원칙에 위반하여 평등권을 침해하는 위헌적인 조항이라고 의심할 만한 상당한 이유가 있다고 보아 위헌제청결정을 했다. 헌법재판소 사건에는 대리인으로 참여하지 않았다. 헌법재판소는 공개변론도 열지 않은 채 2015년 5월 28일 교원노조법 제2조에 대해서는 8:1 의견으로 합헌결정을, 그리고 노조법 시행령 제9조 제2항에 대해서는 전원일치 의견으로 각하결정을 했다. 김이수 재판관만이 교원노조법 제2조에 대해 소수 의견으로 위헌 의견을 밝혔다.

다수 의견은 교원노조법 제2조가 합헌이라고 판단하면서도 법외노조 통보 처분의 적법성에 대해서는 법원이 판단할 수 있는 여지를 인정했다. 다수 의견은 "노조법 제2조 제1호 및 제4호 라목 본문에서 말하는 '근로자'에는 일시적으로 실업 상태에 있는 사람이나 구직 중인 사람도 노동3권을 보장할 필요성이 있는 한 그 범위에 포함되므로,[9] 교원으로 취업하기를 희망하는 사람들이 노조법에 따라 노동조합을 설립하거나 그에 가입하는 데에는 아무런 제한이 없다"고 판단했다. "이 사건 법률조항이 교원노조를 설립하거나 그 활동의 주된 주체가 되는 조합원 자격을 초·중등학교의 재직 중 교원으로 제한하는 것에 합리적 이유가 있다고 하여, 이를 이유로 이미 설립신고를 마치고 정당하게 활동 중인 교원노조의 법상 지위를 박탈한 것이 항상 적법한 것은 아니다. 설립 당시 정당하게 교원노조에 가입한 교원이 교직에서 해고되거나 사직하는 일이 발생할 수 있는 등 교원노조에는 일시적으로 그 자격을 갖추지 못한 조합원이 포함되어 있을 가능성이 언제나 존재하는데, 이에 대한 직접적인 규율은 법외노조 통보 조항이 정하고 있다. 자격 없는 조합원이 교원노조의 의사결정 등에 영향을 미치는 것이 입법취지와 목적에 어긋남이 분명할 때 비로소 행정 당국은 교원노조에 대하여 법외노조 통보를 할 수 있는 것이다. 그런데 전교조는 교원노조법이 설립된 이후 10년 이상 합법적인 교원노조로 활동해왔고, 이전에도 해직된 교원이 조합원에 포함되어 있었지만 전교조에 대한 법외노조 통보는 2013년 10월 24일에서야 이루어진 사정 등을 종합하여 볼 때, 교원이 아닌 사람이 교원노조에 일부 포함되어 있다는 이유로 이미 설립신고를 마치고 활동 중인 노조를 법외노조로 할 것인지 여부는 행정 당국의 재량적 판단에 달려 있음을 확인할 수 있고, 법원은 이러한 행정 당국의 판단이 적법한 재량의 범위 안에 있는 것인지 충분히 판단할 수 있다." "이미 설립신고를 마친 교원노조의 법상 지위를 박탈할 것인지 여부는 이 사건 법외노조 통보 조항의 해석 내지 법 집행의 운용에 달린 문제"

라고 판단했다. 결국 다수 의견은 법외노조 통보 처분이 재량권을 남용하여 취소할 것인지 여부는 각 사건에서 법원이 판단하라는 것이다. 김이수 재판관은 교원노조법 제2조가 과잉금지 원칙에 반하여 교원노조 및 해직 교원이나 구직 중인 교사 자격 소지자의 단결권을 침해하므로 헌법에 위반된다고 판단했다. 전교조에 대한 법외노조 통보 처분의 취소를 구하는 소송은 서울고등법원에서 기각된 후 전교조가 상고를 제기하여 대법원에 계류 중이다.

현직 대통령이
헌법소원을 제기한 이유

2 중앙선관위의 노무현 대통령에
대한 선거중립 위반 경고조치
취소 헌법소원 사건

**중앙선거관리위원회(이하 '중앙선관위')의 노무현 대통령(이하 '청구인')에
대한 경고조치**

청구인은 2007년 6월 2일(토) 오후 3시경 서울 양재동 교육문화회
관에서 열린 참여정부평가포럼 주최 모임(이하 '참평포럼 모임')에 참
석하여 '21세기 한국, 어디로 가야 하나'라는 주제로 강연을 하면
서, '해외 신문에서 한국의 지도자가 무슨 독재자의 딸이니 하는
얘기가 나오면 곤란합니다', '창조적 전략 없는 대운하, 열차 페리
공약, 대운하 건설비는 단기간에 회수되지 않는 투자입니다. 열차
페리는 2000년 해수부장관 시절에 타당성 없다는 결론을 이미 내
린 사업입니다', '한나라당이 정권을 잡으면 어떤 일이 생길까, 이
게 좀 끔찍해요. 무책임한 정당입니다. 이 사람들이 정권을 잡으면
지역주의가 강화될 것입니다' 등과 같은 내용의 발언을 했다. 이에
한나라당은 6월 5일 청구인의 참평포럼 모임 강연 내용이 공직선

거법 제9조 제1항 등에 위반된다는 이유로 청구인을 중앙선관위에 고발했다. 중앙선관위는 6월 7일 전체회의를 개최하여 참평포럼 모임의 강연 내용을 검토한 후 위원장 명의로 청구인에게 "대통령 선거가 가까워져 오고 있는 시기에 국정의 최고 책임자이자 국민 전체에 대한 봉사자인 대통령께서 다수인이 참석하고 일부 인터넷 방송을 통하여 중계된 집회에서 차기 대통령 선거에 있어 특정 정당 집권의 부당성을 지적하고, 후보자가 되고자 하는 자를 폄하하는 취지의 발언을 한 것은 단순한 의견 개진의 범위를 벗어나 선거에 영향을 미치는 것으로서 공직선거법 제9조가 정한 공무원의 선거중립 의무를 위반했다고 결정했습니다"라고 하면서, "앞으로는 이러한 사례가 반복되어 선거법 위반 논란이 일어나지 않도록 유의하여 주시기 바라며, 다가오는 대통령 선거가 선거법이 엄정하게 지켜지는 가운데 국민들의 자발적인 참여 속에서 자유롭고 공정하게 치러질 수 있도록 하여 주시기 바랍니다"라는 내용의 '대통령의 선거중립 의무 준수 요청' 조치(이하 '1차 조치')를 취한 후 이를 청구인에게 통고하면서 언론사를 통하여 공표했다.

중앙선관위원장이 근거로 삼은 공직선거법 제9조 제1항(이하 '이 사건 법률조항')은 "공무원 기타 정치적 중립을 지켜야 하는 자(기관·단체를 포함한다)는 선거에 대한 부당한 영향력의 행사 기타 선거 결과에 영향을 미치는 행위를 하여서는 아니 된다"라고 규정하고 있다. 중앙선관위원장의 위 조치를 어떻게 명명하는가 하는 것은 매우 중요하다. 청구인 측인 우리는 이를 '처분'이라 했고, 피청구인인 중앙선관위원장은 '권고'라 했다. 헌법재판소는 이를 '조치'라고 명명했다. '공권력의 행사'에 해당해야 헌법소원 대상이 되는

데, 우리는 '처분'이라 명함으로써 공권력 행사에 해당함을 당연한 전제로 했고, 피청구인은 '권고'에 불과하여 공권력 행사에 해당하지 않음을 내세운 것이다. 헌법재판소는 비교적 중립적 용어인 '조치'를 사용했다.

청구인은 2007년 6월 8일(금) 오전 익산시 소재 원광대학교에서 명예 정치학 박사 학위를 받는 자리에서 '정치·복지·언론 후진국에서 벗어나 성숙한 민주주의로'라는 주제로 70분가량 특강을 하면서 "이명박 씨가 내놓은 감세론이요, 6조 8,000억 원의 세수 결손을 가져오게 돼 있거든요. 6조 8,000억 원이면 우리가 교육혁신을 할 수 있고요, 복지 수준을 한참 끌어올릴 수도 있습니다. 이 감세론, 절대로 속지 마십시오. 대운하, 민자로 한다는데 그거 진짜 누가 민자로 들어오겠어요? 그런 의견을 말하는 것은 정치적 평가 아닙니까? 참여정부 안 그래도 실패했다고 하는데, 내가 이 얘기 아닙니까? 여보시오, 그러지 마시오. 당신보다 내가 나아. 나만큼만 하시오. 그 얘기입니다"라는 등의 발언을 했다.

6월 10일(일) 오전 세종문화회관에서 열린 제20주년 6·10민주항쟁 기념식에 참석하여 기념사를 하면서 "지난날의 기득권 세력들은 수구 언론과 결탁하여 끊임없이 개혁을 반대하고, 진보를 가로막고 있습니다. 심지어는 국민으로부터 정통성을 부여받은 민주정부를 친북 좌파 정권으로 매도하고, 무능보다는 부패가 낫다는 망언까지 서슴지 않음으로써 지난날의 안보 독재와 부패 세력의 본색을 공공연히 드러내고 있습니다. 나아가서는 민주 세력 무능론까지 들고나와 민주적 가치와 정책이 아니라 지난날 개발독재의 후광을 빌어서 정권을 잡으려 하고 있습니다"라고 발언했다.

또한 6월 13일(수) 오전 청와대 접견실에서 한겨레신문사의 요청에 응하여 6월항쟁 20주년 기념 특별 대담을 하면서, "참평포럼이 나를 따를 것이라고 생각한다면 내가 어디로 가느냐가 중요한 것 아닌가? 나는 열린우리당에서 선택된 후보를 지지한다. 불변이다. 열린우리당이 선택한 후보를 지지하고, 그 후보가 또 어디 누구하고 통합해 가지고 단일화하면 그 단일화된 후보를 지지하는 것이 내가 갈 길이다"라고 발언했다.

이에 한나라당은 2007년 6월 중순경 청구인의 원광대학교 특강과 6·10민주항쟁 기념사 중 위 발언 내용이 공직선거법 제9조 제1항 등에 위반된다는 이유로 청구인을 중앙선관위에 고발했다. 중앙선관위는 6월 18일 전체회의를 열어 청구인의 원광대학교 특강, 6·10민주항쟁 기념사, 한겨레신문과의 대담 내용을 모두 검토한 후 중앙선관위원장 명의로 청구인에게 "이번 대통령 선거와 관련하여 후보자가 되고자 하는 자를 폄하하고, 특정 정치세력 또는 정당이 집권하는 것에 대하여 부정적인 취지의 발언을 했으며, 특정 정당을 지지하는 발언과 함께 선거 전략 등에 대해서 언급한 것은 공무원의 선거중립 의무를 규정한 공직선거법 제9조를 위반한 것이라고 결정했습니다"라고 하면서 "대통령께서는 앞으로 연설이나 기자회견 등을 통하여 정치적 의견을 표명하실 때에는 국정의 최고 책임자로서 선거를 공정하게 관리하여야 할 지위에 있음을 유념하시어 선거 결과에 영향을 미칠 수 있는 발언은 더욱 자제하여 주시기 바랍니다. 아무쪼록 대통령께서 국정을 수행함에 있어서 이번 제17대 대통령 선거가 법이 준수되는 가운데 공명정대하게 치러져 우리나라의 민주주의와 국가가 크게 발전하는 계기가 될 수 있도록 하여 주시기 바랍니다"라는 내용의 '대통령의 선거 중립 의무 준수 재촉구' 조치(이하 '2차 조치')를 취한 후 이를 청구인에게 통고하면서 언론사를 통하여 공표했다.

대통령의 헌법소원심판청구

2차 조치가 취해진 상태에서 청와대 민정수석실에서 사무실로 찾아왔다. 필자는 2006년 말에 사법제도개혁추진위원회가 해산된 후 2007년 3월 중순까지 사법개혁비서관으로서 뒤처리를 하고 퇴직한 다음 법무법인 시민에 복귀하여 변호사 활동을 하고 있었다. 중앙선관위원장의 위 조치에 대해 대통령이 헌법소원심판을 청구하는 문제에 대해 청와대 내에서 찬반양론이 있었으나, 대통령께서 강력한 의지를 갖고 있어 헌법소원을 청구하기로 결정했으니 맡아달라는 것이다. 탄핵심판청구 사건에서는 원로 변호사들을 비롯하여 대규모 대리인단이 구성되었었다. 그런데 이 사건에 대해서는 우리 사무실에서 독자적으로 맡아달라고 했다. 어떤 고려로 우리 사무실을 선택했는지는 모르겠다. 비용은 대통령이 개인적으로 부담했다. 일반적인 사건과 마찬가지로 약정을 하고 맡았다.

바로 청구서를 준비하여 2007년 6월 21일 헌법재판소에 제출했다. 대통령이 청구인이 되어 제기하는 헌법소원으로서는 처음이다. 그 후에도 아직 없으니 현재까지는 초유의 사건이다. 중앙선관위원장의 1차 및 2차 조치(이하 '1차 및 2차 조치'를 통틀어 일컬을 때는 '이 사건 조치')가 청구인이 개인으로서 가지는 정치적 표현의 자유를 침해하여 위헌이라는 것이 주된 이유다. 사건명은 '대통령에 대한 선거 중립 위반 경고조치 등 취소' 헌법소원심판 사건(2007헌마700)이다.

대통령이 헌법소원을 제기했다는 것 자체에 대해 비판적인 의견도 많았다. 그러나 이는 우리 사회의 법치주의 수준이 그만큼 향상했음을 보여주는 것이다. 즉, 민주주의와 법치주의의 진전을 의미한다. 권위주의 시대라면 선관위에 대해 비법률적인 방법으로 의지를 관철했을 것이다. 다른 헌법기관의 조치에 대해 대통령도 법적 구제 절차를 따른다는 것은 그만큼 법치가 확립되었다는 것을 의미한다. 대통령의 초월적 권력이 완전히 빠졌고 대통령도 법 아래에 있다는 것이 증명되었다. 정치의 실종 또는 법률 만능주의에의 함몰이라고 말할 수 있는 측면도 없지 않으나, 정치권이 해소해주지 않는 문제를 해결하기 위해 법적 구제 절차를 밟는 것은 민주사회의 기본질서다.

이 사건의 쟁점

이 사건은 쟁점이 많았다. 청구인 측에서 위헌성을 주장한 내용도 있고, 피청구인 측에서 적법요건에 대해 문제 삼은 내용도 있다.

우선, 본안판단에 앞서 적법요건으로서 이 사건 조치가 기본권 침해 가능성이 있는 공권력의 행사에 해당하는지 여부와 청구인(대통령)이 헌법소원을 제기할 수 있는 기본권 주체성이 있는지 여부가 문제로 되었다.

본안판단에서는 이 사건 조치의 근거조항인 이 사건 법률조항의 해석(대통령도 선거중립 의무가 있는 공무원에 해당하는지)과 성격(즉, 단순한 훈시규정에 불과한가 아니면 효력규정인가), 이 사건 법률조항이 명확성의 원칙에 위배되는지 여부, 대통령의 정치인으로서의 지위와 선거중립 의무의 관계, 이 사건 법률조항이 청구인의 정치적 표현의 자유를 침해하는지 여부, 이 사건 법률조항이 평등의 원칙에 위배되는지 여부 등이 문제로 되었다. 나아가 이 사건 조치의 위헌성 여부와 관련해서는 명확성의 원칙에 위배되는지 여부, 소명 기회를 부여하지 않은 것이 적법절차 원칙에 위배되는지 여부, 피청구인의 이 사건 법률조항에 대한 잘못된 해석에 기인하는 것인지 여부 등이 문제로 되었다.

절차 진행 및 공개변론

중앙선관위원장은 선관위 소속 변호사를 대리인으로 선임하여 2007년 7월 6일 답변서를 제출했다. 헌법재판소는 7월 10일 이 사건을 전원재판부의 심판에 회부한다는 결정을 했고, 이후 청구인 측에 이 사건 강연 및 기념사, 언론 인터뷰에서 한 각 발언의 녹취록 및 녹화 테이프가 존재하는지 여부, 참평포럼에 대한 자세한 설명 및 청구인의 참석과 강연 경위, 원광대 특강 참석 및 발언 경위, 6·10항쟁 기념사 및 한겨레신문 인터뷰 경위 등에 대한 석명을 요구했다. 우리는 2007년 8월 이에 대한 의견서를 제출했다. 그러자 '시민과 함께하는 변호사들'이라는 단체가 이 사건 헌법소원의 이해관계인 자격으로 2007년 9월 의견서를 제출했다.

헌법재판소는 이 사건에 대하여 공개변론을 열기로 결정하고 참고인 신청 여부를 결정하라고 했다. 청구인 측은 경희대학교 정태호 교수를, 피청구인 측은 경희대학교 노동일 교수를 1순위 참고인으로 추천했고, 헌법재판소는 위 교수들을 참고인으로 위촉했다. 참고인은 경희대 교수끼리의 대결이 되었다. 공개변론을 앞두고 양측 참고인이 의견서를 제출했다.

중앙선관위는 해님 합동법률사무소 황도수 변호사(헌법연구관 출신)를 추가로 선임했고, 황도수 변호사는 2007년 10월 23일 준비서면을 제출했다. 우리는 10월 29일 의견서를 제출하는 한편, 10월 31일 노무현 대통령이 직접 작성한 〈국민 여러분께 드리는 글(왜 헌법소원을 제기했는가)〉이라는 제목의 글을 참고자료로 제출했다. 이 자료를 원문 그대로 뒤에 싣는다. 노무현 대통령의 문투와 논리를 그대로 느낄 수 있는 글이다. 그 후 피청구인 측 소송대리인은 다시 준비서면을 제출했다.

헌법재판소는 2007년 11월 1일 오후 2시부터 4시 30분까지 공개변론을 열었다. 공개변론에는 청구인 측 대리인으로 우리 사무실에서 고영구 변호사님과 김남준 변호사 그리고 필자가 참석했고, 피청구인 측에서는 황도수 변호사와 소속 변호사 1명이 참석했다. 그리고 참고인 정태호 교수와 노동일 교수가 참석했다.

공개변론의 진행 순서는 개정 선언, 청구인 대리인 및 피청구인 대리인 진술(각 10분씩), 재판관들의 청구인 및 피청구인 대리인에 대한 질문, 청구인 측 참고인 진술(10분 내외) 및 재판관들의 질문, 피청구인 측 참고인 진술(10분 내외) 및 재판관들 질문, 청구인 측 대리인 및 피청구인 측 대리인 최후진술(각 5분씩), 폐정 선언이다. 기일통지서에는 모두 진술 시간이 20분 이내로 기재되어 있으나, 하루 전날 전화로 10분 이내로 진술해달라는 연락이 왔다.

2시에 시작해서 4시 30분까지 2시간 30분 동안 꽤 긴장되게 진행되었다. 우리는 모두진술과 최후진술을 미리 서면으로 준비했고 심판정에서는 고영구 변호사님이 진술했다. 서면은 필자가 초안을 작성했고, 고영구 변호사님이 친필로 수정·가필해서 완성했다. 모두진술에서는 각 쟁점에 대한 법리적 의견을 간략하게 정리했고, 최후진술에서는 이 사건의 의의와 인용결정의 필요성을 강조했다. 공개변론 과정에서 재판관들이 양쪽 대리인들에게도 질문을 했는데, 우리 측의 경우에는 고 변호사님이 주로 답변하셨다. 공개변론의 진행을 살펴본 사람들은 고 변호사님이 헌법재판관들을 한 수 위로 압도했다고 평가했다.

다음은 고 변호사님이 공개변론 마지막 단계에서 종합적으로 최후진술을 한 내용이다.

공개변론 최후진술

● 우선, 이 사건에 대해 깊은 관심을 가지고 이렇게 공개변론까지 열어주신 데 대해 소장님을 비롯한 재판관님들께 진심으로 감사드립니다.

● 이 헌법소원심판청구 사건을 적법요건의 결여로 각하해야 한다는 주장은 인권 감수성에 심각한 문제가 있고, 중앙선관위와 헌법재판소의 위상과 역할을 무시 내지 폄하하는 것으로서 일고의 가치도 없습니다.
- 대통령의 헌법기관 내지 국가기관으로서의 일면적인 지위만 고집하여 정치인, 일반 국민의 지위를 동시에 중층적으로 갖고 당연히 정치적 표현 및 활동의 자유라는 기본권의 주체가 될 수 있

헌법의 현장에서

다는 점을 인정하지 않으려는 태도는 인권 감수성에 심각한 문제가 있다고 하지 않을 수 없습니다.

- 이 사건 조치가 대외적으로 아무런 법적 효력도 없는 행정기관 간의 협조를 요구하는 '서면'에 불과하다는 주장은 헌법기관인 중앙선관위를 모독하는, 구차하기 이를 데 없는 주장이 아닐 수 없습니다. 협조요청 서면을 작성하기 위해 장관급 위원 9명이 모여서 심의하고 의결을 합니까? 그것도 대외적으로 아무런 법적 효력도 없는 서면을 작성하기 위해. 이 사건 조치는 선거관리위원회법 제14조의2 규정에 따라 선거법 위반 행위를 확정하고 경고를 함으로써 탄핵소추의 근거로도 될 수 있는 중대한 기본권 제한 조치를 취한 것입니다.

- 이 사건 심판청구가 보충성 요건을 구비하지 못했다거나, 권리구제형 헌법소원제도의 취지에 맞지 않는다거나, 정치적 사안이기 때문에 사법 자제가 요청되므로 이 사건 헌법소원심판청구는 각하되어야 한다는 주장은 헌법재판소의 역할과 기능을 부당하게 축소시키고 무시하는 것입니다.

모든 공권력 행사가 행정소송의 대상인 행정처분에 해당하면 권리구제형 헌법소원제도는 존립할 이유가 없습니다. 권리구제형 헌법소원제도는 기본권을 침해당한 국민이 제기할 수 있는 것으로서 대통령이라는 이유로 배제될 이유가 전혀 없으며, 대통령의 지위에 있다는 이유로 권리구제형 헌법소원을 제기할 수 없다는 것이야말로 권리구제형 헌법소원제도의 취지에 반합니다. 사안의 정치성을 이유로 헌법재판소가 사법판단을 자제해야 한다면 헌법재판소 존립의 필요성 자체가 의문으로 됩니다.

- 결국 이 사건을 적법요건 결여라는 이유로 각하하는 것은 헌법
  재판소의 위상과 기능 및 역할에 비추어 보아도 결코 타당하지
  못합니다.

● 이 사건 조치는 그 불명확성과 절차상의 하자만으로도 마땅히
취소되어야 합니다.
- 행정기관이 국민의 기본권을 침해하는 조치를 취하면서 법률규
  정과는 또 다른 불명확한 개념을 사용하여 마구잡이로 법률 위반
  으로 확정한다면 법치주의와 법치행정 원칙은 설 자리가 없게 될
  것입니다. 특히 '명백하고 현존하는 위험'의 원칙이 적용되는 표
  현의 자유를 침해하는 조치를 취하면서 법률 위반 행위의 내용을
  명확하게 특정하지 않는다면 표현의 자유를 질식시키는 심각한
  부작용을 초래할 것입니다.
- 민주주의의 기본 출발점은 절차에 있습니다. 기본권 침해 효과
  를 초래하는 행정상 조치를 취함에 있어서는 당연히 소명 기회를
  부여하는 것이 적법절차 원리에 부합합니다. 법률에 규정이 없다
  거나 관행이 없다는 것은 절차적 기본권을 부정할 근거가 될 수
  없습니다.
- 절차적 엄격성은 아무리 강조해도 지나치지 않습니다. 사법기관
  이 절차적 하자에 관대할 경우 그 사회의 민주주의는 후퇴하게
  됩니다.

● 이 사건 조치는 공직선거법 제9조에 대한 해석론의 관점에서
보더라도 마땅히 취소되어야 합니다.

헌법의 현장에서

- 대통령의 정치활동을 허용하여 정치적 중립 의무를 인정하지 않는 국가공무원법과 공무원의 선거 중립을 요구하는 공직선거법의 합헌적 해석을 위해서는 공직선거법의 선거중립을 요구하는 공무원의 범위를 정치적 중립 의무가 인정되는 공무원으로 한정하고 대통령은 이에 해당하지 않는 것으로 해석하는 것입니다.
- 공무원의 선거중립 의무를 규정한 공직선거법 제9조는 벌칙도 없는 총칙규정으로서 기본권 제한 효과를 초래하는 행정조치의 근거가 될 수 없습니다. 구체적인 선거운동 금지 규정의 해석기준으로 원용될 수 있을 따름이어야 합니다. 따라서 이러한 성질의 총칙규정만을 근거로 해서 이루어진 이 사건 조치는 그 자체로 취소를 면치 못한다고 할 것입니다.
- 공직선거법 제9조가 금지하는 행위는 공무원 조직을 동원하거나 국가자금을 이용하는 등의 행위에 한정되어야지 대통령 본인의 정치적 입장 표명이나 반대자에 대한 평가 또는 정책에 대한 비판 등까지 포괄하는 것으로 해석해서는 안 됩니다. 이 사건 조치의 대상으로 된 청구인의 발언은 모두 정치와 정책에 관한 입장 표명과 비판 그리고 비판에 대한 해명 등입니다. 위와 같은 정도의 입장 표명조차 금지하는 것은 민주주의를 질식시키고, 국민의 의식 수준을 지나치게 과소평가 내지 폄하하는 것입니다.

● 공직선거법 제9조의 위헌여부 및 동 조항 소정의 공무원에 대통령이 포함되는지 여부에 대한 헌법재판소의 입장은 변경되어야 합니다.
- 선거에 의해 선출되는 대통령에 대해 선거에서의 중립 의무를

부과하여 선거기간 중 입에 자물쇠를 채우는 것은 입법례도 없고 민주주의 원리에도 맞지 않습니다.

- 민주주의의 심화, 정치의 선진화, 법치주의의 확장을 위해 지금 바로 헌법재판소의 입장은 변경되어야 합니다.

- 이 문제를 입법의 문제로 치부해버린다면 헌법재판소의 역할은 무엇인가라는 질문에 다다르게 됩니다.

● 청구인이 대통령으로서 이 사건 심판청구를 제기했을 때 많은 말들이 있었습니다. 그러나 청구인은 후진적 제도를 개혁해서 선진 민주주의로 나아가자는 충정에서 이 사건 심판청구를 제기한 것입니다. 우리 사회와 국민의 발전 수준에 비추어 볼 때 청구인의 이러한 문제 제기는 지극히 타당하고, 이 사건에서의 헌법재판소 결정을 통해 한국 민주주의가 선진화의 계기를 마련할 수 있기를 바랍니다.

헌법재판소 결정

공개변론 후 헌법재판소는 2008년 1월 17일 오후 2시에 결정을 선고했다. 결론은 5명의 재판관(이강국 소장, 이공현·김희옥·민형기·목영준 재판관)이 다수 의견으로 청구기각(합헌)이었다. 2명의 재판관(김종대·이동흡 재판관)은 부적법 각하의견을, 2명의 재판관(조대현·송두환 재판관)은 청구인용(위헌)의 반대의견을 냈다.

이 사건 조치가 헌법재판소법 제68조 제1항 소정의 헌법소원의 대상인 '기본권 침해 가능성이 있는 공권력의 행사'인지 여부에 대해 다수 의견은 이 사건 조치는 선거관리위원회법 제14조의2에 근거한 '경고'로 봄이 상당하고 선관위의 헌법상 지위, 대통령의 헌법과 법률 준수 의무를 고려할 때 이 사건 조치를 단순히 권고 적, 비권력적 행위라고 볼 수 없으며, 이 사건 조치 그 자체로 표현 의 자유에 대한 위축 효과를 줄 수 있음이 명백하므로 기본권 침해 가능성이 있는 공권력 행사라고 판단했다. 김종대 재판관은 이 사 건 조치는 선관위의 단순한 협조 요청에 불과해 법률상 효과가 없 으므로 청구인의 심판청구는 부적법하다는 의견을, 이동흡 재판관 은 청구인이 이 사건 조치로 입는 위축 효과의 불이익은 사실적·정치적인 것에 불과하고, 그 불이익도 이 사건 조치가 아닌 이 사 건 법률조항에서 직접적으로 생긴 것이어서 이 사건 조치 자체로 인하여 청구인에게 법적 효과가 생기는 것은 아니므로 공권력 행 사로 인정할 수 없다는 의견을 제시했다.

개인의 시위를 겸하는 국가기관, 특히 대통령이 기본권의 주 체로서 헌법소원을 제기할 적격이 있는지, 즉 기본권 주체성에 대 하여 다수 의견은 "원칙적으로 국가기관은 기본권의 수범자로서 국민의 기본권을 보호할 의무를 지고 있으므로 심판 대상 조항이 나 공권력 작용이 공적 과제를 수행하는 주체의 권한 내지 직무영 역을 제약하는 성격이 강한 경우에는 기본권 주체성이 부인되나, 일반 국민으로서 국가에 대해 가지는 헌법상의 기본권을 제약하 는 성격이 강한 경우에는 기본권 주체성을 인정할 수 있다. 이 사 건 조치로 대통령 개인으로서의 표현의 자유가 제한됐을 가능성이 있으므로 기본권 주체성을 인정할 수 있다"고 판단했다. 이동흡 재판관은 대통령은 공사의 영역 구분이 거의 불가능하고 이 사건의 발언들은 직무영역과 무관하다고 볼 수 없으므로 기본권 주체성을 인정할 수 없다고 했다.

공직선거법 제9조 제1항의 위헌여부에 대해 다수 의견은 "이 사건 법률조항은 입법목적과 입법경위, 수범자의 범위 및 선거 과정의 특징을 고려할 때 명확성의 원칙에 반하지 않는다. 대통령의 정치인으로서의 지위가 인정된다고 하더라도 선거활동에 관하여는 선거중립 의무가 우선돼야 하며, 이 사건 법률조항은 단지 선거가 임박한 시기에 부당한 영향력을 행사하는 방법으로 선거결과에 영향을 미치는 행위만을 제한적으로 금하고 있으므로 과잉금지 원칙에 위반돼 정치적 표현의 자유를 침해한다고 볼 수 없다"고 판단했다. 반면에 조대현·송두환 재판관은 부수적 규범 통제의 논리에 따라 이 사건 법률조항의 공무원에 대통령이 포함된다고 해석하는 것은 헌법에 위반된다고 선언해야 한다는 의견을 냈다.

이 사건 조치가 기본권을 침해하는지 여부에 대해 다수 의견은 "발언의 당사자인 청구인으로서는 이 사건 조치에서 언급하는 선거법 위반 행위가 무엇인지 알 수 있을 만큼 특정됐다고 할 것이므로 불명확하다거나, 이 사건 조치 전에 청구인에게 의견진술의 기회를 부여하지 않은 것이 적법절차에 어긋난다고 볼 수 없다. 청구인의 발언은 대통령 선거가 다가오고 야당의 당내 경선이 이뤄지는 시기에 국민들이 관심을 갖는 공공의 모임에서 야당의 유력 후보자들을 비난하고 그들의 정책을 지속적, 반복적으로 비판한 것으로서 이는 선거에 대한 부당한 영향력을 행사해 선거결과에 영향을 미치는 행위라고 할 것이므로, 이 사건 조치가 이 사건 법률조항을 잘못 해석, 적용한 것이라고 할 수 없으므로 이 사건 조치가 청구인의 기본권을 침해했다고 볼 수 없다"고 판단했다. 조대현 재판관은 국가공무원법의 규정 취지를 고려할 때 대통령을 포함한 정무직 공무원에게는 적극적으로 선거결과에 영향을 끼치는 선거운동까지 허용되는 것이며, 이 사건 법률조항을 국가공무원법 규정의 특별규정으로 해석할 수 없고, 이 사건 법률조항의 해석에 있어서 국회의원과 지방의회의원을 다른 정무직 공무원과 구분해 볼 당위성이나 합리성이 없으며, 따라서 대통령과 같은 정무직 공무원은 이 사건 법률조항의 수범자에 포함되지 않는다고 보아야 하므로 이를 잘못 해석한 이 사건 조치는 청구인의 기본권을 침해하므로 취소돼야 한다는 의견을 밝혔다. 송두환 재판관은 이 사건 법률조항은 규정의 위치나 내용을 살펴볼 때 총론적인 선언적 규정에 불과하므로 구체적 제재 조치의 근거가 될 수 없으며, 가사 구체적 행위규범이라고 하더라도 헌법상 정치적 표현의 자유의 의의, 대통령의 정치적 지도자로서의 헌법상 지위, 국가공무원법 규정과의 체계적, 조화적 해석을 고려할 때 이 사건 법률조항의 대상에 대통령 등 정치적 공무원은 포함되지 않는다고 봐야 하고, 이 사건 법률조항이 규정한 행위 내용은 매우 불명확하다고 볼 수 있으므로, 이 사건 조치는 정당한 법적 근거 없이 청구인의 정치적 표현의 자유를 침해한 것이므로 취소돼야 한다는 의견을 전개했다.

이 사건 결정의 의의

이 사건은 현직 대통령이 헌법소원을 제기한 사건으로 국가기관,

그중에서도 헌법상 최고 권력기관인 대통령이 기본권 주체성을 갖고 헌법소원을 제기할 수 있는지, 그리고 선관위의 대통령에 대한 이 사건 조치가 공권력 행사성을 갖고 나아가 대통령의 기본권을 침해하는 것은 아닌지에 대한 의문을 제기했고, 이와 관련하여 학계는 물론 사회적으로도 큰 논란을 불러일으켰다.

이 사건 법률조항에 대한 합헌적 해석을 전개하고 이를 전제로 대통령에게 이 사건 법률조항에 따른 선거와 관련하여 중립 의무가 있음을 명확히 했고, 구체적으로 대통령의 발언들을 분석하여 선관위의 경고조치의 합헌성을 확인했다.

이 결정에 대해서는 국가기관의 기본권 주체성을 인정하고, 정치 지도자의 지위를 갖고 있는 대통령의 선거 과정에서의 중립 의무의 존재와 행동의 범위를 규정지음으로써 향후 대통령 등에 대한 기본권 보호와 권력 행사의 범위에 대한 기준을 제시했다는 점에서 의의가 있다는 평가가 있다.[10]

헌법재판소는 대통령도 국민의 한 사람으로서 제한적으로나마 기본권의 주체가 될 수 있음을 밝힘으로써 국가기관이라도 사적인 영역에서(또는 공사가 혼합된 영역 포함) 기본권을 제한받는 경우에는 이에 대하여 헌법소원을 제기할 주체가 될 수 있다는 원칙을 밝혔다. 또한 조치 위반에 대한 특별한 법적 제재가 없다고 하더라도 표현의 자유에 대한 위축 효과가 있는 경우에는 그 자체로 공권력 작용은 기본권 침해 가능성을 가져올 수 있다고 하여 표현의 자유 영역에서 기본권 침해 가능성의 범위를 확장했다. 선관위의 경고에 대하여 공권력 행사성을 인정하지 않았던 오마이뉴스 사건(헌법재판소 2003. 2. 27. 선고 2002헌마106 결정)[11]과의 차이를 설명함으

로써 관련 선례들의 의미를 분명히 했다.[12)

민주주의는 끊임없는 문제 제기와 논쟁을 통해 발전한다. 대통령은 사회문제와 현상에 대한 논쟁의 정점에 위치하며, 선거기간이 되면 그 어느 때보다 활발한 정치 토론의 장이 열린다. 공직선거법 제9조 제1항의 '공무원'에 대통령이 포함된다고 해석하는 것은 활발한 논쟁을 통한 건전한 민주주의의 발전을 저해하고, 시민들이 현직 대통령의 사회에 대한 평가와 소신을 들을 기회를 봉쇄함으로써 대의민주주의의 실현에 악영향을 끼친다. 시민들은 다양한 견해를 들으면서 그에 따라 형성된 자신의 신념 또는 가치관에 따라 선거에 임한다. 시민이 대통령의 말 한마디에 쉽게 휩쓸릴 것이라고 가정하는 것은 시민의 자기 성찰 능력에 대한 폄하다.

대통령이 갖는 지위와 권한을 고려할 때, 대통령이 선거에 부당한 영향을 끼칠 것이라는 우려는 충분히 의미 있다. 그러나 그러한 위험성은 공직선거법 제60조 제1항, 제85조 제1항, 제86조 제1항이 구체적으로 열거하여 금지하고 있으므로, 원론적이고 추상적인 내용의 공직선거법 제9조 제1항을 대통령에게까지 구체적으로 적용하는 것은 과도하고 또 효율적이지도 않으며 대의민주주의의 작동을 저해한다. 대통령이라는 이유로 그의 발언이 선거에 부당한 영향을 끼칠 것이라고 지레짐작하는 것 또한 검증되지 않은 선입견일 수 있다. 대통령이 자신의 권한과 지위를 악용하여 구체적으로 부당하게 선거를 왜곡하려는 행위를 하는 것과, 국민의 한 사람으로서 자신의 정치적 견해를 표명하는 것은 별개의 문제다.

이 사건 조치의 불명확성과 절차의 하자에 대한 헌법재판소의 견해는 문제가 있다. 행정기관이 국민의 기본권을 침해하는 조치를 취하면서 불명확한 개념을 사용하여 마구잡이로 법률 위반으로 확정한다면 법치주의와 법치행정 원칙은 설 자리가 없게 된다. 특히 '명백하고 현존하는 위험'의 원칙이 적용되는 표현의 자유에 있어서는 더욱 그렇다. 민주주의의 기본 출발점은 절차에 있다. 기본권 침해 효과를 초래하는 행정상 조치를 취함에 있어서는 소명 기회를 부여하는 것이 적법절차 원리에 부합한다. 법률에 규정이 없다거나 관행이 없다는 것은 절차적 기본권을 부정할 근거가 될 수 없다.

노무현 대통령의 문제 제기는 정당했고 재판 과정에서 최선을 다했으나, 헌법재판관 중 두 명만이 인용결정을 했다. 대통령이 임명한 헌법재판관조차 각하의견을 냈다. 공개변론 후 선고 전에 노무현 대통령이 대리인들을 초청해 식사 대접을 하겠다고 했었다. 구체적인 날까지 잡았는데, 고영구 변호사님의 사모님께서 편찮으셔서 일정을 연기한 후 다시 날을 잡지 못했다.

왜 헌법소원을 제기했는가

<목 차>

1. 문제는 민주주의입니다.
   - 민주주의는 끊임없는 문제 제기를 통해 발전합니다.
   - 국민에게 이익이 되는 것이 민주주의입니다.
2. 대통령의 정치중립, 민주주의 원칙에 맞지 않습니다.

- 정상적 대통령제 국가 중에 대통령의 정치중립을 강제하는 나라는 없습니다.
- 대통령이 국정 운영에 대해 책임 있게 논쟁하는 것이 민주주의입니다.

3. '선거중립'이 아니라 '선거관리의 중립'이 맞습니다

- '선거중립'과 '선거관리중립'은 구별해야 합니다.
- 정상적 대통령제 국가 중에 대통령의 선거중립을 강제하는 나라는 없습니다.
- 선거중립 조항은 과거의 관권선거를 방지하자는 취지로 만든 것입니다.
- 이제 대통령 권력은 합법적이고 투명하게 행사되고 있습니다.

4. 선거법과 선관위의 해석, 무엇이 문제인가

- 입법의 문제점 — 선거법은 개정되어야 합니다.
- 해석의 문제점 — 법 개정 이전이라도 법해석은 선진적으로 해야 합니다.
- 선관위는 최종 판결기관이 아니라 집행기관입니다.

5. 후진적 제도 개혁해서 선진 민주주의로 가자는 것입니다.

1. 문제는 민주주의입니다.

● 민주주의는 끊임없는 문제 제기를 통해 발전합니다.

민주주의의 역사는 소수에게 집중된 권리가 다수 국민에게 확대되어온 역사입니다. 민주주의는 끊임없는 투쟁과 실험 속에서 발전해왔습니다. 역사의 고비마다 낡은 관행과 제도를 개혁하려는 시도가 없었다면 민주주의는 여기까지 오지 못했을 것입니다.

이제는 누구나 민주주의를 말합니다. 그러나 독재는 잘못됐고 대통령은 제왕이 아니라는 당연한 사실을 확인하는 것이 쉽게 이루어진 것은 아닙니다. 문제 제기와 탄압, 그리고 저항이 이어졌고, 그 과정에서 수많은 사람들이 목숨을 걸기도 했습니다.

독재는 사라졌습니다. 제왕적 대통령도 없습니다. 그러나 아직 우리 정치가 국민 주권을 제대로 실현하고 있다고 자신 있게 말

할 수 없습니다. 우리가 지금 당연하게 여기는 낡은 관행과 제도가 정말 제대로 된 민주주의인지, 이대로 가면 선진 민주주의로 발전할 수 있는 것인지 끊임없이 질문해야 합니다.

대통령의 발언이 문제가 되었습니다. 선거중립을 지키지 않았다는 것입니다. 대통령은 선거관리위원회의 법 해석에 동의할 수 없어 헌법소원을 냈습니다. 민주주의에 대한 진지한 토론이 필요하기 때문입니다. 우리가 관행 때문에 당연히 민주주의라고 여기고 있지만, 더 이상 민주주의가 아닌 낡은 사고와 제도에 대해 토론하려는 것입니다. 이 토론을 통해 우리 정치와 민주주의는 지금 어디쯤 와 있는지, 민주주의의 원칙과 발전 방향은 무엇인지 진지하게 고민해보자는 것입니다.

대통령의 문제 제기가 우리 사회를 시끄럽게 한다고 걱정하는 사람도 있습니다. 가치 있는 문제 제기라면 시끄러울 필요가 있습니다. 세계 역사에서 새로운 사고, 새로운 제도를 놓고 가장 뜨겁게 논쟁했던 시기에 그 사회는 역동적으로 발전했습니다. 민주주의 수준이 한 단계 높아졌고, 새로운 발명과 산업 생산이 가장 왕성하게 일어났습니다.

지난 1987년 민주화운동이 한창일 때 독재정권은 사회가 혼란스러우면 경제가 어려워지고 국가 발전이 지체된다는 논리로 탄압했습니다. 민주화 이후 20년 동안 수많은 개혁이 이루어질 때에도 개혁을 반대하는 논리는 시끄럽고 피곤하다는 것이었습니다. 그러나 1987년 수백만 국민들이 거리로 나오고 독재정권이 붕괴되었지만 우리 경제는 사상 최고의 발전을 이루어냈습니다. 지난 20년은 민주주의가 발전하고 개혁이 왕성했던 시기입니다. 그래서 시끄러워 보였던 이 시기에 우리 사회는 지식 정보화 일류국가로 발전했고, 세계 일류 기업을 길러냈습니다. 갈등과 진통이 있었지만 오히려 그 성과로 우리는 지금 경제규모 세계 11위, 국민소득 2만 달러 수준까지 발전해왔습니다.

대통령은 지금 헌법소원을 통해 대통령의 정치중립·선거중립 문제를 토론의 장에 올려놓았습니다. 단지 선거법 조항 하나, 선관위의 해석 하나를 문제 삼자는 것이 아닙니다. 그 속에 숨겨져 있는 우리 정치의 후진성을 헌법의 거울에 비추어보자는 것입니다. 그 후진성을 이대로 방치하면 민주주의 진보와 국가 발전의 발목을 잡을 것이라는 소신 때문입니다.

이 소신을, 아직은 많은 사람들이 낯설어하고 있습니다. 쓸데없는 문제를 일으킨다고 말하기도 합니다. 그러나 의미 있는 소신이라면 토론을 제안하고 국민들에게 설명해가야 합니다. 단지 낯설다는 이유로, 시끄럽다는 이유로 외면하는 것은 옳지 않습니다.

문제 제기가 필요한 때 그 문제에 정직하게 부딪치지 않으면 사회는 발전할 수 없습니다. 세계 역사와 우리 현대사가 증명하듯 이 문제를 피하지 않고 정면으로 풀어나가야 민주주의도, 경제도, 사회 수준도 발전합니다.

● 국민에게 이익이 되는 것이 민주주의입니다.

이번 문제 제기가 가치 있는 것인지 아닌지 판단하려면 국민의 이익이라는 잣대로 봐야 합니다. 대통령 선거중립에 대한 논쟁이 단지 대통령의 자존심과 발언권을 지키자는 차원이라면 거창하게 민주주의를 들먹일 필요가 없을 것입니다. 국가와 국민을 위해 이대로 가는 게 맞는지, 아니면 그동안의 관행과 제도를 바꾸는 게 맞는지 따져보자는 것입니다.

민주주의 정치제도가 본질적으로 국가와 국민에게 이로운 핵심적인 이유는 자유롭고 공정한 경쟁 때문입니다. 독재정권 때는 체육관에서 몇 사람이 모여 대통령을 선출했지만 민주화 이후에는 국민의 손으로 직접 대통령을 선출하게 됐습니다. 정치에서의 경쟁은 훨씬 자유롭고 공정해졌습니다. 그러한 변화가 국가 발전과 국민의 이익에 부합되는 것이라는 사실은 의심할 여지가 없습니다.

한국의 민주주의는 계속 발전해왔습니다. 앞으로도 한국 정치는 더 자유롭고 공정한 경쟁을 향해 나아가야 합니다. 그것이 궁극적으로 국민에게 이익이 되는 길입니다. 선거법 제9조 제1항도 그런 관점에서 다시 생각해봐야 합니다. 과연, 이 제도가 민주주의를 위해 필요한 제도인가, 오늘 한국 정치에서 자유롭고 공정한 경쟁을 보장하는 제도인가, 진지한 토론이 필요합니다.

2. 대통령의 정치중립, 민주주의 원칙에 맞지 않습니다.

● 정상적 대통령제 국가 중에 대통령의 정치중립을 강제하는 나라는 없습니다.

대통령은 노선과 정책을 걸고 국민의 선택을 받습니다. 따라서 대통령에게 정치를 잘하라는 말은 할 수 있지만 정치중립을 지키라는 말은 사리에 맞지 않습니다. 현행 공무원법에서도 공무원의 정치중립 의무를 규정하면서 대통령은 정치적 중립 의무가 없는 공무원으로 구별해 놓았습니다.

특수한 경우, 대통령에게 정치중립을 요구하는 정서가 있기도 합니다. 우선, 대통령을 국가 영도자로 여기는 경우입니다. 유신시대가 그런 경우입니다. 대통령은 한 정당의 지도자가 아니라 정치를 초월한 국가의 영도자이고 제왕이었습니다. 대통령은 거의 만장일치로 추대됐고 국회의원 1/3이 대통령에 의해 지명됐습니다. 대통령을 견제할 기본적인 수준의 정당정치도 가능하지 않을 때였습니다. 민주주의가 뿌리내리지 않은 후진 정치에서나 가능한 일입니다.

다른 경우는 내각제에서의 대통령입니다. 내각제 국가 중 입헌군주제를 채택하고 있는 경우에는 왕이 상징적인 국가의 대표입니다. 군림은 하되 통치하지 않는 왕에게 정파를 초월한 최고 지도자의 지위를 부여합니다. 이 경우 왕은 명문 규정과 관계없이 정파에 기울지 않고 정치적 중립을 지키는 관행이 정착되어 있습니다.

왕이 없는 내각제 국가의 경우에는 대통령이 상징적 국가지도자의 역할을 합니다. 내각제에서의 대통령은 민주주의의 기본 원칙이나 공동체의 기본 가치에 대해 말하는 경우는 있지만 특정 정파를 대표한 정치활동이나, 선거 경쟁에는 개입하지 않습니다.

현재 한국의 대통령은 제왕적 영도자도 아니고, 내각제하의 상징적 지도자도 아닙니다. 1987년 6월항쟁 이후 대통령의 초월적 지위는 사라졌습니다. 1987년 헌법에 규정된 최종적인 권력만 놓고 봐도 대통령의 권력은 선진 민주주의 국가와 비교해 결코 강하지 않습니다.

한국의 대통령은 프랑스 대통령에게 있는 의회해산권이 없습니다. 반면 한국의 국회는 미국 의회에는 없는 국무위원 해임 건의 권한을 가지고 있습니다. 대통령이 장관을 임명하기 위해선 총리의 제청을 받아야 합니다. 총리를 임명하려면 국회의 동의를 받아야 합니다. 여소야대 국회가 총리 임명을 계속 부결시킬 경우 대통령은 국회가 원하는 총리를 임명할 수밖에 없습니다. 실제 국민의 정부 출범 직후인 1998년 한나라당이 총리 임명 동의를 6개월 동안 반대해 파행을 겪기도 했습니다.

한국의 대통령에게 긴급명령권이 있기는 합니다. 그러나 이는 전쟁 등 비상상황에서만 쓸 수 있는 것으로 민주화 이후 김영삼 대통령의 금융실명제를 제외하면 제대로 행사된 적이 없습니다. 그것도 여대야소 상황에서 가능했던 것으로 여소야대에선 대통령이 평상시 쓸 수 있는 비상대권은 없다고 봐야 합니다.

우리 머릿속에서 초월적 지위의 대통령에 대한 막연한 인상이 남아 있지만 현실은 이미 변했습니다. 이제 한국의 대통령은 제왕적 대통령이 아닙니다. 특정 정당의 대표로 노선과 정책을 내걸고 선거에서 선출된 보통의 대통령입니다. 대통령의 정책과 국정운영은 일상적인 정치 공방의 대상이 되었고 국정 운영의 결과에 대해 국민들이 선거에서 평가합니다. 1997년에 그랬듯이 이제 우리 민주주의는 국민들이 원한다면 언제라도 여야 정권교체가 자유롭게 이루어질 수 있는 수준에 이르렀습니다.

● 대통령이 국정 운영에 대해 책임 있게 논쟁하는 것이 민주주의입니다.

대통령제 민주주의 국가에서 대통령은 단순한 행정 관리자가 아니라 다양한 이해관계를 조정하고 통합하는 정치인입니다. 대통령은 국민에게 약속한 노선과 정책에 따라 국정 운영을 성공적으로 이끌어가야 할 책임이 있습니다. 대통령에게 정치적 중립을 지키라는 것은 책임정치를 포기하라는 것과 같습니다. 책임정치의 원칙에 따라 정부에 대한 부당한 공격에 대해 방어하는 것은 대통령의 중요한 책임이자 권리입니다. 특히 대통령의 정치활동 수단 중에 빼놓을 수 없는 것이 대통령의 발언입니다. 정부 정책의 연속성과 책임성의 측면에서 정책효과가 훼손될 가능성이 있는 야당의 정책에 대해 비판할 수 있고, 책임 있게 비판해야 합니다.

대통령의 입을 막는 상황은 자유롭고 공정한 경쟁, 국민의 올바른 선택을 가로막는 결과를 낳습니다. 한나라당은 참여정부 5년이 총체적 국정 실패였고, 따라서 자신들이 집권하면 참여정부가 추진한 정책을 대부분 뒤집을 것이라고 공언합니다. 그러한 주장만 일방적으로 국민들에게 전달되는 상황은 자유롭고 공정한 경쟁이 아닙니다. 만일 한나라당이 사실과 다르거나 제대로 검증도 안 된 선거용 주장으로 집권에 성공하고 이를 기초로 잘못된 정책을 펴게 된다면 그 부작용은 국가와 국민이 고스란히 감당해야 합니다. 멀쩡한 사람에게 마취주사를 놓고 대수술을 하는 끔찍한 일이 벌어질 수도 있습니다.

여당이나 여당의 대통령 후보가 논쟁을 벌이면 된다고 주장할 수도 있습니다. 그러나 단임제하에서 여당의 대통령 후보들은 정부의 인기가 낮으면 차별화의 유혹에서 자유롭지 못합니다. 결국, 정부가 5년 동안 수행한 국정의 내용에 대한 정확한 평가는 제대로 이루어지지 않는 것이 현실입니다.

국민들에게 가장 유익한 것은 정치적·정책적 쟁점에 대해 의견을 달리하는 정치세력이 자유롭고 공정하게 경쟁하는 것입니다. 지난 5년 동안의 국정 운영을 놓고 논쟁한다면 이에 대해 당연히 대통령이 말해야 합니다. 그래야 책임 있고 정확한 논쟁이 이루어집니다. 대통령의 입을 묶어 놓고 선거용 정치공세만 난무하는 상황은 민주주의 원칙에도, 국민의 이익에도 맞지 않습니다.

3. '선거중립'이 아니라 '선거관리중립'이 맞습니다.

● '선거중립'과 '선거관리중립'은 구별해야 합니다.

대통령이 정치중립은 아니지만 선거중립은 해야 한다는 주장이 있습니다. 선거법에서는 공무원의 선거중립 의무를 규정해 놓았습니다. 선거관리위원회의 해석에 따르면 대통령도 선거중립 의무를 지켜야 할 공무원에 속한다는 것입니다. 정치중립 의무는 없지만 선거중립 의무는 있다는 것입니다.

문제는 정치와 선거를 어떻게 구별하느냐는 것입니다. 대통령의 발언과 행위 중에 어느 것은 정치활동이고, 어느 것은 선거활동인지 판단할 수 있는 분명한 기준이 제시되어 있지 않습니다. 그냥 포괄적으로 선거중립을 지키라는 규정만 있습니다. 대통령은 정치인이면서 공무원인 이중적 지위를 갖고 있습니다. 만일 선거중립 의무를 넓게 해석해 버리면 대통령의 정치활동을 가로막아 사실상 정치중립 의무를 강제하는 결과를 낳습니다. 반대로 대통령의 정치활동 범위를 넓게 보면 선거 시기의 발언과 활동을 폭넓게 허용하게 됩니다.

선거중립의 의미를 분명하게 할 필요가 있습니다. 민주주의 사회에서 선거는 정치의 핵심입니다. 선거를 빼고 정치를 얘기할 수 없습니다. 대통령이 지켜야 할 것은 '포괄적인 선거중립'이 아니라 '선거관리의 중립'입니다. 공무원이나 행정부를 정치적으로 이용하지 않고 선거를 공정하게 관리할 의무입니다.

● 정상적 대통령제 국가 중에 대통령의 선거중립을 강제하는 나라는 없습니다.

선진 민주주의를 하는 세계 어느 나라에서도 대통령에게 정치중립은 물론이고 선거중립 의무를 규정한 경우도 없습니다. 내각제를 하는 나라에서는 수상이 선거의 중심에 서 있기 때문에 선거중립은 불가능합니다. 대표적인 대통령제 국가인 미국에서도 대통령은 자신의 선거만이 아니라 의회 선거나 지방 선거 때도 지지 유세를 벌입니다. 이라크 전쟁을 수행 중인 현직 대통령 조지 W 부시(공화당)는 주지사 선거에서 켄터키 주, 미시시피 주 등 2개 주를 돌며 공화당 지원 유세를 펼치기도 했습니다. 프랑스의 대통령도 총선 직전, TV연설을 통해 정당 지원 유세를 합니다.

선거관리의 중립성을 해치지 않는 한 선거중립이라는 이름으로 대통령의 정치활동을 금지하는 나라는 없습니다. 그렇게 하는 것이 민주주의 원칙에 맞습니다. 공무원이나 정부 조직을 부당하게 선거에 이용하지 않는 한 대통령은 책임 있는 정치인으로 말하고 행동할 수 있어야 합니다.

특히 선거 때 벌어지는 국정 운영에 관한 논쟁에서 대통령이 책임 있게 임하는 것은 자유롭고 공정한 경쟁을 위해 꼭 필요한 요소입니다. 어느 선거든 대통령의 국정 운영에 대한 논쟁이 선거 공방의 핵심입니다. 그 논쟁이 얼마나 자유롭고 공정하게, 책임 있게 진행되느냐에 따라 그 선거의 수준, 다음 정부의 수준이 좌우됩니다.

한나라당의 핵심적인 선거 전략은 참여정부와 대통령을 공격하는 것입니다. 참여정부는 국정운영에 실패했다, 무능한 정부다, 그래서 한나라당이 집권해야 한다, 이게 한나라당의 대표적인 주장입니다. 그동안 재보궐선거, 지방선거를 포함한 11번의 선거에서 한나라당은 '정권 심판'을 주장하며 대통령을 공격하고 그것으로 정치적 효과도 거뒀습니다. 이번 대통령 선거에서도 국정실패론, 무능정부론을 계속 주장해 집권하는 게 한나라당의 핵심 선거 전략입니다. 그러나 참여정부 국정 운영을 책임져왔던 대통령은 이에 대해 반론을 펼 수가 없는 상황입니다.

근거 없는 공작설까지 만들어 공격해도 선거중립 의무 때문에 반박을 할 수 없습니다. 지난 5년 동안 의혹이다 게이트다 정치공작이다, 근거 없는 주장이 난무했습니다. 그러나 특검을 하고 검찰 수사를 했지만 사실로 밝혀진 것은 아무것도 없었습니다. 그런데도 한나라당에서는 대통령이 자신들을 뒷조사해 정치공작을 하고 있다는 무책임한 주장을 하고 있습니다. 만일 이런 주장이 선거용 흑색선전이라면 그 정당과 그 후보는 집권할 자격이 없습니다.

만일 우리 제도가 대통령 연임을 허용하고 있다면 당연히 대통령은 지난 5년 동안의 국정운영에 대한 논쟁의 당사자가 됩니다. 그러나 단임제인데다가 선거중립 의무까지 부과해 대통령이 스스로의 국정운영에 대한 논쟁에서 침묵해야 하는 이상한 상황이 펼쳐지고 있습니다.

● 선거중립 조항은 과거의 관권선거를 방지하자는 취지로 만든 것입니다.

1994년에 선거중립 조항을 새로 만들었던 것은 한국의 특수한 역사적 배경 때문입니다. 헌법상 대통령의 특별한 권력은 없어졌지만, 과거 독재시절에 정치적으로 악용되던 권력기관들을 집권세력이 장악하고 초법적 통치의 수단으로 이용해왔습니다. 핵심 제도는 바뀌었지만 집권세력의 사고방식이나 행동양식에는 과거 독재정권의 초법적 사고가 계속 존재했던 것입니다.

그 당시 대통령 권력은 헌법이 규정한 이상의 초과 권력을 행사했습니다. 인사권과 공천권을 갖고 당을 완전히 통제하고 안기부, 검찰, 경찰, 국세청 등 권력기관을 동원해 선거에 이용했습니다.

1992년 14대 총선 당시 군 부재자 투표에서 현역 군인들에게 여당 지지 정신교육을 시키기도 했고, 당시 내무장관과 도지사로부터 여당 후보의 당선을 위해 최선을 다하라는 독려 전화를 받은 현직 군수가 양심선언을 하기도 했습니다. 안기부 직원이 야당 후보의 사생활을 비방하는 유인물을 살포하다 붙잡히는 일도 있었습니다. 1992년 대선 당시엔 전직 법무장관이 부산의 음식점에서 검찰, 경찰, 부산 지역 기관장들과 특정 후보 지원을 논의한 내용이 폭로돼 큰 물의를 빚기도 했습니다.

이러한 현실 때문에 우리 국민들 사이에 대통령이 중립을 지켜줬으면 좋겠다는 정서가 있었고 자유롭고 공정한 경쟁이 훼손되는 것을 막기 위해 선거중립 조항을 신설했던 것입니다. 이 조항은 관권선거를 막기 위한 선언적 규정이라는 설명이 당시의 입법취지에도 적혀 있습니다. 입법의 타당성 여부를 떠나 이 제도는 한국의 특수한 정치적 배경에서 비롯된 특수한 제도였다는 점은 분명합니다.

대통령의 선거중립을 강제하는 제도가 부당하다는 점은 이미 한나라당의 뿌리인 김영삼 정부에서도 문제제기를 했습니다. 당시에는 대통령의 정치적 발언 정도는 문제도 되지 않았습니다. 김 대통령은 "내년에 있을 15대 총선에서 민자당 후보들의 당선을 위해 유세에 나서고 직접 지원하겠다"(1995. 4. 26. 춘추관 기자간담회)고 말했고, 이원종 당시 정무수석도 "대통령제를 실시하고 있는 나라에서 대통령이 당적은 갖되 선거운동을 못하게 하는 나라는 한국밖에 없을 것이다. 대통령만 선거운동을 못하게 하는 것은 잘못"(1995. 9. 6.)이라고 주장했습니다.

실제로 김 대통령은 1996년 국회의원 총선을 두 달 앞두고 선거 승리를 위해 이회창, 박찬종 씨를 직접 영입해 선거대책위원장으로 임명하기까지 했습니다. 그때 선관위에서는 이를 대통령의 통상적인 정치활동이라고 해석했습니다. 대통령의 정치활동과 선거중립을 구별하는 게 얼마나 자의적인 것인지 보여주는 사례일 것입니다.

● 이제 대통령 권력은 합법적이고 투명하게 행사되고 있습니다. 이제 대통령의 초과 권력은 거의 해체되었습니다. 특히 참여정부

들어와서는 대통령의 권력 행사에 관한 한 과거 정부는 물론이고, 세계 선진국의 어느 정부보다 가장 합법적이고, 민주적이고 투명하게 원칙을 지키고 있습니다.

이제 대통령이 가진 수단은 많지 않습니다. 인사권과 법률안 제출권 등 합법적 수단만을 갖고 있을 뿐입니다. 이마저도 여소야대와 대결정치 속에서 제대로 행사할 수 없었습니다.

과거에는 국정원, 검찰, 국세청 등 권력기관이 선거에 이용되기도 했습니다. 그러나 국민의 정부 이래로 대통령이 권력기관을 정략적으로 이용하거나 정부조직과 공무원을 동원해 선거에 개입하는 일은 없었습니다. 특히, 참여정부 들어서 대통령은 선거 때만이 아니라 평시에도 이들 권력기관을 정치적으로 활용한 적이 없습니다. 참여정부 출범 이후에 최근까지 11번의 선거가 있었지만 관권 선거가 문제가 된 사례는 한 건도 없습니다. 이제 대통령은 어떤 권력기관이나 정부조직에도 부당한 선거 개입을 명령하지 않습니다. 가능하지도 않습니다.

역설적이게도 관권선거의 가능성이 원천 봉쇄된 이 시기에 대통령의 선거중립이 논란이 되고 있습니다. 지금 논란의 핵심은 관권 동원이 아니라 대통령의 정치적 발언입니다. 관권의 행사만이 아니라 대통령의 정치적 발언조차 선거의 공정성을 해친다는 것입니다.

그러나 전 세계 어느 나라에서도 정당의 대표로 선출된 대통령의 정치적 발언을 법으로 제한하는 경우는 없습니다. 관권을 부당하게 동원하지 않는 한 대통령의 정치적 발언은 자유롭고 공정한 경쟁을 해치지 않습니다. 오히려 정상적인 정당 정치를 하는 나라에서 대통령의 책임 있는 정치적 발언은 자유롭고 공정한 경쟁의 필수 요소입니다.

4. 선거법과 선관위의 해석, 무엇이 문제인가

● 입법의 문제점 ─ 선거법은 개정되어야 합니다

선거법의 선거중립 의무조항은 민주주의의 원칙만이 아니라 법리적 측면에서 따지더라도 심각한 문제를 안고 있습니다.

헌법상 명확성의 원칙은 기본권을 제한하는 모든 법률규정에서 요구되는 원칙입니다. 선거에 의해 선출되고 정치적 중립 의무가 없는 정무직 공무원은 정당 가입 및 정당활동이 허용되는 등 폭넓은 정치적 기본권을 가지고 있습니다. 이러한 정치적 기본권은 정당 주도의 선거 과정에서도 원칙적으로 보장되어야 마땅합니다. 만약 이 기본권을 법률로써 제한하고자 하는 경우에도 헌법 원리상 그 규정은 명확해야 하고, 필요 최소한의 규제에 그쳐야 합니다.

그러나 선거법 제9조 제1항의 금지행위를 보면 "선거에 대한 부당한 영향력의 행사 기타 선거결과에 영향을 미치는 행위"로 포괄적·추상적으로 규정하고 있습니다. 구체적으로 어떤 행위가 선거에 대한 부당한 영향력의 행사인지 선거결과에 영향을 미치는 행위인지를 쉽게 알 수가 없습니다.

선거법은 개별조항에서 공무원의 선거운동 내지 선거에 영향을 미치는 행위를 구체적으로 금지(선거법 제60조, 제85조, 제86조)함으로써 공무원의 부당한 선거개입 행위를 충분히 방지하고 있습니다. 그럼에도 불구하고 선거법 제9조 제1항에서 다시 포괄적으로 금지하는 규정을 둠으로써 정무직 공무원들의 표현의 자유와 정당 활동의 자유에 대해 과도하게 제한을 가하고 있습니다.

선거법 제9조 제1항은 1994년 통합선거법 제정 이전의 구 대통령선거법, 구 국회의원선거법에는 없던 규정입니다. 이 규정은 과거 제왕적 대통령이 집권하던 시절 기승을 부렸던 권력기관의 관권선거를 방지하기 위해 도입된 것입니다. 그러나 민주주의가 발전해 대통령이나 공무원의 관권선거가 차단되어 있고 대통령에 대해 상시적으로 비판과 비난이 이루어지는 현 시점에서는 이 규정이 계속 존재할 이유가 뚜렷하지 않습니다.

외국의 경우를 보더라도 대통령의 선거중립 의무를 부여하고 있는 경우는 없습니다. 일본도 우리와 같은 공직선거법을 가지고 있으나, 우리 선거법 제9조 제1항과 같은 조항은 없습니다. 미국 연방법인 Hatch Act에는 행정부 소속 공무원이 선거에 개입하거나 또는 영향을 끼칠 목적으로 자기의 권한 또는 영향력을 행사하는 행위를 할 수 없도록 규정하고 있으나, 대통령과 부통령을 그 적용 대상에서 제외하고 있습니다.

우리나라는 아직도 대통령의 권한이 막강해 대통령의 부당한 선거개입 여지를 차단해야 한다고 주장하는 사람들이 있습니다. 만일 그렇다면 우리는 앞으로 오랫동안 대통령이 선거의 당사자가 되는 대통령 연임제를 도입할 수 없을 것입니다. 많은 전문가와 언론은 오래전부터 대통령 연임제를 도입해야 한다고 주장해왔습니다. 한나라당을 비롯한 모든 정당, 대부분의 대통령 후보들도 같은 주장을 해왔습니다.

대통령 연임제를 도입해야 한다고 주장하면서 아직 우리나라는 대통령의 부당한 관권선거를 막을 만큼 민주주의가 성숙하지 않았다고 주장하는 이율배반을 무슨 논리로 설명할지 궁금합니다. 결론적으로 선거법 제9조 제1항은 고쳐야 합니다. 고치지 않는다면 선진 민주정치국가라고 자부하기 힘듭니다.

● 해석의 문제점 — 법 개정 이전이라도 법해석은 선진적으로 해야 합니다

현행 선거법을 고치기 이전이라도 민주주의 원칙과 헌법 정신을 살릴 수 있는 길이 있습니다. 법에 대한 해석을 시대에 맞게, 민주주의 원칙과 헌법정신에 맞게 하는 것입니다. 선거중립 의무의 주체인 선거법 제9조 제1항 소정 공무원에 대통령과 정무직 공무원을 포함시킬 것이냐 하는 것은 결국 해석의 문제입니다.

현행 공무원법은 공무원의 정치적 중립을 규정하고 있습니다. 그러나 그 범주를 정치적 중립을 지켜야 하는 일반공무원으로 제한하고, 대통령과 정무직 공무원은 그 의무주체에서 제외하고 있습니다.

선거법 제9조 제1항도 '공무원'의 범주에 대해 '정치적 중립을 지켜야 하는 자'라고 명시하고 있습니다. 따라서 공무원법에서 분명하게 명시된 조항을 근거로 선거법의 공무원 범주를 합리적·제한적으로 해석하는 것이 충분히 가능합니다. 정당정치의 원칙이나 공무원법의 법리를 볼 때 대통령을 선거중립 의무를 지켜야 할 공무원이라고 해석하는 것은 시대에 맞지 않은 면이 있습니다.

설사 대통령이 선거법 제9조 제1항의 공무원에 포함된다고

해석하더라도 선거중립 의무 위반여부는 엄격하게 제한적으로 판단해야 합니다. 이 규정의 입법취지는 제왕적 대통령제하에서 관권선거를 방지하자는 것입니다. 그러나 대통령이 상시적인 정치공세의 대상이 되고 있는 지금의 정치 현실에는 맞지 않습니다.

지난 참평포럼 등에서의 대통령의 발언은 국정 전반에 대한 설명과 평가, 무능·좌파정부, 국정 파탄, 경제 파탄, 지역주의 부활과 같은 무차별적인 정치공세나 후진적 정치행태에 대한 대통령으로서의 정당한 반론 및 견해 표명이 주된 내용이었습니다. 그럼에도 불구하고, 이와 같은 대통령의 발언에 대해 선거중립 의무를 위반했다고 선관위가 결정한 것은 선거법 제9조 제1항의 입법취지를 지나치게 넓게 해석한 것으로 볼 여지가 많습니다.

경선 과정에서 한나라당 대선 후보들은 각종 강연회, 기자회견, 출판기념회 등을 통해 참여정부의 경제정책, 언론정책, 교육정책 등을 비판하면서 "정권심판, 정권교체"를 주장하고, "대한민국 747비전", "한반도 대운하 건설", "줄푸세 정책, 21세기 신성장동력, 민생경제 정책" 등을 비롯한 다양한 자신들의 공약을 자유롭게 발표하며 사실상 자신들에 대한 지지를 호소한 바 있습니다.

이는 사실상 선거법상 사전선거운동에 해당될 가능성이 많습니다. 그럼에도 불구하고, 선관위는 이에 대해서 적극적으로 조치를 취하고 있지 않고 있습니다. 반면 대통령이 이들 야당 대선 후보들의 주장 및 공약 발표에 대해 객관적 증거를 근거로 반박하는 것에 대해서는 선거법 제9조 제1항을 폭넓게 해석함으로써 대통령의 정치적 활동의 자유를 지나치게 제약하고 있는 측면이 있습니다. 결국, 선거중립 의무조항은 그 입법취지, 우리의 정치 현실, 외국 입법례에 비추어 볼 때 그 적용이 위선적인 모습으로 나타날 수밖에 없습니다.

선거법 제9조 제1항을 적용·해석할 때, 대통령이 지위나 권한을 남용해 직접 선거운동을 하거나 부당하게 선거에 영향을 미치는 행위를 하는 경우로 한정하여 해석하는 것이 필요합니다.

● 선관위는 최종 판결기관이 아니라 집행기관입니다.

선관위의 결정에 대통령이 이의를 제기하자 선관위 결정에 승복하라며 비판하는 사람들이 있습니다. 잘못된 비판입니다.

우리 사회에 선관위에 대한 지지와 기대가 있습니다. 과거에 국가권력의 불법행위, 많은 정치인들의 선거부정행위가 있었고, 이 때문에 국민들은 선관위에 엄정한 선거관리를 요구하고 그에 맞는 권위도 부여했습니다.

그러나 어떤 권위가 주어졌더라도 선관위는 사법적 판단을 내리는 기관이 아닙니다. 선관위는 공정하게 선거를 관리하는 집행기관으로서 집행기관에 한정된 권위를 행사해야 합니다.

그럼에도 불구하고 선관위의 결정은 사실상 최종적인 '법적 확인'의 사법적 성격을 갖고 있고, 그 조치로 말미암아 대통령 개인의 정치적 기본권이 제약되는 중대한 상황을 초래하므로 당사자에게 충분한 소명의 기회가 부여되어야 할 필요가 있습니다. 그러나 유감스럽게도 청와대의 의견진술 요청에 대해 선관위는 전례가 없다는 이유로 이를 거절했습니다.

또한 선관위의 조치내용을 보면 "특정 정당 집권의 부당성을 지적하고, 특정 후보자에 대해 폄하하며, 특정 정당을 지지하는 발언을 했다"는 취지로 기재되어 있을 뿐 구체적으로 대통령의 어떤 발언이 선거법에 위반되었는지에 대해 구체적으로 명시하지 않고 있습니다. 대통령은 구체적으로 어느 발언이 선거법에 위반되고 어느 발언은 위반되지 않는지 알 수가 없습니다.

게다가 선관위의 조치에는 "대통령께서는 정치적 의견을 표명할 때 선거 결과에 영향을 미칠 수 있는 발언을 더욱 자제하여 주시기 바란다"는 내용도 기재되어 있습니다. 향후 대통령의 정치적 발언에 대해서까지 직접적으로 통제하는 힘을 행사한 것입니다.

이러한 선관위의 조치로 인하여 헌법과 법률의 수호 의무가 있는 대통령이 법률을 위반한 결과가 되었는바, 이는 탄핵의 단초가 될 수도 있고, 계속되는 야당의 정치적 공세의 빌미가 됨으로써 향후 대통령의 국정 수행에 심각한 제약이 될 수밖에 없습니다. 국가에 중대한 영향을 끼칠 수 있는 정책 쟁점에 대한 문제 제기와 반론까지 봉쇄되는 것은 합리적이라 할 수 없습니다.

따라서 이러한 선관위의 조치에 대하여 대통령으로서는 헌법소원이라는 방법을 통하여 그 조치의 위헌성 여부를 다투지 않을 수 없었던 것입니다.

5. 후진적 제도 개혁해서 선진 민주주의로 가자는 것입니다.

대통령이 거듭해서 문제를 제기하고 헌법소원까지 낸 근본 취지는 후진적 제도를 개혁해서 선진적인 민주주의 제도로 가자는 것입니다.

독재시대의 제왕적 권력은 없어졌습니다. 이제 우리 민주주의의 목표는 반독재가 아니라 성숙한 민주주의, 선진 민주주의입니다. 과거 제왕적 권력의 시대에는·의미가 있었지만 이제는 민주주의 원칙에 맞지 않는 제도와 관행을 하나하나 고쳐 나가야 합니다.

연합정치를 제안했습니다. 과거 독재시대에는 정통성이 없는 정치세력과의 협력은 곧 야합이었습니다. 그러나 정통성을 기준으로 타도와 배제를 고집하기 어려운 지금은 정치세력간의 활발한 연합정치를 통해 정치의 효율을 높여야 합니다. 그것이 선진 민주주의로 가는 길입니다.

개헌을 제안했습니다. 단임제는 독재시대의 장기집권에 대한 우려 때문에 만들어진 제도입니다. 그러나 이제는 책임정치와 국정운영의 효율성을 해치는 불합리한 제도가 되었습니다. 선진 민주주의로 가기 위해서는 고쳐야 합니다.

언론 문제를 제기했습니다. 과거 독재시대에는 정치권력을 감시하고 견제하는 비판 언론이 요구됐지만 이제는 비판과 함께 책임이 필요한 시대가 되었습니다. 정확하고 공정한 책임 언론은 선진 민주주의의 핵심 요소입니다.

대통령의 선거중립 문제를 군이 제기하고 헌법소원까지 낸 이유도 그런 취지입니다. 이제 대통령을 제왕의 자리에서 내려놓아야 합니다. 대통령은 정파를 초월한 영도자가 아닙니다. 민주주의 경쟁의 책임 있는 주체입니다. 지난 5년간의 국정운영에 대해 뜨거운 논쟁이 벌어지고 있는데 선거 때라고 해서 대통령의 정치적 발언을 금지하는 제도와 관행은 민주주의 원칙에 맞지 않습니다. 자유롭고 공정한 경쟁을 위해 고쳐야 합니다. 국민들에게 이 문

헌법의 현장에서

제를 드러내놓고 근본적으로 토론해야 합니다.

아무도 문제를 제기하지 않고 있으면 낡은 제도와 관행은 고쳐지지 않습니다. 문제 제기를 해야 사람들이 생각하게 되고, 점차 이해하는 사람들의 폭이 넓어지면 그때 제도의 개혁이 이뤄지는 것입니다. 민주주의 역사가 항상 그랬듯이 그러한 문제 제기와 도전의 과정을 거치면서 민주주의가 발전한다고 믿고 있습니다.

우리나라는 지난 60년 동안 엄청난 민주주의의 진보를 이루어냈습니다. 우리 국민의 역량으로 이루어낸 진보입니다. 그러나 여기서 멈추지 말고 한 걸음 더 나아가야 합니다. 후진적 민주주의의 낡은 제도와 관행을 고쳐 선진 민주주의로 나가야 합니다. 이것이 이번에 대통령이 헌법소원을 제기한 정치적 목표입니다. 동시에 지난 대선에서 우리 국민이 대통령에게 부여한 가장 중요한 정치적 책무이기도 합니다.

뒤늦은 친일 청산 작업

친일재산귀속법
위헌소원 사건

3

친일재산귀속법의 제정 경위

1980년대 후반부터 친일반민족행위자[13]의 후손들이 자기네 조상이 일제로부터 사정查定을 받아 보유했던 재산을 되찾겠다며 그 재산의 환수소송을 전개했다. 친일파 후손이 재산환수소송을 제기할 수 있게 된 것은, 대법원이 일제강점기의 토지 및 임야 사정[14]에 대하여 절대적 효력을 인정하여 토지조사부에 소유자로 등재된 자는 반증이 없는 이상 토지 소유자로 사정받고 그 사정이 확정된 것으로 추정되고, 보존등기에 의하여 소유자로 등재되었다고 하더라도 사정명의인과 다를 경우 취득의 원인관계를 입증하지 못하면 더 이상 소유권을 주장할 수 없다고 판결했기 때문이다(대법원 1986. 6. 10. 선고 84다카1773 전원합의체 판결). 위 대법원 판결로 말미암아 일제강점기에 토지를 사정받고 해방 후 소유권 보존등기를 하지 못한 친일파 후손들이 친일재산을 환수할 수 있는 법률적 방도가 열리게 되었던 것이다.

　친일파 후손들이 친일 재산의 환수를 목적으로 한 소송들을 잇달아 제기하자, 일반 국민의 의식 속에서 희미해져 있었던 친일 과거청산 문제가 새롭게 제기되었다. 특히 일제의 국토 강점에 가담하여 그 대가로 일제로부터 훈장과 작위 및 금품과 토지 등을 하사받은 친일파 후손들이 조상인 친일파의 재산을 국가 등으로부터 환수하겠다고 나선 데 대해서 사회적 비판이 강력하게 일어났다. 일반 국민은 이러한 소송상 청구가 법적으로 인용되는 것이 정의의 관념에 뚜렷하게 반하는 것으로 인식했다.

　이러한 사건에 대해 현행 실정법에 근거하여 판결을 내릴 수밖에 없는 법원으로서는 친일파의 재산이라고 하여도 일반 민사법의 법리에 벗어나 이를 특별히 달리 취급하여 그 재산권을 부정할 수는 없다는 판단을 하는 경우가 많았다. 법원이 몇몇 친일재산 환수소송에서 친일파(이완용, 이재극 등) 후손의 청구를 인용하고 국가를 패소시킨 사례가 발생했다. 다만, 그런 판결들에서도 법원은 친일파 후손에게 친일 재산을 귀속시키는 재판 결과가 정의에 반한다고 인정했고, 특히 현행법상 친일 재산의 국가귀속에 관한 아무런 입법이 없기 때문에 그러한 결과에 이를 수밖에 없음을 지적했다. 법원은 입법의 흠결을 탓했던 것이다.

　이러한 유형의 소송들에 대하여 국가적 차원에서 정의로운 결과를 얻어내기 위해서는, 현행 법률을 전제로 한 법리 주장만으로는 미흡하므로 친일 재산의 국가귀속 내지 환수를 정하는 법률을 제정·시행하여야 한다는 결론에 이르게 되었다. 이러한 분위기에서 친일 재산을 규명하고 친일 재산에 대한 국가귀속을 규정하기 위한 법률 제정이 추진되었다. 제16대 국회는 2004년 3월 22일 '일제강점하 반민족행위 진상규명에 관한 특별법'(약칭반민족규명법)

을 제정했다. 반민족규명법은 일제의 국권침탈이 시작된 러일전쟁 개전 시부터 1945년 8월 15일까지 일제를 위하여 행한 친일반민족행위의 진상을 규명하여 역사의 진실과 민족의 정통성을 확인하고 사회정의의 구현에 이바지함을 목적으로 하여(제1조) 친일반민족행위를 18가지의 유형으로 분류하여 규정했다(제2조). 2006년 4월 28일 개정으로 친일반민족행위 유형은 20개 사항으로 확대되었다.

제17대 국회는 2005년 12월 29일 '친일 반민족행위자 재산의 국가귀속에 관한 특별법'(약칭 친일재산귀속법)을 제정했다. 친일재산귀속법은 일제의 식민통치에 협력하고 우리 민족을 탄압한 반민족행위자가 친일반민족행위로 축재한 재산을 국가에 귀속시키되 선의의 제3자를 보호하여 거래의 안전을 도모함으로써 정의를 구현하고 민족의 정기를 바로 세우며 일제에 저항한 3·1운동의 헌법이념을 구현함을 목적으로 했다(제1조). 그 재산이 국가에 귀속되는 친일반민족행위자 및 친일재산에 대해 정의하고(제2조 제1호 및 제2호 본문, 이하 '이 사건 정의조항'), 러일전쟁 개전 시부터 1945년 8월 15일까지 친일반민족행위자가 취득한 재산을 친일행위의 대가로 취득한 재산으로 추정하며(제2조 제2호 후문, 이하 '이 사건 추정조항'), 친일재산을 그 취득 원인행위 시에 국가의 소유로 했다(제3조 제1항 본문, 이하 '이 사건 귀속조항'). 다만 제3자가 선의로 취득한 권리를 해하지는 못하도록 했다(제3조). 나아가 친일재산의 조사 및 처리 등을 다루기 위한 친일반민족행위자재산조사위원회(이하 '친일재산위원회')를 설치하고 운영하는 데 대하여 규율했다(제4조 이하). 이미 친일반민족행위자의 후손들이 소를 제기한 경우에도 특별법이 적용된다는 점을 분명히 하기 위하여 부칙 제2조의 규정을 두었다.

친일재산위원회의 국가귀속 결정

친일재산귀속법에 근거하여 친일재산위원회가 2006년 7월 13일 대통령 직속으로 설치되었다. 위원장은 민변 회원으로 서울지방변호사회장과 대한변호사협회장 그리고 국가인권위원장을 역임한 김창국 변호사가 맡았다. 친일재산위원회는 일본 제국주의의 식민 통치에 협력하고 한민족을 탄압한 반민족행위자가 친일반민족행위로 모은 재산을 조사, 선정하여 국가에 귀속할지 여부를 결정했다. 친일재산위원회는 2010년 7월 12일 자로 모든 공식 조사 활동을 종료하고, 2010년 10월 12일 해산했다. 4년간 조사한 친일반민족행위자는 168명이었고 2,359필지(1,113만 9,645㎡)에 달하는 토지를 국고로 환수했는데, 이는 여의도 면적 1.3배에 해당한다. 액수로는 공시지가 959억 원, 시가로는 2,106억 원 상당이다.

친일재산위원회는 2006년 11월경부터 대상 재산들에 대해 조사 개시 결정을 함과 동시에 법원에 대상 재산에 대한 처분 금지 가처분신청을 하여 결정을 받았다. 조사 개시 결정에 대해 대상자들은 주로 '대상 재산이 조상들로부터 상속받은 토지로서 1904년 러일전쟁 전에 취득한 것이므로 친일 재산에 해당하지 않는다' 등의 이유로 이의신청을 했다. 친일재산위원회는 대상자의 이의신청에 따라 대상자로부터 진술을 청취한 후 2007년 4월부터 이의신청에 대한 결정을 했다. 친일재산위원회는 조사관으로 하여금 대상 재산에 대한 실지조사를 하게 한 후 2007년 8월 대상 재산에 대하여 친일 재산으로 인정하여 각 취득원인행위 시(대부분 사정 시)로 소급하여 국가 소유로 귀속시키는 결정을 했다.

국가귀속 결정 취소 행정소송

대상자들은 친일재산 국가귀속 결정을 받고 2007년 11월부터 서울행정법원에 친일재산위원회를 피고로 하여 국가귀속 결정의 취소를 구하는 행정소송을 제기했다. 친일재산위원회는 많은 사건에서 피고로 되었는데, 그중에 좀 규모가 크고 중요하다고 생각하는 사건들에 대해서는 필자에게 맡겼다. 수임료는 위원회 내부의 기준에 따라 미리 정해져 있어 조정할 여지가 거의 없었다. 어떤 연고로 필자를 대리인으로 선임하게 되었는지는 모르겠다. 필자로서는 친일 청산 작업에 미력한 힘이나마 보탤 수 있게 된 것을 감사하게 생각하고 최선을 다해서 소송을 수행했다.

2007년 12월경 몇 건의 사건을 수임해서 답변서를 제출한 후 본격적으로 재판 절차가 진행되었다. 여러 건이 한꺼번에 진행되었는데, 소송의 진행 속도는 사건마다 천차만별이었다. 대상자들은 친일재산귀속법의 위헌성을 집중적으로 주장했고, 나아가 일제강점기에 사정에 의하여 소유권을 취득한 부동산의 경우에는 국가귀속의 대상이 될 수 없으며, 또한 대상 재산은 친일의 대가로 획득한 것이 아니라 조상으로부터 상속을 받은 것이기 때문에 친일재산에 해당하지 않는다고 주장했다. 대부분의 사건에서 위 세 가지 점이 중요한 쟁점이 되었다. 어떤 사건에서는 묘지 관리인을 증인으로 신청해서 러일전쟁 훨씬 전부터 조상들의 묘지가 조성되었고 이를 관리해왔다는 점에 대해 증언하기도 했다.

친일재산위원회는 친일재산귀속법의 위헌성 문제에 대해서는 이미 헌법학자의 정치精緻한 의견서를 받아둔 상태였다. 그리고 대상자들이 제기한 쟁점에 대해 친일재산위원회 소속 전문가들이 반론을 준비해주었다. 이들의 도움을 받아 의견을 정리해서 준비서면으로 제출하는 방식으로 소송을 진행했다. 그 결과 1심 판결에서는 모두 승소했다.[15]

대상자들은 친일재산귀속법의 관련 조항들에 대해 위헌제청신청을 했으나, 법원은 이에 대해 기각결정을 했다. 대상자들은 위헌제청 기각결정에 대해 헌법재판소에 헌법소원을 제기했다.

대상자들은 1심에서 패소한 후 모두 항소를 제기했다. 항소심에서는 두 사건만 내가 맡았다. 상대방은 항소를 제기하고 1심에서 주장했던 내용들을 다시 한 번 주장했다. 상대방은 사정에 의한 소유권 원시취득의 경우 친일의 대가로 취득한 것으로 볼 수 없다는 점을 집중적으로 주장했다. 그에 관한 논문을 참고자료로 제출하고, 그 논문 작성자를 증인으로 신청하기도 했다. 그러나 사정에 의한 소유권 원시취득이 국가귀속 대상인 친일 재산에 해당하는지 여부는 재판부가 판단할 법률적 쟁점이기 때문에 증인신문을 통해 입증하는 것은 부적절해서 이 점을 지적했다. 결국 증인은 채택되지 않았고, 상대방은 논문 작성자에게 질의서를 보내고 그 답변을 받은 것을 서증으로 제출했다. 상대방은 특별법의 제정 과정에 대해서도 문제를 제기하고, 국회 공청회에서 공술인이었던 교수를 증인으로 신청하기도 했다. 이 증인신청도 적절하지 않다고 문제를 지적했는데, 그 교수가 증인으로 출석하지 않자 상대방은 역시 신문사항을 작성해서 그 교수에게 보내 답변을 기재해서 법원에 제출하는 방식을 사용했다. 한 사건에 대한 2심 판결은 1심 판결을 인용하여 항소기각 판결을 선고했다.[16]

위 사건에 대해 상대방은 대법원에 상고를 제기했다. 상고심

사건은 1건만 맡았는데, 2012년 4월 26일 상고기각 판결이 선고되었다.[17]

헌법소원심판 사건

행정소송에서 패소하고 위헌제청신청이 기각된 친일반민족행위자 후손들은 헌법재판소에 헌법재판소법 제68조 제2항에 근거하여 헌법소원을 제기했다. 여러 사건이 병합되었다.[18]

위헌소원 사건에서 상대방이 제기한 문제는 ① 친일반민족행위자 정의 조항이 불명확하여 죄형법정주의에 위배된다, ② 이 사건 추정조항은 재판청구권을 침해하거나 적법절차 원칙에 반한다, ③ 이 사건 귀속조항은 소급입법으로서 재산권을 본질적으로 침해한다, ④ 평등 원칙에 위반된다, ⑤ 연좌제 금지에 위반된다는 것이다. 결론적으로 이 사건 법률조항들, 곧 친일재산귀속법 자체가 위헌이라는 것이다.

친일재산위원회는 이해관계인으로 헌법소원심판 사건에 관여했는데, 나를 대리인으로 선임했다. 이미 행정소송 단계에서 법리를 정리했고, 서울행정법원이 상세하게 법리를 전개하여 기각결정을 했으므로 이를 기초로 해서 의견서를 작성해 제출했다. 헌법재판소는 2010년 4월 8일 오후 2시에 공개변론을 열었다. 그러자 친일재산위원회는 검사 출신 김재현 변호사를 추가로 대리인으로 선임했다. 모두변론은 김재현 변호사가 하고 나는 최후변론을 하는 것으로 역할 분담을 했다. 청구인 측 대리인으로는 조선총독부 중추원 참의를 지낸 서상훈의 후손 측 대리인으로 이효종 변호사, 일제치하에서 외사국장을 역임한 이건춘의 후손 측 대리인으로 이

재원 변호사 등이 출석했다. 우리 측 참고인으로는 이미 친일재산위원회가 의견을 받은 바 있는 김승대 부산대 교수가 출석했고, 청구인 측 참고인으로는 김백유 한성대 행정학과 교수가 출석했다.

공개변론 당시를 기준으로 조사 개시 결정을 내린 전체 5,500여 건 중 국가귀속 결정을 내린 건수는 2,000건이 조금 넘은 반면, 조사 개시 결정을 취소한 건수는 2,800여 건이었다. 전체 개시 결정 처분 중 절반 이상이 후손들의 입증 또는 그 밖의 여러 검토를 토대로 국가귀속 대상 재산에서 제외했다. 친일재산위원회의 처분에 대해 이의 또는 소송을 제기하지 않아 확정된 토지는 567필지이고, 제3자에게 매도해 부당이득청구를 통해 매각대금을 국가에 반납한 것도 3건이 있었다.

다음은 공개변론에서 필자가 최후변론한 내용이다.

공개변론 최후진술

● 먼저, 친일 청산이라는 역사적인 과제 수행의 마무리 단계에서 충실한 심리를 위해 공개변론을 열어주신 소장님을 위시한 재판관님들께 진심으로 감사드립니다.

● 친일 청산의 과제는 단순한 과거의 문제에 그치는 것이 아니고 현재진행형의 문제입니다.

우리 민족은 일제강점기 이전에도 수많은 외침을 당했습니다. 하지만 살수대첩, 귀주대첩, 임진왜란에서 보듯이 항쟁을 통해서 이를 물리친 경우가 많으며, 설령 전쟁에서 패배했더라도 이민족에 의한 직접 지배를 당한 경우는 거의 없었습니다.

그런데 19세기 말부터 20세기 초에 걸쳐 우리 민족이 겪은 일제의 침략은 과거의 외침과는 다른 양상을 보여주었습니다. 일제 강점기에 우리 민족은 과거 겪어본 바 없는 이민족에 의한 직접적인 식민 지배를 겪어야 했습니다. 일제의 침략은 지배방식뿐만 아니라 침략 과정에서도 과거와 달랐습니다. 기본적으로 무력에 의한 군사강점이었으나 과거와는 달리 일본이 대한제국 정부와의 전쟁을 통해 정복한 것은 아니었습니다. 일제가 대한제국과의 전쟁을 치르지 않고 한반도를 군사강점 할 수 있었던 것은 내부 협력자들이 있었기 때문에 가능했습니다.

내부 협력자로는 을사오적, 정미칠적, 경술구적 등 매국조약을 체결·조인하거나 이를 모의한 능동적 협력자들과 조선왕조 및 대한제국에서 책임 있는 지위에 있으면서도 일제의 침략을 방조한 대가로 귀족 작위를 받고 막대한 은사공채의 특전을 누린 수동적 협력자들이 있습니다. 일제가 외견상 외교조약을 통해 합법적으로 국권을 이양하는 형식을 취할 수 있었던 것은 위와 같은 내부 협력자들이 있었기 때문에 가능했으며, 능동적 협력자나 수동적 협력자나 정도의 차이는 있을지언정 양자 모두 역사적·법적 책임을 면할 수 없습니다.

내부 협력자들의 죄과로 인해 현재도 일본에서는 '합법적인 한일합병조약에 의해 한반도 진출이 이루어졌다', '식민지 지배가 조선의 근대화에 기여했다'는 등의 반역사적인 시각이 유지되고 있는 것입니다. 따라서 위와 같은 시각에 빌미를 제공한 내부 협력자들에 대한 책임을 묻는 친일 청산의 문제는 단순한 과거의 일이 아니며 현재에도 국내외적으로 쟁점이 되고 있는 문제라고 할 수 있습니다.

● 이 사건에 대한 청구인 측과 조사위원회 사이의 인식의 차이는 헌법제정권자가 헌법 전문에서 천명한 "3·1운동으로 건립된 대한민국임시정부의 법통" 계승에 근거한 일제 식민 잔재 청산이라는 역사적 과제를 어떻게 평가할 것인가, 해방 후 제정·시행되었다가 폐지된 반민족행위처벌법(이하 '반민법')에 의해 이루어진 친일 청산을 어떻게 평가할 것인가에 대한 관점의 차이에서 비롯됩니다.

일제 식민 잔재의 청산은 우리 국가와 사회의 정의를 구현하고 민족정기를 바로 세우기 위한 최소한의 작업으로서 현행 헌법 전문의 "3·1운동으로 건립된 대한민국임시정부의 법통 …… 계승" 규정에 의하여 헌법적 과제로 승인된 것으로서, 사회구성원의 개인적 기본권과는 차원이 다른 중요성을 가집니다. 민족과 국가의 구성원은 그 민족과 국가가 독립을 유지할 때 비로소 개인적 기본권도 보장받을 수 있으며, 국가와 민족이 외세에 지배당할 때에는 개인적 기본권의 문제는 고려의 대상도 되지 못했음을 우리 역사가 증명하고 있습니다.

반민법에 의한 친일 청산은 미소 점령에 의한 남북 분단, 한국전쟁, 냉전체제의 고착화 등 우리나라의 특수한 사정으로 말미암아 거의 진행되지 못했고, 그 작업이 헌법적 과제로 남겨지게 되었으며, 그로 인해 이후의 개정헌법 전문에서도 3·1운동과 대한민국임시정부의 법통 계승을 규정하게 되었던 것입니다. 반민법의 적용으로 일부에 대해 형벌 및 몰수형이 선고된 바 있으나, 반민법의 폐지에 의해 판결의 효력이 모두 상실되었고, 몰수형은 집행도 되지 않았습니다. 반민법이 제대로 적용·집행되었다고 한다면 이 사건에서 문제되는 친일 재산은 이미 국가 소유로 되었을 것입니다. 식민 잔재의 청산은 그 시기가 지연되더라도 국가와 민족이 정체성을 확립하고 정기를 세우기 위해서는 반드시 수행되어야만 하는 역사적 과제로 남아 있던 것입니다. 해방 후 60년 만에라도 친일재산귀속법이 제정되어 식민 잔재 청산 작업을 하게 된 것은 이에 대한 국민의 의지가 그만큼 강했기 때문에 가능했던 것입니다.

● 청구인 측 주장의 법리적인 부당성에 대해서는 변론요지서 등을 통해 밝혔습니다. 여기서는 '역사적 정의를 바로 세우는 데는 시효가 있을 수 없다'는 구절을 인용하고자 합니다. 친일 재산은 친일반민족행위자가 국가와 민족과 헌법을 배반하고 그 대가로 취득한 재산이므로 취득 자체가 원인무효이며, 우리 헌법에 의해 보장되는 재산권에 해당하지 않는다고 보는 것이 역사적 정의에 부합합니다. 친일 재산은 원래부터 친일반민족행위자들의 것이 아니었고 당연히 그들 후손에게의 상속도 무효이므로, 친일 재산의 국가귀속은 원래의 주인이었던 국가의 소유로 되돌리는 행정조치에 불과하며, 현 단계에서 친일 재산 자체만을 국가귀속 하는 것은 친일반민족행위가 있은 지 100여 년이 지난 시점에서 그나마 실천할 수 있는 최소한의 역사적 정의 실현이라 할 수 있습니다.

● 친일 청산은 우리 민족과 국가가 한 번은 제대로 수행하고 넘어

가야만 할 역사적 과제입니다. 일부 구성원들의 아픔이 수반될 수도 있겠지만 역사의 발전을 위해 한 번은 거쳐야 할 과정인 것입니다. 그렇기에 일부 친일반민족행위자 후손들은 조사위원회의 국가귀속 결정에 승복하여 그 결정이 확정되었고, 나아가 친일재산귀속법 시행 후 제3자에게 매도한 후 조사위원회의 친일 재산 확인 결정을 받고 매각대금을 자진하여 국가에 반환한 사례도 있습니다.

만일 친일재산귀속법 제2조, 제3조에 대하여 소급입법, 연좌제 금지, 재산권 보장 규정에 반한다는 이유로 위헌결정을 하게 되면 국가귀속 결정의 존립근거 상실로 모든 국가귀속 결정은 무효로 될 것이고, 친일재산귀속법 제2조 제2호의 추정규정에 대하여 위헌결정을 내린다 하더라도 조사위원회 활동이 종료되는 현 시점에서 친일 대가성 여부에 대한 조사는 사실상 불가능하므로 향후 제기되는 소송에서 전부 패소할 것으로 예상되며, 만약 추정규정상의 '취득'에 '사정'을 포함할 수 없다는 해석을 한다면 국가귀속재산의 75퍼센트에 해당하는 사정으로 취득된 부동산이 국가귀속에서 제외되므로 사정을 염두에 두고 제정된 특별법의 입법취지가 무색해질 뿐만 아니라 4년간의 조사위원회의 활동은 수포로 돌아가고 말 것입니다.

● 이상의 제반 사정을 충분히 고려하여 친일재산귀속법과 조사위원회 활동의 헌법적 정당성을 인정해주시어, 우리 사회가 친일 청산이라는 긴 터널을 통과할 수 있도록 현명한 판단을 하여 주시기를 간절히 바랍니다.

헌법재판소 결정

헌법재판소는 공개변론 후 거의 1년이 지난 시점인 2011년 3월 31일 결정을 선고했다. 결론은 합헌이다. 친일 청산의 민족사적인 의의를 고려할 때 합헌결정은 당연한 결과다.

이 사건 정의조항이 죄형법정주의에 위배되는지 여부에 대해 다수 의견은 이를 부정했다. 즉, 이 사건 정의조항 중 '친일반민족행위자'를 '반민족규명법 제2조 제6호 내지 제9호의 행위를 한 자'로 규정한 부분이 불명확하다고 할 수 없고, '독립운동에 적극 참여한 자' 부분은 '일제강점하에서 우리 민족의 독립을 쟁취하려는 운동에 의욕적이고 능동적으로 관여한 자'라는 뜻이므로 그 의미를 넉넉히 파악할 수 있다는 것이다.

이 사건 추정조항이 재판청구권을 침해하는지 여부 및 적법절차 원칙에 반하는지 여부에 대해 다수 의견은 이를 부정했다. 입증책임의 분배에는 입법재량이 인정되고, 오래전에 취득된 친일재산을 국가 측이 일일이 입증하는 것은 곤란한 반면 재산의 취득자 측은 취득내역을 잘 알고 있을 개연성이 높으므로, 이 사건 추정 규정이 입법재량을 일탈하여 재판청구권을 침해한다거나 적법절차 원칙에 반한다고 볼 수 없다고 판단했다. 또한 이 사건 추정조항이 친일반민족행위자 측에 전적으로 입증책임을 전가한 것도 아니고, 행정소송을 통해 추정을 번복할 수 있는 방도도 마련되어 있으며, 가사 처분청 또는 법원이 이러한 추정의 번복을 쉽게 인정하지 않는다 할지라도 이는 처분청 또는 법원이 추정조항의 취지를 충분히 실현하지 못한 결과이지 추정조항을 활용한 입법적 재량이 일탈·남용되었다고 보기 어렵다는 것이다.

이 사건 귀속조항에 대해 다수 의견은 진정소급입법에 해당하는 것으로 보았지만, 진정소급입법이라 할지라도 예외적으로 국민이 소급입법을 예상할 수 있었던 경우와 같이 소급입법이 정당화되는 경우에는 허용될 수 있는데, 친일재산귀속법은 그러한 경우에 해당한다고 보았다. 친일 재산의 취득 경위에 내포된 민족 배반적 성격, 대한민국임시정부의 법통 계승을 선언한 헌법 전문 등에 비추어 친일반민족행위자 측으로서는 친일 재산의 소급적 박탈을 충분히 예상할 수 있었다. 친일 재산 환수 문제는 그 시대적 배경에 비추어 역사적으로 매우 이례적인 공동체적 과업이므로 이러한 소급입법의 합헌성을 인정한다고 하더라도 이를 계기로 진정소급입법이 빈번하게 발생할 것이라는 우려는 충분히 불식될 수 있다. 따라서 이 사건 귀속조항은 진정소급입법에 해당하나 헌법 제13조 제2항에 반하지 않는다는 것이다.

이 사건 귀속조항이 과잉금지 원칙에 위배되는지 여부에 대해서도 다수 의견은 이를 부정했다. 이 사건 귀속조항은 민족의 정기를 바로 세우고 일본제국주의에 저항한 3·1운동의 헌법이념을 구현하기 위한 것이므로 입법목적이 정당하고, 민법 등 기존의 재산법 체계에 의존하는 방법만으로는 친일 재산의 처리에 난항을 겪지 않을 수 없으므로 이 사건 귀속조항은 입법목적을 달성하기 위한 적절한 수단이 된다. 이 사건 귀속조항은 반민족규명법이 정한 여러 유형의 친일반민족행위 중에서 사안이 중대하고 범위가 명백한 네 가지 행위를 한 자의 친일 재산으로 귀속 대상을 한정하고 있고, 이에 해당하는 자라 하더라도 후에 독립운동에 적극 참여한 자 등은 예외로 인정될 수 있도록 규정해 두었으며, 친일반민족행위자 측은 그 재산이 친일행위의 대가로 취득한 것이 아니라는 점을 입증하여 얼마든지 국가귀속을 막을 수 있고, 선의의 제3자에 대한 보호 규정도 마련되어 있으므로 피해의 최소성 원칙에 반하지 않고, 과거사 청산의 정당성과 진정한 사회통합의 가치 등을 고려할 때 법익의 균형성 원칙에도 부합하므로 이 사건 귀속조항은 재산권을 침해하지 않는다는 것이다.

평등 원칙 위배 여부에 대해서도 다수 의견은 친일 재산은 이를 보유하도록 보장하는 것 자체가 정의 관념에 반하고, 귀속 대상을 사안이 중대하고 범위가 명백한 친일 재산으로 한정하고 있으므로 이 사건 귀속조항이 평등의 원칙에 반한다고 볼 수 없다고 판단했다.

연좌제 금지 원칙 위배 여부에 대해서는 이 사건 귀속조항이 친일반민족행위자 후손의 재산 중 그 후손 자신의 경제적 활동으로 취득하게 된 재산이라든가 친일 재산 이외의 상속재산 등을 단지 그 선조가 친일행위를 했다는 이유만으로 국가로 귀속시키는 것은 아니므로, 연좌제 금지 원칙에 반한다고 할 수 없다고 판단했다.

이에 대하여, 친일 재산은 일본제국주의와의 투쟁과 그 극복으로 탄생한 대한민국 헌법상 '재산권' 조항으로써 보호될 수 없다는 김종대 재판관의 별개의견,[19] 친일 재산의 국가귀속은 현재 진행 중인 사실관계 또는 법률관계에 작용하는 부진정소급입법에 해당한다는 목영준 재판관의 일부 별개의견,[20] 친일행위와 무관한 재산이라 하더라도 1912년경 일제의 토지사정부 작성에 의해 그 시기에 취득한 것으로 간주되므로, 이 사건 추정조항 중

'취득'에 '사정에 의한 취득'까지 포함된다고 해석하는 한 위헌이라는 이동흡·목영준 재판관의 일부 한정 위헌의견,[21] 이 사건 귀속조항은 진정소급입법에 의한 재산권 박탈을 금지한 헌법 제13조 제2항에 위반된다는 이강국·조대현 재판관의 일부 위헌의견[22] 등이 있었다.

이 사건 귀속조항이 위헌이라는 이강국·조대현 재판관 의견에 의하면 친일재산위원회의 친일 재산 국가귀속 결정은 모두 취소를 면치 못하게 되고, 이 사건 추정조항의 '취득'에 '사정'이 포함되는 것으로 해석하는 한 위헌이라는 이동흡·목영준 재판관 의견에 의하더라도 대부분의 국가귀속 결정이 취소될 수밖에 없다. 국가귀속 결정한 대부분 토지의 경우 친일반민족행위자가 사정으로 소유권을 원시적으로 취득했기 때문이다. 그렇기 때문에 상대방은 이 부분에 집중했던 것이다.

이 사건 결정에 대한 평가

헌법재판소는 이 사건 결정의 의의에 대해 다음과 같이 정리했다.

"지난 세기, 제국주의 국가에 의한 식민지를 경험했던 많은 나라들은 해방 직후 대대적인 과거사 청산 작업을 완료한 바 있으나, 우리의 경우 제헌헌법하에서의 반민족행위처벌법이 제대로 된 과거사 청산을 하지 못했다는 사회적 반성에 의해 해방 후 반세기가 지나서야 본격적인 일제 과거사 청산 작업이 이루어지기 시작했는데, 이 사건은 일제 과거사 청산 문제 중 첨예한 이해관계가 대립하고 있는 친일 재산의 국가귀속 문제를 정면으로 다루고 있고, 소급입법의 위헌여부에 관한 다양한 법리들이 개진되고 있어 헌법이론적으로도 주목할 만한 가치가 있다."

헌법재판소는 2013년 9월 1일 창립 25주년을 맞아 3,600명의 국민들을 대상으로 조사해 선정한 '역대 10대 결정'을 발표했는데, 이 결정이 1위로 선정되었다. 유신헌법 시절 박정희 전 대통령의 긴급조치를 위헌이라고 결정한 사안이 2위, 국회의 노무현 대통령 탄핵소추를 기각한 사안이 3위를 기록했다. 민변은 위 결정에 대해 "민족의 정기를 바로 세우고 일본제국주의에 저항한 3·1운동의 헌법이념을 구현하려는 친일재산귀속법의 취지를 중시하여 선고"했다고 평가했다.

소위 이해승 후손의 국가귀속 결정 처분 취소 사건

친일재산위원회의 국가귀속 결정 중 규모가 가장 큰 것이 왕족인 이해승 후손이 상속받거나 소유권을 회복한 토지들에 대한 것이다. 이해승은 이씨 왕족으로서 한일합방 후에 일제로부터 후작侯爵의 작위를 받고, 일제강점기에 다양한 친일 행적을 했다. 이해승은 서울 진관동·응암동, 경기도 포천 등에 소재하는 많은 땅을 사정받았고, 그 후손이 이를 상속받았다. 경우에 따라서는 명의신탁에 의해 다른 사람들 명의로 사정되었던 것을 후손이 해방 후에 이해승의 소유였음을 밝혀 소유권 명의를 되찾기도 했다.

후손은 이와 같은 토지들은 모두 이해승의 선조가 왕으로부터 사패지로 받은 것이라고 주장했다. 실제 사패를 받은 것으로 기록되어 있어 일부가 사패지인 것은 틀림없으나, 다만 사패지의 범위에 대해서는 다툼이 있었다. 조선왕조의 기록에 의하면 사패지의 범위에 대해 명확하게 사방 보수步數로 표시했다. 후손 측은 위

보수는 엄격한 측량 단위로서의 의미가 아니고 경계 표시에 불과하다고 주장했다. 친일재산위원회는 위 보수가 엄격한 측량 단위임을 확인하고, 이에 따라 인정된 범위 내에서는 사패지로 인정하고 국가귀속 대상에서 제외했다.

친일재산위원회는 일부 토지들에 대해 2007년 11월에 국가귀속 결정을 했는데, 이에 대해 그 후손이 2008년 2월에 국가귀속 결정 취소를 구하는 행정소송을 제기했다. 1심에서는 원고의 청구가 기각되었으나,[23] 항소심인 서울고등법원 제9행정부는 이를 뒤집었다.[24] 상대방은 항소심에서 서울대 윤진수 교수 등으로부터 사정의 효력 등에 관한 의견서를 받아서 제출했다. 항소심이 1심 판결을 뒤집은 이유는 이해승이 일제로부터 후작 작위를 받은 것은 사실이지만, 한일합병 당시 이해승의 나이(20세) 등에 비추어 볼 때 이해승이 후작 작위를 받은 것은 왕족이기 때문이지 별도의 "한일합병의 공"으로 받았다고 인정할 증거가 없으므로 이해승은 친일반민족행위자에 해당하지 않는다는 것이다. 참으로 어이없는 판결이다. 을사5적이나 정미7적 등은 적극적으로 한일합병에 공을 세워 일제로부터 귀족 작위를 받았지만, 왕족인 이해승은 한일합병의 공에 관계없이 왕족이라는 이유로 귀족 작위를 받은 것에 불과하다는 것이다. 당시 일제는 조선 민중에 대한 선전 효과를 위하여 일정한 인사들(76명)에게 귀족 작위(공작-후작-백작-자작-남작)를 부여하고 은사금까지 지급했다. 일제의 이러한 의도에 승복하여 왕족으로서 귀족 작위를 받은 것 자체가 한일합병에 공을 세운 것이라 할 수 있다. 당시 왕족 중에서도 일제가 부여하는 귀족 작위를 거부한 인사도 있었다.

필자는 이 사건을 1심과 2심에서 담당했는데, 친일재산위원회는 위 사건의 상고심을 필자에게 맡기지 않았다. 다른 변호사를 선임하지도 않고 담당직원들이 직접 수행했다. 그 이유는 지금도 모르겠다. 대법원은 위와 같이 중요할 뿐만 아니라 1심과 2심의 판결 결과가 정반대일 정도로 법리적 쟁점에 대한 판단이 분명하게 갈리는 사건임에도 2010년 10월 28일 심리불속행 기각판결[25]을 선고했다.[26]

이로 인해 친일재산위원회가 국가귀속 결정을 했던 많은 땅들을 환수하지 못하게 되었다. 이 판결에 대해 민변은 "이해승은 후작 작위를 받은 후 현 시가 20~30억 원 상당의 은사공채를 수령했고, 한국병합기념장과 쇼와대례기념장을 받는 등 일제 식민지시대 내내 귀족으로서 심각한 친일 행적을 했다. 그럼에도 불구하고 법원은 거시적 관점에서 역사적 의의를 판단하지 않고 친일재산귀속법의 자구에 매몰되어 '한일합병의 공으로' 귀족 작위를 받아야만 친일 재산 국가귀속의 대상이 되는 친일행위자에 해당하는 것으로 해석함으로써 대표적인 친일행위자가 빠져나가도록 방조했다. 더구나 1심과 2심의 결론이 달랐음에도 대법원이 심리불속행 기각으로 최종 판단을 회피한 것은 심각한 문제라고 하지 않을 수 없다. 이로 말미암아 조선총독부 중추원 부의장, 고문, 참의도 친일재산의 국가귀속 대상인 친일반민족행위자에 해당하는데, 왕족이면서도 일제식민지 정책에 협조하여 귀족 작위를 받고 친일 행적을 한 자가 제외되는 반역사적이고 불합리하며 부정의한 사태가 발생했다"고 평가했다.

친일재산귀속법 개정

친일재산위원회가 이해승 후손의 토지들을 조사하고 국가귀속 절차를 밟고 있는 중에 그 후손이 200억 원이 넘는 규모의 땅을 제3자에게 매도했다. 친일재산위원회는 2009년 5월 후손 명의로 되어 있던 토지들에 대해서는 국가귀속 결정을 하여 국가로 소유권 이전 등기를 했고, 제3자에게 매각한 토지들에 대해서는 친일 재산 확인 결정을 했다. 또한 2009년 7월과 9월에 추가적으로 후손이 제3자에게 매도한 땅들에 대해 친일 재산임을 확인하는 결정을 했다.

이해승 후손은 2010년 5월 31일 대한민국을 상대로 소유권 이전 등기 말소 소송을 제기했다. 1심 법원은 2011년 2월 18일 확정된 대법원 판결 취지에 따라 이해승이 일제로부터 후작의 작위를 받은 사실은 인정되나, 그와 같은 작위를 '한일합병의 공으로' 받았다고 보기 어려우므로, 대한민국이 소유권 이전 등기를 마친 것은 원인 무효라는 판결을 선고했다. 이에 대해 국가가 항소했는데, 항소심이 계속 중이던 2011년 5월 19일 국회는 법률 제10646호로 친일재산귀속법을 개정했다. 개정 친일재산귀속법 제2조 제1호는 '재산이 국가에 귀속되는 대상인 친일반민족행위자'를 정함에 있어, 종전의 구법 제2조 제1호 가목에서 규정했던 '구 반민족규명법 제2조 제7호의 행위(한일합병의 공으로 작위를 받거나 이를 계승한 행위)를 한 자' 부분을 삭제하고, 제2조 제1호 나목 본문에 '친일반민족행위자진상규명위원회가 결정한 친일반민족행위자 중 일제로부터 작위를 받거나 이를 계승한 자'를 새로 규정했다. 개정 친일재산귀속법 부칙 제2항은 '친일재산위원회가 종전의 제2조 제1호에 따라 친일반민족행위자로 결정한 경우에는 제2조 제1호의 개정 규정에 따라 결정한 것으로 본다. 다만, 확정판결에 따라 이 법의 적용 대상이 아닌 것으로 확정된 경우에는 그러하지 아니하다'라고 규정했다. 또한 구 반민족규명법 역시 개정 특별법에 부합되는 방향으로 2012년 10월 22일 개정되어 '친일반민족행위' 유형에 '일제로부터 작위를 받거나 이를 계승한 행위'를 친일반민족행위의 하나로 규정(제2조 제7호)하고, 개정 친일재산귀속법 부칙과 같은 부칙 규정을 두었다.

부당이득 반환 사건

친일재산위원회는 그 매각대금 상당액인 200억 원이 넘는 금액에 대해 그 후손을 상대로 부당이득 반환 청구 소송을 제기했다. 친일재산위원회는 친일 재산 확인 결정의 취소를 구하는 행정소송은 다른 대형 로펌을 대리인으로 선임했고, 부당이득금 반환 소송은 필자를 대리인으로 선임했다. 이명박 정부 시절이었지만 친일재산위원회가 활동하던 때라 필자에게 맡길 수 있었던 것으로 보인다. 이명박 정부에서 국가를 대리하여 소송을 수행하게 되었다.

이해승 후손은 소유권 이전 등기 말소 소송 항소심에서 개정 친일재산귀속법의 관련 규정들에 대해 위헌제청신청을 했는데, 재판부가 위헌의 소지가 있다고 보고 헌법재판소에 위헌제청결정을 했다. 필자는 그 헌법소원 사건에는 관여하지 못했다. 헌법재판소는 2013년 7월 25일 합헌결정을 했다(2012헌가1).

헌법재판소는 관여 재판관 전원의 일치된 의견으로, 일제로부터 작위를 받거나 이를 계승한 자를 재산이 국가에 귀속되는 대상이 되는 친일반민족행위자로 정한 친일재산귀속법 제2조 제1호 나목 본문은 소급입법 금지 원칙,[27] 신뢰보호 원칙[28]에 반하지 아니하고, 과잉금지 원칙에 반하여 재산권을 침해하지 아니하며,[29] 차별 취급에 합리적 이유가 있어 평등 원칙에도 반하지 아니한다[30]는 이유로 합헌결정을 선고했다. 또한 7(합헌):2(위헌)의 의견으로, 친일재산위원회가 개정 전 법률에 따라 친일반민족행위자로 결정한 경우에는 개정규정에 따라 결정한 것으로 보도록 한 개정 특별법 부칙 제2항 본문은 재판의 전제성이 없어 이에 대한 위헌제청이 부적법하다는 이유로 각하결정을 선고했다.[31]

김이수·이진성 재판관은 위 부칙에 대하여, 당해 민사소송에서 선결문제로서 국가귀속 결정의 위법성의 정도 및 그에 대한 심사가 필요한 것인지 여부는 제청법원이 판단할 것이므로 제청법원의 제청취지를 존중하여 재판의 전제성을 긍정함이 상당하고, 위 부칙 조항은 소급적 하자 치유를 인정하는 것으로서 적법절차 원칙에 위배하여 헌법에 위반된다[32]는 의견을 제시했다.

헌법재판소의 위 결정 선고 이후 부당이득금 반환 소송에서 개정 친일재산귀속법이 이 사건에 적용되는지 여부, 개정 친일재산귀속법이 처분적 법률로서 위헌인지 여부 등이 추가로 다투어졌다. 또한 사패지의 범위와 친일 재산 추정을 복멸한 사정이 있는지 여부 등도 다투어졌다. 부당이득금 반환 청구 소송에 대해 서울중앙지방법원은 2014년 2월 7일 판결을 선고했다.[33]

원고 청구를 전부 인용하고 다만 지연이자는 개정 친일재산귀속법 시행시기 이후에 기산하는 것으로 했다. 처분적 법률로서 위헌이라는 주장에 대해 법원은 "헌법은 처분적 법률로서 개인 대상 법률 또는 개별 사건 법률의 정의를 따로 두고 있지 않음은 물론, 이러한 처분적 법률의 제정을 금하는 명문의 규정도 두고 있지 않은바, 특정 규범이 개인 대상 또는 개별 사건 법률에 해당한다고 하여 그것만으로 바로 헌법에 위반되는 것은 아니므로, 설령 개정 친일재산귀속법이 이해승을 국가에 재산이 귀속되는 친일반민족행위자로 규정하려는 의도 아래 개정된 것이리 하디라도 그러한 이유만으로 개정 친일재산귀속법 규정을 위헌이라고는 볼 수 없고, 나아가 개정 친일재산귀속법 제2조 제1호 나목 본문은 일제로부터 작위를 받거나 이를 계승한 자에게 일반적으로 적용되는 것이어서 개별인 또는 개별 사건법률이라 보기도 어렵다"고 판단했다.

주문에서 인용된 금액은 228억 2,452만 7,663원이다. 필자가 지금까지 받아본 판결 중에서 가장 많은 액수의 승소판결이다. 그렇지만 성공보수는? 국가에 이 정도 금액을 귀속시킬 수 있도록 해주었는데, 필자는 항소심도 맡지 못했다. 친일재산위원회가 해산된 이후 이 사건들에 대한 주관부처가 법무부로 변경되었다. 박근혜 정부의 법무부는 필자에게 사건을 맡길 수 없었던 모양이다. 항소심에서는 정부법무공단이 대리했고, 2015년 2월 6일 항소기각 판결이 선고되었고,[34] 후손 측이 2월 16일 상고했으나 2016년 12월 27일 대법원에서 상고기각 판결이 선고되어 종료되었다.[35]

두 번에 걸쳐
헌재의 한계만 확인

4 언론관계법 날치기 처리
권한쟁의심판 사건(1차, 2차)

언론관계법 날치기 처리 경위

이명박 정부는 언론 장악을 위해 언론관계법 개정을 강력하게 추진했다. 2009년 7월 22일(그날은 달이 태양을 가리는 월식이 있었던 날이다) 국회 본회의(제283회 임시회 제2차 본회의)에서 3개의 언론관계법인 '신문 등의 자유와 기능 보장에 관한 법률'(이하 '신문법') 전부개정법률안(수정안), 방송법 일부개정법률안(수정안), '인터넷 멀티미디어 방송사업법'(이하 '인터넷멀티미디어법') 일부개정법률안(원안)을 처리했다. 당시 여당인 한나라당을 제외한 야당은 언론관계법의 처리에 반대했고, 한나라당은 날치기로 위 법률안들을 처리했다. 본회의 진행 당시 본회의장 의장석 주변을 국회 경위들과 한나라당 의원들 상당수가 민주당 등 야당 의원들의 의장석 점거를 막기 위해 병풍처럼 에워싸고 있었고, 일부 야당 의원들은 '대리투표 무효' 등의 구호를 외치며 곳곳에서 국회의장을 대리한 국회부의장의 의사진행을 저지하려고 하면서 한나라당 의원들과 몸싸움을 벌이고 있었다. 표결 과정에서 한나라당의 일부 의원들이 다른 의원을 대신해서 대리투표를 하는 장면도 포착되었다.

국회의장은 2009년 7월 22일 오전 11시경 방송법 일부개정법률안 등 언론관계 법률안을 국회 본회의에 직권 상정하겠다고 발표했다. 국회부의장은 같은 날 오후 3시 35분경 민주당 의원들의 출입문 봉쇄로 본회의장에 진입하지 못한 국회의장으로부터 의사진행을 위임받아 제283회 국회 임시회 제2차 본회의의 개의를 선언한 다음, 3시 37분경 신문법 개정안(원안), 방송법 개정안(원안), 인터넷멀티미디어법 개정안(원안)을 일괄 상정한다고 선언하고, 심사 보고나 제안 설명은 단말기 회의록, 회의 자료로 대체하고 질의와 토론도 실시하지 않겠다고 했다.

신문법 개정안(원안)에 대하여 한나라당 강승규 의원 외 168인이 발의한 수정안에 대한 표결이 이루어졌다. 재적 294인, 재석 162인, 찬성 152인, 반대 0인, 기권 10인의 표결 결과가 나오자 국회부의장은 신문법 수정안이 가결되었으므로 신문법 개정안은 수정한 부분은 수정안대로, 나머지 부분은 원안의 내용대로 가결되었다고 선포했다.

국회부의장은 이어 방송법 개정안(원안)에 대하여 한나라당 강승규 의원 외 168인이 발의한 수정안에 대하여 표결을 진행했다. 몇 분이 경과한 후 "투표를 종료합니다"라고 선언했고, 곧이어 투표 종료 버튼이 눌러졌는데, 전자투표 전광판에는 재적 294인, 재석 145인, 찬성 142인, 반대 0인, 기권 3인이라고 표시되었다. 이에 국회부의장이 "강승규 의원 외 168인으로부터 제출된 수정안에 대해서 투표를 다시 해주시기 바랍니다", "재석 의원이 부족해서 표결 불성립되었으니 다시 투표해주시기 바랍니다"라고 하여 다시 투표가 진행되었다. "투표 종료를 선언합니다"라고 말한 후 전자투표 전광판에 재적 294인, 재석 153인, 찬성 150인, 반대 0인, 기권 3인으로 투표 결과가 집계되자, 방송법 수정안이 가결되었으므로 방송법 개정안은 수정된 부분은 수정안대로, 나머지 부분은 원안대로 가결되었다고 선포했다.

그 후 인터넷멀티미디어법 개정안에 대한 표결이 이루어졌고, 그 결과 재석 161인, 찬성 161인, 반대 0인, 기권 0인으로 표결 결과가 집계되자 국회부의장은 위 법안이 가결되었다고 선포했다.

국회부의장은 같은 날 오후 4시 12분경 금융지주회사법 개정안(원안)을 상정하고, 이 안건에 대하여 박종희 의원 외 168인으로부터 수정안이 발의되었다고 밝힌 후 위 수정안에 대한 표결을 실시했다. 재석 165인 가운데 찬성 162인, 기권 3인으로 표결 결과가 집계되자, 금융지주회사법 개정안은 수정한 부분은 수정안대로, 기타 부분은 원안대로 가결되었다고 선포했다. 같은 날 4시 16분경 본회의가 산회되었다.

위 신문법안, 방송법안, 인터넷멀티미디어법안 및 금융지주회사법안은 2009년 7월 27일 정부로 이송되어 그다음 날인 7월 28일 국무회의에 상정되었으며 7월 31일 공포되었다.

권한쟁의심판청구

위 날치기 처리 직후 진보신당 조승수 의원은 그다음 날인 2009년 7월 23일 헌법재판소에 방송법 수정안에 대한 표결 결과 투표에 참가한 의원수가 재적의원의 과반수에 달하지 못하여 위 법률안이 부결되었음에도, 국회부의장이 동일한 법률안에 대하여 즉석에서 재투표를 실시하여 가결을 선포함으로써 일사부재의 원칙에 반하여 국회의원인 청구인의 법률안 심의·표결권을 침해했다고 주장하면서, 위 권한의 침해 확인과 방송법 수정안에 대한 재투표 실시 및 그에 따른 가결 선포 행위의 무효 확인을 구하는 권한쟁의심판(2009헌라8)을 청구했다.

민주당 정세균 의원을 비롯한 민주당 및 창조한국당 소속 의원 89인은 7월 23일 국회의장 및 국회부의장을 상대로 방송법 수정안에 대한 재투표 및 그 표결 결과에 따른 가결 선포는 일사부재의 원칙에 위반하여 위 청구인들의 법률안 심의·표결권을 침해하였고, 또한 신문법 수정안의 표결 과정에 권한 없는 자에 의한 표결이라는 명백한 절차적 하자가 있으며, 위 각 법률안에 대한 제안 취지의 설명 절차 및 질의·토론 절차가 생략된 중대한 절차상 하자가 있으므로, 국회부의장의 위 각 법률안 가결 선포 행위는 적법 절차의 원칙에 위배하여 국회의원인 청구인들의 법률안 심의·표결권을 침해한 것이라고 주장하면서, 위 권한의 침해 확인 및 위 각 법률안에 대한 가결 선포 행위의 무효 확인을 구하는 권한쟁의심판(2009헌라9)을 청구했다.

민주당 정세균 의원을 비롯한 민주당 및 창조한국당 소속 89인은 7월 28일 금융지주회사법 수정안이 그 원안과는 전혀 다른 내용을 포함하고 있어 별개의 법률안임에도 수정안으로 표결되었고, 수정안에 대하여 어떠한 토의도 이루어지지 않았으며, 금융지주회사법 수정안은 그 원안과는 별개로 정무위원회에 회부되어 소위원회에서 심사 중이었던 정부 제안의 개정 법률안과 동일한 것으로서 심사기일이 지정되지도 않은 법안이므로 국회의장이 직권 상정할 수 없음에도 피청구인들이 직권 상정하는 등 절차상 하자가 있어 청구인들의 심의·표결권을 침해했다고 주장하면서, 위 권한의 침해 확인 및 금융지주회사법 수정안에 대한 가결 선포 행위의 무효 확인을 구하는 권한쟁의심판(2009헌라10)을 청구했다.

　　민주당·민주노동당·창조한국당·진보신당·민변은 2009년 7월 27일 국회의원회관 소회의실에서 '전문가가 본 미디어법 강행 처리의 법적 효력'이라는 제목으로 긴급 토론회를 개최했다. 당시 필자는 민변 부회장으로서 위 토론회에 주제발표자로 참석하여 언론관계법 강행 처리의 부당성과 권한쟁의심판청구의 가능성에 대해 발표했다. 후에는 민주당 의원총회에 참석해서 의견을 발표해달라는 요청을 받고, 권한쟁의심판을 청구하면 충분히 인용될 가능성이 있다는 의견을 발표했다.

　　그러한 과정을 거쳐 민주당이 청구한 언론관계법 처리에 관한 권한쟁의심판 사건의 대리인단을 민변 차원에서 구성하기로 했다. 단장은 김갑배 변호사가 맡고, 필자는 민변 부회장으로서 대리인으로 참가함과 동시에 대리인회의 등을 지원하는 역할을 하기로 했다. 여러 가지 사정을 고려하여 대한변협 전 협회장인 박재승 변호사님이 대리인 대표 격으로 참가했다. 민주당에서는 변호사인 김종률·조배숙 의원 등이 청구인 자격으로 참여했고, 당직자들이 실무를 지원했다. 민주노동당에서는 이정희 대표 보좌관으로 근무하던 조수진 변호사가 참여했다. 조승수 의원은 진보신당의 김정진 변호사가 대리했고, 금융지주회사법 사건은 민주당 쪽 활동을 해온 최성용 변호사가 단독으로 대리했다. 새누리당 의원들은 보조참가 했고, 주선회 전 헌법재판관 등을 대리인으로 선임했다.

8월 11일 공동변호인단 기자회견을 했다. 다음은 기자회견에서 설명한 내용이다.

권한쟁의심판청구의 의미와 전망

지난 2009년 7월 22일, 달이 태양을 가리던 날, 대한민국 국회에서는 다수당이 민주주의를 가리는 비극적인 사태가 발생했습니다. 국회 제283회 임시회 제2차 본회의에서 김형오 국회의장으로부터 의사진행권을 위임받은 이윤성 국회부의장의 사회로 국회의장이 직권 상정한 미디어 3법과 금융지주회사법을 의결하면서 국회법 상의 절차를 정면으로 위반했습니다.

국회의장의 법률안건 처리 절차가 국회법을 위반한 경우 법적 구제 절차로 헌법재판소는 국회의원이 국회의장을 상대로 권한쟁의심판청구를 할 수 있다는 입장을 확고하게 밝히고 있습니다. 일사부재의 원칙을 위반한 의결, 대리투표에 의한 의결 등으로 위법하게 법률안을 의결한 것은 투표에의 불참 등을 포함하여 진정하게 표결권을 행사한 의원의 표결권을 침해하고 별도 회기에 다시 심의·표결할 권한을 박탈했으므로 당해 의원은 헌법재판소법 제61조에 의한 권한쟁의심판청구를 제기할 수 있습니다. 의사절차에 관한 문제는 국회의 자율에 속하는 사항이라는 견해도 있으나, 법을 만드는 국회도 스스로 만든 국회법의 절차를 준수해야 하는 것은 당연하며, 국회의 자율권도 국회법의 한계 내에 있으며 명백한 법률 위반사항을 자율권으로 정당화할 수 없음은 법치주의 원리상 명백합니다.

　방송법의 경우 1차 투표를 종료하고 공시된 투표 결과에 의하면 투표 참여자 수가 재적과반수에 미달하여 의결정족수를 충족하지 못하여 부결되었음에도 사회자가 부결 선언을 하지 않고 재투표를 시행하여 가결 선포를 함으로써 국회법 제92조의 일사부재의 원칙 및 국회법 제109조의 의결정족수, 제113조의 표결 결과 선포, 제114조 제3항의 투표의 수가 명패의 수보다 많을 때에만 재투표를 실시하도록 한 규정을 정면으로 위반했습니다. 이에 대해 국회사무처는 1차 투표가 의결정족수에 미달하는 인원이 투표에 참여하여 투표가 불성립된 것이라는 입장을 밝혔고, 대법관 출신인 이회창 선진당 총재는 의장이 부결 선포를 하고 표결 종료를 선언한 것이 아니라 투표 종료만 선언했기 때문에 일사부재의 원칙이 적용되지 않는다는 입장을 밝혔습니다. 그러나 의장이 투표 종료 선언을 하고 표결 결과가 공시되었으므로 투표 불성립이란 말 자체가 성립할 수 없습니다. 표결이 끝났으므로 의장은 의장석에서 그 결과, 즉 의결정족수에 미달되어 부결되었음을 선포하여야 하는 국회법 제113조를 위반한 것입니다. 한편, 투표 종료와 표결 종료를 구분하는 이회창 총재의 논리에 따르면 투표를 종료한 후 의장이 마음에 드는 결과가 나오지 않은 경우 표결 결과를 발표하지 않고 자기가 원하는 결과가 나올 때까지 재투표를 해도 무방하다는 결론에 이르게 되어 부당하기 이를 데 없습니다. 이 사안은 모든 국민이 실제 상황을 지켜보았기 때문에 그 위법성이 너무도 명백합니다.

신문법의 경우에는 회의장에 없었던 나경원 의원이 재석하여 기권한 것으로, 그리고 투표에 불참한 강봉균 의원이 기권한 것으로 집계되어 대리투표가 있었음이 명백합니다. 국회의원의 법률안 심의·표결권은 국회의 구성원일 뿐만 아니라 국민의 대표기관인 국회의원의 전속적인 권한으로서 대리나 위임에 의하여 행사될 수 없을 뿐만 아니라 회의장에 있지 아니한 의원은 표결에 참여할 수 없다고 규정한 국회법 제111조 제1항 본문에 위반됩니다. 법률안의 의결 과정에서 대리투표가 단 한 건이라도 발생했다면 그것이 표결 결과에 영향을 미쳤는지 여부에 관계없이 그 의결은 무효라고 하여야 합니다. 그렇지 않으면 국민의 선거로 선출된 국회의원의 심의·표결권의 대리행사를 사실상 인정하는 결과로 되고, 매번 표결에 대리투표를 하더라도 결과에 영향이 없다는 이유로 정당화할 수 있는 길을 여는 것이기 때문입니다.

헌법재판소법 제65조는 권한쟁의심판청구를 받은 때에는 헌법재판소가 처분의 효력을 정지하는 가처분결정을 할 수 있습니다. 이 사건의 경우 위법성이 너무 명백하고 국회의장도 밝힌 바와 같이 미디어법이 민생법률도 아니므로 대통령의 공포 전에 가처분결정이 있기를 바랐습니다. 국회의장이 정부에 대해 헌법재판소의 결정을 보고 후속조치를 취해야 한다는 입장을 밝힌 바 있음에도 대통령이 성급하게 법률을 공포하고 후속조치를 추진하고 있으므로 하루라도 속히 헌법재판소가 효력정지의 가처분결정을 해야 할 것입니다.

국회 본회의 의결 절차의 하자에 대해 국회 자체에서 해결하지 못하고 헌법재판소의 판단을 받아야 하는 것 자체가 우리 정치

헌법의 현장에서

수준의 후진성을 보여주는 것입니다. 정치의 지나친 사법화 경향이 바람직한 것은 아니나, 다수당의 횡포로 정치가 실종된 경우에는 부득불 헌법에 의하여 헌법수호기관의 역할을 부여받은 헌법재판소가 다수당의 횡포로부터 민주주의를 지키는 본래의 임무를 수행할 수밖에 없습니다.

교착된 정치적 상황을 타개하고 소모적인 정쟁을 최단기간 내에 종식시키기 위해서도 권한쟁의심판 및 가처분에 대한 신속한 결정이 필요합니다.

헌법재판소에서의 진행 경과

권한쟁의심판 사건은 필요적으로 변론을 열어야 한다. 우리는 민변 사무실에서 서면 작성과 변론기일에 대한 대책회의를 진행했다. 당에 요구할 사항들을 정리해서 요구하고, 대리인끼리 역할 분담하여 서면을 작성했다. 필자는 직접 서면을 작성하는 것보다는 최종적으로 접수 전에 점검하는 역할을 주로 했다.

헌법재판소는 2009년 9월 10일 언론관계법 권한쟁의심판청구 사건에 대한 1차 공개변론을 대심판정에서 열었다. 금융지주회사법 사건도 병합하여 함께 진행했다. 1차 공개변론기일에는 청구이유에 대한 구술변론과 증거조사가 있었다. 청구인 측에서는 박재승 변호사님이 총괄적인 변론을 했고, 최성용 변호사가 금융지주회사법 관련 보충 변론을 했다. 민변 차원에서는 금융지주회사법 사건에는 대리인으로 참여하지 않았다.

헌법재판소는 9월 22일 오후 2시에 영상자료에 대한 검증을 실시했다. 주심 재판관인 송두환 재판관이 2층 소심판정에서 진행했다. 쌍방 간에 다른 의견이 없는 것으로 확인된 점은 신문법 표결 당시 나경원 의원이 본회의장에 없었음에도 배은희 의원이 나경원 의원석 단말기의 취소 버튼을 눌러 투표에 참여하여 기권한 것으로 처리된 점, 안형환 의원도 본회의장에 없었는데 신성범 의원이 안형환 의원석 단말기의 취소 버튼을 눌러 투표에 참여하여 기권한 것으로 처리된 점, 박상은 의원이 강봉균 의원이 보는 앞에서 강봉균 의원석 단말기의 찬성 버튼을 눌렀다가 취소 버튼을 눌러 강봉균 의원의 의사에 반하여 투표에 참여하여 기권한 것으로 처리된 점 등이다. 국회법은 제111조 제1항 본문으로 "표결을 할 때에는 회의장에 있지 아니한 의원은 표결에 참가할 수 없다"라고 규정하고 있다. 국회법을 정면으로 위반했음을 확인했다.

9월 29일 10시부터 12시 40분경까지 대심판정에서 2차 공개변론이 진행되었다. 헌법재판관들의 질문과 이에 대한 청구인과 피청구인 측 대리인들의 답변과 양쪽의 최종구술변론이 있었다. 청구인 측에서는 박재승 변호사님이 최종변론을 했다. 피청구인 측에서는 여상규 의원 등이 나와서 발언했고 최종변론은 변호사가 했다.

다음은 필자가 작성한 최종구술변론문의 내용이나, 필자가 직접 변론하지는 않았다.

최종구술변론

● 먼저, 우리나라 민주주의와 법치주의의 확립에 중요한 의미를 갖는 이 사건을 신속하게 심리하여 주시고, 충실한 심리를 위해 공개변론의 기회를 마련해 주신 소장님을 비롯한 재판관님들께 진심으로 감사의 말씀을 드립니다. 공개변론을 마무리하면서 이 사건 청구가 왜 인용되어야 하는지 하는 이유를 다섯 가지 점으로 간략하게 밝히겠습니다.

● 첫째, 이 사건은 사안 자체가 너무도 명백하고 법리도 간명하여 이 사건 청구는 인용되는 외에 다른 길이 없습니다.

대한민국 국민 모두가 이 사건 법안의 표결 과정을 지켜보았고, 변칙과 불법이 난무하는 투표 과정에 어안이 벙벙했습니다. 투표를 실시할 여건이 전혀 조성되지 않은 혼란한 상황 속에서 투표를 강행했고, 국민의 대표기관인 국회의원이 남의 투표를 멋대로 대신했으며, 투표 종결을 선언하고 그 결과가 공지되어 부결되었음에도 법에도 없는 '불성립'을 선언하고는 그 자리에서 재투표를 실시하여 결론을 뒤집어 버렸습니다. 법리적인 측면에서 구체적인 위헌·위법사유에 대해서는 이미 제출한 의견서와 오늘의 구두변론 과정을 통해 충분하게 밝혔습니다. 헌법의 원리에 충실하게 판단하면 이 사건 청구를 인용하는 외에 달리 길이 없을 것이라 확신합니다.

● 둘째, 국회의 권위를 유지하고 다수당에 의한 횡포의 재발을 방지하기 위해서도 반드시 이 사건 청구가 인용되어야 합니다.

이 사건 표결의 효력을 인정해준다면 국회는 희화戲化될 뿐만 아니라 입법기관으로서의 권위가 심각하게 실추될 것입니다. 이 사건 표결의 효력이 인정된다면 국민의 대표기관인 국회의원이 동료 의원의 의사를 무시하거나 대신하여 투표를 해도 무방하다는 의미가 되며, 의장이 자신이 원하는 결과가 나올 때까지 표결 결과를 발표하지 않고 언제까지라도 재투표를 실시할 수 있으며, 나아가 투표 성향을 파악하기 위해 시험투표도 할 수 있다는 말이 됩니다.

국회의 선례 중에 이 사건과 같은 정도로 다양한 관점에서 위법적인 경우는 없었기 때문에 참조할 만한 예가 없습니다. 다만, 과거의 선례 중에 문제의 소지가 있는 경우도 있는바, 그러한 선례가 발생한 것은 효과적인 통제 장치가 없었기 때문이며, 위법적인 선례가 현재의 위법을 합법화하지 못함은 물론입니다.

위와 같은 부당한 사례의 재발을 방지하고, 국회의 최소한의 권위를 유지하기 위해서도 이 사건 청구는 인용되어야 합니다.

● 셋째, 헌법재판소의 헌법수호기관으로서의 위상을 위해서도 이 사건 청구는 인용되어야 합니다.

국회의 법안 의결 절차에서 발생한 위헌·위법을 통제할 유일한 법적 구제 절차가 바로 이 사건과 같은 권한쟁의심판입니다. 법안 의결 절차상의 문제는 국회가 정치적 타협을 통해 자율적으로 해결하는 것이 최선이지만, 다수당의 횡포에 의해 절차가 왜곡되는 경우에는 부득이하게 헌법재판소가 시정해주어야 합니다. 이 사건은 헌법재판소가 헌법에 의해 부여받은 위와 같은 역할을 수행하는 데 최적의 사건입니다.

● 넷째, 우리 국민의 자존심과 자긍심을 위해서, 또 민주주의와 법치주의를 위해서도 이 사건 청구는 인용되어야 합니다.

아무리 선거에 의해 선출된 의원들로 구성된 국회라고 하더라도 국민 절대 다수가 반대하는 의안을 다수당이 일방적으로 밀어붙여 의결하는 것은 대의민주주의보다도 상위 원리인 국민주권주의 원리에 어긋납니다. 국민 다수와 야당이 반대하는 법안을 직권 상정이라는 비상수단을 발동하여 처리하고 또 그 과정에서 최소한의 저법절차도 준수하지 않은 행위를 사후적으로 정당화시켜준다면 이 땅에서 민주주의는 실종되게 될 것입니다. 모든 국민이 지켜본, 허무맹랑하기 짝이 없는 이 사건 법안 의결을 유효한 것으로 사후 추인한다면, 상식을 가진 절대 다수의 국민들이 납득하지 못하게 될 것이고 자존심과 자긍심에 심각한 타격을 입게 될 것입니다.

● 다섯째, 이 사건 청구가 인용된다고 하더라도 국민생활에 혼란이 발생할 여지는 전혀 없습니다.

이 사건 법안은 국회의장도 자인한 바와 같이 민생법안이 아니며, 국민 다수가 반대하고 있는 상황에서 무리하면서까지 급하게 처리될 이유가 없습니다. 이 사건 청구가 인용된다면 다시 법안을 제출하여 국민 여론을 수렴하고 여야 간의 진지한 협상과 타협의 과정을 거쳐 정상적인 방법으로 의결하면 됩니다. 정부는 헌법재판소에서 심의 중이고 법률의 효력발생일 이전에 결정을 내겠다는 입장을 밝혔는데도 후속절차를 추진함으로써 헌법재판소에 압력을 넣고 있습니다. 이러한 정부의 행태에 경각심을 불러일으키는 차원에서도 이 사건 청구는 인용되어야 합니다.

● 이 사건 법안 처리 과정에서의 위법이 너무도 명백하기 때문에 피청구인들이나 한나라당 의원들도 헌법재판소에서 그 적법성이 인정된다면 국회의원으로서 자괴감을 느낄 것입니다. 피청구인들이나 한나라당 의원들은 자기들 스스로 이 사건 법안을 무효화할 수 없는 입장이기는 하지만 헌법재판소가 무효로 판단해줌으로써 처음부터 다시 시작할 수 있기를 내심 바라고 있을 것입니다.

우리 국민들의 자존심과 자긍심을 위해서, 우리나라의 민주주의와 법치주의를 위해서, 국회의 권위 유지를 위해서, 헌법수호 기관으로서의 헌법재판소의 위상을 위해서도, 그리고 재발 방지를 위해서도 이 사건 청구를 인용하여 주시기 바랍니다.

헌법재판소 결정의 쟁점 및 의견 분포

헌법재판소는 2009년 10월 29일에 결정을 선고했다. 각양각색의 다양한 의견이 나왔다. 권한쟁의심판 사건의 의결정족수는 6인 이상의 찬성을 요구하는 위헌법률심사 사건 등의 경우와 달리 단순다수결이다. 9인의 재판관 중 5인만 위헌의견이면 위헌으로 선언한다.

헌법재판소 결정의 주문은 다음과 같다.

1. 청구인들의 피청구인 국회부의장에 대한 심판청구를 모두 각하한다.

2. 피청구인 국회의장이 2009. 7. 22. 15:35경 개의된 제283회 국회임시회 제2차 본회의에서 '신문 등의 자유와 기능 보장에 관한 법률 전부개정법률안'의 가결을 선포한 행위 및 '방송법 일부개정법률안'의 가결을 선포한 행위는 청구인들의 법률안 심의·표결권을 침해한 것이다.

3. 청구인들의 피청구인 국회의장에 대한 '인터넷멀티미디어 방송사업법 일부개정법률안' 및 '금융지주회사법 일부개정법률안'의 각 가결 선포 행위로 인한 권한침해확인청구를 모두 기각한다.

4. 청구인들의 피청구인 국회의장에 대한 '신문 등의 자유와 기능 보장에 관한 법률 전부 개정법률안', '방송법 일부개정법률안', '인터넷멀티미디어 방송사업법 일부개정법률안' 및 '금융지주회사법 일부개정법률안'의 각 가결 선포 행위에 관한 무효 확인 청구를 모두 기각한다.

<국회부의장에 대한 심판청구>

전원일치 각하의견이었다. 국회부의장은 국회의장의 직무를 대리하여 법률안을 가결 선포할 수 있을 뿐(국회법 제12조 제1항), 법률안 가결 선포 행위에 따른 법적 책임을 지는 주체가 될 수 없으므로, 국회부의장에 대한 심판청구는 피청구인 적격이 인정되지 아니한 자를 상대로 제기되어 부적법하다. 국회를 대표하는 국회의장만 피청구인 적격이 있고, 국회부의장은 국회의 대표자가 아니므로

미디어법 개정안 처리 ― 헌재 결정

사안	재판 결과 (재판관 총 9명 중)
신문법 표결 시 대리투표 등 부정투표가 있는지와 관련	5명 위법
신문법 처리 과정 권한 침해에 대해	7명 인정
방송법 표결 시 재투표가 이루어진 것이 일사 부재의 원칙에 어긋나는가	5명이 원칙에 위배
방송법 심의 절차에 대해	과반수 적법
전체 방송법 처리 과정에 대해	6명 침해 판단
신문법 가결 선포를 무효로 해달라는 야당의 주장에 대해	6명 기각
신문법 가결 선포가 무효라는 주장에 대해	7명 기각

피청구인 적격이 없다.

<청구인들의 법률안 심의·표결권 포기 여부 및 이 사건 심판청구의 소권 남용 해당 여부>

이동흡 재판관을 제외한 8인 재판관은 국회의원의 법률안 심의·표결권은 국민에 의하여 선출된 국가기관으로서 국회의원이 그 본질적 임무인 입법에 관한 직무를 수행하기 위하여 보유하는 권한으로서 국회의원이 개별적 의사에 따라 포기할 수 있는 것이 아니며, 청구인들 중 일부가 자신들의 정치적 의사를 관철하려는 과정

언론관련법 권한쟁의심판 사건 ― 헌재 재판관 판단

구분	신문법		방송법	
	법안 처리 입법권 침해	법안 무효 청구	법안 처리 입법권 침해	법안 무효 청구
목영준	기각	기각	인정	기각
민형기	기각	기각	인정	기각
김희옥	인정	무효	기각	기각
이공현	인정	기각*	기각	기각
이강국(소장)	인정	기각*	기각	기각
조대현	인정	무효	인정	무효
김종대	인정	기각*	인정	기각*
이동흡	인정	기각	인정	기각
송두환	인정	무효	인정	무효

*국회 자율 판단

에서 피청구인의 의사진행을 방해하거나 다른 국회의원들의 투표를 방해했다 하더라도, 그러한 사정만으로 이 사건 심판청구 자체가 소권의 남용에 해당하여 부적법하다고 볼 수는 없다고 판단했다.

이동흡 재판관은 강기갑·강기정·조정식 의원은 문제된 안건에 대하여 심의·표결권을 행사할 수 있었음에도 이를 행사하지 아니했을 뿐만 아니라, 오히려 다른 국회의원들의 심의·표결권 행사 및 피청구인의 의사진행을 적극적으로 방해한바, 위 청구인들에 대하여는 권한쟁의심판청구의 적법요건으로서 권리 보호 필요성이 인정되지 아니하므로, 위 청구인들의 심판청구는 각하되어야 한다는 반대의견을 밝혔다.

<이 사건 각 법률안 직권상정이 국회법에 위반되는지 여부>
전원일치 의견으로 직권 상정한 것에는 국회법 제81조, 제85조, 제86조에 위반한 점을 찾아볼 수 없다고 판단했다.

<신문법안 가결 선포 행위로 인한 심의·표결권 침해 여부 및 무효 확인 청구>
제안취지 설명 절차의 위법 여부에 대한 쟁점은 사건 당일 오후 3시 38분 신문법 수정안이 국회의 e-의안시스템에 입력되었고, 국회의장은 3시 38분 신문법 수정안에 대한 표결의 개시를 선포했으며, 3시 49분 27초에야 신문법 수정안이 회의진행시스템에 입력된 다음, 3시 50분 전자투표시스템이 가동되자 신문법 수정안에 대한 표결이 시작되었는데, 신문법 수정안에 대한 제안취지 설명 절차가 국회법 제93조에 따라 적법하게 이루어졌는지 여부 특히, 신문법 수정안이 국회 회의진행시스템이 아닌 e-의안시스템에 입력된 것만으로 제안취지 설명을 대체할 수 있는지 여부이다. 이에 대해 이강국·이공현·조대현 재판관은 적법의견, 민형기·이동흡·목영준 재판관은 다른 논거로 적법의견, 김희옥·김종대·송두환 재판관은 위법의견을 제시하여 결론은 6:3으로 적법의견이다.
　　질의·토론 절차의 위법 여부에 대한 쟁점은 국회부의장이 신문법 원안 등 3개의 법률안을 상정한 후 곧바로 질의와 토론을 실

시하지 않겠다고 공언하고, 곧이어 신문법 수정안을 상정한 다음 이에 대한 표결을 선포한바, 이러한 절차 진행이 법률안 심의에 있어 질의·토론 절차에 관한 국회법 제93조를 위배하여 청구인들의 심의·표결권을 침해했는지 여부이다. 이강국·조대현·김희옥·송두환 재판관은 위법의견, 김종대·이동흡 재판관도 다른 논거로 위법의견, 이공현·민형기·목영준 재판관은 적법의견을 밝혀 결론적으로 6:3으로 위법의견이다.

표결 절차의 헌법적 정당성 여부에 관한 쟁점은 신문법 수정안에 대한 표결 과정에서 무질서한 상황에서 수차례 권한 없는 자에 의한 투표가 이루어지는 등 헌법상 다수결 원리에 반하는 명백한 절차적 하자가 있어 청구인들의 법률안 심의·표결권을 침해한 것으로 평가할 수 있는지 여부이다. 이강국·이공현·조대현·김희옥·송두환 재판관은 위법의견, 민형기·이동흡·목영준 재판관은 적법의견, 김종대 재판관은 별개의 적법의견을 밝혀 결론적으로 5:4로 위법의견이다.

신문법안 가결 선포 행위로 인한 심의·표결권의 침해 여부에 대한 결론은 ① 재판관 김희옥·김종대·송두환은 심의 절차의 제안 취지 설명 절차 부분이 국회법 제93조에 위배되어 청구인들의 심의·표결권을 침해했다는 의견이고, ② 재판관 이강국·조대현·김희옥·김종대·이동흡·송두환은 심의 절차의 질의·토론 절차 부분이 국회법 제93조에 위배되어 청구인들의 심의·표결권을 침해했다는 의견이며, ③ 재판관 이강국·이공현·조대현·김희옥·송두환은 표결 절차가 헌법 제49조 및 국회법 제109조가 정한 다수결 원칙을 위배하여 청구인들의 심의·표결권을 침해했다는 의견이다.

결론적으로 피청구인의 신문법안 가결 선포 행위가 청구인들의 심의·표결권을 침해했다는 의견이 관여 재판관 9인 중 7인으로 과반수를 충족했다.

신문법안 가결 선포 행위의 무효 확인 청구에 대한 판단은 심의·표결권 침해 여부에 대한 판단의 결론과 달랐다. 민형기·목영준 재판관, 이강국·이공현 재판관, 김종대 재판관, 이동흡 재판관이 각각 다른 의견으로 기각의견, 조대현·송두환 재판관, 김희옥 재판관은 다른 논거로 인용의견이다. 신문법안 가결 선포 행위의 무효 확인 청구에 대한 결론은 3명의 재판관만이 인용의견이어서 법정의견은 기각이다.

<방송법안 가결 선포 행위로 인한 심의·표결권의 침해 여부 및 무효 확인 청구>
제안취지 설명 절차의 위법 여부에 대해서는 전원일치로 기각의견이다. 피청구인이 방송법 원안 등 3건의 법률안을 상정한 다음 "오늘 회의의 심사 보고와 제안 설명은 단말기 회의록으로 대체한다"고 함으로써, 이 사건 본회의에서 심의·표결될 모든 안건의 제안취지 설명을 위와 같은 방식에 의한다고 선언한 것으로 볼 것이므로, 피청구인이 이후 방송법 수정안을 상정하면서 제안취지의 설명 방식을 별도로 언급하지 않았다고 하여 국회법 제93조의 규정에 반한다고 볼 수 없다. 이 사건의 경우, 오후 3시 55분 안건이 회의진행시스템에 입력되었고, 그 후 3시 58분 위 수정안에 대한 표결이 선포되었으며, 그러한 상태가 실제로 표결이 시작된 이후 표결이 종료될 때까지 유지되어, 국회의원들이 실제로 표결할 때에는 법률안의 취지와 내용을 알 수 있었던 상태였다고 보이므로, 위

국회법 규정이 요구하는 의안에 대한 제안취지의 설명은 이루어졌다고 보았다.

질의·토론 절차의 위법 여부에 대한 쟁점은 피청구인은 의사진행의 모두에 방송법 원안 등 3건의 법률안을 상정한 후 곧바로 질의와 토론을 실시하지 않겠다고 공언하고, 신문법안에 대한 표결이 종료된 다음 방송법 수정안을 상정하여 이에 대한 표결을 선포하였는데, 피청구인의 이러한 절차 진행이 법률안 심의에 있어 질의·토론 절차에 관한 국회법 제93조를 위배하여 청구인들의 심의·표결권을 침해했는지 여부이다. 이강국·이공현·김희옥·민형기·목영준 재판관은 적법의견, 조대현·송두환 재판관, 김종대·이동흡 재판관은 다른 논거로 위법의견을 밝혔다. 결론은 5:4로 적법의견이다.

일사부재의 원칙의 위배 여부 및 사전투표 여부에 대한 쟁점은 이 사건 방송법안 1차 투표 결과가 부결이고 2차 투표가 일사부재의 원칙에 반하는지, 1차 투표에 대한 표결 불성립 선언 전에 이루어진 68명의 찬성투표가 사전투표로 무효이므로 2차 투표도 무효인지 여부이다. 조대현·김종대·민형기·목영준·송두환 재판관은 위법의견, 이강국·이공현·김희옥·이동흡 재판관은 적법의견이다. 결론은 5:4로 위법의견이다. 사전투표 주장에 대해 이강국·이공현·김희옥·이동흡 재판관은 적법의견을 밝혔다.

방송법안 가결 선포 행위로 인한 심의·표결권의 침해 여부에 대한 결론은 ① 조대현·김종대·이동흡·송두환 재판관은 방송법안 심의 절차에 있어 질의·토론 절차 부분이 국회법 제93조에 위배되어 청구인들의 심의·표결권을 침해했다는 의견이고, ② 조대현·김종대·민형기·목영준·송두환 재판관은 방송법안 표결 결과 부결이 확정되었음에도 부결을 선포하지 아니한 채 재표결을 실시하고, 재표결 결과에 따라 방송법안의 가결을 선포한 것이 국회법 제92조를 위배하여 청구인들의 표결권을 침해했다는 의견이다. 결국, 피청구인의 방송법안 가결 선포 행위가 청구인들의 심의·표결권을 침해했다는 의견이 관여 재판관 9인 중 6인으로 과반수를 충족했다.

방송법안 가결 선포 행위의 무효 확인 청구에 대해 이강국·이공현·김희옥 재판관, 민형기·이동흡·목영준 재판관, 김종대 재판관은 다른 논거로 기각의견, 조대현·송두환 재판관은 인용의견이다. 결론은 두 명의 재판관만이 인용의견이므로 기각이다.

<인터넷멀티미디어법안 및 금융지주회사법안의 가결 선포 행위로 인한 심의·표결권 침해 여부 및 무효 확인 청구>
① 제안취지 설명 절차의 위법 여부는 전원 적법의견, ② 질의·토론 절차의 위법 여부는 이강국·이공현·김희옥·민형기·목영준 재판관은 기각의견, 조대현·송두환 재판관, 김종대·이동흡 재판관은 다른 논거로 인용의견, ③ 금융지주회사법 수정안이 적법한 수정동의에 해당하는지 여부에 대해서는 전원이 적법의견이었다. 인터넷멀티미디어법안 및 금융지주회사법안의 가결 선포 행위로 인한 심의·표결권의 침해 여부에 대한 결론은 이강국·이공현·김희옥·민형기·목영준 재판관은 기각의견이고, 조대현·김종대·이동흡·송두환 재판관은 인용의견으로 결국 5:4로 기각이다. 인터넷멀티미디어법안 및 금융지주회사법안 가결 선포 행위의 무효 확인

청구에 대한 판단은 청구인들의 권한침해 확인청구가 인용되는 것을 전제로 구하는 것인데, 권한침해가 인정되지 않으므로 더 이상 따져볼 필요 없이 기각이다.

헌법재판소 결정에 대한 평가

위 결정에 대해 헌법재판소는 국회에서의 입법 절차의 하자와 관련하여 질의·토론 절차를 거치지 아니한 점, 표결 절차에서 공정성의 흠결, 일사부재의 원칙을 위배한 점 등을 이유로 그러한 하자 있는 심의·표결 절차에 터 잡아 이루어진 법률안 가결 선포 행위가 국회의원인 청구인들의 법률안 심의·표결권을 침해했다는 점을 인정했고, 특히 무권투표 등과 관련한 표결 절차상의 하자, 국회법상 일사부재의 원칙 위배 여부에 대하여는 최초로 결정한 것에 그 의미가 있다고 평가했다.

그러나 위 결정에 대해서는 헌법재판소가 가결 선포 행위의 심의·표결권한 침해를 확인하면서도 그 위헌성·위법성을 시정하는 문제는 국회의 자율에 떠넘긴 것은, 모든 국가작용이 헌법질서에 맞추어 행사되도록 통제하여야 하는 헌법재판소의 사명을 포기하는 것이라는 비판이 강력하게 제기되었다. 위헌·위법을 인정하고도 이를 시정할 권한을 포기함으로써 위헌적 상태를 그대로 용인한 것으로 법치주의에 혼란을 초래했을 뿐만 아니라 헌법재판소가 역할을 포기한 것으로 평가할 수밖에 없다.

이에 대해 조대현·송두환 재판관은 "법률안에 대한 국회의 의결이 국회의원들의 심의·표결권한을 침해한 경우, 그러한 권한 침해행위를 제거하기 위하여는 권한침해행위들이 집약된 결과로 이루어진 가결 선포 행위의 무효를 확인하거나 취소하여야 한다. 가결 선포 행위의 심의·표결권한 침해를 확인하면서, 그 위헌성·위법성을 시정하는 문제는 국회의 자율에 맡기는 것은, 모든 국가 작용이 헌법질서에 맞추어 행사되도록 통제하여야 하는 헌법재판소의 사명을 포기하는 것"이라고 적절하게 지적했다.

제2차 권한쟁의심판청구

헌법재판소는 언론관계법 날치기 처리의 위헌성을 확인하고 이를 인정하는 결정을 하면서도 국회로 하여금 자율적으로 시정하게 해야 한다는 명목으로 관련 법안들을 무효화하지 않는 결정(이하 '선행 권한쟁의심판 사건')을 했다. 국회의장과 정부는 헌법재판소의 위 결정 취지에 따라 관련 법률들을 무효화하든가 아니면 폐지하고 새로운 법률을 제정하는 등의 절차를 진행하여 위헌적 상황을 해소해야 한다. 그런데 국회의장은 이를 위한 최소한의 절차도 밟지 않고 헌법재판소의 위헌결정을 묵살했다. 이에 선행 권한쟁의심판 사건에 관여했던 대리인들은 국회의장의 부작위(선행 권한쟁의심판 사건 결정에 따라 위헌·위법상태를 시정해야 할 의무를 불이행하는 부작위)에 대한 권한쟁의심판을 다시 청구해보자는 방향으로 의견을 모으고 민주당에 전달했다. 그래서 선행 권한쟁의심판을 청구했던 국회의원들이 2009년 12월 18일 다시 청구인이 되어 국회의장을 상대로 부작위에 의한 권한쟁의심판을 청구했다.

방송법은 2009년 11월 1일, 신문법은 2010년 2월 1일 각각 시행되었고, 위 각 법률의 시행령은 2010년 1월 26일 대통령령 제22002호 및 2010년 1월 27일 대통령령 제22003호로 각각 개정되어 2010년 2월 1일 각각 시행되었다. 청구인들 중 박주선 외 11인은 2009년 11월 6일 선행 권한쟁의심판 사건 결정을 이행하기 위한 후속 작업으로 신문법 폐지법률안(의안번호 1806485호)과 신문 등의 자유와 독립성 보장에 관한 법률안(의안번호 1806486호) 및 방송법 폐지법률안(의안번호 1806483호)과 방송매체의 자유와 독립성 보장 등에 관한 법률안(의안번호 1806484호)을 각각 발의했다. 위 4개의 법률안은 2009년 11월 9일 제284회 국회 제9차 본회의에 보고되었고, 같은 날 소속 상임위원회인 문화체육관광방송통신위원회에 회부되었으나, 의안 상정이 이루어지지 않은 상태로 위원회에 계류되어 있었다.

공개변론

제2차 권한쟁의심판 사건의 공개변론은 2010년 7월 8일 오후 4시 헌법재판소 대심판정에서 있었다. 다음은 필자가 모두구술변론으로 준비한 내용이나, 필자가 직접 변론하지는 않았다. 청구인 측 공개변론에는 박재승 변호사님과 김갑배 변호사와 필자가 참석했다. 법률신문은 청구인 측에서는 필자가, 피청구인 측에서는 강훈 변호사가 변론을 한 것으로 보도했다.[36]

모두구술변론 요지

말씀드릴 순서는 먼저 이 사건 심판청구의 요지, 다음으로 각 쟁점에 대한 의견, 마지막으로 결론입니다.

1. 먼저 이 사건 심판청구의 요지입니다.

청구인들은 국회의원으로서 귀 재판소가 2009년 10월 29일 선고
한 2009헌라8·9·10(병합) 권한쟁의심판청구 사건 결정(이하 '선행결
정'이라 하겠습니다)의 청구인들이고, 피청구인은 국회의장으로서 선
행결정의 피청구인입니다.

　　선행결정 주문 제2항은 "피청구인이 2009. 7. 22. 국회 본회의
에서 신문법 개정안 및 방송법 개정안(이하 '이 사건 법률안'이라 하겠습
니다)의 가결을 선포한 행위는 청구인들의 법률안 심의·표결권을
침해한 것이라고 결정했습니다.

　　헌법재판소법 제67조 제1항은 "헌법재판소의 권한쟁의심판
의 결정은 모든 국가기관과 지방자치단체를 기속한다"고 규정하
고 있으므로 피청구인은 선행결정 주문 제2항의 기속력을 받습니
다. 피청구인은 위 기속력에 대해 장래효만 있어 향후 유사한 사태
발생 시 판단의 기준을 제시하는 데 있다고 주장하나, 귀 재판소
발행의《헌법재판 실무제요》는 기속력에 따라 "피청구인은 위헌·
위법성이 확인된 행위를 반복하여서는 아니 될 뿐만 아니라 나아
가 자신이 야기한 기존의 위헌·위법상태를 제거하여 합헌·합법적
상태를 회복할 의무를 부담"한다고 분명하게 밝히고 있습니다. 또
한 귀 재판소가 1997. 12. 24. 선고한 96헌마172·173(병합) 헌법재판
소법 제68조 제1항 위헌확인 등 사건 결정은 "헌법재판소가 위헌
으로 결정하여 그 효력을 상실한 법률을 적용하여 한 법원의 재판
은 헌법재판소 결정의 기속력에 반하는 것일 뿐 아니라, 법률에 대

한 위헌심사권을 헌법재판소에 부여한 헌법의 결단(헌법 제107조 및 제111조)에 정면으로 위배된다"고 하여 대법원의 판결 및 그 전제가 되는 세무서의 부과처분도 취소한 바 있습니다. 이러한 논리는 권한쟁의심판 사건의 경우에도 동일하게 적용된다고 할 것입니다.

피청구인은 귀 재판소의 선행결정 주문 제2항에 따라 청구인들의 법률안 심의·표결권 침해를 시정할 작위 의무를 부담함에도 선행결정에 따른 시정 의무의 존재 자체를 부정하면서 그 의무를 이행하기 위한 어떠한 조치도 취하지 아니하고 있습니다. 피청구인이 선행결정에 의해 발생한 의무의 존재를 부정하고 그 이행을 거절하는 것은 귀 재판소 결정의 기속력을 부정하는 것일 뿐만 아니라 헌법재판소법 제61조 제2항이 규정한 부작위에 해당하며, 청구인들은 피청구인의 위와 같은 부작위로 인해 헌법 제40조의 국회 입법권, 제49조의 다수결의 원칙, 국회법 제93조 등에 근거한 국회의원의 법률안 심의·표결권을 침해당했으므로 헌법재판소법 제61조 제1항의 규정에 의하여 권한침해의 확인 및 위헌·위법상태의 시정을 구하기 위해 이 사건 권한쟁의심판청구를 제기하기에 이른 것입니다.

2. 다음으로 각 쟁점에 대한 의견입니다.

가. 심판청구의 적법성 문제
○ 국회 자율권의 한계 문제입니다.
피청구인은 권력분립의 원칙상 국회는 조직, 운영 기타 내부 사항에 관하여 자율권이 인정되므로 권한질서의 회복을 위하여 헌법적으로 요청되는 예외적인 경우가 아니라면 헌법재판소가 국회의 자주적 결정에 기한 결과를 부인하고 그 결정을 다시 할 것을 명하는 것은 자제되어야 한다고 주장합니다. 국회에 자율권이 인정된다고 하더라도 헌법과 법률의 제한 범위 내에서만 인정되고, 자율권이라는 명목으로 헌법 및 법률 위반이 정당화될 수 없음은 법치주의 원리상 당연합니다. 귀 재판소가 1997년 7월 16일 선고한 96헌라2 결정은 "국회의 자율권도 헌법이나 법률을 위반하지 않는 범위 내에서 허용되어야 한다"고 명확히 밝힌 바 있습니다. 이 사건에서는 피청구인이 귀 재판소의 선행결정을 따를 의무를 이행하지 아니하여 헌법과 국회법 및 헌법재판소법을 위반하여 청구인들의 권한을 침해했음이 명백하여 이를 다투고 있으므로, 국회의 자율권이라는 명목으로 그 위반 여부에 대한 판단이 회피될 여지는 없습니다.

○ 피청구인 적격의 문제입니다.
피청구인은 선행결정 주문 제4항이 이 사건 법률안의 가결 선포 행위의 무효 확인 청구를 기각했으므로 피청구인이 이 사건 법률안을 다시 본회의에 상정하고 심의·표결 절차를 진행할 권한이 없으므로 피청구인은 권한쟁의심판의 피청구인 적격이 없다고 주장합니다.
　　피청구인은 선행결정의 피청구인으로서 주문 제2항에서 청구인들의 권한을 침해한 당사자로 인정됨으로써 그 결정의 기속력을 직접적으로 받는 자이므로, 선행결정 주문 제2항의 기속력에 의한 의무를 이행하지 아니한 부작위로 청구인들의 권한을 침해했다는 이 사건 심판청구에서 당연히 피청구인 적격이 인정된다고 할 것입니다. 이 사건 법률안에 대한 종전의 가결 선포 행위가 유효인지 여부, 피청구인이 이 사건 법률안을 본회의에 부의하여 심의·표결 절차를 진행할 권한이 있는지 여부는 본안에서 판단할 문제입니다.

○ 일사부재리 원칙 위반 여부입니다.
피청구인은 선행결정 주문 제4항이 이 사건 법률안에 대한 국회의 심의·표결행위가 유효함을 확인한 것이므로 청구인들의 심의·표결권을 다시 행사할 수 있도록 하라는 것은 동일한 사안에 대하여 다시 심판을 구하는 것이어서 일사부재리 원칙에 위배되어 부적법하다고 주장합니다. 그러나 청구인들은 선행결정 주문 제4항과는 무관하게 주문 제2항에 근거하여 이 사건 청구를 하는 것이므로 소송물 자체가 상이하여 일사부재리 원칙이 적용될 여지가 없습니다. 피청구인의 주장처럼 선행결정 주문 제4항의 기속력에 의해 주문 제2항의 기속력이 발생할 여지가 없는 것으로 해석한다면 주문 제2항의 청구 자체에 대해 구제의 실익이 없는 것으로 평가하여 각하했어야 할 것입니다. 또한 청구인들은 선행결정 이후에 발생한 피청구인의 부작위를 새로운 권한침해행위로 구성하여 이 사건 심판청구를 하는 것이므로 선행결정과의 관계에서 일사부재리 원칙이 적용될 여지가 없습니다.

나. 본안의 당부
○ 피청구인의 헌법상 및 법률상 작위 의무의 존재 여부입니다.

피청구인은 피청구인에게 이 사건 법률안을 본회의에 상정하고 심의·표결 절차를 다시 진행할 권한이 없다고 주장하나, 피청구인은 선행결정 주문 제2항에 따라 이 사건 법률안 처리 과정에서 청구인들의 권한을 침해한 위헌·위법상태를 제거하여 합헌·합법상태를 회복하는 조치를 취할 의무가 있습니다. 그 의무 이행의 구체적인 방안은 여러 각도로 강구될 수 있을 것인바, 구체적으로는 이 사건 법률안 가결 선포 행위의 취소를 선포하여 가결 전의 상태를 회복한 후에 다시 심의·표결 절차를 밟거나 적어도 청구인들이 선행결정 이후에 발의한 법률안에 대해 심사기일을 지정하고 그 기간 내에 합의 처리되지 못하면 직권 상정의 방법에 의해 청구인들이 심의·표결권을 행사할 수 있는 기회를 부여할 수 있을 것입니다.

선행결정은 권한침해를 확인하는 결정에 의하여 피청구인에게 위헌·위법상태를 제거할 의무가 있음을 전제하고 그러한 방안으로 여러 가지가 있을 수 있음을 예상하고 있습니다. "위헌·위법상태를 제거함에 있어서 피청구인에게 여러 가지 정치적 형성의 여지가 있는 경우에는 …… 권한침해로 인하여 야기된 위헌·위법상태의 시정은 피청구인에게 맡겨두는 것이 바람직하다(이강국 재판소장 및 이공현 재판관 의견)", "법률안 가결 선포 행위의 효력에 대한 사후의 조치는 오직 국회의 자율적 의사결정에 의하여 해결할 영역에 속한다(김종대 재판관)"는 등의 표현이 바로 그것인데, 이는 시정 의무 자체는 인정하고 다만 시정 방법을 피청구인에게 맡긴다는 의미입니다.

따라서 피청구인에게 시정 의무로서의 작위 의무 자체가 없다는 피청구인의 주장은 이유 없습니다.

○ 가결 선포 행위 무효 확인 청구 부분에 대한 기각결정과의 관계 문제입니다.

피청구인의 모든 주장은 선행결정 주문 제4항이 이 사건 법률안 가결 선포 행위 무효 확인 청구를 기각했기 때문에 이 사건 법률안 가결 선포 행위는 유효한 것으로 확정되었음을 전제로 하고 있습니다. 그러나 이 사건 법률안 가결 선포 행위 무효 확인 청구 부분을 기각했다고 하여 귀 재판소가 위 가결 선포 행위가 유효함을 확정한 것이라고 볼 수 없습니다. 무효 확인 청구를 기각한 결정의 취지는 귀 재판소가 가결 선포 행위를 직접 무효로 선언하는 것보다는 피청구인으로 하여금 직접 위헌·위법상태를 제거하여 합헌·합법 상태를 회복하도록 하는 조치를 취하도록 하자는 데 있습니다.

선행결정 주문 제4항으로 이 사건 가결 선포 행위가 유효로 확정되었고 피청구인에게 아무런 시정 의무도 발생하지 않는 것으로 해석하는 것은 선행결정 주문 제2항의 의의를 무의미하게 하기 때문에 부당합니다. 또한 위와 같은 해석은 선행결정 주문 제3항에서 청구인들의 권한침해확인청구도 기각함과 동시에 제4항에서 가결 선포 행위 무효 확인 청구도 기각한 멀티미디어법 또는 금융지주회사법 개정안의 경우와 권한침해확인청구는 인용하고 가결 선포 행위 무효 확인 청구만 기각한 이 사건 법률안의 경우를 동일하게 취급하는 것으로서 부당합니다.

한편, 선행결정 주문 제4항에서 이 사건 법률안 가결 선포 행위에 대하여 무효 선언을 했더라면 청구인들에게는 법률안 심의·표결권을 침해한 행위의 시정 조치를 구할 법률상 이익이 없게 될 것입니다. 선행결정 주문 제4항에서 무효 확인 청구를 기각했으므로 주문 제2항에 따라 상대방 당사자인 피청구인이 그 시정 조치를 하여야 할 의무가 발생한 것이므로, 주문 제4항은 청구인들의 이 사건 심판청구를 근거 지우는 것이지 배척하는 것이 아닙니다.

○ 국회 내에서의 해결 방안 모색과 이 사건 심판청구의 부당성 여부 문제입니다.

피청구인은 청구인들이 자신들이 속한 국회의 권한을 스스로 훼손하면서 자신들이 국회 내에서 처리하여야 할 문제를 헌법재판소의 권한쟁의심판제도를 통하여 해결하려고 하는 것은 권력분립의 원칙 및 권한쟁의심판청구제도의 취지에도 반한다고 주장합니다. 귀 재판소의 선행결정 주문 제2항은 피청구인의 권한침해 행위를 확인한 것으로 기속력에 인한 시정 의무는 피청구인에게 있는 것이지 선행결정이 청구인들의 작위 의무를 명한 것이 아닙니다. 귀 재판소 결정의 기속력조차 부정하는 피청구인의 위헌·위법행위를 시정하기 위한 해결 절차는 이 사건 권한쟁의심판청구가 유일하므로, 이를 제도의 취지에 반한다고 탓하는 피청구인의 주장은 이유 없습니다.

한편 청구인들은 국회의원의 지위에서 취할 수 있는 최선의 노력을 다한 후에 부득이하게 이 사건 심판청구에 이르게 되었습니다. 청구인들은 피청구인에 대하여 시정 조치를 취해줄 것을 몇 차례에 걸쳐 요구했고, 이 사건 법률안에 대한 개정안을 발의하고 심의·의결 절차를 진행해줄 것을 피청구인은 물론 한나라당 원내대표에게도 요구했습니다. 그러나 피청구인은 시정 조치를 취할 의무 자체를 부인하면서 아무런 조치를 취하지 않고 있는바, 그러한 피청구인이 이 사건 청구에 대해 권한쟁의심판청구제도의 취지에 반한다고 주장하는 것은 권한쟁의심판청구제도의 의의를 부정하는 것이라 하지 않을 수 없습니다.

3. 맺음말

마지막으로, 이 사건 심판청구에서 판단의 대상은 1차적으로 청구인들의 권한침해 여부이겠지만, 그것보다는 귀 재판소의 위상과 귀 재판소의 권한쟁의심판권 자체가 보다 중요한 대상이라 할 수 있습니다. 귀 재판소가 권한쟁의심판에서 권한침해를 인정했음에도 관련 기관은 물론 피청구인이 그 기속력을 부정하고 시정 조치를 취하지 않는다면, 이는 귀 재판소에 권한쟁의심판권을 부여한 헌법을 유린하는 것입니다.

피청구인의 주장과 같이 선행결정 주문 제4항을 이유로 주문 제2항이 인정한 권한침해를 시정할 의무를 부정하는 것이 허용된다면 선행결정은 아무런 구속력을 가질 수 없게 되고, 결국 귀 재판소는 아무런 효력도 없는 무의미한 결정을 한 꼴이 됩니다. 이는 헌법이 귀 재판소에 권한쟁의심판권을 부여한 취지에도 반하는 것입니다.

귀 재판소의 헌법적 존재의의와 자존을 위해서도 이 사건 심판청구를 인용하여 주시기를 바랍니다.

결정

헌법재판소는 2010년 11월 25일 기각결정을 선고했다. 4인(이공현·
민형기·이동흡·목영준) 각하, 4인(이강국·조대현·김희옥·송두환) 인용, 1
인(김종대) 기각의견으로 최종적으로 1인 부족으로 기각결정을 한
것이다.

　이공현·민형기·이동흡·목영준 재판관의 각하의견은 선행
결정에서 헌법재판소가 권한침해만을 확인하고 권한침해의 원인
이 된 처분의 무효 확인이나 취소를 선언하지 아니한 이상, 종전
권한침해확인결정의 기속력으로 피청구인에게 종전 권한침해행
위에 내재하는 위헌·위법성을 제거할 적극적 조치를 취할 법적 의
무가 발생한다고 볼 수 없으므로 이 사건 심판청구는 부적법하다
는 것이다. 김종대 재판관의 기각의견은 입법관련 행위에 대한 권
한침해확인결정의 구체적 실현 방법은 국회의 자율에 맡겨지는데,
국회법이나 국회규칙 어디에도 이에 관하여 국회의 자율권을 제한
하는 규정이 없으며, 법률안 가결 선포 행위를 무효 확인하거나 취
소할 경우 그것은 실질적으로 해당 법률 전체의 효력을 무효화하
는 결과를 초래하기 때문에 권한침해확인결정의 기속력에도 일정
한 한계가 있어 기속력 실현의 한 방법으로 법률안 가결 선포 행위
를 취소하는 등 재입법을 위한 특정한 작위 의무의 이행을 구하는
것이라면, 위 결정이 갖는 기속력의 한계를 벗어나 부당하다는 것
이다. 조대현·김희옥·송두환 재판관의 인용의견은 권한침해확인
결정의 기속력에 의하여 국회는 이 사건 각 법률안에 대한 심의·
표결 절차 중 위법한 사항을 시정하여 청구인들의 침해된 심의·표
결권한을 회복시켜줄 의무를 부담하며 국회는 이 사건 각 법률안

을 다시 적법하게 심의·표결하여야 하고, 이를 위하여 필요한 경우에는 이 사건 각 법률안에 대한 종전 가결 선포 행위를 스스로 취소하거나 무효 확인할 수도 있고, 신문법과 방송법의 폐지법률안이나 개정법률안을 상정하여 적법하게 심의할 수도 있고, 적법한 재심의·표결의 결과에 따라 종전의 심의·표결절차나 가결 선포 행위를 추인할 수도 있다. 이강국 재판관의 인용의견은 피청구인은 권한침해확인 결정의 기속력에 의하여 권한침해처분의 위헌·위법 상태를 제거할 법적 작위 의무를 부담하고, 그 위헌·위법 상태를 제거하는 구체적 방법은 국회나 국회를 대표하는 피청구인의 자율적 처리에 맡겨져야 하는데, 피청구인은 선행결정 주문 제2항의 기속력에 따른 법적 작위 의무를 이행하지 아니할 뿐만 아니라 주문 제4항에서 무효 확인 청구가 기각되었음을 이유로 더 이상의 법적 작위 의무가 없다는 취지로 적극적으로 다투고 있으므로 이 사건 청구는 인용되어야 한다는 것이다.

이 사건 결정은 국회의 입법절차상 하자를 대상으로 하는 권한침해확인결정의 기속력의 내용이 무엇인지, 그로 인하여 발생하는 작위 의무의 존부 및 내용에 관한 최초의 결정이었다. 각하, 기각, 인용의견으로 나뉘었으나, 어느 의견도 독자적으로 권한쟁의심판의 심판 정족수를 충족하지 못했고, 각하의견과 기각의견을 합하면 권한쟁의심판 정족수를 충족하므로 심판청구는 모두 기각되었다. 국회의원의 심의·표결권 침해를 확인했음에도 국회의장이 입법과정에서의 위헌·위법성을 시정할 법적 의무를 부담하지 않는다는 4인의 각하의견은 헌법재판소의 권위와 사명을 부인하고 헌법재판소 결정을 무의미하게 만드는 것이므로 비판받아 마땅하다. 그리고 국회의장이 종전 헌법재판소 결정에 따라 위헌·위법성을 제거할 의무를 부담한다면서도 청구인들이 특정한 작위 의무의 이행을 구하는 것은 기속력의 한계를 벗어나 부당하다는 김종대 재판관의 기각 견해는 이유 모순이다. 다만 김종대 재판관도 종전 헌법재판소 결정에 따라 국회의장이 신문법·방송법의 위헌·위법성을 제거할 헌법상의 의무가 있다는 점을 확인했으므로, 결과적으로 5명의 재판관이 종전 헌법재판소 결정의 기속력에 따라 국회의장이 신문법·방송법의 위헌·위법성을 제거할 헌법상 의무가 있다는 것을 확인했다는 점을 주목해야 한다.

헌법재판소의 한계

두 번에 걸친 권한쟁의심판청구 사건에서 헌법재판소의 한계만 확인했다. 박재승 변호사님은 헌법재판관들의 천박한 인식 태도와 소극적 자세에 대해 한탄했다. 국회의 법안의결 절차상의 명백한 법률 위반에 대해 헌법상 시정할 권한을 부여받은 헌법재판소가 위법성을 인정하면서 구체적이고 적극적인 시정 조치를 취하지 못한 것은 헌법재판소 본연의 역할을 포기한 것이라는 평가를 피할 수 없다.

교원의 정치적 표현의 자유 침해하는 견문발검

5 전교조 시국선언 관련
교원노조법 정치활동 금지 조항 등
위헌소원 사건

전교조 시국선언 사건 및 헌법소원심판청구 경위

2008년 5월 이명박 정부가 광우병 쇠고기 수입 관련 고시 제정에서 보여준 국민의 건강권을 무시하는 태도와 미국에 대한 굴욕적인 자세 등에 분노한 국민들은 촛불시위로 전국에서 열화와 같이 일어났다. 이명박 대통령이 사과까지 했으나, 정부는 국면을 전환하기 위해 검찰을 앞세워 무리한 수사를 강행했다. 촛불시위와 광우병 관련 보도를 한 〈PD수첩〉 관계자들에 대한 무리한 수사가 이루어졌고, 특히 노무현 전 대통령에 대한 인격 모욕적인 수사로 인해 노무현 전 대통령이 2009년 5월 23일 자결하는 사태까지 발생했다. 이에 사회 각 부문에서 민주주의의 후퇴를 막고 민주주의를 회복하자는 취지의 시국선언이 발표되었다. 전국 교직원들의 자주적 단체인 전국교직원노동조합(이하 '전교조')은 2009년 6월 18일 교사들 명의로 촛불시위 수사, 〈PD수첩〉 관계자 수사, 노무현 전 대통령의 죽음, 용산 화재 사건, 비정규직 문제, 4대강 사업 등 정치적 현안을 언급하며 대통령 사과, 국정 쇄신, 언론·집회·양심의 자유 및 인권 철저 보장, 사회적 약자 배려, 대운하 재추진 의혹 해소, 경쟁 만능 학교 정책 중단 등을 요구하는 시국선언(이하 '1차 시국선언')을 발표했다. 당시 교육과학기술부장관(이하 '교육부장관')은 1차 시국선언에 참여한 교사들에 대한 징계를 결정했고, 전교조는 이에 반발하여 2009년 7월 19일 다시 교사들 명의로 징계 방침에 항의하는 시국선언(이하 '2차 시국선언')을 했다.

각 지방교육감들은 교육부장관의 지시에 따라 2009년 11~12월경 1차 또는 2차 시국선언을 주도하고 이에 참가한 일부 교사들에 대해 해임 등 징계처분을 했다. 징계사유는 교원이 1차 및 2차 시국선언에 참여한 것은 국가공무원법 제66조 제1항[37] 및 교원노조법 제3조[38]에 위반되므로 국가공무원법 제78조 제1항 제1호[39] 소정의 징계사유에 해당한다는 것이다.

징계를 받은 교원들은 교원소청심사를 거쳐 2010년 징계의 취소를 구하는 행정소송을 제기했고, 당해 행정소송에서 징계의 근거가 된 국가공무원법 제66조와 교원노조법 제3조에 대해 위헌제청신청을 했다. 이에 대해 두 개의 재판부가 기각결정을 하여 교원들은 헌법소원심판을 청구했고,[40] 한 개 재판부는 교원노조법 제3조에 대해 위헌의 소지가 있다고 인정하고 위헌제청결정을 했다.[41]

형사사건에서 대법원 전원합의체 판결

국립학교 소속 전교조 간부들은 1차 및 2차 시국선언 사건을 이유로 국가공무원법 위반, 집회 및 시위에 관한 법률 위반 등 혐의로 기소되었다. 전국의 여러 법원에 계류되었는데, 그중 대전지방법원은 2010년 2월 25일 전교조 대전지부 간부들이 교사들의 서명을 받아 시국선언문(제1, 2차)을 발표하고 시국선언 탄압 규탄대회 등 집회에 참가함으로써, '공무 외의 일을 위한 집단 행위'를 했다는 구 국가공무원법 제84조 위반의 공소사실에 대하여, 위 행위가 공익에 반한다거나 직무전념 의무의 위배 또는 직무기강의 저해에 해당하지 않는다는 이유로 무죄를 선고했다.[42] 그런데 2심은 1심의 결론을 뒤집고 유죄를 선고했다.[43] 이 사건에 대해 대법원은 2012년 4월 19일 전원합의체로 판결했다.[44] 국가공무원법 위반 여부에 대해 입장이 갈렸다.

다수 의견은 양승태(재판장)·김능환·안대희·양창수·민일영·박병대·김용덕(주심) 등 7명이고, 소수 의견은 박일환·전수안·이인복·이상훈·박보영 등 5명이다. 다수 의견은 전교조 1차 및 2차 시국선언은 공무원인 교원의 정치적 중립성을 침해할 만한 직접적인 위험을 초래할 정도의 정치적 편향성 또는 당파성을 명확히 드러낸 행위이고, 이는 공무원인 교원의 본분을 벗어나 공익에 반하는 행위로서 공무원의 직무에 관한 기강을 저해하거나 공무의 본질을 해치는 것이어서 직무전념 의무를 해태한 것이므로 국가공무원법 제66조 제1항에서 금지하는 '공무 외의 일을 위한 집단 행위'에 해당한다고 판단했다. 소수 의견은 1, 2차 시국선언은 특정 사안에 관한 정부의 정책이나 국정 운영 등에 대한 비판 내지 반대 의사를 표시하면서 그 개선을 요구한 것이거나 그에 관련된 표현의 자유를 보장해줄 것을 요구한 것으로, 헌법이 국민 누구에게나 보장한 기본권인 표현의 자유를 행사한 것일 뿐이므로 국가공무원법 제66조 제1항이 금지하는 집단 행위에 해당한다고 볼 '공익에 반하는 목적을 위한 행위'가 아니고 '직무전념 의무를 해태하는 등의 영향을 가져오는 집단적 행위'도 아니라는 의견을 밝혔다. 한편, 신영철 대법관은 1차 시국선언 부분은 유죄이지만, 2차 선언은 1차 시국선언에 참여한 교사들에 대한 형사고발 또는 징계조치의 철회를 요구하기 위한 통상적인 수준의 의사표현 행위에 해당하므로, 2차 시국선언과 관련된 피고인들의 행위는 공익에 반하는 목적을 위하여 직무전념 의무를 해태하는 등의 영향을 가져오는 집단적 행위로서 국가공무원법이 금지하고 있는 '공무 외의 일을 위한 집단 행위'에 해당한다고 보기 어렵다는 의견을 제시했다.

공개변론에 대리인으로 참여

필자는 전교조 시국선언 사건의 형사사건에 공동변호인의 한 사람으로 참여했으나, 재판 준비에 적극적으로 결합하지는 못했다. 징계취소 행정사건에는 참여하지 않았다. 징계취소 행정사건은 전국에 걸쳐서 여러 변호사들이 분담해서 맡았는데, 서울에서는 김영준 변호사가 담당했다. 위헌제청신청과 헌법소원심판청구도 김영준 변호사가 독자적으로 담당했었다. 김영준 변호사와는 조전혁 의원에 의한 전교조 조합원 명단 공개 사건을 같이 수행하고 있었고, 김진 변호사 등과 함께 일제고사 거부로 파면 또는 해임을 당한 전교조 소속 교원들의 행정소송을 공동으로 수행하여 승소판결을 받아 모두 복직시킨 바 있다.

　　그런데 헌법재판소로부터 2013년 12월 12일에 헌법소원 및 위헌법률심판 사건에 대한 공개변론을 진행한다는 통보를 받았다. 김영준 변호사는 위 통보를 받고 필자에게 연락하여 같이하자고 요청했고, 전교조 측과 상의하여 김진 변호사와 함께 공개변론 기일에 대리인으로서 참석하기로 했다. 전교조에 소속되어 활동하고 있는 강영구 변호사도 함께했다. 참고인을 추천해야 하는데, 우리 측은 연세대학교의 김종철 교수를 추천했고, 상대방 측은 고려대학교의 장영수 교수를 추천했다.

쟁점

이 사건의 쟁점은 공무원에 대해 '공무 외의 일을 위한 집단 행위'를 금지하고 있는 국가공무원법 제66조 제1항과 교원노조에 대해 '일체의 정치활동'을 금지하고 있는 교원노조법 제3조가 공무원과 교원의 정치적 표현의 자유를 침해하고 있는지 여부이다. 우리가 주장한 위헌의 요지는 다음과 같다.

국가공무원법 제66조 제1항의 '공무 외의 일을 위한 집단 행위' 부분은 그 개념이 불명확하여 명확성 원칙에 위반된다. 이 사건 시국선언은 정부의 정책과 행위에 대해 비판적 의견을 표현한 것으로서 정치적 표현에 해당하는바, 표현의 자유는 다른 기본권보다 우월한 지위를 갖는 기본권으로 그 제한은 최소한으로 이루어져야 함에도 불구하고 공무원이 공무가 아닌 집단 행위를 했다고 하여 이를 금지하는 것은 표현의 자유를 지나치게 침해하는 것이다. 공무원과 교원이라는 이유로 정치적 표현 행위를 제한하는 것은 신분을 이유로 한 불합리한 차별로서 평등권을 침해한다. 헌법재판소와 법원은 이 사건 국가공무원법 규정의 '공무 외의 일을 위한 집단 행위'를 '공익에 반하는 목적을 위하여 직무전념 의무를 해태하는 등의 영향을 가져오는 집단적 행위'라고 한정하여 해석하면서 이것이 명확성 원칙에 위반되지 않는다고 했으나, '공익에 반하는 목적'이나 '직무전념 의무 해태'라는 개념 역시 광범위하고 포괄적이어서 자의적 법 집행의 위험성을 가지고 있으므로 명확성 원칙에 위배된다. 단지 공무원이라는 이유로 공무원의 집단적 의사표시를 포괄적으로 불법화하는 것은 표현의 자유를 박탈하는 것과 다르지 않다는 점에서 과잉금지 원칙에 위배된다.

교원노조법 제3조가 교원노조에 대해 일체의 정치활동을 금지하는 것은 정치적 기본권의 최소한이라고 할 수 있는 정치적 표현의 자유를 박탈하는 것이다. 다른 노동조합과 달리 교원노조에 대해서만 정치활동을 금지하는 것은 교원노조를 합리적 이유 없이 차별하는 것으로서 교원노조의 평등권을 침해하는 것이다. 교원노조법상의 '일체의 정치활동'이란 표현은 정치활동의 소재가 공적인 것인지 사적인 것인지를 불문한다는 점에서 지나치게 포괄적이고, 정치활동이란 개념 역시 사실상 인간과 단체의 활동 전체를 포괄할 수 있다는 점에서 명확성 원칙에 위반된다. 교원에게 정치적 중립이 요구되는 이유는 정치권력이나 공권력 등의 간섭을 배제하고 교육 주체가 자율적으로 교육 과정을 주도할 수 있도록 연구와 교육을 풍성하고 자유롭게 하며 진리 탐구를 위한 지도적 인격을 제고하기 위함이고, 이를 위해서는 일반 공무원에 비해 교원에게는 정치활동을 폭넓게 인정하여야 하나, 오히려 정치적 중립을 교원의 정치적 표현의 자유를 박탈하는 근거로 사용하는 것은 본말이 전도된 것으로서 과잉금지 원칙에 위반된다. 공무원노조에 비해서도 '일체의' 정치활동을 금지하고 있다는 점에서 자의적인 차별이고, 정치활동에 아무런 제한이 없는 대학교원 단체와 비교하더라도 합리적 차별로 볼 수 없다.

공개변론의 진행

공개변론에서 김진 변호사가 파워포인트를 사용하여 우리 측 모두변론을 했고, 나는 최후변론을 맡았다. 김종철 교수와 장영수 교수는 참고인으로서 진술하고, 재판관들의 질문에 답했다. 박한철 헌법재판소장이 '일체의' 정치활동을 금지한 교원노조법 제3조 규정에 대해 의문을 제기하는 질문을 하여 우리는 긍정적이고 희망적인 예측을 해보기도 했다.

공개변론기일에 필자가 한 최종구술변론 내용은 다음과 같다.

최종구술변론

● 먼저 이 사건의 충실한 심리를 위해 공개변론을 열어 진술의 기회를 주시고, 진지하게 경청해주신 데 대하여 재판소장님과 재판관님들께 진심으로 감사드립니다.

● 이 사건은 매우 단순·간명합니다. 이 사건 공무원법 조항(국가공무원법 제66조 제1항 중 '공무 외의 일을 위한 집단 행위' 부분)이나 교원노조법 조항(교원노동조합의 설립·운영에 관한 법률 제3조)이 민주국가에서 우월적 지위가 인정되는 정치적 표현의 자유를 침해한다는 점과 그

문언이 지나치게 애매하고 광범위하다는 점에 대해서는 다른 의견이 있을 수 없습니다. 그렇기에 이 사건 공무원법 조항의 합헌을 주장하는 견해도 '공무 외의 일을 위한 모든 집단 행위'가 아니라 '공익에 반하는 목적을 위하여 직무전념 의무에 해태하는 등의 영향을 가져오는 집단적 행위'로 한정 해석해야 한다고 합니다. 이사건 교원노조법 조항은 '일체의' 정치활동을 금지하고 있어 한정해석을 하는 것조차 불가능합니다.

● 헌법상 기본권 제한 원칙인 명확성 원칙과 관련하여 헌법재판소는 일반적·규범적인 법문언을 사용한 경우 그 의미 내용을 확인하기 위해 법관의 가치판단을 통한 보충해석을 인정하지만, 그러한 보충해석이 해석자의 개인적인 취향에 따라 좌우될 가능성이 있다면 명확성 원칙에 반한다는 견해를 누차 밝혔습니다.

   이 사건 공무원법 조항을 합헌적으로 해석하기 위해서는 '공익에 반하는 목적'이 필요하다는 것인데, 헌법재판소는 '공익'이라는 용어가 불명확하고 추상적이며 사람마다의 가치관, 윤리관에 따라 크게 달라질 수밖에 없어 명확성 원칙에 반한다고 판단했습니다[헌법재판소 2010. 12. 28. 선고 2008헌바157, 2009헌바88(병합) 결정]. 결국 합헌론의 논리는 명확성 원칙에 어긋나는 문언을 다시 명확성 원칙에 어긋나는 문언을 사용해서 한정함으로써 합헌성을 도출하겠다는 것인데, 이는 명확성 원칙을 2중으로 위반함으로써 그 하자를 치유한다는 논리로서 자가당착이 아닐 수 없습니다.

   이 사건 교원노조법 조항에서 사용하는 '정치활동'이라는 용어 역시 인간이 정치적 동물로서 모든 인간 활동이 정치활동으로서의 성격을 가지므로 그 포괄 범위가 지나치게 넓고 다양하여 해석자의 개인적인 취향에 따라 '정치활동'에 해당하는지 여부가 달라질 수밖에 없습니다. 이 사건 교원노조법 조항은 '일체의'라는 수식어를 사용함으로써 과잉금지 원칙의 적용을 원천적으로 배제한다는 면에서 명확성 원칙에 위배하는 정도가 더욱 심각합니다. 한편, 교원 개인이 아니라 노동조합이라는 단체의 정치활동은 전면적으로 금지할 수도 있다는 견해는 다원적 민주주의 사회에서 필수불가결한 집단적 활동 자체에 대한 근거 없는 혐오 내지 적대 의사를 표출하는 것에 불과합니다.

정치적 표현의 자유의 우월적 지위로 인해 보다 엄격한 명확성의 원칙, 광범위하기 때문에 무효의 원칙이 적용되는데, 이 사건 법률조항들은 완화된 명확성 원칙조차도 충족시키지 못하고 있어 위헌을 피할 수 없습니다.

● 합헌을 주장하는 측에서는 우리 사회에서 공무원제도와 교육제도 그리고 교원 지위의 특수성을 지적하기도 하나, 정치적 표현의 자유는 민주주의 사회에서 보편적 가치로서 문화적 차이나 민족의 특수성 등을 이유로 유보되거나 금지·억압될 수 없습니다. 문화적 차이 등을 이유로 정치적 표현의 자유에 대한 폭넓은 제한을 허용해야 한다는 것은 결국 민주주의와 법치주의를 포기하겠다는 것이고, 우리 사회 수준에 대한 자학自虐적인 견해라고 하지 않을 수 없습니다. 공무원이나 교원의 집단적 정치적 의사표시 자체를 금지하고 범죄시하는 것은 정통성에 대한 신뢰가 없는 정부가 오로지

금지와 탄압으로 명맥을 유지하고자 했던 전근대적이고 권위주의적인 시대의 잔존물입니다.

한편, 감수성과 모방성 그리고 수용성이 왕성한 초·중등학교 학생들에게 교원이 미치는 영향이 크다는 점을 부각시켜 주장하기도 하나, 교원이 수입 외의 영역에서 정치적 표현에 참여한다고 해서 민주시민으로서의 자질 양성을 목적으로 하는 교육의 목적에 반한다고 볼 수 없고, 또한 그 효과를 부정적으로만 평가할 수도 없으며, 그러한 영향은 간접적이고 추상적인 위험에 불과하여 우월한 지위에 있는 정치적 표현의 자유 제한을 정당화하는 논거가 될 수 없습니다. 공무원이나 교원의 직무수행에서의 정치적 중립성 보장을 위해서는 공무원법의 정치운동 금지 조항, 정당법, 공직선거법, 정치자금법 등의 관련 조항에 의해 충분히 규제할 수 있습니다. 거기서 더 나아가 정치적 표현의 자유 일반을 제한하는 것은 견문발검見蚊拔劍, 즉 모기 보고 칼을 빼는 것과 같은 최소침해성 원칙과 법익균형성 원칙을 위반하는 것입니다. 그렇기에 이 사건 공무원법 조항과 교원노조법 조항과 같이 정치적 표현의 자유를 심각하게 침해하는 법률조항을 두고 있는 입법례는 적어도 선진문명 사회에서는 찾아볼 수 없습니다. 천황제를 유지하고 있고 헌법재판소에 의한 헌법재판제도가 없어 위헌법률심사에 소극적이기로 세계적으로 유명한 일본의 경우 공무원의 정치적 행위를 금지하는 규정을 두고 있으나, 그러한 일본도 인사원규칙에 위임하는 형태를 취하긴 하지만 금지하는 정치적 행위를 구체적으로 나열하는 포지티브 방식을 취하고 있고, 우리처럼 네거티브 방식으로 공무 외의 일을 위한 집단 행위를 금지하는 형태로 규율하지는 않습니다. 더구나 관련 당해 사건은 교원노조 소속 교사들이 시국선언을 했다는 이유로 형사 처벌받고 징계를 당한 것인데, 이런 일이 발생했다는 것은 국제사회에서 그 유례를 찾아볼 수 없는 치욕스러운 일이 아닐 수 없습니다.

● 이 사건 공무원법 조항에 대해서는 이미 헌법재판소 결정이 두 차례 있었으며, 마지막 것은 2007년 8월 30일에 선고된 것입니다 [헌법재판소 2007. 8. 30. 선고 2003헌바51, 2005헌가5(병합) 결정]. 그럼에도 현 단계에서 헌법재판소가 기왕의 입장을 변경할 필요와 이유는 충분합니다.

첫째, 종전 결정은 주로 '노동운동' 금지 부분의 위헌성을 다루었고 '공무 외의 일을 위한 집단 행위' 금지 부분은 부수적으로만 다루었습니다. 노동운동 금지 부분에 대한 헌법재판소의 합헌결정에도 불구하고 그 후에 공무원노동조합이 법률의 제정에 의해 인정되었으므로 그러한 사정이 반영되어야 할 필요가 있습니다.

둘째, 명확성 원칙에 위배되지 않는 것으로 한정 해석하기 위해 사용된 '공익'이라는 용어가 명확성 원칙에 어긋난다는 헌법재판소의 결정이 나왔으므로 이를 반영할 필요가 있습니다.

셋째, 현재의 재판소장님과 재판관님 어느 분도 2007년의 종전 결정에 참여하신 바가 없으십니다. 이 시점에서 '헌법은 발전한다'는 점을 보여줄 필요가 있습니다.

● 이렇게 명확성 원칙에 반하여 위헌인 법률조항을 해소하는 방안으로는 첫째, 그대로 두고 법원의 합헌적 해석에 맡겨두는 방안,

둘째, 헌법재판소가 위헌결정을 하는 방안, 셋째, 국회가 입법으로 해결하는 방안이 있습니다. 헌법재판소가 위헌법률심판을 담당하고 있는 나라에서 이 사건 심판 대상 법률조항과 같이 무지막지한 법률조항이 위헌으로 선언되지 않고 그 효력을 유지하고 있다는 것은 무언가 크게 잘못되었음을 의미합니다. 즉, 헌법재판제도가 제대로 기능하지 못하고 있음을 증명하는 것이 아닌가 하는 생각입니다.

● 헌법재판소가 1991년에 교원노동조합을 금지한 사립학교법에 대해 합헌결정을 했지만, 결국 1999년에 교원노동조합은 법률의 제정으로 합법화되었습니다. 헌법재판소의 합헌결정은 교원노동조합의 합법화 시기를 8년간 유예하는 것에 그쳤습니다. 1991년에 헌법재판소의 위헌결정으로 교원노동조합의 합법화 시기가 앞당겨졌다면 그 사이에 우리 사회가 겪었던 혼란과 희생과 낭비를 피할 수 있었을 것입니다.

이 사건 심판 대상 법률조항들의 경우 그 위헌성이 심각하여 언젠가는 입법으로 해결될 것입니다. 현 단계에서 헌법재판소가 합헌결정을 하더라도 단지 그 시기를 늦출 따름입니다. 이에 이 사건 법률조항에 대해 위헌결정을 함으로써 불필요한 혼란과 희생을 예방하고, 헌법은 발전한다는 점을 천명하여, 헌법재판소의 위상을 드높여주시길 바랍니다.

헌법재판소의 결정[45]

헌법재판소는 공개변론을 하고 8개월이 더 지난 2014년 8월 28일 선고했다. 공무원의 집단 행위를 금지하고 있는 국가공무원법 제78조 제1항 제1호의 '이 법' 부분 중 제66조 제1항 본문의 '공무 외의 일을 위한 집단 행위' 부분에 대해서는 7(합헌):2(위헌)로, 교원노조의 정치활동을 금지하고 있는 교원노조법 제3조 중 '일체의 정치활동' 부분에 대해서는 4(합헌):3(각하):2(위헌)로 합헌결정을 선고했다.

이 사건 국가공무원법과 교원노조법 규정에 대해 위헌의견을 낸 두 분의 재판관은 김이수·이정미 재판관이다. 위헌의견의 요지는 다음과 같다.

국가공무원법 규정 부분은 첫째, 명확성 원칙에 위배되며, 둘째 과잉금지 원칙에 위배되어 표현의 자유를 침해한다. 어떠한 표현행위가 과연 '공익'을 해하는 것인지, 아닌지에 관한 판단은 사람마다의 가치관, 윤리관에 따라 크게 달라질 수밖에 없고, 법 집행자의 통상적 해석을 통하여 그 의미 내용을 객관적으로 확정할 수 있는 개념이라고 보기 어렵다. 이와 같이 공익 개념이 명확하지 않은 이상 '공무 외의 일을 위한 집단 행위'를 '공익에 반하는 목적을 위하여 직무전념 의무를 해태하는 등의 영향을 가져오는 집단적 행위'라고 축소 해석한다고 하더라도 여전히 그 의미는 불명확할 수밖에 없다. 따라서 이 사건 국가공무원법 규정은 명확성 원칙에 위배된다. 또한 이 사건 국가공무원법 규정의 불명확성과 광범성은 전체 국가공무원의 정치적 표현의 자유를 지나치게 제한한다. 이 사건 국가공무원법 규정은 정치적 표현행위가 제한되는 공무원을 그 직무 또는 직급 및 근무시간 내외를 구분하지 않고 모든 공무원에게 자신의 직무와 관련이 없는 정치적 표현까지 금지하고 있다. 이 사건 국가공무원법 규정은 특정 정당을 지지하거나 반대하는 등 정파성을 강하게 띤 표현행위 등을 한정적으로 규제하는 것이 아니라 헌법질서의 수호 유지를 위한 정치적 의사표현까지도 집단적으로 이루어지기만 하면 공익에 반하는 행위로 전제하고 이를 모두 금지하므로, 과잉금지 원칙에 위배되어 청구인들의 정치적 표현의 자유를 침해한다.

교원노조법 규정은 첫째, 과잉금지 원칙에 위배되며, 둘째 평등 원칙에 위배된다. 우리 법체계상 일반 노동조합 및 공무원 노동조합과 비교하여 보면, 이 사건 교원노조법 규정의 취지는 교원 및 교원노동조합의 '일체의 정치활동'을 금지하는 것이다. 교육의 정치적 중립성으로 인하여 교원의 정치활동이 일부 제한될 수는 있지만, 정치활동이 제한되는 장소·대상·내용은 학교 내에서 학생에 대한 당파적 선전교육과 정치선전, 선거운동에 국한하여야 하고, 그 밖의 정치활동은 정치적 기본권으로서 교원에게도 보장되어야 한다. 교원에게 교육의 정치적 중립성을 해할 우려가 없는 표현을 허용할 필요가 있음에도, 이 사건 교원노조법 규정은 일률적·전면적으로 정치활동을 금지하고 있으므로, 과잉금지 원칙에 위배된다. 또한 대학교원에게는 정치활동을 일반적으로 허용하면서 초·중등학교 교원에게는 전면적으로 금지하는 것은, 오히려 교육 내용에 재량이 많은 대학교육의 특성, 초·중등학교 교원이 정치활동을 하면 편향된 교육을 할 것이라는 추측은 논리적 비약이라는 점 등에 비추어 볼 때, 현저히 불합리한 차별에 해당하여 평등 원칙에도 위배된다.

　　교원노조법 제3조에 대해 관심이 많았던 박한철 소장은 엉뚱하게도 김창종·강일원 재판관과 함께 각하의견을 냈다. 이 사건 교원노조법 규정의 위헌여부는 당해 사건 재판의 결론이나 주문에 영향을 주지 않으므로 이 부분은 재판의 전제성이 없다는 것이다. 이 사건 교원노조법 규정은 교원노조 자체의 정치활동을 금지하는 규정이지 조합원인 교원 개인의 정치활동을 금지하는 규정이 아닌데, 이 사건에서 문제가 된 시국선언의 주체는 교원노조가 아니라 시국선언 성명서에 서명한 교원 전체이고, 비조합원인 교원도 참여했고, 이 사건 교원노조법 규정 위반행위에 대해서는 별도의 제재규정이 없어 이 사건 교원노조법 규정에 대해 위헌선언이 이루어진다 하더라도 청구인들이나 제청신청인들의 징계처분 취소에는 직접 영향을 미칠 수 없으므로, 따라서 이 사건 교원노조법 규정에 대해서는 재판의 전제성이 없어 각하하여야 한다는 것이다. 각 교육감들이 시국신인 참여 교원들을 징계하면서 징계사유의 근거규정의 하나로 교원노조법 제3조를 적시했고, 소송과정에서도 같은 주장을 유지했다면 위 조항의 위헌성 여부는 당연히 재판의 전제성이 인정된다고 하여야 할 것임에도, 형식적 판단으로 실질판단을 회피한 것은 무책임하다고 하지 않을 수 없다.

공무원과 교원의 정치적 표현의 자유 보장은 언제나?

이 나라에서는 언제나 공무원이나 교사가 정치적 표현의 자유를 제대로 누릴 수 있으려나? 김이수·이정미 두 재판관의 의견이 다수의견이 되는 날이 그날이 될 텐데 그때는 언제나 오려나? 그날이

오긴 반드시 올 것인데, 다만 그 시기만이 문제이다. 헌법재판소 결정으로 해결할 수 없다면 입법으로 해결할 수밖에 없을 것이다. 그 시기가 하루라도 빠를수록 부당한 조항으로 인한 피해를 줄일 수 있고, 국제사회에서의 수치도 그만큼 빨리 벗어날 수 있을 것이다.

헌재가 왜 현대자동차의
재정 상황까지 염려해줘야 하나

6　　파견법 위헌소원 사건

파견법의 제정

근로자 파견은 근로자 공급의 한 유형으로 간접고용에 해당한다. 간접고용은 '고용'과 '사용'이 분리되어 본질적으로 근로기준법이 금지하고 있는 '중간착취'를 내포한다. 실제 노동력을 사용하는 자가 사용자로서의 법적 책임을 회피하고, 차별대우를 초래하고, 근로자의 단결권을 사실상 형해화하는 등 근로자의 기본적 인권을 침해할 우려가 큰 고용 형태다. '위험의 외주화'라는 말로 표현되듯이 위험작업을 간접고용 근로자들로 하여금 담당하게 함으로써 중대한 산업재해로 간접고용 근로자들이 사망하는 사고가 자주 발생하고 있다. 세계적으로 많은 국가에서 간접고용에 대한 강력한 법적 규제가 이루어지고 있고, 우리나라는 1960년대 초부터 직업안정법을 통해 간접고용의 전형적 형태인 '근로자 공급 사업'을 원칙적으로 금지해왔다.

　　근로자 공급 사업은 사실상 또는 고용계약에 의해 자기의 지배하에 있는 근로자를 공급계약에 의해 타인의 지휘 아래 사용하게 하는 사업을 말한다. 근로자 공급 사업은 타인의 취업에 개입해 중간에서 근로자의 이익을 착취할 우려가 있다. 직업안정법은 "누구든지 노동부장관의 허가를 받지 않고서는 근로자 공급 사업을 하지 못한다"고 규정해 근로자 공급 사업을 원칙적으로 금지하고 있다. 1998년에 파견법을 제정하기 이전에도 도급 형태를 가장해 실질적으로 근로자 공급 사업 형태로 운용되는 사내하도급(불법파견)은 직업안정법에 의해 금지되었다.

노동부는 1993년 6월 '근로자 공급 사업 지도지침'을 마련해 불법 근로자 공급 사업을 단속했다. 그런데 근로자 공급 사업 및 파견 등과 같은 간접고용을 합법화해 노동력의 유연성을 제고하고, 암암리에 이루어지고 있는 불법 간접고용으로 인한 근로자를 제도적으로 보호해야 한다는 요구가 많았다. 노동부는 1993년 10월 '근로자 파견사업의 적정한 운영 및 파견근로자 보호에 관한 법률' 안을 정부안으로 국회에 제출했다. 그러나 노동계의 강력한 반발로 입법하지 못했다. 1995년 8월에는 김영삼 대통령이 대기업 총수들을 잇달아 만나 의견을 수렴했고, 그 후 통상산업부는 '중소사업자 구조개선 지원을 위한 특별조치법'을 제정하겠다고 나섰다. 위 특별법에는 '근로자 파견제도'의 합법화와 함께 변형근로시간제, 정리해고 요건의 완화 등의 내용이 포함되어 있었다. 당시에도 노동계와 사회단체의 반대로 무산되었다. 1996년 5월 노사관계개혁위원회(약칭 '노개위')가 구성되면서 파견법 제정 문제가 다시 사회적 이슈로 되었다. 노개위는 파견근로에 대한 실태조사와 논의 절차를 거쳐 1997년 중에 입법을 추진하는 것으로 의견을 모았다. 그러나 1996년 말 노동관계법 날치기 통과 여파로 파견법 제정은 미뤄졌다.

1997년 외환위기 극복 과정에서 파견근로 등 비정규근로가 급속히 증가했고, 파견근로에 대한 양성화 및 규제의 필요성이 제기되었다. 1998년 2월 9일 노사정위원회(약칭 '노사정위')에서 이루어진 "경제위기 극복을 위한 사회협약"에 파견법 제정이 포함돼 결국 파견법이 제정되어 1998년 7월 1일부터 시행되었다. 파견법 제정에 대해 노동계는 중간착취를 내포하는 간접고용을 합법화하는 것이라고 강력하게 반대했다. 그렇지만 김대중 정부는 IMF와의 약속을 이행하는 차원에서 노사정위 합의를 토대로 파견법을 제정했던 것이다.

파견법은 근로자 파견 사업의 적정한 운영을 기함으로써 파견근로자의 고용안정 및 복지증진에 이바지하고 인력수급을 원활하게 하는 것을 그 입법목적으로 하고 있다. 근로자 파견 사업의 적정 운영을 위해 파견 사업의 허가 요건, 파견 대상 업무, 파견 기간 등을 규정하고, 파견근로자의 근로조건을 보호하기 위해 파견 사업주와 사용사업주의 책임을 규정했다. 파견법은 파견 대상 업무를 절대금지 업무, 포지티브 방식에 의한 허용 업무, 일시적 사용에 의한 허용 업무 등으로 구분해 규율했다. 제조업의 직접생산공정 업무는 파견 대상 업무에서 제외되었다. 파견법 제6조는 파견 기간에 대해 제1항에서 원칙적으로 1년을 초과하지 못하도록 하되 1회에 한해 1년의 범위 안에서 그 기간을 연장할 수 있도록 함으로써 최대한을 2년으로 규정했다. 그리고 제3항에서 "사용사업주가 2년을 초과해 계속적으로 파견근로자를 사용하는 경우에는 2년의 기간이 만료된 날의 다음 날부터 파견근로자를 고용한 것으로 본다"(이하 '이 사건 간주조항')고 규정했다.

이 사건 간주조항의 의의 및 개정

파견법이 제정된 취지는 적법하게 이루어지고 있던 (사내)하도급을 금지하기 위한 것이 아니라, 경영계의 요구를 받아들여 직업안정법 등에 의해 원칙적으로 금지되어 오던 간접고용 형태인 근로자 공급 사업(파견)을 허용함으로써 그 허용범위를 확대하고, 암암리에 이루어져왔던 불법 간접고용 형태를 일부 양성화해 파견근로자를 보호하며, 위장도급 형태의 불법파견을 규제하고자 함에 있었다. 노동계는 파견법의 제정에 대해 강력하게 반대했고, 노동계의 우려에 대한 대책으로서 이 사건 간주조항이 규정된 것이다.

이 사건 간주조항은 2007년 7월 1일 '고용의무조항'으로 개정되었다. 경영계의 요구가 반영된 것이다. 이 사건 간주조항에도 불구하고 사용자가 직접고용관계를 인정하지 않을 경우에는 근로자가 별도의 소송을 제기해 시간적·경제적 비용을 지출해야만 한다. 노동부는 이 사건 간주조항을 이행하지 않는 사업주에 대한 벌칙이나 과태료 등 실효성 있는 제재수단을 마련해야 할 현실적 필요성이 있다면서 이 사건 간주조항을 의무조항으로 변경하고 최고 3,000만 원의 과태료를 부과하는 방안으로 개정했다. 이 사건 간주조항이 있는 경우에는 파견근로자가 사용사업주를 상대로 근로자지위확인 및 임금청구 소송을 제기할 수 있으나, 의무조항으로 개정된 후에는 직접고용의 의사표시를 구하는 의무 이행 및 임금 상당의 손해배상 청구소송을 제기할 수 있다. 직접고용 간주조항 방식이 직접고용 의무조항 방식보다 파견근로자의 보호를 위해서는 보다 직접적이고 근본적인 방법이라 할 수 있다.

사내하청, 위장도급과 불법파견

파견법이 제정될 당시 조선이나 자동차 업종 등에서 직접생산 공정 업무에 사내하청이 광범위하게 활용되고 있었다. 사내하청은 하청근로자가 원청사업장에서 원청근로자들과 함께 근로하는 형태의 하청을 말한다. 사내하청은 형식은 도급이지만 사실상 파견의 성질을 가지는 경우가 많았는데, 이러한 경우를 위장도급이라 하고 그렇지 않은 경우를 진정도급이라 한다. 진정도급의 경우에는 파견법이 적용되지 않는다. 실질이 파견임에도 형식이 도급이라는 이유로 파견법이 적용되지 않는다면, 엄격한 규제를 전제로 파견을 일부 허용한 파견법에 중대한 결함이 발생하게 된다. 파견법 제정 당시 국회 상임위 논의 과정에서 노동부 담당자는 파견법이 위장도급의 경우에 적용될 것이라는 점을 명확히 했다.

　　노동부는 파견법 제정 이전에도 외형상으로는 도급의 형식을 갖추었지만 실질적으로는 불법 근로자 공급인 위장도급을 단속해왔다. 파견법 제정 이후에는 이를 더 구체화해 '파견'과 '도급'의 구별기준을 명확히 하고, 이를 기준으로 외형상 '도급'으로 위장한 불법파견에 대해 지속적인 규제를 해왔다. 노동부고시 제98-32호 (1998. 7. 20. 근로자 파견 사업과 도급 등에 의한 사업의 구별 기준에 관한 고시), 노동부의 "불법파견 관련 사내하도급 점검지침"(2004. 7.), "근로자 파견의 판단기준에 관한 지침"(2007. 4. 노동부/법무부/검찰), "불법파견 형태의 사내하도급 문제 해결을 위한 참여정부의 노력과 과제" (2007. 7.), 노동부의 "고용노동백서" 중 '파견근로자' 및 '사내하도급' 점검 현황 등이 그러한 노력을 보여준다.

현대자동차 사내하청에 대한 진정 등

파견법이 시행되었음에도 현대자동차 등 대기업들은 사내하청을 도급이라는 이유로 그대로 사용했다. 이에 대해 사내하청 근로자들은 도급은 형식에 불과하고 실질은 파견에 해당한다면서 파견법의 적용을 주장했다. 파견법 시행 후 2년이 지난 다음부터는 이 사건 간주조항에 근거해 원청인 현대자동차에 직접고용된 것으로 간주되었다고 주장했다. 사내하청 근로자들은 노동조합을 결성해 원청인 현대자동차에 단체교섭을 요구했고, 2년 초과 근로자들을 정규직으로 전환하라고 요구했다. 이에 대해 현대자동차는 사내하청 근로자들과는 근로관계가 없다면서 노동조합의 요구에 불응했다.

현대자동차 사내하청 근로자들은 2004년 5월 27일 노동부에 불법파견에 해당한다면서 진정했다. 현대자동차가 근로자 파견이 금지된 제조업의 생산공정에 사내하청 근로자를 파견 받아 사용하는 것은 3년 이하의 징역 또는 2,000만 원 이하 벌금의 처벌을 받을 수 있는 범죄행위다. 노동부는 2004년 9월 9일 현대자동차 울산공장 18개 사내하청업체가 불법파견에 해당하는 것으로 판단했다. 나아가 현대자동차노동조합이 불법파견을 진정하자 노동부는 현대자동차와 100여 개 하청업체에 대한 전수조사를 벌였다. 2004년 9월 21일부터 2005년 1월 24일 사이에 전수조사를 하고 "울산·전주·아산공장 비정규직 근로자가 근무하는 9,234개 공정이 불법파견"이라고 결론 내고 현대자동차 사업주를 검찰에 고발했다. 노동부는 대법원의 2008년 예스코 전원합의체 판결[46]이 나오기 전에도 사내하도급 형식을 빌려 탈법적으로 파견 형태의 근로자들을 사용해온 사업주들을 단속하고 그에 상응한 행정조치를 취해왔던 것이다. 그러나 검찰 공안부는 2년이 지난 2007년 1월 3일 현대자동차에 '혐의 없음' 결정을 했다. 이에 전국금속노동조합 현대자동차비정규지회는 고등검찰청과 대검찰청에 항고 및 재항고를 했으나, 고등검찰청과 대검찰청은 모두 기각했다.

소위 '최병승 사건'의 개요

최병승은 2002년 3월 13일 현대자동차 사내하청업체인 예성기업에 입사했다. 그때부터 2년이 경과한 이후에도 계속해서 근무함으로써 2004년 3월 13일부터 파견법에 의해 사용사업주인 현대자동차의 직접고용근로자로 간주되었다. 최병승이 사내하청노동조합을 결성하자 현대자동차는 예성기업과의 도급계약을 해지했고, 예성기업은 이를 이유로 2005년 2월 2일 최병승을 비롯한 전체 사내하청 근로자들을 해고했다. 이에 대해 최병승은 2005년 3월 17일 현대자동차를 상대로 노동위원회에 부당해고구제신청을 했다.

지방노동위원회는 최병승이 현대자동차의 근로자가 아니라는 이유로 구제신청을 각하했고, 중앙노동위원회도 같은 이유로 재심신청을 기각했다. 최병승이 행정소송을 제기했으나 서울행정법원과 서울고등법원은 최병승에게 패소판결을 했다. 이에 대해 최병승이 상고를 제기했고, 대법원은 2010년 7월 22일 최병승이 2004년 3월 13일부터 이 사건 간주조항에 따라 현대자동차와의 관계에서 직접 근로관계가 성립한다고 판단했다.[47]

파기환송심인 서울고등법원도 같은 취지로 판결했고, 이에 대해 현대자동차가 다시 상고했으나 대법원은 2012년 2월 23일 현대자동차의 상고를 기각함으로써[48] 해고된 지 7년 만에 위 사건은 종결되었다.

　　현대자동차의 불법파견이 2차례에 걸친 대법원 판결을 통해서 확정되었다. 그러나 현대자동차는 대법원 판결에 따른 중앙노동위원회의 재처분(복직) 결정[49]을 수용하지 않고 복직 결정에 대해 다시 행정소송을 제기했다. 또한 파견법 개정으로 2012년 8월 2일부터 생산공정에서 불법파견으로 사용 중인 8,000여 모든 사내하청 근로자들에 대해서 사용기간에 관계없이 즉시 고용해야 할 의무가 발생했음에도, 현대자동차는 시혜라도 베풀듯 3,000명에 한해 단계적인 신규채용 방안을 발표하기도 했다.

　　현대자동차 아산공장 사내하청 근로자 사건에서도 서울고등법원은 2010년 11월 12일 불법파견을 인정하고 사내하청 근로자가 현대자동차의 근로자지위에 있음을 확인했다.[50]

위 판결들의 요지는 현대자동차와 사내하청 근로자 사이에 묵시적 근로계약관계는 성립하지 않았으나, 그 관계는 도급이 아닌 근로자 파견에 해당하고 2년 이상 경과한 사내하청 근로자의 경우 이 사건 간주조항이 적용되어 사용사업주인 현대자동차와 사내하청 근로자 사이에 직접 근로관계가 성립했다는 것이다. 최병승 사건에 관한 대법원 판결이 의장 공정 근무자를 대상으로 불법파견을 인정한 반면, 아산공장 사건 판결은 의장·차체·엔진 공정과 같은 주요 공정뿐만 아니라 엔진 서브라인 같은 보조 공정까지, 사실상 자동차 제작 공정 전반에 근로자 파견이 이루어지고 있다고 인정했다. 결국 현대자동차의 제조공정 전반에 불법파견이 이루어지고 있다는 노동계 주장이 판결을 통해 확인됐다.

전국금속산업노동조합은 최병승 사건에 대한 대법원 2010년 판결에 근거해 2010년 8월 재차 현대자동차를 불법파견 혐의로 검찰에 고발했으나, 검찰은 결론을 내리지 않고 수사를 방기했다. 일선감독기관인 노동부 역시 두 차례의 대법원 판결에도 불구하고 현대자동차의 불법파견을 시정하거나 실효성 있는 조치를 취하지 않았다. 현대자동차는 대법원 판결에도 아랑곳하지 않고 공공연하게 이를 무시했고, 노동부와 검찰 등 법치를 수호하고 법을 집행해야 할 사정감독 당국은 현대자동차의 범죄에 대해 눈을 감았다.

헌법소원심판청구의 제기 및 공개변론

현대자동차는 아산공장 사건 대법원 계류 중에 이 사긴 간주조항에 대한 위헌법률제청신청을 했고, 또한 최병승 사건 파기환송심(서울고등법원) 계류 중에 이 사건 간주조항에 대한 위헌법률제청신청을 했다. 그러나 법원은 각각의 위헌제청신청에 대해 기각결정을 했고, 현대자동차는 위 기각결정에 대해 각각 헌법재판소에 헌법소원심판을 청구했다.[51]

헌법재판소는 두 사건을 병합해서 2013년 6월 13일 오후 4시 20분경부터 7시경까지 공개변론을 열었다. 필자는 두 사건의 행정소송에는 관여하지 않았다. 행정소송에서 근로자 측을 대리했던 민주노총 법률원의 권두섭 변호사로부터 헌법소원심판청구 사건을 같이 진행하자는 제의를 받고 동참하게 되었다. 현대자동차 측은 처음에는 김앤장이 대리했는데, 김앤장에 근무했던 박한철 변호사가 헌법재판소장이 되자 공개변론기일 전에 김앤장은 사임했다. 대신 법무법인 화우, 삼우, 공존 등을 대리인으로 선임했다. 화우에서는 예스코 대법원 전원합의체 판결에 참여했던 이흥훈 변호사와 예스코 사건에서 우리와 함께 근로자 측을 대리했던 박상훈 변호사가 주심으로 담당했다. 헌법소원심판청구 사건에서는 이해관계기관으로 노동부장관이 합헌 주장을 하는데, 노동부장관 대리인으로는 법무법인 한결이 선임되었다. 민주사회를 위한 변호사 모임 노동위원장 출신인 이경우 변호사가 주심을 담당했다. 당해 사건의 당사자인 근로자들도 이해관계인으로 헌법소원 사건에 관여했는데, 필자와 권두섭 변호사 그리고 김진 변호사가 대리했다.

우리는 노동부장관의 대리인과 역할 분담을 했다. 총괄적인 모두진술은 노동부장관의 대리인이 하고, 우리는 간략한 모두진술과 최후진술을 하는 것으로 했다. 우리 측의 모두진술과 최후진술은 필자가 하기로 했다. 참고인으로 우리 측은 한양대 법학전문대학원의 강성태 교수를, 현대자동차 측은 고려대 법학전문대학원의 박지순 교수를 각각 추천했다. 공개변론 과정에서 각각 참고인들의 진술과 재판관들에 의한 질문과 답변이 있었다.

공개변론에서의 모두진술과 최후진술

모두진술에서는 쟁점별 의견은 노동부장관의 대리인이 상세하게 밝혔으므로, 필자는 몇 가지 점만 강조했다. 전원합의체 판결 전에는 사내하청이 불법파견인지 몰랐다는 현대자동차의 주장에 대해 엄이도종掩耳盜鐘, 즉 '자신의 귀를 막고 종을 훔치는' 것과 같은 주장이라고 비판했다. 그리고 근로관계 영역에서 계약자유(사적 자치)를 이유로 근로자 보호를 위한 강행규정의 효력을 부정하는 것, 즉

이 사건에서 위헌결정을 하는 것은 노동법의 존립 근거 자체를 부정하는 것이라는 점을 강조했다. 이 사건 헌법소원은 인류가 자본주의 체제의 모순을 극복하고 체제를 유지하기 위해 도입한 노동법 자체를 심판대 위에 올려놓은 것이라고 역사적 의의를 지적했다.

모두변론

● 당해 사건 당사자 대리인에게도 변론에 참여해 의견을 진술할 기회를 주신 데 대해 진심으로 감사드립니다.

● 2010헌바474호 사건의 이해관계인 김준규 등은 청구인의 사내하청업체에 입사해 아산공장의 자동차 차체 생산, 조립, 검사 등의 공정에서 근무했고, 2011헌바63호 사건의 이해관계인 최병승은 울산공장의 의장 공정에서 근무했습니다. 이들은 모두 청구인의 정규직 근로자들과 혼재되어, 청구인 소유의 생산 관련 시설 등을 사용해서, 청구인이 미리 교부한 작업지시서 등에 따라, 동일한 내용의 업무를 수행했음에도 단지 소속이 사내하청업체라는 이유만으로 급여와 복지 등에서 극심한 차별을 받으면서 근무했습니다. 이들은 노동조합 활동을 이유로 2003년 또는 2005년에 해고되었는데, 이는 이들이 사실상 노동3권조차 제대로 누리지 못하는 지위에 있음을 의미합니다. 김준규 등은 청구인을 상대로 근로자지위확인 소송을 제기해 2심까지 승소했으나, 청구인이 상고하면서 이 사건 헌법소원까지 청구해 해고 후 10년째 복직하지 못하고 있습

니다. 최병승은 해고 후 노동위원회를 거쳐 대법원에 두 차례 올라 간 끝에 지난해 2월 최종적으로 부당해고임이 확정되었음에도(대법원 2012. 2. 23. 선고 2011두7076 판결), 청구인이 다시 노동위원회 구제 명령에 행정소송을 제기해 7년 4개월째 복직하지 못하고 철탑에 올라가 안타까운 사정을 호소하고 있는 실정입니다.

● 법원은 당해 사건에서 제반 사실관계를 종합적으로 고려해 이해관계인들과 청구인의 법률관계를 근로자 파견관계로 인정하고, 2년을 초과한 시점에 청구인의 직접고용 근로자로 간주되었다고 판단했습니다. 청구인은 이러한 법원의 판결에도 불구하고, 헌법재판까지 청구했는바, 이는 헌법재판소를 통해 법원 판례를 바꾸겠다는, 현행 체계상 인정되지 않는 재판소원의 성격이 있습니다.

● 이 사건 심리에서 먼저 확실히 할 것은, 이 사건 조항은 민법상의 진정도급 관계에는 적용되지 않고 근로자 파견관계, 즉 근로자가 사용사업주의 지휘명령을 받아 사용사업주를 위한 근로에 종사하는 관계에만 적용되는 조항이라는 점을 명확히 할 필요가 있습니다. 당해 사건은 사내하청의 도급계약 형식을 취했지만 그 실질은 근로자 파견관계입니다. 구체적인 사내하청의 실질적인 관계가 도급인지 파견인지는 법원이 사실인정과 법리판단을 거쳐 최종적으로 판단할 문제로서 이 사건 조항의 위헌성 여부와는 무관합니다.

● 청구인은 대법원이 2008년 전원합의체 판결(대법원 2008. 9. 18. 선

고 2007두22320 판결)로 종전의 판례를 변경해 이 사건 조항이 확대 및 소급 적용되었다면서 비난하고 있으나, 위 판결은 불법파견에 이 사건 조항이 적용될 것인지에 대한 첫 명시적인 판결이며, 하급심의 서로 다른 판결들을 최종적으로 정리했을 뿐, 종전의 대법원 판례를 변경한 것이 아닙니다. 하물며 이미 발생한 위법한 사실관계에 대해 법원이 규범적 판단을 하는 것 자체를 '법률의 소급적용'이라고 주장하는 것은 부당합니다.

청구인은 위 전원합의체 판결 전에는 사내하청 이용에 아무런 제한이 없었다거나 그것이 불법인지 몰랐다는 취지로도 주장하나, 이는 엄이도종掩耳盜鐘, 즉 자신의 귀를 막고 종을 훔치는 것과 같은 주장에 불과합니다. 청구인은 불법사실을 몰랐던 것이 아니라 우리 사회의 '슈퍼갑Super 甲'으로서 온갖 수단을 동원해, 심지어는 사법부와 입법부까지도 움직여서 적법한 것으로 인정받을 수 있다고 여기고 오만하게 법질서를 무시해온 것에 불과합니다. 청구인과 같은 대기업의 법질서 무시로 말미암아 불법파견은 '대기업 따라 하기', 다른 표현으로 '조직적 동형화isomorphism' 효과에 의해 전 사회적으로 확산되었던 것입니다.

● 청구인의 여러 주장 중 이 사건 조항의 위헌성 여부와 관련해 의미 있는 주장은 첫째, 과잉금지 원칙을 위반해 계약자유 내지 기업의 자유를 본질적으로 침해했다는 주장과 둘째, 명확성 원칙을 위반했다는 주장 두 가지입니다. 청구인 주장의 법리적 부당성과 이 사건 조항의 합헌성에 대해서는 고용노동부 대리인이 충분히 의견을 개진했으므로 두 가지 점만 강조하고자 합니다.

● 첫째, 이 사건 조항으로 인해 침해되었다는 기본권인 계약자유 (사적 자치)는 '대등한 당사자'를 전제로 한 것으로 불평등한 관계, 즉 근로자의 종속성을 본질로 하는 노동법의 영역에서는 원래부터 그 수정이 예정되어 있는 것입니다. 근로관계 영역에서 계약자유 (사적 자치)를 이유로 근로자 보호를 위한 강행규정의 효력을 부정하는 것은 노동법의 존립 근거 자체를 부정하는 것입니다.

● 둘째, 헌법재판소는 1998년에 근로자 공급 사업 자체를 금지한 직업안정법에 대해 합헌결정을 했다는 점입니다. 즉 "근로자 공급 사업은 성질상 사인이 영리를 목적으로 운영할 경우 근로자의 안전 및 보건상의 위험, 근로조건의 저하, 공중도덕상 유해한 직종에의 유입, 미성년자에 대한 착취, 근로자에 대한 중간착취, 강제근로, 인권침해, 약취·유인, 인신매매 등의 부작용이 초래될 가능성이 매우 크므로" 이를 금지하는 것이 원칙이고, "근로자 공급 사업의 허가는 영업의 자유를 제한하는 것이 아니라 금지된 영업의 자유를 회복시켜주는 것"이라고 판단했습니다. 이 사건 조항은 위와 같이 합헌인 근로자 공급 사업의 금지를 일부 해제하면서 부과한 조건에 불과하므로 이를 계약자유 내지 기업의 자유에 대한 제한으로 보는 것은 타당하지 않습니다.

● 결론적으로 이 사건 청구는 인류가 자본주의 체제의 모순을 극복하고 체제를 유지하기 위해 도입한 노동법 자체를 심판대 위에 올려놓은 것입니다. 만약 이 사건 조항에 대해 위헌결정이 난다면 그것은 곧 '노동법에 대한 사망선고'라 할 수 있습니다. 사용자의

계약자유에 대한 제한을 이유로 노동법규의 효력을 부정한다면, 모든 노동보호법에 공통되는 법리를 부정하는 것이기 때문입니다.

최후진술을 하면서 이 사건의 처리가 지연돼 목숨을 잃은 사내하청 근로자들의 이름을 하나하나 호명하면서 조속히 합헌결정을 해주기를 요청했다.

최후변론

● 이 사건의 충실한 심리를 위해 공개변론을 열고 의견진술의 기회를 주신 데 대해 진심으로 감사드립니다. 공개변론을 마무리하면서 이 사건 결정이 갖는 의미, 특히 신속한 합헌결정의 필요성과 절박성에 대해 강조하고자 합니다.

● 이 사건 조항은 청구인과 같은 대기업의 사내하청 근로자들에게만 적용되는 조항이 아닙니다. 지난 10년간 비정규직 근로자들의 노동조합 가입률은 전체 850만여 명 중 1.8~2퍼센트를 넘지 못하고 있는 것으로 나타나고 있습니다. 이 사건 조항은 노동조합이 없는 대다수의 비정규직 불법파견 근로자들이 불법파견이 확인되었다는 이유로 부당한 처우와 해고를 당했을 때에 그나마 기댈 수 있는 유일한 보호조항입니다.

이 사건 공개변론을 앞두고 갑자기 취하한 파르나스호텔 사건의 이해관계인들은 객실 청소를 하는 룸메이드 저임금 여성 근로자들이었는데, 그들은 불법파견 진정을 해서 노동부도 이를 인정했으나, 그 결과로 돌아온 것은 해고였고, 지난 8년 가까이 재판을 이어오고 있습니다.

구로디지털단지(옛 구로공단) 사업장 4곳 중 1곳이 불법파견(2005년 노동부 특별점검 결과)을 사용하고 있는 것으로 밝혀졌는데 이들 IT업종과 전자제조업종에 종사하는 생산직 여성, 남성 근로자들, 원자력연구원이 연구용으로 가동하는 원자로에서 위험한 작업을 위장도급으로 수행해온 비정규직 근로자들, 이마트와 같은 대형마트에서 최저임금 수준의 급여를 받으면서 상품진열, 이동, 고객 응대를 하는 판매서비스 분야의 근로자들 등 전국의 많은 비정규직 근로자들이 이 사건을 지켜보고 있습니다.

● 이 사건 조항의 위헌성 여부와 관련한 청구인 주장의 부당성과 이 사건 조항의 합헌성에 대해서는 오늘의 공개변론 과정에서 이미 충분하게 논증되어 상식적인 판단을 할 경우 의심의 여지가 없을 정도로 명백하게 되었으므로 더 이상 상론할 필요가 없을 듯합니다. 다만, 모두에서 말씀드린 바와 같이 이 사건 청구는 형식적 사적 자치에 의한 왜곡을 실질적 자치로 극복해 자본주의와 민주주의를 지키는 역할을 하는 노동법 자체를 심판대 위에 올린 것으로서, 이 사건 조항에 대해 위헌결정이 내려진다면 그것은 곧 노동법 자체에 대한 사망 선고라는 점을 다시 한 번 강조합니다.

헌법의 현장에서

● 오늘 변론과정에서 외국 입법례에 대해 많은 논의가 있었으나, 우리나라는 세계에서 유례를 찾을 수 없을 정도로 불법파견이 대기업을 필두로 해서 심각하게 남용되고 있기 때문에 보다 강력한 대책이 요구된다는 사정이 고려되어야 합니다. 세계에서 유례를 찾아볼 수 없는 심각하고 부정의한 상황이 전개되고 있는 상황이지만, 이 사건 조항은 사용사유 제한 방식을 채택한 프랑스나 불법파견의 경우 즉시 고용간주한 독일의 방식에 비해 엄격한 방식이라고 할 수 없습니다.

또한 외국 입법례에서 확인할 수 있는 시사점은 직접고용 간주 방식을 중요한 수단으로 채택하고 있는 국가들이 다수 있고, 어느 나라에서도 이 방식이 위헌으로 인정된 예가 없다는 점입니다. 이 방식이 국제적으로도 인정되고 있는 합헌적인 파견근로자 보호 방식임을 알 수 있습니다. 세계에서 아직까지 이 사건 조항과 같은 파견근로자 보호조항에 대해 위헌 선언을 한 기관이 없으므로, 만일 이 사건에서 위헌결정이 이루어진다면 귀 재판소가 세계에서 유일한 기관이 될 것입니다.

● 청구인은 이 사건 조항을 빌미로 '걷잡을 수 없는 법률분쟁의 발생, 노사분규 증가로 인한 노사관계 악화' '노동시장 경직성 증가로 인한 고용 및 기업경쟁력에의 악영향' '수십조의 손해로 인한 국내 생산기반의 경쟁력 약화와 해외 이전에 따른 고용시장의 침체' 등의 주장으로 정부와 국민에 대한 협박을 일삼고 있습니다. 청구인이 오늘날 세계적으로도 성공한 대기업으로 성장할 수 있었던 것은 국가의 사회간접자본 건설과 제반 정책적 지원, 지역사

회의 협력, 국내 소비자의 지지, 직접 및 간접 고용된 근로자들의 땀과 노력이 있었기 때문에 가능했습니다. 그렇기에 청구인은 공동체의 주요 구성단위로서 사회적 책임을 부담해야 할 지위에 있고, 그 출발점은 청구인이 사용한 근로자들의 권리와 지위를 보장하는 것입니다. 그런데도 청구인이 마땅히 감당해야 힐 책임을 회피하고자 국가와 국민을 협박하는 것은 그동안 우리 사회에서 누린 혜택과 지원을 배반하는 매우 부적절한 태도라 하지 않을 수 없습니다.

청구인은 비용의 문제를 과장해서 주장하기도 하나, 일방적인 계산을 믿기 어렵고, 설사 일부 비용의 증가가 있다고 하더라도 이는 추가적인 인건비가 아니라 원래 정규직이 되었어야 할 불법파견 근로자들에게 당연히 임금으로 지불했어야 할 금원을 지급하는 것에 불과합니다. 그리고 노동비용이 증가한다면 이는 사회·경제적으로 바람직한 일이기도 한데, 노동소득 분배율이 개선되고 내수가 진작될 것이고, 사내하청 근로자들의 근로소득이 늘어나 생활이 안정될 것이며, 노사 쌍방이 납부하는 사회보험료가 늘어나 사회보험 재정이 안정될 것이고, 근로자들이 납부하는 근로소득세도 늘어나 국가 재정에도 도움이 될 것입니다.

● 불법파견의 실질을 갖는 사내하청 근로자들은 우리 사회에서 취약계층을 이루고, 잉여인간으로 취급되고 있습니다. 최근에 사회적으로 이슈가 되고 있는 노동쟁의의 상당 부분이 사내하청 문제로 인한 것으로 쟁의 건수도 많고, 기간도 길며, 투쟁 양상도 격렬합니다. 눈에 보이는 차별이 그만큼 심각하고 부정의한데도 해

결의 실마리가 보이지 않기 때문입니다.

청구인은 이 사건이 계류 중임을 방패 삼아 사내하청 근로자들을 직접고용으로 전환하지 않고, "위헌결정이 날 것"이라며 교섭과 복직에 소극적으로 대응하고 있으며, 또한 전국의 많은 소송 사건이 이 사건의 처리 결과를 기다리고 있습니다. 이 사건 결정이 늦어지고 있는 사이에 많은 사업장의 사내하청 근로자들이 고통과 기다림에 지쳐 스스로 목숨을 끊는 일이 이어지고 있습니다.

2004년 2월 14일 비정규직 차별 철폐를 외치며 자살한 현대중공업 사내하청 근로자 박일수, 2005년 9월 4일 해고 3개월 만에 자살한 청구인 사내하청 해고자 류기혁, 2012년 12월 22일 하청의 폐업에 개입한 부당노동행위는 인정되었으나 해고에 대해서는 패소 판결을 받은 후 자살한 현대중공업 사내하청 해고자 이운남, 2013년 1월 28일 자살한 기아자동차 사내하청 해고자 윤주형, 2013년 4월 14일 정규직 전환 회피 목적으로 촉탁계약직으로 전환되었다가 계약해지되자 자살한 청구인 촉탁직 해고자 공만규, 2013년 4월 16일 분신자살을 시도해 병원에 입원 중인 기아자동차 사내하청 근로자 김학종 등⋯⋯.

스스로 목숨을 끊은 사내하청 근로자들의 영령이 하늘에서나마 위로를 받을 수 있도록, 땅에서는 더 이상의 죽음 행렬이 이어지지 않도록, 그리고 우리 사회의 취약 계층인 사내하청 및 불법 파견 근로자들이 희망을 가질 수 있도록, 우리 사회 모든 구성원들이 정의가 살아 있음을 확인할 수 있도록, 하루빨리 합헌결정을 해 주시기를 간절히 바랍니다.

공개변론에서의 재판관 질문

공개변론 과정에서 재판관 질문 중에 곱씹어 봐야 할 것이 있어 당시 잠 못 이루고 뒤척였던 기억이 새롭다.

첫째, 공개변론을 앞둔 시점에 지엠 회장이 공개석상에서 대통령에게 한국에 투자하고자 히는데 고용경직성 내지 통상임금 문제를 해결해달라고 주문한 적이 있는데, 재판관이 이에 대해 어떻게 생각하느냐고 물었다. 미국에서 사회적 책임을 다하는 기업가라면 다른 나라에 진출할 때 그 나라의 법과 제도를 준수하고 그 문화를 존중하며 지역사회의 발전에 기여하는 방안을 함께 고민하여야 하며, 오로지 이윤을 극대화해서 수탈하는 데만 몰두하지 않는다. 지엠 회장이 한국의 고용경직성 내지 통상임금에 관해 언급한 것은 한국의 노동법제와 사법제도를 무시하는 천박한 자본가의 입장을 표출한 것으로 볼 수밖에 없다. 그런데 이런 사람의 말 한마디에 대통령과 장관 등 한 나라가 휘둘리는 모습을 보여 나라꼴이 말이 아니게 되었다. 규범적 판단을 해야 하는 최고사법기관인 헌법재판소조차 이런 말에 반응하는 것이 너무도 서글펐다. 이 나라 대통령이나 최고사법기관은 천박한 외국 기업가가 아니라 국내에서 차별과 무권리로 신음하는 수많은 파견근로자들, 철탑에 올라가 장기간 농성하고 있고, 심지어 스스로 목숨을 끊은 해고근로자들에게 반응해야 마땅했다.

둘째, 외국에서 한국의 고용유연성 지수가 낮은 것으로 평가하는 것에 대한 우려 섞인 질문이 있었다. 고용유연성 지수가 높다는 것(즉, 고용안정성 지수가 낮다는 것)은 그만큼 그 나라 근로자들이 무권리 상태에 있고 고용이 불안정하다는 의미다. 고용유연성이 높은 나라가 선진국인 것도 아니고 그런 나라의 국민이 행복한 것도 아니다. 오히려 고용안정성이 보장되는 나라일수록 연대의 정신에 기초한 튼튼한 복지로 국민의 삶의 질이 높고, 경제위기 상황에서도 모든 구성원들이 힘을 합쳐 잘 헤쳐 나가고 있다. 고용유연성 지수는 각국 정부로부터 받은 답변을 토대로 평가되기 때문에 수집된 정보 자체에 오류가 있을 수 있어 그 객관성도 담보되지 않는다는 것이 일반적인 평가다. 우리가 왜 고용유연성 지수의 노예가 되어야 하는지 모르겠다. 국민행복지수 등 다른 지수가 개발되고 있다. 정책적 판단을 하는 기관이 아니라 규범적 판단을 하는 최고 사법기관이 근로자들이 무권리 상태에 있을수록 높게 평가되는 고용유연성 지수를 신중하게 고려하는 것 자체가 부적절하다.

셋째, 현대자동차 사내하청 근로자를 정규직화할 경우에 소요될 비용에 대한 질문이 있었다. 헌법재판소가 현대자동차의 재정 상황까지 염려해줘야 하는지 의문이다. 2011년 6월 한나라당 의원이 주최한 토론회에서 발표된 한국경제연구원의 분석에 따르면, 현대자동차 사내도급 근로자 8,187명의 정규직화로 인한 직간접 노동비용의 증가액은 약 1,573억 원이었다. 이는 2010년 금속노조정책연구원이 발표한 현대자동차 사내도급 근로자 정규직화 비용 추계액 약 1,200억 원보다 다소 높은 수준이다. 현대자동차의 당기순이익은 2009년 약 3조 원, 2010년 약 5.3조 원, 2011년 3분기까지 약 3.4조 원에 이른다. 공개변론일 기준 최근 3년간 평균치는 약 4.3조 원이며, 정규직화 비용은 그에 대비했을 때 2.8퍼센트 내지 3.6퍼센트에 지나지 않는다. 현대자동차가 2010년 및 2011년 주주들에게 각 3,172억 원, 4,122억 원을 배당했고, 2010년 등기임원 및 미등기임원 212명에게 급여 및 퇴직급여만으로도 총 1,157억 원(1인당 약 5.5억 원)을 지급했다. 정규직화 비용 1,200억 원 내지 1,573억 원(1인당 약 1,500만 원 내지 1,900만 원)은 지나친 비용 부담이라고 평가할 수 없다. 비용의 절대 규모보다 더 중요한 것은 그 성격이다. 그 비용은 추가적인 인건비가 아니라, 원래 정규직이 되었어아 할 불법파견 근로자들에게 당연히 임금으로 지불했어야 할 금원을 지급하는 것으로 봐야 한다. 만약 직접고용으로 간주된 불법파견 근로자들이 소멸시효가 지나지 않은 3년간의 임금 상당액을 청구한다고 하더라도, 그것은 당연히 지급받아야 하는 체불임금이다. 그간 우월한 지위를 바탕으로 일부 기업들이 법률에 따른 적법파견이나 진정도급이 아니라 법의 적용을 회피하고자 탈법적인 방법으로 막대한 부당이익을 누려왔다. 이러한 잘못된 행태를 바로잡고 불법이익을 취득하지 못하도록 사회적 제도를 정비하는 것은, 실질적 정의와 평등, 경제주체 간의 조화를 기본적인 이념으로 하는 헌법이 요구하는 바다.

기간제법 위헌소원 공개변론과 합헌결정

같은 날인 2013년 6월 13일 오후 2시부터 헌법재판소 대심판정에서는 '기간제 및 단시간 근로자 보호 등에 관한 법률'(약칭 '기간제법') 제4조[52]에 대한 위헌소원심판청구 사건[53]에 대한 공개변론도 있었다. 기간제법 제4조는 제1항에서 기간제 근로자의 사용은 원칙적으로 2년을 초과하지 못하도록 하고, 제2항에서 2년을 초과하여 사용하는 경우 기간의 정함이 없는 근로계약을 체결한 근로자로 간주하도록 했다.

두 사건이 병합되었는데, 한 사건의 청구인은 2008년 3월 1일부터 생산직 사원(생산주임)으로 근로계약을 갱신해오던 기간제 근로자이고, 다른 사건의 청구인들은 약 7년 내지 9년 동안 품질관리팀 또는 민원상담팀 사원으로 근로계약을 갱신해오던 기간제 근로자들이다. 청구인들은 근로자는 최장 2년까지만 사용할 수 있다는 기간제법 제4조가 2007년 7월 1일 시행됨에 따라 2년이 지난 후에 계약갱신을 거절당해 당연해직(사실상 해고)되자 해고무효확인소송을 제기하면서 기간제법 제4조 제2항에 대해 위헌제청신청을 했다. 법원이 기각결정을 하자 헌법소원심판을 청구한 것이다.

청구인들은 기간제법 제4조 제2항이 기간제 근로자를 보호하는 것을 목적으로 한 기간제법 본래의 입법취지와는 다르게, 오히려 기간제 근로자의 행복추구권(일반적 행동자유권), 사적 자치의 원칙, 직업선택의 자유, 근로의 권리, 비례의 원칙을 침해하는 결과를 가져왔다는 점에서 위헌이라고 주장했다. 마치 근로자들을 위한 것처럼 보이나, 이 사건에서 근로자들을 대리한 것은 우리나라 최대 로펌인 '김앤장'이었다. 2년 초과 시 무기계약으로 간주하는 조항에 대해서는 노동계보다는 경영계가 문제를 삼고 있고, 그 기간을 연장하기 위해 노력하고 있다. 이 조항에 대해 위헌결정이 나기를 경영계가 학수고대하고 있고, 노동계는 합헌결정이 나기를 바라고 있었다.

파견법과 같은 날 공개변론을 했음에도 이 사건에 대해서는 4개월 후인 2013년 10월 24일 합헌결정이 선고되었다.[54] 다수 의견은 기간제 근로계약을 제한 없이 허용할 경우, 일반 근로자 층은 단기의 근로계약 체결을 강요당하더라도 이를 거부할 수 없을 것이고, 이 경우 불안정 고용은 증가할 것이며, 정규직과의 격차는 심화될 것이므로 이러한 사태를 방지하기 위해서는 기간제 근로자 사용기간을 제한해 무기계약직으로의 전환을 유도할 수밖에 없으며, 사용자로 하여금 2년을 초과해 기간제 근로자를 사용할 수 없도록 한 심판 대상 조항으로 인해 경우에 따라서는 개별 근로자들에게 일시 실업이 발생할 수 있으나, 이는 기간제 근로자의 무기계약직 전환 유도와 근로조건 개선을 위해 불가피한 것이고, 심판 대상 조항이 전반적으로는 고용불안 해소나 근로조건 개선에 긍정적으로 작용하고 있다는 것을 부인할 수 없으므로 기간제 근로자의 계약의 자유를 침해한다고 볼 수 없다고 했다. 이에 대해서는 두 명 재판관의 반대의견[55]이 있었다.

허망한 현대자동차의 취하

공개변론 후 3년 가까이 지날 동안 헌법재판소는 선고할 기미를 보이지 않았고, 그러던 중에 2016년 5월 9일 현대자동차가 헌법소원심판청구를 취하했다. 헌법재판소의 결정을 기다리다가 스스로 목숨을 끊은 사내하청 근로자들을 위해 하루라도 빨리 결정해달라는 하소연에도 아랑곳하지 않고 미루더니, 결국 헌법재판소의 결정이 나지 않은 상태에서 취하서가 제출된 것이다. 직접고용 간주조항이 의무조항으로 바뀐 후 금호타이어는 직접고용 의무조항에 대해 2011년 헌법소원을 제기했다가 2014년 헌법소원심판청구를 취하한 바 있었다.

현대자동차는 직접고용 간주조항이 직접고용 의무조항에 비해 사용자의 기본권 침해 정도가 중하기 때문에 최소침해 원칙에 반한다고 주장했다. 직접고용 간주조항에 대해 합헌결정이 선고된다면 직접고용 의무조항은 더 나아가 살펴볼 필요 없이 합헌이라는 말이 된다. 현대자동차가 갑자기 취하한 이유는 무엇일까? 우리의 상식으로는 그럴 수는 없지만, 미리 불리한 선고 결과에 대한 정보를 입수했나? 여전히 다툼의 여지는 남겨두자는 것인가?

그사이에 많은 일들이 있었다. 현대자동차는 물론이고 많은 회사의 사내하청 근로자들이 법원에서 원청의 직접고용 근로자로 지위를 확인받거나 원청의 직접고용 의무 이행을 명하는 판결을 받았다. 현대자동차는 사내하청 근로자들을 직접고용 근로자로 신규 채용하는 형태로 합의를 하기도 했다. 현대자동차는 많은 소송들에서 헌법재판소에서 위헌결정이라도 나올 수 있을 것 같다는 핑계를 대어 헌법재판소의 결정이 나올 때까지 재판 진행을 미뤄달라고 요청하기도 했다. 지방법원의 재판부가 현대자동차의 요청을 받아들여 기일 진행을 중지하기도 했다가, 헌법재판소 결정이 나올 기미를 보이지 않자 다시 재판 절차를 진행해 판결을 선고하기도 했다.

헌법재판소는 아무런 합리적인 이유 없이 판결 선고를 지연함으로써 사내하청 근로자들의 신속한 재판을 받을 권리를 중대하게 침해했다. 신속한 판단을 통해 위헌성을 둘러싼 논쟁을 불식시킬 필요가 있었는데, 실체적인 판단을 회피함으로써 여전히 문제를 제기할 여지를 남겨놓았다. 직접고용 간주조항의 적용을 받는 근로자는 오랜 시일이 지나 그리 많지 않을 것으로 보이나, 직접고용 의무조항은 여전히 다툴 여지를 남겨두고 있다. 직접고용 의무조항에 대해 헌법소원심판청구가 제기되면 헌법재판소는 지금까지 축적된 연구를 토대로 해서 바로 합헌결정을 선고해야 한다.

일개 형사재판만도 못했던
정당해산재판

7 통합진보당 해산심판청구 사건

사상 초유의 정당해산심판 사건

헌법이 정당해산제도를 채택하고,[56] 헌법[57]과 헌법재판소법[58]에 헌법재판소 관장사항의 하나로 정당해산심판이 규정되어 있기는 하지만, 이 조항이 실제로 활용되는 일이 있으리라고는 전혀 예상하지 못했다. 그런데 정당해산심판제도가 실제로 활용된 것이다.

우리나라에 정당해산제도가 처음 도입된 것은 4·19혁명 후 제2공화국 때다. 당시는 의원내각제였기 때문에 중립적 지위에 있는 대통령의 승인을 얻은 정부의 제소라는 요건은 어느 정도 심판청구권의 남용을 통제할 수 있었다. 현행 헌법은 대통령제 정부 형태를 취하고 있음에도 대통령이 수반으로 있는 정부가 심판청구권을 가짐으로써 심판청구권의 남용을 통제할 수 있는 장치가 없다. 정당해산심판청구권이 정부에게만 인정되고 있어 여당(내지 여당과 결탁한 기성 정당)은 심판 대상이 될 수 없고, 오히려 소수 정당에 대한 탄압 수단으로 악용될 소지가 다분하다. 이런 구조에서는 헌법재판소가 정부의 정당해산심판청구권 남용 여부를 철저하게 견제해야 할 필요성이 절실하다. 정당해산심판제도를 도입한 이유는 형식적 다수결에 의한 민주주의를 통해 실질적 민주주의를 파괴하는 세력으로부터 민주주의를 보호하기 위해서다. 소수 정당은 굳이 정부가 나서서 강제적으로 해산하지 않더라도 민주주의를 파괴하는 세력이 되기 어렵고, 소수 정당의 민주주의 위해危害 행위에 대해서는 형사 및 행정적 대처로 충분히 대응할 수 있으므로 정당해산심판제도가 활용될 여지가 없다.

박근혜 대통령의 대한민국 정부는 2013년 11월 5일 청구인/신청인이 되어 통합진보당을 피청구인/피신청인으로 해서 통합진보당 해산심판청구[59]/정당활동정지 가처분신청[60]을 제기했다. 헌법재판소는 1년 넘게 집중적으로 심리한 끝에 2014년 12월 19일 박근혜 대통령 당선 2주기 기념일에 선고했다. 가처분신청 사건에 대해서는 9명 재판관 전원일치로 기각했다. 기각결정의 이유는 '이유 없다'는 한마디뿐이다.[61] 본안 사건에 대해서는 8명의 재판관이 통합진보당 해산 및 국회의원직 상실의견,[62] 1명의 재판관이 기각의견[63]으로 결론적으로 해산결정이 선고되었다.[64] 해산의견에 가담한 두 명의 재판관은 추가로 보충의견을 밝혔다.[65] 이로써 대한민국 역사에서 헌법재판소에 의해 정당이 해산되고, 그 소속 국회의원 전원이 의원직을 상실하는 세기적 참사慘事가 발생했다.

다음은 제18차 최종변론기일에 필자가 위와 같은 사항에 대해 구술변론을 한 내용이다.

"인류 역사상 민주주의의 파괴는 정권을 장악한 다수파의 전횡에 의해 자행되었지, 소수 반대파에 의해 행해진 사례는 거의 없습니다. 소수 반대파에 대한 다수파의 태도 여하에 따라 그 사회의 민주적 성숙도가 달라졌습니다. 소수 반대파를 포용하고 관용한 나라는 선진국으로 발전할 수 있었고, 소수 반대파를 포용하지 못하고 탄압으로 대응한 나라는 혁명으로 치달은 것이 역사의 교훈이기도 합니다. 이 사건 심판의 결과는 우리나라가 어느 길로 갈 것인가에 대한 시금석이 될 것입니다. 소수 반대파를 포용하고 관용함으로써 성숙된 선진 민주주의 사회로 갈 것인가, 아니면 소수 반대파를 배제함으로써 암흑과 후진의 나락으로 떨어질 것인가? 그 결정권은 이제 아홉 분의 헌법재판관님들에게 달려 있습니다."

통합진보당 해산심판청구의 경위

통합진보당은 우리나라에서 진보정당의 역사를 계승한 것으로 평가된다. 한국전쟁 이후 진보정당이 처음 등장한 것은 1956년 조봉암의 진보당이다. 1956년 대통령 선거에서 조봉암의 득표력에 위협을 느낀 이승만이 1958년 2월 25일 진보당을 '군정법령 제55호'에 의거하여 행정처분으로 해산하고,[66] 간첩 혐의를 씌워 조봉암을 사형[67]시킨 후 진보정당운동은 물밑으로 가라앉았다.

    긴 군사독재의 암흑기를 거쳐 1990년 11월 10일에 민중당이 창당되었다. 민중당은 1992년 3월 제14대 국회의원 총선거에서

51명의 후보가 출마하여 평균 6.25퍼센트의 득표율을 기록했으나, 한 명도 당선되지 못해 당시 정당법에 따라 해산되었다. 1996년 12월 노동관계법과 안기부법 날치기 처리 이후 총파업 투쟁을 거치면서 진보정당 건설 움직임이 다시 가시화되어 2000년 1월 30일 민주노동당이 창당되었다. 민주노동당은 2004년 4월 실시된 제17대 국회의원 선거에서 정당 투표 13퍼센트의 지지율을 얻어 지역구 국회의원 2인을 포함하여 10인이 국회의원에 당선되었다. 2007년 12월 19일 실시된 제17대 대선에서 민주노동당 후보로 권영길이 출마하여 71만여 표(3.1%)를 얻었다. 2008년 3월 일심회 사건 관련자의 제명 등을 내용으로 하는 비상대책위원회 혁신안 부결 등의 갈등을 겪은 끝에 일부가 탈당해서 진보신당을 결성했다(1차 분당). 제19대 총선을 앞두고 2011년 11월 민주노동당, 국민참여당, 새진보통합연대(진보신당에서 통합에 찬성하는 인사들이 분리하여 결성한 단체)가 통합하여 통합진보당을 창당했다. 통합진보당은 2012년 4월 11일 실시된 제19대 국회의원 선거에서 7명의 지역구 국회의원(이상규, 노회찬, 심상정, 김미희, 오병윤, 강동원, 김선동)과 6명의 비례대표 국회의원(윤금순―사직으로 서기호 승계, 이석기, 김재연, 정진후, 김제남, 박원석)을 배출했다. 그런데 비례대표 후보자 순위 결정을 위한 당내 경선 과정에서 발생한 부정 등에 대한 진상조사 과정에서 계파 간 입장 대립으로 2012년 9월 7일 의원총회에서 비례대표 국회의원 4명(박원석, 서기호, 정진후, 김제남)에 대해 소위 '셀프제명'을 하고, 지역구 국회의원인 노회찬, 심상정 등이 탈당하여 2012년 10월 21일 진보정의당을 창당해 다시 분당했다(2차 분당).

2012년 12월 제18대 대선에서 이정희 통합진보당 대표가 후보로 출마했다가 중도에 사퇴했다. 사퇴하기 전인 12월 4일 대통령 후보 텔레비전 토론회에서 이정희 후보는 '일본에 충성 맹세한 일본군 장교 다카기 마사오, 박정희'를 거론하며, '박근혜 후보를 떨어뜨리려 나왔다'고 했다. 이 장면을 지켜본 많은 국민들은 박근혜 후보가 대통령에 당선되면 이정희 후보가 무사하지 못할 것이라는 불길한 예감을 떨치지 못했다.

박근혜 후보가 대통령으로 당선된 후 국가정보원(약칭 '국정원')과 기무사 등에 의한 불법선거운동이 드러났다. 통합진보당은 원세훈 전 국정원장을 고발하는 등 대선에서의 불법선거운동을 밝히기 위해 활동했다. 그 결과 원세훈 전 국정원장과 김용판 전 서울지방경찰청장 등 5명에 대한 기소가 이루어졌다. 그런 와중에 국정원 협력자를 통해 확인된 2013년 5월 10일과 5월 12일의 통합진보당 비례대표 국회의원 이석기의 강연모임이 알려졌다. 이석기 의원실에 대한 압수수색을 계기로 언론을 통해 대대적으로 내란음모 사건으로 비화되었다. 정부는 내란음모 사건 기소 후 2013년 11월 5일 통합진보당에 대한 해산심판을 헌법재판소에 청구했다. 내란 관련 사건은 이미 관련자들을 구속하고 기소했으므로 형사재판을 통해 해결하면 될 일이었다.

정당해산심판청구에 대해서는 사회 각계에서 강한 비판이 있었지만, 정부는 밀어붙였다. 국내 헌법 교수들[68]과 시민사회단체, 야당 지도자들 그리고 해외 언론 등은 이 사건 심판청구에 대해 국정원 대선 개입 사건 등에 따른 국면 전환을 위해 종북 담론을 이용하여 소수 진보정당 탄압 차원에서 심판청구권을 남용한 것이라고 지적했다.[69] 필자는 박근혜 정부가 통합진보당에 대한 해산심판을 청구한 것은 우리 국민들의 민주적 역량을 불신했기 때문이라고 진단했다. 그러한 태도의 위험성에 대해 논어의 '무신불립無信不立'을 인용하여 경고했다.

제1차 변론기일

"대한민국 정부가 이 사건 심판청구를 한 것은 국가의 사회방위 역량과 국민의 선택을 믿지 못하겠다는 것을 의미합니다. 논어에 나오는 '무신불립'은 백성의 믿음이 없으면 정치가 설 수 없다는 의미이나, 이 시점의 맥락에서는 '백성을 믿지 못하는 정권은 설 수 없다'는 의미로도 읽힙니다. 그렇기에 소송대리인단은 정부가 이번 심판청구를 취하하는 것이 가장 바람직하나, 그렇지 않다면 헌법재판소가 올바른 결정을 함으로써 우리 헌법과 민주주의의 수준을 만방에 증명해줄 것으로 기대합니다."

소송대리인단 구성과 변론 절차의 진행

필자는 개인적으로 통합진보당 당원이 아니고, 어느 정당에도 가입해본 적이 없다. 우리 사회에서 진보적 정당활동의 필요성에 대해 공감하지만, 통합진보당의 이런저런 행태에 대해서는 동의하지 못하는 부분도 있었다. 정당해산심판이 청구되기 직전에 이정희 대표가 사무실로 찾아와서, 정부가 해산심판청구를 할 것으로 예상되는데 사건을 맡아 소송대리인단을 구성해달라고 했다. 당시 내란 관련 사건과 통합진보당에 대한 여론의 매카시즘적 매도와 내란 관련 형사사건 변호인들에 대한 극우단체들의 비난 집회도 있는 상황에서 약간의 고민이 없지 않았다. 새로 공부해야 할 내용도 많고, 업무량도 엄청날 것으로 예상되어 감당할 수 있을지 걱정이 되기도 했다. 그렇지만 통합진보당 노선에 대한 동의 여부를 떠나 우리 사회가 그 정도도 포용하지 못한다는 것은 민주주의 수준의 저급함을 보여주는 것이므로, 정당해산심판 사건은 '우리 사회의 민주주의를 방어하는 바리케이드'라는 상징적인 의미를 가진다고 생각했다. 이러한 생각은 소송대리인단에 합류한 변호사들에게 공통된 것이었다.[70] 대리인단의 규모나 인선에 대해 전권을 위임받은 후 민변 회원들에게 공지하여 대리인단을 모집했다. 이 사건 결정문에는 통합진보당 소송대리인으로 변호사 27명의 명단이 기재되어 있으나, 처음부터 같이한 사람은 12명[71]이고 나중에 내란 관련 사건 변호인 5명[72]이 합류했다.

정부는 심판청구의 준비 및 진행을 위해 법무부에 여러 명의 검사로 TF를 구성했고, 이들이 청구인 대리인으로 활약했다.[73] 공익법무관 등을 자료조사 등의 요원으로 활용했고, 헌법학자 등에게 연구용역을 발주했으며, 헌법재판소장 및 재판관들과의 관계를 고려하여 추가로 대리인을 선임했다.[74] 통합진보당 소송대리인들 (이하에서 '우리'라 함은 통합진보당 소송대리인들을 의미한다)은 본인의 변호사 업무를 수행하면서 정당해산심판 사건을 수행해야 했으나, 정부 측 대리인들은 국가로부터 급여를 받고 인적·물적으로 막강한 지원을 받으면서 정당해산심판 사건에 매진할 수 있었다.

변론의 진행과 준비

이 사건 심판청구가 제기된 후 크리스마스이브인 2013년 12월 24일 1차 변론 준비절차기일을 가진 이래 준비절차기일 2회, 변론 기일 18회를 2주 내지 3주 간격으로 숨 가쁘게 진행했다. 서증으로 청구인은 갑 제2907호증까지, 피청구인은 을 제908호증까지 제출했다. 양쪽 참고인 3명씩 6명,[75] 증인 6명씩 12명[76]을 신문했다. 중앙선거관리위원회 위원장, 통일부장관, 국가정보원장, 국립중앙도서관장, 민주화운동 관련자 명예회복 및 보상 심의위원장, 새누리당, 새정치민주연합 등으로부터 사실조회 결과를 회신 받았다. 대법원을 비롯한 전국 각급 법원과 검찰청으로부터 확정된 국가보안법 사건 기록, 진행 중인 내란 관련 형사사건 기록과 국가보안법 사건 기록을 송부받았다. 헌법재판소가 밝힌 바에 따르면 전체 재판기록은 17만 5,000쪽에 이른다.[77]

정부가 해산심판을 청구한 초기에는 2013년 12월 15일에 지급 예정이던 보조금에 대해 가처분결정이 내려지지 않을까 우려하는 분위기였다. 그 정도로 절박한 상황이었다. 그런데 헌법재판소로부터 30일 이내에 답변서를 제출하라는 통지를 받고는, 그렇게 일찍 결정을 하지는 않을 것이라는 감을 잡고 안도하기도 했다. 2014년 6·4 지방선거가 실시될 때 비교적 많은 액수의 보조금이 지급되기 때문에 청구인과 보수 언론이 가처분결정을 하라고 아우성쳤다. 다시 한 번 가처분결정이 나지 않을까 조마조마했다. 그렇지만 가처분결정은 본안 선고 시까지 내려지지 않았다. 본안 결정을 선고하면서 가처분신청을 기각하는 결정이 함께 선고되었다.

심판청구 이후 진행된 재판 경위를 간략하게 정리하면 다음 표와 같다.[78]

일시	기일	진행사항
2013. 11. 5.		- 정부, 통합진보당 해산심판청구서 및 정당활동정지 가처분신청서 접수.
2013. 12. 24. 14:00	1차 준비절차기일	- 수명재판부 재판장 이정미, 재판관 김창종(증거서류), 서기석(쟁점정리). - 갑 1~471 / 을 1~6(8) 제출.
2014. 1. 7.		- 헌법재판소법 제40조 제1항 등 위헌 소원 제기.
2014. 1. 15. 14:00	2차 준비절차기일	- 소송계류 중 형사기록 송부촉탁신청에 대한 이의신청(진술). - 갑 472~974 / 을 7(9)~10 제출. - 쌍방 참고인 추천. 청구인 증인 곽인수, 이청호 신청. - 가처분 사건, 구두변론으로 진행하기로 결정.
2014. 1. 28. 14:00	1차 변론기일	- 을 11~18 제출. - 청구인, 피청구인 모두 진술. - 황교안 장관, 이정희 대표 진술.
2014. 2. 18. 14:00	2차 변론기일	- 갑 975~980 / 을 19~38 제출. - 참고인 김상겸, 정태호, 장영수, 송기춘 진술.
2014. 2. 27.		- 헌법재판소법 제40조 제1항 등 위헌 소원에 대한 결정 선고.

일시	기일	진행사항
2014. 3. 11. 14:00	3차 변론기일	- 문서송부촉탁결정에 대한 이의신청 에 대한 결정. - 갑 981~1765 / 을 39~103 제출. - 참고인 유동렬, 정창현 진술.

2014. 4. 1.
14:00
	4차
	변론기일
		- 갑 1766~1800 / 을 104~126 제출.
		- 서증조사 갑 1~100(과거 공안사건 판
		  결문, 통합진보당의 주요 기관 현황 등 관
		  련 증거).

2014. 4. 22.
10:00
	5차
	변론기일
		- 을 127~575 제출.
		- 서증조사 갑 101~574(정당해산 판단
		  기준, 통합진보당 목적의 위헌성 여부 관
		  련 강령, 진보적 민주주의 관련 보도, 주요
		  당직자의 발언, 과거 공안사건 수사기록
		  등 증거).

2014. 5. 8.
10:00
	6차
	변론기일
		- 갑 1801~1810 / 을 576~579 제출.
		- 서증조사 갑 575~980(당직자나 당원
		  들의 글, 기관지 게재 글, 토론회 자료 등
		  증거).

2014. 5. 27.
10:00
	7차
	변론기일
		- 갑 1811~1849 제출.
		- 서증조사 갑 1157~1809(정당활동의
		  위헌성 여부 관련 비례대표 부정경선, 관
		  악을 여론조작, 김선동 의원 최루탄 사건
		  등 수사기록, 기타).
		- 서증조사 을 1~471(답변서 첨부 반박
		  자료 및 통합진보당의 강령 실현을 위한
		  구체적인 정당활동 자료).
		- 청구인 신청 증인 곽인수 채택, 이청
		  호 보류.
		- 피청구인 신청 증인 노회찬, 박경순,
		  김장민, 이의엽 채택, 박창식 보류.

일시	기일	진행사항
2014. 6. 10. 10:00	8차 변론기일	- 청구인 증인 이종화, 이종철 신청. - 서증조사 을 472~579(통합진보당의 지방자치 실현 노력, 의사결정 과정의 민주성 관련 자료). - 서증조사 갑 1811~1849. - 증인 곽인수(비공개), 노회찬 신문.
2014. 6. 24. 14:00	9차 변론기일	- 갑 1850~2083 제출. - 청구인 증인 이성윤, 이광백 신청. - 증인 박경순, 김장민 신문. - 청구인 신청 증인 이종화, 이종철, 이성윤, 이광백 채택. - 피청구인 신청 증인 박창식 채택.
2014. 7. 8. 14:00	10차 변론기일	- 갑 2069~2341 제출. - 서증조사 갑 1850~2083. - 증인 이종화 신문.
2014. 7. 22. 10:00	11차 변론기일	- 갑 2342~2810 / 을 580~751 제출. - 서증조사 갑 2084~2341. - 증인 이광백, 이종철 신문.
2014. 8. 12. 10:00	12차 변론기일	- 갑 2811~2828 / 을 752~756 제출. - 청구인 증인 김영환 신청. 피청구인 증인 권영길, 김인식 신청. - 서증조사 갑 2342~2810. - 증인 박창식 신문.
2014. 8. 26. 10:00	13차 변론기일	- 을 757~772 제출. - 서증조사 을 580~756 / 갑 981·2811~2828(내란 관련 사건 기록).

일시	기일	진행사항
2014. 9. 16. 10:00	14차 변론기일	- 갑 2829~2936. 을 773~843 제출. - 서증조사 갑 2828-2·2830~2836·982~1025(내란 관련 사건 기록). / 을 757~772.
2014. 10. 7. 10:00	15차 변론기일	- 갑 2837~2907 / 을 844~908 제출. - 서증조사 을 773~908 / 갑 1026~1155·2829·2837~2907.
2014. 10. 21. 10:00	16차 변론기일	- 증인 김영환, 이성윤 신문. - 채택보류 증거에 대한 채택 및 서증조사.
2014. 11. 4. 10:00	17차 변론기일	- 증인 김인식, 권영길 신문.
2014. 11. 25. 10:00	18차 변론기일	- 최종변론. 황교안 장관 및 이정희 대표 진술.
2014. 12. 17.		- 선고기일 통지.
2014. 12. 19. 10:00	선고기일	- 정당해산 및 국회의원직 상실결정. - 가처분신청 기각결정.

매 기일마다 진행사항이 많았고, 이를 철저하게 준비해야만 했다. 정부 측은 무수한 서면과 증거들을 대량 투하했다. 한마디로 물량공세를 편 것이다. 초반에 청구서와 서증 등을 트럭으로 몇 대 분량을 제출했다는 보도가 나오기도 했다. 우리들은 반박서면을 작성하고, 증거서류에 대한 의견을 준비하고, 또한 적극적으로 공격할 논리와 증거들을 수집해야 했다. 우리들은 법리팀(전영식, 김진), 목적팀(이재화,

이한본, 고윤덕, 신윤경), 활동팀(이광철, 이재정, 윤영태, 김종보, 최용근), 내란 관련 사건팀(천낙붕, 심재환, 하주희, 조지훈, 김유정)으로 역할을 분담했다. 《말》지 기자 출신인 이재화 변호사가 공보도 담당했다.[79]

준비서면과 증거의견서는 미리 쟁점별로 역할 분담을 해 각 담당변호사가 당의 의견을 듣고 자료조사 등을 거쳐 초안을 작성했고, 김진 변호사가 1차적으로 취합하여 통일된 목차를 달고 분량을 조절해 편집했으며, 2차로 필자가 검토한 다음 최종적으로 당사자인 당의 의견을 들어 완성한 후 헌법재판소에 제출했다. 서류의 접수와 수령은 필자와 같은 사무실에 근무하는 고윤덕 변호사가 담당했다. 정부 측은 모든 서면과 서증을 문서로 제출했지만, 우리는 모든 서면과 서증을 전자로 접수했다. 상대방 서면과 서증은 문서로 한 부씩만 송달받고, 이를 PDF 파일로 만들어서 대리인들이 공유했다.

우리가 정부 측 준비서면과 증거를 2주 만에 분석해 이에 대응하기에는 물리적으로 만만치 않았다. 이에 우리는 준비절차기일에 "방어권을 행사할 충분한 시간을 달라"고 재판부에 요청했으나, 재판부는 이를 무시하고 무리한 일정을 강행했다. 박근혜 대통령 탄핵심판 사건에서 피청구인 대리인들이 재판부를 향해 노골적으로 불만을 표시하고 강력하게 항의함과 동시에 '사임할 수도 있다'고 위협하는 것을 목격하면서, 우리들이 당시 너무 유순하게 협조적으로 대응한 것이 아닌가 하는 뒤늦은 자책감이 들기도 했다. 우리가 재판부와 충돌한 것은 서증조사와 관련하여 한 차례 강력하게 항의하여 휴회했던 것과 이재화 변호사가 재판장의 부당한 진행에 항의하다가 혼자 퇴정한 것이 전부였다. 우리는 재판부를 최대한 존중했고, 재판장의 재판 진행에도 가능한 한 협조했다.

기한을 정해서 요청한 사항에 대해 모두 들어줬다. 재판이 끝난 후 헌법재판소에 파견 근무한 판사가 '통합진보당 대리인들이 재판 진행의 모든 면에서 그렇게 협조적으로 나올 줄을 몰랐다'는 취지로 말했다고 한다. 우리는 재판 진행 과정에서 재판부의 선의와 정의감과 헌법과 인권에 대한 최소한의 감수성에 대한 기대가 있었다. 그래도 헌법재판소는 시민 민주화 투쟁의 산물이 아니던가? 그런 기대의 일단을 필자는 2014년 6월 10일 진행된 제8차 변론기일의 모두변론에서 밝혔다.

"우리 사회의 민주화에서 중요한 역사적인 의미를 갖는 6월 10일에 이 정당해산 사건의 변론기일이 열린다는 것은 자못 의미심장합니다. 1987년 6월 10일 시민 민주화 투쟁은 이 땅에서 권위주의의 시대에 종말을 고했습니다. 우리 사회의 민주화는 집권계층이나 제도권 정당에 의해 이루어진 것이 아니라 시민들의 투쟁에 의해 쟁취되었습니다. 그 결과 국민 기본권 보장을 증진하고 대통령 직선제를 도입하는 것을 주된 내용으로 하는 전면적인 헌법 개정이 이루어졌고, 그 중요한 성과의 하나로 헌법재판소가 출범했습니다. 헌법재판소에 부여된 헌법수호 수단의 하나인 정당해산심판이 사상 처음으로 청구되어 오늘 8차 변론기일을 진행하고 있는 것입니다. 이 정당해산 사건은 대한민국의 민주주의 수준과 관용의 폭을 가늠하는 시금석이 될 것이고, 시민들의 투쟁에 의해 쟁취된 대한민국 민주화의 성숙도를 확인하는 계기가 될 것이라 믿으면서 오늘의 변론기일에 임합니다."

준용 절차에 대한 헌법소원

사상 초유로 진행되는 정당해산심판은 절차 진행 하나하나가 새로운 문제였고, 그 기준을 구체적으로 세우면서 진행해야 했다. 당장 형사 절차를 준용할 것인지 민사 절차를 준용할 것인지 문제였다. 정부 측이 제출한 서증에 대한 인부를 하는 단계에서 당장 문제가 되었다. 어느 절차를 준용하는가에 따라 중요한 차이가 발생한다. 서증의 증거능력(불리한 사실을 인정하는 증거로 사용할 수 있는지 여부), 증거조사(개별적 요지 낭독 및 의견진술 기회를 부여할 것인지 여부)와 인부 방법, 입증 정도(불리한 결정을 하려면 합리적 의심의 여지가 없는 엄격한 증명을 하여야 하는지 아니면 고도의 개연성 또는 우월한 입증으로 충분한 것인지 여부) 등에서 차이가 있다.

헌법재판소법은 다른 특별한 규정이 없는 한 민사소송 절차를 준용한다고 규정하면서 탄핵심판의 경우 형사소송 절차를 준용한다고 규정했다(헌법재판소법 제40조 제1항[80]). 정당해산심판의 경우 형사소송 절차를 준용한다는 명시적 규정이 없음으로 조문상으로는 민사소송절차가 준용되는 것으로 해석할 수 있다. 헌법재판소가 발행한 책자는 헌법재판소법 제40조가 형사소송 관련 법령이 아닌 민사소송 관련 법령을 정당해산심판 절차에 준용하도록 한 것은 입법상 오류라고 설명했다.[81] 헌법재판소는 2013년 6월 14일 자체 연구 성과를 근거로 해서 국회에 헌법재판소법 개정안을 제출했는데, 여기에 정당해산심판의 경우 형사소송 절차를 준용하는 것으로 명시하는 내용이 포함되어 있다.[82]

정부 측에서는 민사소송 절차가 준용되어야 한다고 주장했고, 우리는 형사소송 절차가 준용되어야 한다고 주장했다. 헌법재판소

는 제2차 준비절차기일에 민사소송 절차가 준용되는 것으로 전제
하고 절차를 진행하겠다는 입장을 밝혔다. 이에 우리는 2014년 1월
7일 헌법재판소법 제40조에 대해 헌법소원을 제기했다. 정당해산
심판에서 가처분을 허용하는 헌법재판소법 제57조[83]에 대해서도
함께 헌법소원을 제기했다.

이에 대해 헌법재판소는 2014년 2월 27일 결정을 선고했
다.[84] 가처분 조항에 대해서는 전원일치 기각, 민사소송 준용 조항에
대해서는 전원 기각결정 의견이되, 김이수 재판관만은 별개 의견으
로 민사소송 절차의 준용이 제한되어야 한다는 견해를 제시했다.[85]

"구체적으로 형사소송에 관한 법령과 민사소송에 관한 법령
이 상충되는 경우로서, 민사소송에 관한 법령의 준용이 절차진행
상 필수불가결하게 요청되는 경우가 아님에도, 그것을 준용함으
로써 현저히 피청구인 정당의 방어권 행사에 지장을 초래하는 범
위 내에서는 민사소송에 관한 법령을 준용할 수 없는 것으로 해석
해야 한다. 특히, 정당해산심판의 청구인인 정부가 증거로 제출하
는 수사서류는 대부분 공문서이고, 이에 대해 진정성립 추정 시 사
실상의 입증책임을 정당에게 부담시켜 정당의 방어권 행사에 지장
을 초래할 수 있는 점에 비추어 볼 때, 민사소송법 제356조[86]의 공
문서의 진정성립 추정에 관한 규정 대신, 형사소송법 제310조의2
이하에 규정된 전문증거의 증거능력 제한에 관한 규정을 준용함으
로써 증거능력의 인정범위를 제한해야 한다. 또한 위법수집증거와
임의성이 의심되는 자백의 증거능력을 배제한 형사소송법 제308
조의2,[87] 제309조[88] 및 범죄사실의 인정은 합리적인 의심이 없는
정도의 증명에 이르러야 한다는 형사소송법 제307조 제2항[89]의

규정을 준용하는 것이 정당 존립의 특권을 보장하는 헌법정신에도 부합하는 해석이다."

정당해산심판 사건에서 사인私人 간의 분쟁 절차 해결을 목적으로 하는 민사소송 절차를 준용하는 것은 소송의 목적이나 구조 그리고 소송의 효과와 그로 인한 불이익 등 제반 측면에 비추어 보아 부당하다. 헌법재판소 스스로도 정당해산심판 절차에 민사소송 절차를 준용하는 것은 문제가 있다고 보고, 형사소송 절차를 준용하는 것으로 명시하는 내용의 법률개정안까지 국회에 제출한 상태였다. 헌법재판소가 해석론으로 얼마든지 적정한 해결을 도모할 수 있음에도 그러한 노력을 포기한 것은 이미 당시 해산결정을 염두에 두고 있었던 것이 아닌가 하는 우려가 제기되기도 했다.

민사소송 절차를 준용해야 한다는 다수 의견도 "증거조사와 사실인정에 민사소송법의 규정을 적용함으로써 실체적 진실과 다른 사실관계가 인정될 수 있는 규정은 정당해산심판의 성질에 반하는 것으로 준용될 수 없고, 이에 따라 법률의 공백이 생기는 부분에 대하여는 헌법재판소가 정당해산심판의 성질에 맞는 절차를 창설하여 이를 메우는 것이 헌법재판소의 권한이자 의무"라고 했다. 다수 의견이 말하는 헌법재판소의 권한과 의무에 기대를 걸어보기로 했다.

그러나 정당해산심판 절차가 민사소송 절차로 진행되는 바람에 김이수 재판관이 우려한 대로 형사재판에서는 증거능력이 인정되지 못하여 법정에 나올 수 없었던 증거들이 모두 헌법재판소에서는 증거능력을 인정받아 심판정에 제출되고 불리한 자료로 사용되었다. 형사재판에서는 임의성이 인정되지 않거나 반대신문의 기회가 보장되지 않아 증거로 사용될 수 없었던 수사기관 작성의 조서들이나 수사보고서 등이 공문서라는 이유로 증거능력이 인정되었다. 사문서의 경우에도 그 진정성립[90]에 부동의를 했음에도 민주노동당이나 통합진보당 기관지에 게재되었다는 이유로, 언론에 보도되거나 게재되었다는 이유로, 인터넷 사이트가 확인되었다는 이유 등으로 모두 증거능력이 인정되었다. 전문증거[91] 또는 일방적 의견으로서의 가치밖에 없는 언론의 기사들이나 논객들의 논설들 그리고 인터넷 게시물들이 모두 증거능력이 인정되었다. 그로 인해 통합진보당은 방어권 행사에 중대한 제약을 받을 수밖에 없었고, 헌법재판이 넘쳐나는 '쓰레기'들로 오염되었다는 비판을 받았다.[92]

이 사건 헌법소원심판 결정에서 보인 헌법재판관들의 의견 분포(8:1)는 정당해산심판 본안 결정 때도 동일하게 유지되었다. 그만큼 정당해산심판 절차에서 증거능력과 입증 정도에 대한 엄격한 기준의 적용이 중요했다는 의미다. 아니면 해산결정에 찬성한 재판관들은 준용 절차를 결정할 때 이미 마음을 굳히고 그 이후의 절차는 요식행위에 불과했다는 것인가?

재판 진행 중인 기록의 송부촉탁 문제

헌법재판소법 제32조는 '자료제출 요구 등'이라는 제목으로 "재판부는 결정으로 다른 국가기관 또는 공공단체의 기관에 심판에 필요한 사실을 조회하거나, 기록의 송부나 자료의 제출을 요구할 수 있다. 다만, 재판·소추 또는 범죄수사가 진행 중인 사건의 기록에 대하여는 송부를 요구할 수 없다"고 규정하고 있다. 이 사건 심판 진행 당시 내란 관련 형사사건은 재판 진행 중이었기 때문에 내란 관련 사건 형사기록을 검찰 또는 법원으로부터 송부받아 이를 정당해산심판 사건의 증거로 사용할 수 있는지가 핵심적인 문제로 되었다.

정부 측은 각 법원과 검찰청에 대해 재판 중인 기록의 인증등본 송부촉탁을 신청했고, 준비절차를 진행하는 수명재판부가 이를 받아들이고 각 법원과 검찰청에 송부촉탁 공문을 발송했다. 이에 대해 우리는 2014년 1월 6일 수명재판관의 문서인증등본 송부촉탁 결정에 대해 헌법재판소법 제32조 단서 위반을 이유로 이의신청을 했다. 송부촉탁 결정을 한 것은 이를 취소하고, 아직 송부촉탁 결정을 하지 않은 신청은 이를 기각해달라고 요구했다.

헌법재판소 전원재판부는 제3차 변론기일에 위 이의신청을 기각했다. "수명재판관이 2013. 12. 30. 결정한 문서인증등본 송부촉탁은 헌법 제113조 제2항,[93] 헌법재판소법 제10조 제1항,[94] 헌법재판소심판규칙 제39조 및 제40조[95]에 의한 문서 송부촉탁이기 때문에 헌법재판소법 제32조 단서 위반의 문제는 발생하지 않는다"는 것이다.[96]

그러나 위 결정에 이의신청 기각의 근거로 제시된 관련 규정들은 헌법재판소가 심판규칙을 제정할 수 있고, 그에 따라 심판규칙을 제정했다는 것을 의미할 뿐이다. 심판규칙은 상위 규범인 헌법재판소법에 위반할 수 없다. 헌법재판소법 제32조 단서는 헌법상 권력분립 원리에 따라 입법부가 사생활의 보호, 무죄 추정의 원칙 등을 고려하여 헌법재판소가 구체적인 형사재판과 수사절차 등에 관여하는 것을 제한하기 위하여 규정한 것이다. 헌법재판의 원활한 진행을 위하여 현재 진행 중인 형사사건과 수사 등의 기록이 필요한 경우가 있을 수 있으나, 위 규정은 입법부가 그와 같은 필요성과 기본권 보장을 적정하게 고려하여 헌법재판의 예외성과 최후수단성 등을 고려해서 규정한 것이기에 원본은 물론 정본과 인증등본의 송부촉탁까지도 제한되는 것으로 보는 것이 타당하다.

헌법재판소의 위 결정으로 인해 형사사건 절차가 끝나지도 않은 내란 관련 사건의 모든 수사기록과 재판기록, 특히 형사사건에서는 증거능력이 인정되지 않은 조서나 수사보고서 등까지도 정당해산심판 사건에 증거로 제출되었다. 내란 관련 사건의 형사판결이 확정되기도 전에 정당해산결정이 먼저 선고되는 결과가 생겼다. 내란 관련 사건의 형사사건이 확정되기를 기다릴 수 없는 급박한 사정이 있었다면 그러한 급박성을 해소할 수 있는 최소한의 가처분결정을 한 후 형사사건이 확정되기를 기다리는 방법도 있었을 것이다. 그러나 그러한 급박한 사정 자체가 전혀 없었으므로 헌법재판소법 규정까지 위반하면서 재판 중인 기록을 송부받고, 형사판결이 확정되기도 전에 해산결정을 선고해야 할 이유는 전혀 없었다. 헌법재판이 일개 형사재판보다도 수준이 낮은 재판으로 전락했다.

사건의 쟁점

재판부는 2014년 1월 28일 진행된 제1차 변론기일에 이 사건의 쟁점을 다음과 같이 7가지로 정리했다.[97]

① 통합진보당의 목적이나 활동이 민주적 기본질서에 위배되는지 여부를 판단함에 있어서 그 자료로 삼을 수 있는 인적·시간적 범

위, 특히 민주노동당 활동 시기가 포함되는지 여부.

② 이 사건 정당해산심판청구상의 절차상의 하자가 존재하는지, 존재하는 경우 그 효과가 어떤지에 관한 사항.

③ 헌법에서 정당해산요건을 규정한 '정당의 목적이나 활동이 민주적 기본질서에 위배될 때'의 의미와 내용이 무엇인지, 정당의 목적에 장기적 목적이 포함되는지 여부, 정당의 개별 구성원의 활동 중 정당의 활동으로 볼 수 있는 활동의 범위에 관한 사항.

④ 통합진보당이 강령이나 대통령 선거공약 등에서 제시한 진보적 민주주의, 민중주권, 민중 중심의 자립경제 체제, 연방제 통일 방안의 구체적인 내용, 통합진보당의 북한 체제 추종과 답습 여부 및 그에 기초한 통합진보당의 목적이 민주적 기본질서에 위배되는지 여부.

⑤ 이른바 RO사건[98] 등 청구인이 청구서 등에서 적시한 각종 사건에 관한 통합진보당 구성원의 활동을 당의 활동으로 귀속시킬 수 있는지 및 그에 기초한 통합진보당의 활동이 민주적 기본질서에 위배되는지 여부.

⑥ 정당해산요건으로서 앞에서 본 법령에서 명시된 요건 외에 해산의 필요성 및 비례성이 필요한지 여부와 그 충족 여부.

⑦ 정당해산결정을 하는 경우에 소속 의원의 의원직 상실결정을 할 수 있는지 여부.

참고인 진술

재판부는 정부와 통합진보당 측에 정당해산심판제도에 대해 진술할 전문가, 통합진보당 강령의 위헌성 여부에 대해 진술할 전문가,

북한의 대남혁명전략 등에 대해 진술할 전문가 각 1명씩을 참고인으로 추천하라고 요구했다. 그에 따라 정당해산심판제도에 대해 진술할 전문가로 정부는 김상겸 동국대 교수, 우리는 정태호 경희대 교수를 추천했고, 통합진보당 강령의 위헌성 여부에 대해 진술할 전문가로 정부는 장영수 고려대 교수, 우리는 송기춘 전북대 교수를, 북한의 대남혁명전략 등에 대해 진술할 전문가로 정부는 유동렬 치안정책연구소 연구관(과거 공안문제연구소 근무), 우리는 정창현 국민대 겸임교수를 각 추천했다. 참고인은 진술서를 미리 제출하고, 심판정에서 주어진 시간 동안 요약해서 진술하고, 재판관들의 질문에 답했다. 양측 대리인도 참고인에게 질문을 할 수 있어 상대방 참고인에 대해서는 반대신문을 준비하고, 우리 측 참고인에 대해서는 논지를 보강할 질문을 준비했다.

참고인 진술은 증거조사를 실시하기 전인 제2차 변론기일과 제3차 변론기일에 진행되었다.[99] 정부 측 참고인으로 출석한 장영수 교수는 '정당의 활동을 분석함으로써 계급투쟁적 성격을 확인할 수 있다면', '정당의 정강·정책들이 여러 면에서 북한과의 유사성을 보인다면' 등 가정적 논법으로 정당의 활동 속에서 '숨겨진 목적'을 찾을 수 있다고 진술했다. "숨겨진 목적", "퍼즐 맞추기"라는 논리는 이후 그대로 결정문에 반영되었다. 헌법재판소로부터 전문가로서 의견진술을 의뢰받은 헌법 교수조차도 단언하지 못하고 가정적인 설명만을 할 수 있었던 점에 비추어 보면, 우리 사회에서 일반시민이 일상생활을 하면서 통합진보당의 '숨겨진 목적'을 알아내는 것은 불가능한 일일 것이고, 그렇다면 그 '숨겨진 목적'이란 것은 과연 있기는 한 것인지, 공안적 현미경을 들이대고 찾아내야 할 필요가 있는 것인지, 또 그렇게 찾아낸들 그것이 무슨 의미가 있다는 것인지 의문이 아닐 수 없었다.[100]

증인신문

정당해산심판 사건에서 입증책임은 당연히 청구인인 정부에게 있다. 청구인인 정부가 피청구인인 통합진보당에게 해산사유가 있고, 또한 해산의 필요성이 있다는 점에 대해 입증할 책임이 있다.

제1차 준비절차기일 말미에 수명재판관은 쟁점에 관해 증인신청을 포함하여 입증계획을 제출하라고 했다. 정부 측은 북한의 대중정당 장악 전략, 대남혁명전략에 대한 증인 1인(곽인수, 전 대남공작원)과 비례대표 부정경선과 2차 분당과정에 대한 증인 1인(이청호, 전 통합진보당 소속 구의원)을 우선적으로 신청했고, 추가로 2~3명을 더 신청한다고 밝혔다. 우리는 청구서에 대한 기본적인 답변서를 제출한 상태로 증인신청에 대해서는 별도로 검토를 하지 못했기에 추후 재판 진행을 봐가면서 증인신청을 하겠다고 했다.

재판부는 제4, 5, 6, 7차 변론기일에는 서증조사를 진행했다. 우리는 제7차 변론기일을 앞두고 증인신청서를 제출했다. 2008년 민주노동당 제1차 분당 경위와 이후 통합진보당을 창당하게 된 경위 등에 관하여 증언해줄 사람으로 ① 노회찬 전 국회의원, 진보적 민주주의와 집권전략에 관한 각종 문건에 대한 부분을 설명하기 위해서 해당 문건을 집필한 당사자인 ② 박경순 진보정책연구원 부원장, ③ 김장민 진보정책연구원 연구위원, ④ 이의엽 통합진보당 간부, 당내 계파들 간의 갈등과 경쟁을 불온시하는 것이 부당하다는 점을 지적하기 위해 정당 취재 경험이 풍부한 ⑤ 박창식 한겨레신문 논설위원을 증인으로 신청했다. 제7차 변론기일에 재판부는 정부 측 증인 곽인수, 통합진보당 측 증인 노회찬, 박경순, 김장민, 이의엽을 채택했다. 정부 측은 당초 신청한 이청호에 대해서는 지방선거 출마 등을 이유로 철회 여부를 검토 중이라고 했고, 추가 증인신청에 시일이 걸린다며 증인신청 기한을 연장해줄 것을 요청한 상태였다.

제8차 변론기일에 곽인수와 노회찬에 대한 증인신문을 하고, 제9차 변론기일에는 박경순과 김장민에 대한 증인신문을 했다. 정부 측은 제8차 변론기일 직전에 종전에 신청했던 증인 이청호를 철회하고, 증인으로 이종화(전 당원, 2008년 탈당), 이종철(전 한총련 중앙위원)을 신청했고, 제9차 변론기일을 앞두고 증인으로 소위 'RO' 사건 제보자 이성윤(전 민노당 경기도당 부위원장)과 과거 민혁당 지하조직 및 학생운동을 하다가 전향한 사람이라는 이광백(자유조선방송 대표)을 신청했다. 재판부는 제9차 변론기일에 정부 측 증인 이종화, 이종철, 이성윤, 이광백을 채택했고, 통합진보당 측 증인 박창식을 채택했다. 정부 측의 증인신청과 채택이 늦어지는 바람에 결과적으로 통합진보당 측 증인인 노회찬, 박경순, 김장민의 증언을 먼저 듣고 난 후에 정부 측 증인들이 나와서 그것을 반박하는 식이 되고 말았다. 통상적으로 입증책임이 있는 청구인 측 증인신문을 먼저 하고 피청구인 측 증인신문을 하는 것이 일반적인데 반대로 진행된 것이다. 제10차 변론기일부터 제12차 변론기일까지 서증조사를 하면서 채택된 증인들(이성윤 제외)에 대한 신문을 했다.

내란 관련 형사사건 항소심을 맡은 서울고등법원은 2014년 8월 11일 '지하혁명조직 RO는 존재하지 않고 내란음모는 없었다'

며 내란음모죄에 대해 무죄를 선고했다. 그러자 정부 측은 제12차 변론기일(2014년 8월 12일)에 민혁당[101]에서 활동하다가 전향한 김영환을 증인으로 신청했고, 우리는 보다 적극적인 입증과 정면 돌파를 위해 평등파 그룹인 '다함께'에서 활동한 김인식, 진보운동의 대부 권영길 전 민주노동당 대표를 추가로 증인신청을 했다. 재판부는 제15차 변론기일에 양측이 신청한 증인을 모두 채택했다. 증인신문 순서를 정함에 있어 정부 측 증인을 먼저 하도록 강력하게 요구했다. 제16차 변론기일에 정부 측 증인 김영환, 이성윤에 대해 신문을 했고, 제17차 변론기일에 통합진보당 측 증인 김인식, 권영길을 신문했다.

  헌법재판소는 쌍방이 신청한 증인들을 모두 채택했고, 증인 수도 균형이 맞게 채택되었기 때문에 형식적으로는 공평한 것으로 보인다. 그러나 실질적인 측면에서는 많은 문제가 있었다. 이 사건은 통합진보당의 목적과 활동이 위헌인지를 심사하는 재판이다. 그런데 정부 측이 신청한 증인 중 곽인수, 이종철, 이광백, 김영환은 민주노동당이나 통합진보당에서 전혀 활동한 적이 없다.[102] 곽인수는 민주노동당이 창당되기 전인 1995년 10월경 충남 부여에서 남파공작활동 중 체포된 자이기 때문에 통합진보당과는 아무런 관련이 없다. 이종철, 이광백과 김영환은 민혁당, 한총련 등의 활동을 하다가 1997년경 전향한 후 민주노동당이나 통합진보당과 관련된 활동을 전혀 하지 않았다. 정부 측은 이들의 입을 통해, 통합진보당에서 활동하고 있는 핵심 세력들이 당에서 활동하기 전의 생각이나 태도가 현재도 변하지 않았음을 증명했다. 증인은 자신이 경험한 사실을 증언하는 것임에도 불구하고 재판부는 민주노동당 및 통합진보당에서 아무런 활동을 하지 아니한 사람들을 모두 증인으로 채택했다. 정부 측 대리인은 증인 이종화, 이광백, 김영환에 대한 신문 과정을 사상검증의 수단으로 악용했고 재판관들도 이에 가세했다.[103]

증인신문의 대미는 진보정당운동의 대부 권영길 전 대표가 장식했다. 권영길은 민주노동당 초대 당대표를 지냈고, 국회의원, 대선후보 등을 지냈다. 한눈에 보기에도 건강이 좋지 않은 상태였지만, 혼신의 힘을 다해 진보정당운동의 역사와 그간의 노력, 그리고 정부 주장의 부당성을 역설했다. 그는 창당 준비 과정에서 특정 정파나 계급의 정당이 아닌 국민적 대중정당을 표방했던 것부터 진술했다. 민주노동당은 선거를 통한 집권이 대전제였고, 그것을 위해서 민주성, 대중성, 투명성을 원칙으로 했다는 것이다. 그리고 당원이 주인이었으므로 어떤 특정 개인이나 세력의 의견이 전적으로 반영될 수 없는 구조라는 사실도 강조했다. 권영길은 "민주노동당은 저 권영길의 영혼"이라고까지 말했다. 평생을 노동운동과 진보정당운동에 바친 그의 절절한 호소였다. 정당해산심판 사건 심리의 마지막 단계에서 권영길 전 대표가 증언한 것은 중요한 의미가 있었다.[104]

통합진보당 측 증인들에 대한 주신문은 필자(노회찬, 권영길)와 이재화 변호사(박경순, 김장민, 김인식), 이광철 변호사(박창식)가 준비해서 진행했고, 정부 측 증인에 대한 반대신문은 이광철 변호사(곽인수, 이종철), 이한본 변호사(이광백), 그리고 필자(이종화, 김영환)가 준비해서 진행했으며, 이재화 변호사도 그때그때 필요한 내용을 보충했다.[105]

서증조사

서증으로 정부 측은 갑 제2907호증까지, 통합진보당 측은 을 제908호증까지 제출했다. 민사소송 절차를 준용함에 따라 서증 대부분의 증거능력이 인정되어 증거조사를 했다. 증거제출인은 증거설명서를 제출하고, 상대방은 증기에 대한 의견서를 미리 제출했다. 정부 측이 제출한 서증 중 상당 부분은 정당의 행위로 볼 수 없는 개인의 글이나 국가보안법 위반 사건 판결문, 수사기록 등이었고, 각종 보수 매체와 극우 성향의 인터넷 신문의 기사 등도 포함되어 있었다. 또한 정부 측이 제출한 증거설명서는 실제 서증의 내용을 왜곡한 부분이 적지 않았고, 해당 서증의 내용이 이 사건과 어떠한 관련이 있는지(입증취지)에 관해서도 납득할 수 없는 부분이 많았다. 헌법재판소심판규칙 제37조(민사소송규칙 제109조도 같은 내용) 제1항에 의하면 서증과 증명할 사실 사이에 관련성이 인정되지 않는 경우 서증을 채택하지 않을 수 있게 되어 있으므로 우리는 통합진보당이나 그 전신인 민주노동당과 관련이 없는 자료에 대해서 적극적으로 문제를 제기했다. 우리는 개개의 서증에 대한 인부서와 함께 정부 측 증거설명서 내용에 대한 반박서면을 제출했다.

민사소송에서 서증조사는 제출된 서증에 대한 인부 등 의견을 미리 준비서면을 통해 밝히고, 법정에서는 제출된 문서를 검토·열람하는 것으로 되어 있다. 특별히 증거항변을 하지 않는 이상 통상은 형식적으로 진행된다. 재판부는 기일에 앞서 "청구인이 제출한 서증에 대한 조사를 먼저 진행하되 서증번호 순으로 조사"하고, "채택된 서증에 대하여 서증을 제출한 당사자가 개별서증을 제시하면서 그 내용을 설명"하는 방식으로 서증조사를 하겠다는 안내문을 보내왔다. 제4차 변론기일(2014년 3월 11일)에 처음으로 서증조사가 실시되었다. 주심인 이정미 재판관이 진행했다. 서증조사의 방식과 관련하여 재판장 내지 주심재판관과 통합진보당 대리인 사이에 설전이 있었다. 재판부는 채택된 서증을 몇 십 개씩 묶어서 한꺼번에 제출자가 내용의 요지를 간단하게 설명하고 상대방이 그에 대해 의견을 말하는 방법으로 조사하고자 했다. 우리는 서증 하나하나에 대해 증거능력과 신빙성을 탄핵하고 그 내용의 문제점도 지적했다. 그러자 재판장은 이미 서면으로 제출한 내용에 대해서는 시간관계상 일일이 구두변론으로 할 수는 없다면서 서증의 진정성립에 관한 진술만 하기를 원했다. 심판정에서 서증조사는 형식적으로 하고 그 내용에 대해서는 재판관들이 서증과 서면을 읽고 알아서 판단하겠다는 것이다. 보통 민사소송에서 하는 방법이나, 그렇게 할 경우 재판관들이 서증이나 서면을 제대로 읽어본다는 보장도 없었다. 이재화 변호사가 2014년 4월 1일 제4차 변론기일에 간략하게 서증조사를 실시하는 것은 변론권의 부당한 침해라고 강력하게 항의했고, 재판장(박한철 소장)은 재판 진행에 협조하지 않겠다는 것이냐고 하면서 험악한 설전이 이어졌다. "트럭으로 쓰레기 같은 증거까지 제출"했다는 말이 나온 것도 이때였다. 재판장은 휴정을 선언한 후 재판관들과 숙의를 거쳐 속개해서 우리의 이의를 받아들여 개별 서증에 대한 의견진술의 기회를 보장했다.[106]

어떻게 보면 지루한 공방일 수 있었으나, 이미 '퍼즐 맞추기'라는 말까지 나온 상황에서 우리는 이 사건과 전혀 무관한 증거라고 판단되는 서증에 대해서도 하나하나 반박할 수밖에 없었다. 이렇게 하지 않았다면 변론조서의 상당 부분이 정부 측의 일방적 주장으로만 채워질 뻔했고, 훨씬 빨리 변론이 종결되었을 것이다. 엄청난 서증을 하나하나 훑어나가는 형태로 조사를 실시한 결과 서증조사에 상당한 변론기일이 소요되었다. 내란 관련 사건의 서증조사는 일단 보류했다가 형사사건 항소심 선고 이후 수사기록과 공판기록을 일괄하여 서증조사를 진행했다.[107]

구술변론

재판장은 매 변론기일을 진행하면서 처음 순서로 종전 변론기일 이후에 제출한 서면의 요지를 구술로 설명하게 했다. 필자는 이 기회를 우리 주장을 요약해서 홍보하는 데 활용하기로 하고, 제출한 준비서면의 요지를 별도로 정리하여 구술했다. 변론기일 전날에는 제출한 서면의 구술용 요지를 별도로 작성하는 작업을 해야 했다.

최종변론기일에 관해 간략하게 설명한다.[108] 재판부는 2014년 11월 4일 열린 제17차 변론기일에 모든 증거조사를 마치고 3주 후인 2014년 11월 25일을 최종변론기일로 잡았다. 재판부는 11월 18일까지 200쪽 이내의 종합준비서면과 20쪽 이내의 요약서면을 제출하도록 요청했다. 종합준비서면 작업은 이전에 답변서를 준비할 때처럼 법리, 목적, 활동으로 역할을 분담했다. 법리적인 부분은 전영식 변호사가 초안을 작성했고, 국회의원 자격 상실 등의 쟁점에 대해서는 김진 변호사가 초안을 작성했다. 전영식 변호사가 주장한 법리는 상당 부분 결정문에 반영되었지만 결론에는 영향을 미치지 못했다. 통합진보당의 목적과 관련한 부분은 이재화, 이한본, 고윤덕, 신윤경 변호사가 초안을 작성하고 이재화 변호사가 최종적으로 정리했다. 내란 관련 사건을 포함한 통합진보당의 활동과 관련한 부분은 이광철, 김종보, 최용근, 윤영태 변호사, 그리고 추가로 합류한 조지훈, 하주희, 김유정 변호사가 작성했다.

최종서면에 관하여 한 차례 회의를 가진 후 최종변론에 대해 논의했다. 변론기일 오전 제출서면에 대한 요지 설명 시간을 활용하여 모든 쟁점과 변론에 대한 정리를 마치고, 오후 최종구술변론 시간에는 모두진술과 마무리를 필자가 맡고 중간에 전영식(법리), 이재화(목적), 이광철(북한 연계성), 조지훈(내란 관련 사건) 변호사가 나누어서 진술하는 방식으로 했다. 핵심적 부분을 담되 구체적인 내용은 각자의 소회가 포함된 자유로운 방식으로 하기로 했다. 출산 후 복귀한 이재정 변호사에게도 특별히 변론을 부탁했고, 김종보 변호사는 꼭 발언하고 싶은 부분이 있다고 해서 추가했다.

최종변론의 방향을 결정한 후 각자 맡은 부분 서면을 완성하고 구두변론을 준비했다. 최종서면은 김진 변호사가 1차로 작성된 초안들을 일목요연하게 정리하여 적당하게 배치하고 목차를 달고 표현을 다듬었다. 김진 변호사는 따로 최종변론기일에 사용할 PPT 자료까지 만들었다. 필자가 최종적으로 종합준비서면과 요약서면을 검토 수정했고, 따로 법정에서 설명할 부분까지 원고를 작성했다. 서면 제출 이후 한 차례 모여서 리허설까지 했다. 시간을 고려하여 발언할 원고를 다듬고 다듬었다.

최종변론 당일 오전에 정부 측에서는 당일 진술된 서면에 대한 간략한 설명이 있었던 반면에 통합진보당 측에서는 필자가 종합서면의 내용까지 포함하여 모든 쟁점에 대해 조목조목 진술했다. 오후에는 양측이 2시간씩 대리인과 대표자의 변론이 있었다.

먼저 정부 측에서는 정점식 검사, 김동윤 변호사, 임성규 변호사, 권성 변호사의 순으로 변론을 했고, 마지막으로 대한민국 정부를 대표한 황교안 법무부장관이 직접 정당해산의 당위성을 역설했다.

10분간 휴정 후에 우리 측의 최종변론이 진행되었다. 우리는 필자, 전영식, 이재화, 이광철, 이재정, 김종보, 필자 순으로 변론을 했다.[109]

그리고 마지막으로 이정희 대표가 진술했다. 그는 "모든 국민이 나라의 주인으로 존중받는 세상을 만들자는 통합진보당의 지향, 자주·민주·평등·평화통일은 우리 헌법정신과 완전히 일치하는 것이고, 헌법은 이 방향에서 더욱 발전되어야 한다"고 말하고, "헌재가 정부의 정당해산청구를 기각함으로써, 한국 민주주의의 진전은 멈추지 않는다는 것을 보여달라"는 말로 마무리를 지었다.

다음은 최종변론기일 최후변론의 맨 마지막에 필자가 구술변론한 내용이다.

헌법재판소가 이 사건 심판청구를 기각해야만 하는 이유를 간략하게 말씀 드리겠습니다.

"첫째, 우리의 조국, 대한민국을 위해서입니다. 국가권력이 소수 정당을 강제로 해산하는 그런 야만적인 수준의 국가가 된다면 국제사회에서 어떻게 소위 국격國格을 유지할 수 있겠습니까? 지난 9월 말에 열린 세계헌법재판회의에 참석한 발레리 조르킨 러시아 헌법재판소장은 러시아에서도 공산당 창당을 금지하지 않았다면서 한국 국민들도 민주주의가 번영하는 국가에서 살기를 바란다고 밝혔습니다. 이 사건에서 만약 해산결정을 한다면 러시아 헌법재판소장이 보기에도 한국 국민은 아주 딱한 처지에 있는 것으로 동정을 사게 될 것입니다. 우리 조국, 대한민국이 세계의 조롱거리가 되지 않기를 간절히 바랍니다.

둘째, 우리 사회의 민주주의를 위해서입니다. 이 사건에서 정당해산 결정이 내려질 경우 어떠한 비이성적인 광풍이 몰아칠지 전혀 예상할 수 없습니다. 단순히 피청구인의 해산에 머물지 않고 모든 진보진영에 어떠한 철퇴를 내려칠지 모를 일입니다. 청구인은 이미 국민들의 광범위한 지지를 받았던 주요 대중투쟁들을 반미자주화 투쟁이라면서 북한과의 연계성을 주장했습니다. 앞으로 모든 대중투쟁을 그 연장선상에서 단정하고 대처할 가능성도 있습니다. 그렇게 되면 국민들의 모든 반정부 비판 활동은 탄압의 대상이 될 것입니다. 혹자는 이 사건에서 기각결정이 나면 피청구인과 그 당원들은 물론이고 국민들에게 잘못된 시그널을 전하게 될 것이라고 말합니다. 위 말은 시그널을 위해 우리 사회의 민주주의의 숨통을 끊어야 한다는 것으로서, 그야말로 궤변에 불과합니다. 오히려 이 사건 심판청구가 인용된다면 이 사회는 표현의 자유와 사상의 자유는 물론이고 상상할 자유조차 압살되어 숨 쉴 곳이 한 뼘도 남아 있지 않은 황무지가 되고 말 것입니다. 우리 사회에서 민주주의를 살려내고 지켜내기 위해서라도 이 사건 심판청구는 기각되어야 합니다.

셋째, 우리 국민의 자존自尊을 위해서입니다. 누차 말씀드렸지만 이 사건 심판청구는 우리 국민들의 민주적 역량에 대한 신뢰가 없기 때문에 제기된 것입니다. 그래서 본 대리인은 모두진술을 할 때 '무신불립'을 지적한 바 있습니다. 이 사건 심판청구는 어떻게 보면 우리 국민들에 대한 모독입니다. 우리 국민은 군사독재의 억압을 뚫고 민주화를 일궈냈습니다. 민주적 기본질서를 침해하는 정당에 대해서는 헌법재판소가 강제적인 해산결정을 하지 않더라도 우리 국민들이 선택을 통해 억제할 수 있습니다. 국가가 나서서 강제적으로 해산하지 않더라도 민주적인 정치 과정을 통해 얼마든지 해소할 역량이 있습니다. 헌법재판소는 이 사건에 대한 기각결정으로 우리 국민의 자존을 세워주시기 바랍니다.

넷째, 청구인 즉, 대한민국 정부를 위해서입니다. 대한민국 정부는 정당해산이라는 극약처방이 아니라도 얼마든지 형사적·행정적 대응수단을 통해 국가의 안전과 사회를 방위할 수 있는 역량이 충분합니다. 헌법재판소를 통해 강제적으로 정당해산을 해야만 사회를 지킬 수 있을 정도로 취약하지 않습니다. 이 사건 진행 과정에서 우리 정부의 역량에 대해 청구인과 피청구인이 오히려 반대의 입장을 취하는 아이러니한 상황이 전개되기도 했습니다. 피청구인 측은 우리 정부가 국가안전이나 사회방위를 위한 역량이 과잉인 것이 문제이면 문제이지 부족한 바는 전혀 없으므로 굳이 정당해산이라는 극단적인 조치를 취할 필요가 없다는 입장을 피력했습니다. 그런데 정작 청구인은 자신의 그러한 능력을 불신하고 헌법재판소가 극단적 조치를 취해주어야만 한다는, 자기비하적·자학적 평가를 했습니다. 국민의 입장에서는 참으로 당혹스럽다고 하지 않을 수 없습니다. 국민의 선택을 받아 구성된 정부가 자신의 역할을 제대로 수행할 수 없음을 자인하고 있으니 말입니다. 이 사건 심판청구가 인용된다면 이는 대한민국 정부의 무능을 만천하에 공표하는 것이 됩니다. 오히려 이 사건 심판청구를 기각하는 것이 그나마 대한민국 정부의 체면을 세워주는 것이 될 것입니다.

다섯째, 우리 사회의 약자와 소수자들을 위해서입니다. 피청구인은 우리 사회에서 소외되고, 힘없고, 가난하고, 정당한 대우를 받지 못하는 사람들을 위해 정책을 제시하고 연대하고 같이 투쟁해온 정당입니다. 피청구인이 해산될 경우 사회적 약자와 소수자를 위한 활동 자체가 불온시되고 위축될 우려가 큽니다. 우리 사회의 약자와 소수자들에게 희망의 불씨를 살려주기 위해서도 이 사건 심판청구를 기각하여 주시기 바랍니다.

여섯째, 마지막으로 헌법재판소를 위해서입니다. 헌법재판소는 군사독재정권에 대한 국민들의 항거로 쟁취한 1987년 헌법에 의해 출범했습니다. 헌법재판소는 우리 국민들이 쟁취한 민주화의 소산입니다. 그렇기에 헌법재판소는 우리 국민의 민주적 역량을 철저하게 신뢰한 반석 위에 서 있는 것입니다. 헌법재판소의 모든 권한의 원천은 국민입니다. 헌법재판소는 우리 사회의 다수파를 대변하는 기관이 아니라 소수파의 인권과 활동을 옹호함으로써 민주주의를 수호하고 확장하는 것을 사명으로 하는 기관입니다. 다수파의 횡포가 거침없이 행해지고 있는 작금의 상황에서 헌법재판소가 균형추를 잡아주어야 합니다. 다수파에 하나의 동조 의견을 보태는 역할에 머문다면 그러한 헌법재판소는 존재의의를 상실하게 될 것입니다. 헌법재판소 결정으로 소수 반대파 정당을 해산하는 것은 헌법재판소의 존립 원천을 부정하는 것이 될 것입니다. 이러한 의미에서 이 사건에서 심판대 위에 있는 것은 통합진보당이 아니라 헌법재판소 자신이라고 할 수도 있습니다. 헌법재판소의 존재의의를 확인하기 위해서도 이 사건 심판청구를 기각하여 주시기 바랍니다."

"헌법재판소 대심판정 입구에는 천연기념물인 수령 600년의 백송白松이 사리 잡고 있습니다. 이 백송은 지금까지 그래왔듯이 오늘 이 재판의 결과를 후세에 길이 전할 것입니다. 후대에, 엄혹했던 그 시절에 헌법재판소가 정의의 관점에서 다수파의 횡포를 적절하게 견제해주어서 그나마 민주주의가 유지될 수 있었다는 역사적 평가를 받을 수 있도록, 현명한 결정을 하여 주시기를 마지막으로 간절히 호소 드립니다."

성급한 선고

숨 가쁘게 달려서 2014년 11월 25일 제18차 변론기일에 최종변론을 마쳤다. 독일공산당 해산 사건의 경우 2차 세계대전 직후 냉전과 나치의 부활이라는 엄중한 상황에도 불구하고 1951년 11월 해산심판이 청구된 후 7개월가량 증거를 수집했고, 그로부터 2년 5개월 정도의 준비를 거쳐서 본격적인 구두심리에 들어갔으며 1년 8개월 정도의 심리 후 1956년 8월에 최종결정을 했다. 해산심판이 청구된 때부터는 4년 9개월의 기간이 걸렸다.

그런데 헌법재판소는 최종변론기일을 진행한 후 한 달도 되지 않은 짧은 기간 만에 선고기일을 잡고는 8:1의 의견 분포로 정당해산결정을 선고했다. 헌법재판소가 밝힌 바와 같이 관련 기록이 17만 5,000쪽을 넘는 방대한 분량인데, 변론종결 후에 적어도 전체 기록을 꼼꼼히 읽어봐야 하는 것은 아닌가? 통상 선고기일 통지는 1주일 정도 전에는 해주는데, 이 사건의 경우에는 2일 전에 선고기일을 통지해주었다. 박근혜 대통령이 2년 전에 당선된 그날(12월 19일)을 선고기일로 잡았다. 심판청구 시점부터 계산하면 13개월 정도만이다. 방대한 증거목록은 선고 후 한 달 이상이 지난 시점까지 제대로 작성되지 못하여 우리는 이를 복사할 수도 없었다. 증거목록조차도 제대로 작성하지 않은 상태에서 서둘러 선고를 했다는 의미다.

우리는 재판관 중 7명이 법관 출신이었기 때문에 그들은 적어도 '증거에 의해 사실을 인정하고 법리적인 판단을 하지 않겠느냐'는 믿음으로 변론에 임했다. 그런데 결정문을 보면 8명의 재판관은 정당해산심판청구서를 보고, 적어도 민사소송 절차를 준용해야 한다는 헌법소원심판 사건 결정을 할 때 마음을 굳힌 것은 아닌가 하는 의구심이 들었다.

헌법재판소는 서둘러 결정문을 작성하는 바람에 기본적인 사실관계도 잘못 인정하는 오류를 범했다. 이른바 '5·12 회합'에 참석한 적이 없는 윤원석('민중의소리' 대표)과 신창현(인천시당 위원장)이 참석한 것으로 기재하였고, 2014년 6월 지방선거에서 통합진보당은 기초의회 지역구의원 31명과 광역의회 비례대표의원 3명을 당선시켰음에도 "기초 지역의원, 비례대표 의원 3인을 당선시키는 데 그쳤다"라고 기재했으며, 정당법을 설명하는 부분에서 정당등록요건이 되려면 "시·도당별 1,000인 이상"이 돼야 하는데 '시·도당별'이라는 설명을 빠뜨린 채 "1,000인 이상"으로 기재했고, 내란 관련 사건의 제1심 선고일은 2014년 2월 17일임에도 "2017. 2. 17."로, "한국청년단체협의회"는 '국' 자를 빠트리고 "한청년단체협의회"로 표시했다. 5·12 회합에 참석하지 않았음에도 결정문에 회합에 참석한 것으로 기재된 신창현은 2014년 12월 31일부터 헌법재판관들의 사과를 요구하는 1인 시위를 했고, 윤원석과 신창현은 2015년 1월 16일 통합진보당 해산결정에 찬성한 8명 재판관과 국가를 상대로 손해배상 청구소송을 제기했다. 그러자 헌법재판소는 2015년 1월 29일 직권으로 경정결정을 했다.[110] 판결문에 사소한 계산이나 오타를 바로잡기 위해 경정하는 경우는 있을 수 있으나,[111] 이처럼 중요한 부분의 사실에 오류가 있어서 경정하는 경우는 찾아볼 수 없다. 사실인정의 오류는 판결 경정 대상이 아니기 때문이다.

헌법재판소가 그렇게 서둘러 결정을 선고해야만 할 이유가 있었는지 의문이다. 적어도 통합진보당 해산심판청구의 가장 중요한 근거가 된 내란 관련 형사사건이 대법원에 계류 중이었으므로 대법원 판결이 선고된 후에 그 결과까지 고려해서 결정하는 것이 상식적이었다. 대법원은 2015년 1월 22일 내란 관련 사건에 대해 전원합의체 판결을 신고했다.[112] 항소심 판결과 같이 내란음모죄에 대해서는 무죄를, 이석기와 김홍열 두 사람의 내란선동죄에 대해서는 유죄를, 그리고 RO의 존재에 대해서는 입증이 부족하다고 판단했다. 3인의 대법관(이인복·이상훈·김신)은 내란선동죄도 무죄라는 취지의 의견을 밝혔다. 위 대법원 판결은 헌법재판소 해산결정의 가장 중요한 축을 부정한 것으로 볼 수 있다. 내란음모죄 인정에 필요한 실질적 위험성도 인정되지 않는 마당에 정당해산에 필요한 구체적이고 명백하며 급박한 위험성을 인정할 여지는 없다고 할 것이기 때문이다. 지하혁명조직 RO는 없고, 내란음모는 성립하지 않으며, 내란 실행으로 나아갈 구체적인 위험성도 없었다는 것이 판결의 요지다. 내란 관련 사건의 피고인들은 모두 구속된 상태여서 구속기간이 만료되기 전에 대법원이 판결을 선고할 것이 예정되어 있었다는 점, 내란 관련 사건이 기소된 후에 실제로 내란이 실행될 그 어떠한 징후도 나타난 것이 없었다는 점 등에 비추어 볼 때, 헌법재판소가 대법원 판결 선고를 기다리지 못할 특별한 급박한 사정도, 서둘러 결정해야 할 아무런 합리적인 이유도 없었다. 헌법재판소가 대법원의 판결을 기다리지도 않고 서둘러 해산결정을 한 것은 대법원의 위와 같은 판결 선고를 예상하고, 그와 같은 경우 해산결정을 하는 것이 어렵다고 여겼기 때문이 아닌지 의문이 제기되기도 했다.

박근혜·최순실 게이트 국면에서 공개된 김영한 전 청와대 민정수석의 '회의 비망록'에 비밀을 알 수 있는 단초가 있다.[113] 2014년 8월 25일 자 메모에 "통진당 사건 관련 지원방안 마련 시행, 재판진행상황 법무부 TF와 협력"이라고 기재되어 있다. 법무부는 통합진보당 해산심판청구를 하면서 '이른바 이석기 전 의원이 지하혁명조직 RO의 수괴이고, RO가 통합진보당을 장악하여 북한식 사회주의를 추구하는 내란음모를 했다'고 주장했다. 정당해산심판 도중 정부의 예상과는 달리 내란음모 사건 항소심을 맡은 서울고등법원은 2014년 8월 11일 '지하혁명조직 RO는 존재하지 않고 내란음모는 없었다'며 내란음모죄에 대해 무죄를 선고했다. 정부의 해산심판청구가 설득력을 잃게 되자 법무부는 'RO가 통합진보당을 장악했다'는 종전 주장을 '민혁당 잔존 세력이 통합진보당을 장악했다'는 내용으로 변경하고, 민혁당 활동을 하다가 전향한 '강철' 김영환을 증인으로 신청했다. 헌법재판소는 정부 측에 왜 갑자기 주장을 바꾸는지, 종전에 신청하지 않은 증인을 새로이 신청하는지 한마디도 물어보지 않고 증인신청을 받아들였다.

이 비망록의 2014년 10월 4일 자 메모에는 "비서실장, 통진당 해산 판결 — 연내 선고"라고 기재돼 있다. 청와대 김기춘 실장이 2014년 10월 4일 수석비서관회의에서 통합진보당 해산심판 사건이 연내에 선고된다고 말했다는 것이다. 이 무렵에는 정부와 통합진보당 측이 제출한 서증에 대한 증거조사를 마치지 않았고, 핵심 증인 4명에 대한 증인신문도 하지 않은 상태였기 때문에 소송당사자들조차 선고가 언제 날지 아무도 예측할 수 없었다. 그런데 김기춘 비서실장은 선고기일을 알고 있었던 것이다. 박한철 소장은 2014년 10월 17일 국정감사 오찬장에서 국회의원들에게 해산심판 선고는 '올해 안에 하겠다'는 입장을 밝혔다. 당시 객관적인 상황에 비추어 보아서는 연내 선고가 불가능한 것으로 보였으나, 실제 상황은 그렇게 전개되었다.

이 비망록의 2014년 11월 26일 자 메모에는 "선관위 사무총장 — 지방의원 자격 불포함 — 법 흠결(?)"이라고 기재돼 있다. 김기춘 실장이 '2014년 11월 26일 수석비서관회의에서 선관위 사무총장을 만났는데, 선관위 사무총장은 법해석상 통합진보당 소속 지방의원의 자격은 상실되지 않는다고 하니 대책을 수립하라'는 취지의 말을 한 것으로 해석된다. 중앙선거관리위원회는 헌법재판소의 해산결정이 난 지 3일 후인 2014년 12월 22일 통합진보당 소속 비례대표 지방의원 6명에 대하여 '공직선거법 제192조 제4항에 따라 퇴직한다'는 유권해석을 내렸고, 이 유권해석에 따라 각 지방자치단체 의회 의장과 각 선거관리위원회는 지방의원들에게 의원직 상실 통보를 했다. 통합진보당 소속 비례대표 지방의원 6명은 법원에 지방의회의원 지위확인소송을 제기해 승소판결을 받았다.

통합진보당 해산심판청구의 구체적인 경위, 해산심판 진행 과정에서 헌법재판소와 청와대 비서실, 비서실과 중앙선거관리위원회 사이에 무슨 일이 있었는지 진상조사가 필요하다.

인용된 고사성어

정당해산심판 사건 변론 및 결정에서 중국 고사성어가 많이 인용되었다. 자기주장의 논거를 강화하기 위해 사용되었는데, 엄밀한 증거에 의한 사실인정과 법적 논리로 뒷받침해야만 하는 헌법재판에서 고사성어 인용이 필요불가결한 것은 아니다. 적절한 고사성어 인용은 일반 시민들에게 호소하고 설득하는 데 유용할 수도 있으나, 아전인수我田引水 격의 합리화 수단으로 악용될 가능성도 많다. 이를 정리해본다.

1. 양두구육羊頭狗肉(출처:《안자춘추晏子春秋》)
정부 측 대리인 권성 변호사가 제1차 변론기일에 진술하면서 인용한 말이다.

"피청구인 정당의 주장과 실상을 대비해 보면, 한마디로 비유해서 양두구육이라고 하겠습니다. 그들의 언필칭 진보적 민주주의라는 것의 실체는 북한의 북한식 사회주의입니다."

'양 머리를 걸어놓고 개고기를 판다'는 뜻으로 '겉과 속이 다른 속임수'를 쓰는 것을 의미한다. 《안자춘추》에서는 '우수마육牛首馬肉', 즉 '소머리를 내걸고 말고기를 판다'였다.[114] 권성 변호사는 통합진보당 해산사유를 정당화하기 위하여 이 말을 사용했다.

2. 정명가도征明假道(출처: 도요토미 히데요시豊臣秀吉)

3. 가도멸괵假途滅虢(출처: 《천자문千字文》, 《한비자韓非子》〈유로편喩老篇〉)
역시 권성 변호사가 제1차 변론기일에 진술하면서 인용한 말이다.

"기만과 폭력의 이러한 결합은 비유하자면 정명가도征明假道의 수법이라고 하겠습니다. 임진왜란을 돌이켜보면 왜倭나라 도요토미 히데요시가 조선을 침략하기 위해 앞서 내건 구실이 바로 정명가도가 아니었습니까? 명나라를 정벌하러 갈 터이니 조선은 길을 빌려주거라, 더 이상 이런 속임수에 속을 수는 없는 것입니다."

"이런 수법은 역사상 유명한 가도멸괵假途滅虢의 수법이라고 하겠습니다."

정명가도는 '명나라를 정벌하려 하니 길을 빌려달라'는 뜻이다. 임진왜란 때 도요토미 히데요시가 조선 왕조에 요구한 내용이다. 가도멸괵은 '길을 빌려 괵나라를 멸한다'는 뜻이다.[115]

권성 변호사는 통합진보당을 조선을 침공한 왜국 또는 괵나라와 우나라를 멸망시킨 진나라로 보고 있다. 길을 빌려달라는 핑계로 정당활동의 자유를 주장하지만, 결국 조선과 우나라를 멸망시켰듯이 대한민국을 멸망시킬 의도를 가지고 있다는 것이다.

4. 수주대토守株待兔(출처:《한비자》〈오두편五蠹篇〉)

5. 양호유환養虎遺患(출처:《사기史記》〈항우본기項羽本紀〉)

권성 변호사가 제18차 변론기일에 최종진술하면서 인용했다.

"어느 시골의 농부가 산에서 밭을 매다가 자기 밭둑의 나무 그루터기에 토끼 한 마리가 달려와 부딪혀 죽는 것을 보고는 밭매기를 그만두고 주저앉아서 다른 토끼가 또 그 그루터기에 부딪혀 죽기를 마냥 기다리고 있었다는 고사가 있습니다[守株待兔]. 그처럼 우리도 두 손 놓고 그런 일이 벌어지기를 기다리고 있을 수만은 없습니다. 자유민주주의를 부정하는 잘못된 확신에 차 있는 소수의 세력들이 제 발로 함정에 빠져들어 저절로 사라지기를 그저 기다릴 수만은 없는 것입니다. 왜냐하면 그런 기다림은 한편으로는 매우 어리석고 또 한편으로는 매우 위험하기 때문입니다. 그들은 오히려 사태를 반전시킬 역습의 기회만을 노리고 있습니다. 또한 맹목으로 돌진해오는 토끼 뒤에는 농부를 해치려고 호시탐탐 노리는 맹수가 도사리고 있는 것입니다. 고사에 나오는 그런 농부의 어리석음을 웃고 즐길 수만은 없는 것이 냉혹 무자비한 현실입니다."

"천하를 통일한 초패왕 항우는 절대 강자의 오만에 빠져서 한나라의 유방을 일개 정장 출신으로서 유협의 우두머리에 불과하다고 업신여기고 그를 살려주었다가 끝내는 그에게 나라를 빼앗겼습니다. 자신만이 망한 것이 아니라 3년에 걸친 초한의 내전으로 인구가 대폭 줄어드는 비극이 벌어졌다는 연구도 있습니다. …… 혹자는 소수자에 대한 관용을 말하기도 합니다. 관용은 물론 고귀한 미덕입니다. 그러나 관용의 대상을 잘못 잡으면 큰 화를 불러옵니다. 호랑이 새끼를 길러 큰 근심거리를 만들 수 있습니다. 양호유환養虎遺患이 될 수 있음은 이미 앞에서 말씀드린 바와 같습니다."

수주대토는 나무에서 토끼를 기다린다는 의미다.[116] 양호유환은 호랑이를 길러 근심거리를 남긴다는 뜻이다.[117] 통합진보당 해산결정을 하지 않으면 사람들의 웃음거리가 될 뿐만 아니라 큰 우환이 될 것이라면서 해산결정을 강력하게 촉구하는 내용이다.

6. 제궤의혈堤潰蟻穴(출처:《한비자》〈유로편〉)

황교안 법무부장관이 제18차 변론기일에 최종진술하면서 인용한 말이다.

"'제궤의혈堤潰蟻穴', 작은 개미굴이 둑 전체를 무너뜨린다는 말입니다. 국가안보에 허점이 없도록 북한을 추종하는 위헌 정당을 해산하여 대한민국의 자유민주주의를 지켜내야 합니다. 통합진보당이 정당으로 존재하는 한, 국가와 헌법을 수호하고 국민의 안전을 담보할 수가 없으며, 정당해산의 방법이 아니고서는 종국적인 국가안보의 확보가 불가능합니다."

통합진보당의 활동을 둑을 무너뜨릴 수 있는 개미구멍으로 본 것이다. 둑에 개미구멍이 있으면 개미구멍을 막으면 되지 그렇다고 해서 둑을 허무는 것은 누가 보더라도 과잉이다. 통합진보당을 해산하는 것은 개미구멍을 막는 것으로 충분함에도 둑을 허무는 격이다. '모기 보고 칼을 뽑는見蚊拔劍', '쇠뿔 바로잡기 위해 소를 죽이는矯角殺牛', '빈대 잡자고 초가삼간 태우는', '참새 잡자고 대포 쏘는' 우愚를 범하는 것이다.

7. 피음사둔詖淫邪遁(출처:《맹자孟子》〈공손추 장구 상이公孫丑 章句 上二〉)

안창호·조용호 재판관이 보충 의견에서 인용한 말이다.

　　"《맹자》의 고사에 나오는 피음사둔詖淫邪遁이라는 말이 있다. '번드르르한 말 속에서 본질을 간파한다'라는 뜻이다. 말과 글, 주장과 주의 속에서 도처에 숨겨진 함정과 그물에 방심하면 자칫 당하기 쉬운 것을 경계하는 말이다. 피청구인 주도 세력과 북한의 각종 전술을 간파할 수 있는 능력 없이 그들의 글을 읽고 주장을 이해한다는 것은 그들의 함정에 빠지기 쉬운 위험한 일이다. 그들의 가면과 참모습을 혼동하고 오도하는 광장의 중우衆愚, 기회주의 지식인·언론인, 사이비 진보주의자, 인기 영합 정치인 등과 같은, 레닌이 말하는 '쓸모 있는 바보들'이 되지 않도록 경계를 하여야 한다. 스스로를 방어할 의지가 없는 사람들을 보호하는 일은 불가능하다. 국가도 마찬가지다."

　　'한쪽으로 치우친 말, 간사한 말, 사악한 말, 숨기는 말'이란 뜻이다.[118] 보충 의견은 통합진보당의 주도 세력을 번드르르한 말 속에 함정과 그물을 감춘 집단으로 표현했다.

8. 견미이지맹 견단이지말見微以知萌 見端以知末

(출처:《한비자》〈설림상說林上편〉)

안창호·조용호 재판관이 보충 의견에서 인용한 말이다.

　　"그리고 '아주 작은 싹을 보고도 사태의 흐름을 알고 사태의 실마리를 보고 그 결과를 알아야 한다見微以知萌 見端以知末'는 것이

옛 성현들의 가르침이다. 따라서 우리의 미래와 생존에 관한 판단에는 무엇보다 선입견이나 편견을 배제한 통찰이 필요하다."

이 구절은 예언가나 정치가라면 귀감으로 삼아야 하겠지만, 헌법재판관이 엄격한 판단을 해야 할 정당해산심판 사건에 인용할 수 있는 구절이 아니다. 싹이 나지도 않았고 아무런 위험성도 발현되지 않았는데, 선제적으로 그 가능성의 씨앗을 죽여 버리는 것은 엄격한 증거재판주의 원칙, 명백하고 현존하는 위험 원칙, 정당해산의 최후수단성 원칙에 정면으로 반하는 것이다. '선무당이 사람 잡는' 우를 범할 수 있는 것이다. 한비자는 〈해로解老〉편에서 "물행선리동지위전식 전식자 무연이망의도야先物行先理動之謂前識 前植者 無緣而忘意度也(사물이 아직 일어나기 전에 행하고 이치가 아직 밝혀지기 전에 움직이는 것을 전식이라 한다. 전식이란 근거 없이 제멋대로 헤아리는 억측이다)", "전식자 도지화야 이우지시야前識者 道之華也 而愚之始也(앞서서 안다고 하는 것은 도의 화려한 수식에 불과하고 어리석음의 시작이 된다)"라고 했다. 그리고 〈내저설상 칠술內儲說上 七術〉편에서 '중단참관衆端參觀(많은 증거를 모아 대조해보는 것)'을 칠술의 제1술로 꼽았다. 다산 정약용이 강조한 바와 같이 재판관은 '삼가고 또 삼가야[欽欽]' 한다.

9. 하해불택세류 고능취기심河海不擇細流 故能就其深
(출처:《전국책戰國策》〈이사간축객서李斯諫逐客書〉)

김이수 재판관이 소수 의견에서 인용한 말이다.

"모름지기 동서고금을 막론하고 널리 다양한 견해와 새로운 발상을 포용하고 받아들인 나라는 융성했고, 문을 닫고 한 가지 생각만 고집한 나라는 결국 쇠락의 길을 걸었다. 바다는 작은 물줄기들을 마다하지 않음으로써 그 깊이를 더해 갈 수 있는 법이다河海不擇細流 故能就其深. 민주주의야말로 바로 바다와 같아서 다양한 생각들을 포용해 가는 것을 그 제도의 본질로 한다."

'강과 바다는 개울물도 마다하지 않는다'는 뜻이다.[119] 민주주의의 관용과 포용의 필요성에 대해 역설하면서 인용했다. 소수 진보정당인 통합진보당을 용인하는 것이 대한민국 사회의 다양성과 민주주의를 위해 필요하고, 해산결정을 하는 것은 우리 사회가 이룬 민주주의적 성과를 훼손하는 것이라고 엄중하게 지적했다.

10. 취모멱자吹毛覓疵(출처:《한비자》〈대체편大體篇〉)

송기춘 교수가 제2차 변론기일에 참고인 진술을 하면서 인용한 말이다.

"진보적 민주주의라는 것은 봉건적인 제도의 타파, 봉건적인 의식의 타파, 이런 것들을 담는 용어로서 사용되는 예가 대부분이었다고 얘기할 수 있습니다. …… 1915년에 나왔던 크롤리Croly의 문헌이나 미국 법무부장관의 뉴딜 당시의 발언이나 다양한 그런 내용을 통해서도 확인이 되는 바입니다. 그래서 이런 진보적 민주주의라는 것을 북한이 얘기했다, 또는 사회주의를 가리고 내세운 언어의 표현에 불과하다, 이런 식으로 해서 거기에 대한 어떤 적대적인 관점을 가질 필요는 없다고 생각합니다. 전반적으로 어떤 의도를 가지고, 그 내용에서 이러이러한 것들이 보인다, 이것은 실질적으로 같다, 이것은 이렇게 볼 수도 있다는 표현을 굉장히 많이 하고 있습니다. 한자성어로는 취모멱자吹毛覓疵라는, 털을 불어가

지고 그 안에 있는 흠을 가려내려고 하는 그런 태도가 아닌가 생각합니다."

'털을 불어 작은 흉터를 찾는다'는 뜻이다.[120] 송기춘 교수는 정부 측이 통합진보당의 진보적 민주주의를 북한식 사회주의와 동일 내지 유사하다고 억지로 주장하는 것에 대해 통렬하게 비판하면서 인용했다.

11. 무신불립無信不立(출처:《논어論語》〈안연편顔淵篇〉)

필자가 통합진보당 대리인으로서 제1차 변론기일과 제18차 변론기일에 인용한 말이다.

"이 사건 심판청구는 우리 국민들의 민주적 역량에 대한 신뢰가 없기 때문에 제기된 것입니다. 그래서 본 대리인은 모두진술할 때 무신불립이라는 말을 지적한 바가 있습니다. 이 사건 심판청구는 어떻게 보면 우리 국민들에 대한 모독이기도 합니다. 우리 국민은 군사독재의 억압을 뚫고 민주화를 일궈냈습니다. 민주적 기본질서를 침해하는 정당에 대해서는 헌법재판소가 강제적인 해산결정을 하지 않더라도 우리 국민들의 선택을 통해 충분히 억제할수 있습니다. 국가가 나서서 강제적으로 해산하지 않더라도 민주적인 정치 과정을 통해서 얼마든지 해소할 역량이 있습니다. 헌법재판소는 이 사건에 대한 기각결정으로 우리 국민의 자존을 세워주시기 바랍니다."(제18차 변론기일)

'백성의 믿음이 없으면 나라가 설(유지될) 수 없다'는 뜻이다.[121] 우리나라에서 민주적 기본질서에 위배되는 활동을 하는 정당이 있다면 투쟁으로 민주화를 쟁취한 우리 국민이 심판할 것이다. 국가가 나서서 강제로 해산할 일이 아니다. 그러한 국민의 역량에 대한 신뢰가 있어야 한다. 그런데 정부가 정당해산심판을 청구한 것은 국민에 대한 신뢰가 없기 때문이다. 또한 헌법재판소가 해산결정을 하여 강제적으로 해산하는 것 역시 국민에 대한 신뢰가 없음을 증명하는 것이다. 이렇게 국민을 신뢰하지 못하는 정부가 과연 설 수 있을 것인가?

12. 천도 시사비사天道 是邪非邪(출처:《사기史記》〈백이열전伯夷列傳〉)

통합진보당 대리인 신윤경 변호사가 최종변론에서 진술할 내용으로 준비했으나 실제 진술하지는 못했다. 사마천司馬遷이 《사기》〈백이열전〉에서 한 말이다. '이런 것이 하늘의 도라면 하늘의 도는 옳은 것인가 그른 것인가' 통탄하는 내용이다.[122] 사마천이 든 예는 공자의 제자 안연顏淵과 극악무도한 도적으로 알려진 도척盜跖이었다. 청빈한 삶 속에서 스승의 말씀을 거역하지 않고 학문의 즐거움을 몸소 실천해 현자賢者로 불린 안연은 이른 나이에 요절한 반면, 사람의 간을 회로 먹고 온갖 몹쓸 짓을 한 도척은 천수를 누렸다. 사마천 자신 역시 사관으로서 나름의 소명의식을 갖고 살았지만, 이릉 장군을 변호했다는 단 하나의 이유로 궁형宮刑이라는 치욕을 겪었다.

　우리 시대에 통합진보당에 대한 해산결정이 내려진다면 2000년 전에 사마천이 통탄했던 그런 일이 21세기 대한민국에서 발생하는 것이니, 헌재 재판관들께서 그런 일이 발생하지 않도록 현명한 판단을 해달라는 취지였다. 그러나 선고 결과는 사마천의 통탄이 지금 이 땅에서도 여전히 딱 들어맞음을 보여줬다.

평석집 발행

통합진보당 소송대리인단은 통합진보당에 대한 지지 여부와 관계없이, 이 사건이 우리 사회 민주주의와 진보에 매우 중요한 의미를 가지고 있다고 생각했기 때문에 함께했다. 통합진보당조차 관용하지 못하는 사회와 국가를 어떻게 민주주의 사회, 민주주의 국가라고 할 수 있겠는가? 우리가 살고 있는 이 나라, 이 사회가 그와 같이 비참한 사회와 국가로 전락하는 것을 방관하고 있을 수 없다는 일념으로, 우리 사회의 민주주의를 수호하는 데 일조하겠다는 생각으로 소송대리인단에 참여해 최선을 다했던 것이다.

소송대리인단의 이러한 노력이 보충 의견을 낸 안창호·조용호 재판관과 다수 의견에 참여한 박한철 재판소장과 이정미·이진성·김창종·강일원·서기석 재판관의 눈에는 통합진보당 주도 세력의 '피음사둔', 즉 '편파적인 말, 함부로 하는 말, 간사한 말, 회피하는 말'에 놀아난 "쓸모 있는 바보"들에 불과했다. 소수 의견을 개진한 김이수 재판관조차 그들의 눈에는 그렇게 보였을 것이니, 이 사건 심판이 얼마나 편파적인 분위기 속에서 편 가르기 식으로 결정되었는지 짐작할 수 있다.

통합진보당 소송대리인단은 주어진 여건 속에서 헌법재판소의 심판 절차 진행에 최대한 협조하면서 최선의 노력을 했으나, 헌법재판소는 박근혜 대통령 당선 2주년 기념일에 8:1이라는 압도적인 의견 분포로 해산결정을 선고했다. 소송대리인단의 노력은 김이수 재판관의 소수 의견으로 흔적을 남기게 되었다. 소송대리인단은 우리 사회의 민주주의 후퇴를 막아야 한다는 역사적 책무를 제대로 수행하지 못한 죄인이 되었다.

헌법재판소의 정당해산결정은 민주주의 사회에서 가장 중요한 정치적 행위자인 정당을 강제적으로 정치의 장에서 축출했을 뿐만 아니라 국민이 선거로 뽑은 국회의원들의 자격마저 상실시켰다. 명확한 헌법적·법적 근거 없이 헌법재판소가 국회의원 자격을 상실케 하는 것의 심각성에 비추어 그 사실인정은 엄격한 증거법칙에 입각해야 하고, 그 판단은 올바른 법리와 보편적인 기준에 근거해야 한다. 그런데 이 사건 해산결정은 심각한 문제를 안고 있고, 해산결정에 대해서는 다양한 측면에서 해석되고 분석되고 평가되어야 한다. 우리 사회의 민주주의 발전을 위해서는 이 해산결정을 극복해야만 하는 과제가 주어졌다. 비록 법정에서의 절차는 종결되었지만 시민사회에서의 논의는 계속되어야 한다.

우리 사회는 해산결정의 파고를 넘어야만 하는데, 그 첫 작업은 해산결정에 대한 치밀한 분석이다. 이 사건에 처음부터 끝까지 관여한 소송대리인단으로서 해산결정에 대해 1차적으로 분석하여 우리 사회에 제공하는 것이 최소한의 역사적 책무를 이행하는 것이라고 생각하고 평석집을 내게 되었다.

해산결정의 문제점

● 실질적 방어권의 침해

다수 의견은 헌법재판소의 견해를 일방적으로 정리했을 뿐이어서 청구인과 피청구인의 어느 쪽 주장을 받아들이고 어느 쪽 주장을 배척했는지 알 수 없다. 청구인 주장과 피청구인 주장이 대립하는 쟁점에 대해서는 각각의 주장 요지를 설명하고 그에 대한 헌법재판소의 견해를 설명하는 것이 일반적이고 상식적인 판결 작성 요령인데, 다수 의견은 일반적인 재판서의 작성 원칙도 위반했다. 헌법재판소가 인정한 사실관계와 설시한 논증 자체에 그와 배치되는 주장을 배척하는 내용이 포함되어 있다고 할 수는 있겠으나, 사법적 판단이란 당사자의 주장에 대한 판단이 증거를 통하여 배척되고 인용되는 논리적 과정이 설명되어야 설득력이 있는 것이다. 당사자의 주장에 대해 판단하지 않고, 헌법재판소 재판관은 이렇게 본다는 식으로 일방적으로 설명하는 것만으로는 부족하다. 이런 측면에서 당사자의 주장을 정리하고 이에 대해 판단하는 형식을 취하지 않고, 헌법재판소 견해를 일방적으로 설명하는 형태로 작성된 다수 의견은 사실상 피청구인의 실체적 방어권을 침해한 것이다.

● 이 사건 심판청구의 부적법성에 대한 판단 유탈

피청구인 측은 이 사건 심판청구가 ① 차관회의를 생략한 채 대통령의 출석 없는 국무회의에서 의결했다는 하자가 있고, ② 최후수단성 원칙에 위반하여 심판청구권을 남용했고, ③ 소수 진보정당에 대한 탄압으로서 심판청구권을 남용했으며, ④ 형평에 반하여 부적법하다고 주장했다. 그런데 해산결정은 피청구인의 주장 중 이 사건 심판청구가 최후수단성 원칙을 위배했다는 점, 형평에 반한다는 점 등에 대해서는 실질적인 판단을 하지 않았다. "형평에 반하는 것으로서 청구권 남용에 해당한다고 보기도 어렵다", "이를 다투는 피청구인의 주장은 모두 이유 없다"라는 한마디로 끝나고 말아, 피청구인의 주장을 그냥 무시했을 뿐이다.

● 정당해산에 관한 기본 법리

해산결정은 정당해산에 대한 기본 법리에 대해서는 다수 의견과 소수 의견이 동의하는 내용으로 정리했는데, 기본 법리에서는 많은 쟁점에서 청구인 측 주장을 배척하고 피청구인 측 주장을 받아들였다. 선고기일에 박한철 소장이 결정을 선고하면서 기본 법리 부분을 설명할 때는 심판정에 일순간 기각결정을 선고할 수도 있겠다는 기대감이 돌기도 했다. 그러나 그 기대는 여지없이 깨졌고, 기본 법리를 제법 그럴듯하게 정리한 것은 기각결정을 정당화하기 위한 노림수가 아니었나 하는 의구심이 들기도 했다.

피청구인의 주장을 수용한 대목은 ① 정당해산심판 제도의 의의에 대해 방어적 민주주의 관점보다는 정당 보호가 주된 취지라고 인정한 점, ② 정당해산 요건으로서의 '민주적 기본질서'에 대해 민주주의적 측면과 법치주의적 측면에 근거한 입헌민주주의로 개념화하고, '민주적 기본질서'에 사유재산제도와 시장경제 등 경제 질서를 명시하지 않은 점, ③ 정당해산심판에 있어 비례 원칙이 적용되는 것으로 판단한 점, ④ 정당의 시간적 범위에 대해 민주노동당 활동을 판단 대상에서 제외한 점 등이 그것이다.

다만 ① '민주적 기본질서'를 '자유민주적 기본질서'보다 넓은 개념으로 파악하고 '통치질서'가 아닌 '정치적 질서'로 이해함으로써 그 위배의 시점을 앞당기고 위배의 판단 범위를 보다 확장한 점, ② 정당의 목적과 활동 평가에서의 느슨한 태도로 인해 공식 강령 등 이외의 '숨겨진 목적'을 인정하고 개인 활동의 정당활동 귀속을 쉽게 인정한 점, ③ '실질적 해악을 초래할 구체적 위험성'을 사실상 형해화한 점 등은 국제적 기준에 미치지 못하는 한계가 있다.

● 피청구인 '주도 세력'의 문제점

정당해산심판을 통해 해산되는 대상은 어디까지나 정당이다. 해산 결정은 2011년 12월 13일에 창당된 통합진보당이 그 대상임을 명확히 했다. 해산사유로서의 정당의 목적이나 활동은 통합진보당 자체의 목적 또는 활동이어야 한다.

청구인의 원래 주장은 주체사상을 지도이념으로 하는 지하혁명조직인 'RO'가 피청구인을 장악했고('RO'는 전위조직이고, 피청구인은 전위조직의 지배를 받는 하위의 전술적 대중정당에 불과), 피청구인은 북한식 사회주의 추구를 그 목적으로 하며, 2013년 5월 10일 및 12일 모임(이하 '이 사건 모임')에서 드러났듯이 폭력 및 무력으로 국가전복을 도모하는 활동을 했기 때문에 해산되어야 한다는 것이었다. 청구인이 주장하는 지하혁명조직 'RO'가 존재한다면 검찰은 'RO' 자체를 국가보안법상의 반국가단체로 기소했어야 할 것이다. 그러나 검찰은 내란음모 혐의로 관련자들을 기소하면서도 'RO' 자체에 대해서는 기소하지 못했다. 소위 내란 관련 사건 재판 과정에서 피고인들은 'RO'의 존재를 적극적으로 부인했다.

1심인 수원지방법원은 지하혁명조직 'RO'의 실체를 인정하고 내란음모에 대해서도 유죄를 인정했지만, 항소심인 서울고등법원은 'RO'의 존재를 부정했고 내란음모에 대해 무죄를 선고하고 단지 2명의 내란선동에 대해서만 유죄를 인정했다. 항소심 판결에 대해 검사와 피고인 측이 모두 불복하여 형사사건이 대법원에 계류 중이었다.

그러자 청구인은 이 사건에서 'RO'를 매개로 한 주장을 민혁당 잔존 세력, 경기동부연합 등으로 변경하여 주장했다. 'RO'의 존재와 내란음모 혐의는 피청구인 해산의 가장 결정적인 사유였는데, 이 두 가지가 법원 판결에 의해 부정되었으므로 이 사건 심판청구는 그 근거가 무너진 것이라 할 수 있다. 형사판결이 아직 확정되지 않았으므로 적어도 위 형사판결이 확정될 때까지 기다리는 것이 마땅했다. 그런데도 다수 의견은 'RO'에 대해서는 한마디 언급도 하지 않고, 이를 '피청구인 주도 세력'이라는 애매한 개념으로 대체해서 사실상 'RO'가 존재하는 것과 동일한 논리를 전개했다.

다수 의견은 피청구인 주도 세력의 이념적 성향을 밝히기 위해 그들의 과거 행적을 추적하여 설시했으나, 기본적인 사실인정에서부터 오류가 여기저기서 발생했고, '주도 세력'이란 개념 자체가 자의적이고, 그 범주나 외연도 확정되지 않았으며, 설득력 있고 확실한 증거에 의하여 분명하게 입증된 바도 없고, 더군다나 대법원 판결에 의해서는 'RO'의 실체가 부정되었다.

● '숨은 목적'과 '퍼즐 맞추기'의 문제점

다수 의견은 정당해산 요건으로서의 목적과 관련하여 '숨은 목적' 또는 '진정한 목적'을 설정했는데, 이는 공개대중정당의 속성을 무시한 것이다. 해산결정된 독일 사회주의제국당은 나치즘을, 독일 공산당은 마르크스-레닌주의를, 터키 복지당은 신정정치를 각각 목적으로 표방하고 이를 강령에 공개적으로 명시했다. 강령에 명시된 목적 자체가 상대주의에 근거한 다원적 민주주의와 양립 불가능하다는 점이 인정되었던 것이다. 그런데 통합진보당 강령이나 정강·정책 또는 선거공약 등 공식적으로 발표된 내용만으로는 민주적 기본질서에 위배되는 것으로 평가할 수 없기에 다수 의견은

'숨은 목적'을 동원한 것이다. 다수 의견은 통합진보당 자체가 아니라 임의적으로 설정한 '주도 세력'과 관련된 온갖 자료들을 살살이 뒤져서 파편(퍼즐 조각)들을 찾아내 이를 '퍼즐 맞추기'를 통해 꿰어서 통합진보당의 '숨은 목적'을 가공해냈다. '퍼즐 맞추기'에 의한 '숨은 목적' 찾기 논법은 피청구인 당원들의 과거 행동을 중심으로 비공식적인 혹은 사적인 파편(조각)들을 찾아내어 그중에서 위헌의 의심이 있는 조각들을 한데 모아 하나의 큰 그림, 즉 '숨은 목적'을 짜 맞추는 것이다. 당원 중 일부가 국가보안법 위반으로 처벌받았다거나, 북한 간첩이 일부 당원들과 접촉하려고 했다든가, 통일 방안이나 '진보적 민주주의' 등의 정책들이 북한의 그것과 외형상 유사하다든가, 북한의 3대 세습이나 인권 상황에 대해 비판하지 않았다는 등 헌법상 정당해산 제도와는 전혀 무관한 사유들만을 조합해서 통합진보당을 위헌정당으로 만들었다. 숨은 목적 및 퍼즐 맞추기 논리는 소수 의견이 지적한 바와 같이 결론적으로 증명되어야 할 것이 참임을 전제하고 있다는 점, 피청구인 구성원 대다수는 '숨은 목적'이나 활동에 대해 전혀 알지도 못하고 또한 이에 동의하지도 않았다는 점 등에서 문제가 있다. 이러한 퍼즐 맞추기는 유추해석의 방법이 개입함으로써 권력의 자의적 행사를 가능하게 하고, 몇몇 당원들의 의심스러운 행동에서 피청구인이라는 단체의 '숨은 목적'을 추정해내는 전형적인 심정형법의 과오를 범한 것이다. 김이수 재판관도 숨은 목적 및 퍼즐 맞추기 논리는 결론적으로 증명되어야 할 것이 참임을 전제하고 있다는 점을 통렬하게 지적했다.[123]

헌법의 현장에서

● 북한보다 더 북한스럽고 북한적인 태도

통합진보당의 목적은 '진보적 민주주의'이고, 진보적 민주주의의 핵심 가치는 '자주·민주·통일·생태'로 규정할 수 있다. 다수 의견과 보충 의견은 피청구인 주도 세력이 강령에서 '사회주의적 이상과 원칙'을 삭제한 뒤 진보적 민주주의를 도입하고, 그 과제로 '자주·민주·통일'을 제시한 것은 북한의 주장과 그 내용이 같거나 매우 유사한 것으로서 북한의 지령에 의해 이루어진 것으로 보았으나, 이는 객관적인 증거에 의해 입증된 바가 없다.

청구인은 민주노동당의 '진보적 민주주의'는 해방정국에서 주장된 진보적 민주주의 가운데 김일성의 진보적 민주주의를 받아들인 것이고, 이는 궁극적으로 북한식 사회주의를 추구하기 위한 것이라고 주장했다. 다수 의견은 "피청구인의 이념적 지향점으로서의 진보적 민주주의는 그 강령상 문언에서 드러나는 의미와 피청구인 주도 세력이 진정으로 추구하고 의도하고 있는 내용과는 사뭇 다르다"면서 "피청구인 주도 세력의 강령상 목표는 1차적으로 폭력에 의하여 진보적 민주주의를 실현하고, 이를 기초로 통일을 통하여 최종적으로는 사회주의를 실현하는 것"이며, "피청구인의 우리 사회에 대한 인식, 변혁을 위한 강령적 과제와 순위, 변혁의 주체 및 주권의 소재와 그 범위, 변혁의 대상, 변혁의 전술적 방법, 변혁의 목표, 연방제 통일 방안 등에서 북한의 민족해방민주주의변혁론과 전체적으로 같거나 매우 유사하다"고 인정했다. 이에 반해 김이수 재판관은 피청구인의 진보적 민주주의 강령이 북한의 적화통일전략에 동조하기 위해 도입된 것도 아니고, 그 내용이 북한의 주장과 같지도 않다고 정확하게 지적했다.

청구인은 재판 과정에서 민주노동당과 통합진보당의 모든 활동을 북한의 대남혁명전략이라는 관점에서 해석했고, 민주노동당이나 통합진보당이 어떻게 하더라도 북한의 대남혁명전략으로 설명이 가능했다. 붉은색 안경을 쓰고 사물을 바라보니 모든 것이 붉게 보이는 것은 당연하다. '프로크루스테스의 침대' 격이다. 피청구인이 어떻게 하더라도 청구인은 잘라 내거나 늘려서 침대 길이에 맞게 가공했다. 그래서 피청구인 대리인이 청구인의 태도가 '북한보다도 더 북한스럽다'고 지적하자, 청구인 대리인도 그런 태도를 시인하기도 했다. 그런데 다수 의견 역시 마찬가지 태도로 일관했다.

사용하는 용어나 주장의 동질성 내지 유사성을 이유로 통합진보당이 북한을 추종한다고 보고 정당해산 사유로 인정하는 것은 대한민국 헌법의 해석을 독자적으로 하지 못하고 북한의 주장에 의존하는 것과 다름없다. 북한 주장과의 동질성 내지 유사성을 정당해산 사유로 인정하는 것은 김이수 재판관이 우려하는 바와 같이 진보적 이념 일반에 대한 억압으로 귀착되게 된다.

다음은 제18차 최종변론기일에 필자가 위와 같은 상황을 비판하기 위해 구술변론을 한 내용 중 일부이다.

조지 오웰의 작품 《1984》 중 두 장면이 떠오릅니다.[124]
"소설 초반부에 '2분 증오Two Minutes Hate' 장면이 나옵니다. 매일 11시경에 인민의 적인 임마누엘 골드스타인의 얼굴이 텔레스크린에 나오고, 모든 사람들은 스크린 앞에 모여서 광적으로 고함지르고

펄쩍펄쩍 뛰면서 골드스타인에 대한 증오를 표출합니다. 이 광란의 저주에 참여하지 않거나 소극적인 태도를 보이면 불온한 사상을 소지한 것으로 의심 받아 비밀경찰에 끌려가서 어떻게 사라져 버릴지 모를 위험을 감수해야 합니다. 청구인이 북한에 대한 태도를 우리 사회에 강요하는 양상이 바로 그와 같은 '2분 증오'와 유사하여 등골이 오싹해집니다. 북한 체제에 대해, 3대 세습에 대해, 북한 주민의 인권문제에 대해, 핵무기 개발에 대해 강력한 톤으로 비판하지 않으면 종북從北으로 매도되고, 이 사회에서 퇴출 대상으로 낙인찍히게 됩니다. 소극적으로 침묵하는 것은 곧 북한을 찬양하고 적극적으로 동조하는, 종북이 됩니다. 침묵이 곧 동의가 아님에도, 적극적 동조로 의제됩니다. 피청구인은 북한에 대한 '2분 증오'에 적극적으로 참여하지 않았다는 이유로 '종북'으로 매도되고 있는 것입니다."

"빅브라더가 지배하는 오세아니아에서는 과거도 새롭게 창조되고, 언어도 의식적으로 폐지되거나 새로운 용어가 만들어집니다. 이미 우리 사회에는 북한이 먼저 사용하고 있다는 이유로 사실상 금지어禁止語가 된 좋은 단어들이 많습니다. 그런데 이 사건에서 만약 해산결정이 내려진다면 우리 사회에서 매우 중요한 가치를 내포하는 '자주, 민주, 통일' 그리고 '진보적 민주주의'라는 단어가 폐기될 위기에 처할 것으로 보입니다. '자주, 민주, 통일', '진보적 민주주의'를 말하는 것은 곧 북한을 추종하는 것이 되고, 이를 위한 활동은 민주적 기본질서에 위반되어 정당조차도 해산시킬 정당한 이유가 되기 때문에, 우리 사회 구성원 어느 누구도 떳떳하게 그러한 단어들을 사용할 수 없게 될 것이기 때문입니다."

● 부정경선 등 일상적 정당활동의 해산사유 해당 여부

활동의 민주적 기본질서 위배 여부와 관련하여 청구인 측은 민주노동당 시절의 많은 사건들에 대해서도 주장했지만, 해산결정은 다수 의견이든 소수 의견이든 통합진보당 시기에 발생한 비례대표 부정경선, 중앙위원회 폭력 사건 및 관악을 지역구 여론 조작 사건에 대해서만 판단했다. 다만 정당해산 사유로 인정할 것인지 여부에 대해서는 다수 의견은 긍정했고, 소수 의견은 부정함으로써 견해가 갈렸다.

　　위와 같은 당내 또는 야권 단일화 등의 문제는 통치질서의 문제가 아니므로 정당해산 사유로서의 민주적 기본질서를 통치질서인 자유민주적 기본질서로 보게 되는 경우 위와 같은 사유는 언급될 가치조차 없게 된다. 선거 과정에서의 부정 행위나 당내에서의 폭력 행위를 정당해산 사유로 인정한다면 우리나라에서 정당해산으로부터 자유로운 정당은 단 하나도 없게 될 것이다. 집권 가능성이 높은 거대 정당의 경우 선거 과정에서의 범죄행위는 피청구인보다 훨씬 더 많았고 그 위험성도 더 높았다. 그럼에도 이를 피청구인 고유의 문제로 부각시키고 해산사유로까지 인정하는 것은 형평 원칙에 크게 어긋난다.

● 실질적 해악을 끼칠 구체적 위험(명백하고 급박한 위험) 여부

다수 의견과 소수 의견은 모두 정당해산 사유로서의 '위배될 때'에 해당하기 위해서는 단순한 저촉만으로는 안 되고, 민주적 기본질서에 실질적인 해악을 끼칠 구체적 위험이 발생하여야 한다고 했다. 그런데 다수 의견은 "정당이라는 단체의 위헌적 목적은 그 정

당이 제도적으로 존재하는 한 현실적인 측면에서 상당한 위험성을 인정할 충분한 이유가 된다"고 했는데, 이는 구체적 위험성 요건을 사실상 형해화하여 위헌 정당해산 제도의 존재 자체를 부정하는 것이 된다.

다수 의견은 통합진보당이 공식적 목적인 진보적 민주주의 이외의 '숨은 목적'을 추구한다고 인정했는데, '숨은 목적'은 숨은 상태로 남아 있으면 민주적 기본질서를 위태롭게 할 구체적 위험에 해당하지 않는다. 김이수 재판관도 이 사건 모임이 민주적 기본질서에 위배된다고 인정했으나, 이 사건 모임에서는 말뿐이었고 실제적인 준비에 나아가지는 못했으므로 그 논의 내용이 민주적 기본질서에 실질적 해악을 끼칠 구체적 위험성이 있었다고 볼 여지가 있다고 하더라도, 이를 '명백하고 급박한 위험'으로 인정할 수는 없다. 소수 의견에서 아쉬운 부분이다.

● 비례 원칙의 충족 여부

해산결정은 청구인의 주장과는 달리 정당해산결정에 있어 비례 원칙이 적용된다고 판단했다. 다만 이 사건 심판청구가 비례 원칙을 충족했는가 하는 점에 대해서는 다수 의견은 비례 원칙을 충족한 것으로, 소수 의견은 비례 원칙을 충족하지 못한 것으로 달리 판단했다. 보충 의견, 법무부장관, 소수 의견이 고사성어까지 동원하면서 비례 원칙 충족 여부에 대한 의견을 개진했다.

통합진보당은 대중정당으로서 모든 활동을 공개했으므로 통합진보당 활동으로서 국가안위에 위협이 될 만한 내용이 있다면 정부는 형사적·행정적으로 충분히 즉시 대처할 수 있다. 또한 통합진보당 구성원 중에서 국회의원이나 지방자치단체장 또는 지방의회의원의 활동은 공개적으로 이루어지기 때문에 그 직분에 위배되거나 국가 안위를 해하는 내용이 있다면, 그에 상응하여 각 소속 기관의 자격심사나 수사기관에의 고발 등을 통해서 얼마든지 대처하는 것이 가능하다. 헌정사상 처음으로 통합진보당이 이 사건 심판청구에 의해 해산됨으로써 우리 사회는 민주주의를 수호하는 것이 아니라 정부에 대한 일체의 비판을 불허하는 억압적인 상태로 후퇴했다.

● 국회의원 자격 상실

다수 의견은 통합진보당 소속 국회의원 전원, 지역구 의원이든 비례대표 의원이든 불문하고 그 자격을 상실하는 결정을 했다. 소수 의견은 정당해산 자체를 인정하지 않았기 때문에 국회의원 자격 상실에 대해서는 판단할 필요가 없어 그에 대해 아무런 판단도 하지 않았다. 실정법상 아무런 근거 규정이 없어 치열한 논리 싸움과 의견 대립이 있을 것으로 예상했으나, 다수 의견은 너무도 간단히 아무런 이견 없이 일치된 견해를 취했다. 적어도 지역구 국회의원의 경우 국민들이 직접 선출한 대표기관이기 때문에 그러한 민주적 정당성이 없는 헌법재판소가 그 자격을 상실시킬 권원이 있다고 보기 어려운 측면이 있다. 비례대표 국회의원의 경우에도 국민이 정당에 투표한 것이기 때문에 민주적 정당성이 취약한 헌법재판소가 그 자격을 상실시킬 권한이 없다고 볼 여지가 있다. 그럼에도 다수 의견은 정당해산 제도의 본질이라는 애매하고 추상적인 논리로 국민이 선출한 국회의원의 자격을 상실시켰다. 이는 법률상 근거도 없고, 삼권분립 원칙에 위배될 소지가 있다. 국회의원 자격 상실 여부는 국회에서 자율적으로 자격심사나 징계권을 행사하여 제명 등을 함으로써 결정하면 된다. 그러한 심사과정 없이 일률적으로 의원직을 상실시키는 것은 침해의 최소성에 반하며 비례원칙을 위반하는 것으로 평가할 수 있다.

● 해산결정에 대한 우려
다수 의견은 해산결정으로 민주주의가 후퇴하고 진보정당 활동이 위축될 것이라는 우려가 있음을 알고 있다면서 이 결정을 통해 향후 민주적 기본질서의 존중 아래 한층 더 성숙한 민주적 토론과 우리 사회의 이념적 다양성이 실현될 수 있기를 희망한다고 밝혔다. 그러나 이에 대해서는 그 진정성을 의심하는 견해가 압도적이다.

보충 의견은 더 나아가 뻐꾸기 새끼를 자기 새끼로 오인하는 뱁새의 예를 들면서 피청구인의 활동을 대역大逆행위로 단정하고 불사不赦의 결단을 내릴 수밖에 없다고 비장하게 선언했다. 왕조시대에 왕이 반역죄인反逆罪人에게 사약死藥을 내리는 듯한 어투다. 현재 대한민국 정부와 국민의 수준을 자기 새끼인지 뻐꾸기 새끼인지도 구분 못하는 뱁새 정도로 평가하고 있다. 재판 진행 과정에서도 수차 청구인 대리인들에게 대한민국 정부와 국민을 지나치게 자학적으로 평가하지 말고 자신감을 가지라고 지적한 바 있는데, 보충 의견이야말로 대한민국 정부와 국민의 능력에 대한 지독한 불신에 근거하고 있다. 또한 뻐꾸기 알도 함께 품은 뱁새가 있다고 해서 뱁새가 멸절되지는 않는다. 공생이 가능한 것이다. 사상과 이념의 문제도 마찬가지이며, 정당해산은 정당 지지자가 많은지 적은지를 따지는 다수결의 문제가 아니라 우리 사회에서 소수 의견의 포용 문제이다.

● 결론적으로 유신 논리의 부활

기본 법리에서는 피청구인 주장을 많은 부분 수용했으나, 실제 이 사건에 적용함에 있어 다수 의견에서는 기본 법리가 흔적도 없이 사라졌다. 이런 모든 것을 가능하게 한 것은 분단 상황이라는 한국 사회의 특수성이다. 다수 의견은 입헌주의의 보편적 원리는 한국 사회의 특수성 앞에서 유보되어야 한다는 견해를 피력했다. '한국적 민주주의'라는 명분으로 유신維新을 합리화하던 논리가 되살아났다.

아무리 개별국가의 특수성이 인정된다고 하더라도 법치주의에 근거한 입헌민주주의의 보편성에는 양보할 수 없는 마지노선이 있는 것이다. 우리나라가 민주주의와 법치주의에 의한 통치질서를 유지하고 이성에 의한 문명국가를 자임하는 한, 분단의 사정과 같은 특수성은 헌법해석의 기준이 될 수 없다. 유엔 시민적·정치적 권리에 관한 규약 위원회(약칭 '자유권위원회')는 대한민국 정부의 보고서에 대한 검토 후 최종의견을 통해 국가보안법의 폐지를 권고하면서 분단이라는 한국의 특수상황이 과대평가되어서는 안 된다는 입장을 명확히 했다. 민주주의의 핵심적 기본권인 표현의 자유를 침해하는 국가보안법은 정당성이 인정될 수 없으며, 사상 등이 적성단체의 주장과 일치하거나 동조하는 것으로 보인다는 이유만으로 사상의 자유를 제한하는 것이 허용되어서는 안 된다고 밝혔다.

2부
서면심리 사건

수사기록 열람·등사는 피고인의 당연한 권리

1 수사기록 등사 거부 처분 취소 헌법소원 사건

시국공안 피고인 물 먹이는 관행

1994년의 일이다. 당시 형사소송법 제35조(서류, 증거물의 열람등본)는 "변호인은 소송계속 중의 관계서류 또는 증거물을 열람 또는 등사할 수 있다"고 규정하고 있었다.[1]

관행상 검찰은 기소와 동시에 수사기록 전체를 법원에 제출하여 변호인은 법원에서 모든 수사기록을 복사해서 재판 준비를 했다. 그런데 변론기일도 열지 않고 증거조사도 진행되지 않은 상태에서 수사기록 일체를 법원에 제출하고, 법관이 미리 수사기록을 모두 읽어본 후 재판을 하는 것은 형사소송법상의 원칙인 공소장일본주의公訴狀一本主義 원칙[2]을 위반하는 것이다. 법관은 재판도 시작하기 전에 증거능력 여부도 확인되지 않은 수사기록을 모두 읽어봄으로써 유죄의 심증을 미리 형성하게 되어 공판중심주의적 심리에 정면으로 반하는 것이다.

변호사 단체에서는 이러한 불합리한 관행에 대해 문제를 제기했다. 그러자 검찰은 일반형사사건의 경우에는 기소하면서 수사기록 일체를 법원에 함께 제출하는 행태를 그대로 유지하면서, 시국공안사건에 대해서만 공소장일본주의 원칙을 엄격하게 준수한다는 핑계로 수사기록을 법원에 제출하지 않고 첫 변론기일에 가서야 법정에서 수사기록을 제출했다. 기소 후 검찰에 수사기록을 복사해 달라고 신청해도 이를 복사해주지도 않았다. 그럼으로 인해 첫 기일이 공전되고 재판 절차가 지연되어 구속 피고인에게는 상당한 불이익이 초래되었다. 한마디로 시국공안 피고인을 물 먹이는 것이다.

전관변호사들은 검사와의 개인적 관계를 매개로 해서 비공식적으로 수사기록을 복사하거나, 또는 보석신청을 하여 수사기록을 법원에 제출하게 한 후 복사하는 등의 편법을 활용하기도 했다. 그래서 기소 후 공판기일 전에 검찰에서 수사기록을 복사하는 것이 피고인의 권리로 인식되지 못했고, 수사기록의 복사 자체가 변호인의 능력으로 여겨지며, 경우에 따라서는 복사를 둘러싸고 불투명한 거래가 있다는 오해도 있었다.

서울지방변호사회 인권위원회 차원의 기획 소송

당시 서울지방변호사회 회장은 김창국 변호사였고, 필자는 인권위원의 한 사람으로 활동하고 있었다. 서울지방변호사회 인권위원회(위원장 박재승, 부위원장 안상수)에서 검찰의 위와 같은 업무처리에 대해 문제 제기를 하기로 하고, 그에 적합한 사건을 발굴하기로 했다.

때마침 필자가 수임한 국가보안법 사건이 있었다. 검사가 1994년 3월 21일 피고인을 기소하자마자, 바로 그다음 날인 3월 22일 서면으로 검사에게 경찰 및 검찰에서의 피고인의 자술서 및 피의자 신문조서, 참고인들의 진술조서 등이 포함된 서울지방검찰청 1994년 형제19005호 사건 수사기록 일체를 열람·등사하겠다는 신청을 했다. 그러자 담당검사(황교안)는 며칠간 결정을 하지 않더니 친절하게도(?) 1994년 3월 26일 자로 서면으로 거부 이유를 전혀 실시하지 않은 채 열람·등사신청을 거부한다고 통지를 해주었다. 검사가 서면으로 통지해주는 사례는 드물었는데, 당시 전형적인 공안검사였던 황교안 검사는 소신이 있었던지 서면으로 통지를 해주었던 것이다. 의외라는 생각이 들었지만 우리가 헌법소원을 제기하는 데는 오히려 도움이 되었다. 황교안 검사의 수사기록 등사 거부는 대한변협 발행의 1994년《인권보고서》에도 기록되었고, 2013년 2월 황교안이 법무부장관 후보자로 인사청문을 받을 때,[3] 그리고 2015년 5월 국무총리 후보자로 인사청문을 받을 때[4] 지적되었다.

필자는 서울지방변호사회 인권위원회에 이 사실을 보고하고, 우리 사무실의 사무장으로 하여금 수사기록의 등사 신청과 거부에 관한 사실확인서를 작성하게 한 후, 의뢰인인 피고인을 청구인으로 해서 1994년 4월 16일 자로 헌법재판소에 헌법소원심판청구를 제기했다. 변호인의 열람·등사를 거부한 피청구인(검사)의 행위는 헌법 제12조 제4항이 보장하고 있는 변호인의 조력을 받을 권리 및 헌법 제27조 제1항·제3항이 보장하고 있는 신속하고 공정한 재판을 받을 권리 등 헌법상 보장된 기본권을 침해하고 있다는 이유를 들어 헌법재판소법 제68조 제1항에 의한 헌법소원심판을 청구한 것이다. 헌법소원심판청구 사건의 대리인으로는 필자와 함께 서울지방변호사회 인권위원회의 위원장과 부위원장 및 위원들(박인제, 박성호 변호사)이 참여했다.

재판 끝난 이후 내려진 헌법재판소 결정

원래의 형사사건에 대한 공판 절차는 진행되었고, 검사는 제1회 공판기일 후인 1994년 5월 10일 수사기록을 법원에 제출했다. 필자는 그때서야 수사기록을 복사할 수 있었다. 치열하게 다툴 만한 사건이 아니어서 2회 기일에 대부분의 증거에 동의하고 6월 3일에 1심 판결이 선고되었다. 유죄로 인정하고 집행유예를 선고하여 피고인은 석방되었다.

그런데 헌법소원심판청구 사건은 위 재판이 끝나고 거의 3년이나 지난 후인 1997년 11월 27일 자로 결정(94헌마60)이 선고되었다. 7(위헌):2(합헌)로 위헌결정이 났다. 헌법재판소는 중요 사건에 대해서는 공개변론을 거치기도 했지만, 이 사건에 대해서는 공개변론을 하지 않았다. 당시 김용준 헌법재판소장과 신창언 재판관은 기소 후 피고인과 변호인의 수사기록 열람·등사권을 인정할 수 없다는 이유로 소수 의견을 개진했고, 김문희·이재화·조승형·정경식·고중석·이영모·한대현 재판관이 위헌의견에 동의했다.

위 사건의 주문은 "피청구인(서울지방검찰청 검사)이 1994. 3. 26. 국가보안법 위반 사건의 피고인인 청구인의 변호인 김선수의 위 사건의 수사기록(서울지방검찰청 1994년 형제19005호 기록) 일체의 열람·등사 신청에 대하여 국가기밀의 누설이나 증거 인멸, 증인 협박, 사생활 침해의 우려 등 정당한 사유를 밝히지 아니한 채 전부 거부한 것은 청구인의 신속하고 공정한 재판을 받을 권리와 변호인의 조력을 받을 권리를 침해한 것으로서 위헌임을 확인한다"이다. 헌법재판소 결정 주문에 내 이름이 명시되었다.

검찰 측은 당해 형사사건이 종결된 상태이기 때문에 열람·등사 거부로 인한 기본권 침해 행위는 이미 종료되었고, 헌법소원심판청구가 인용된다 하더라도 청구인의 주관적 권리구제에는 도움이 되지 아니하므로 헌법소원심판은 권리보호의 이익이 없다고 주장했다. 이에 대해 헌법재판소는 헌법소원은 주관적 권리구제뿐만 아니라 개관적인 헌법질서 보장의 기능도 겸하고 있으므로 가사 청구인의 주관적 권리구제에는 도움이 되지 아니한다 하더라도 같은 유형의 침해 행위가 앞으로도 반복될 위험이 있고, 헌법질서의 수호 유지를 위하여 그에 대한 헌법적 해명이 긴요한 사항에 대하여는 심판청구의 이익을 인정하여야 한다는 입장을 취했다. 이 사건 헌법소원에 있어서 피청구인의 수사기록에 대한 열람·등사 거부 행위는 그 주장 내용 및 답변의 취지로 미루어 보건대 앞으로도 계속 반복될 것으로 보이고, 그에 대한 헌법적 정당성 여부의 해명은 헌법질서의 수호를 위하여 매우 긴요한 사항으로서 중요한 의미를 지니고 있는 것이므로 이 사건 심판청구의 이익은 여전히 존재한다고 하여 본안판단을 했다. 헌법재판소의 판단은 지극히 타당하다. 검찰의 주장을 받아들인다면 적절한 시기에 제기된 헌법소원심판청구라도 헌법재판소가 제때에 결정하지 못하게 되면 본안판단을 받을 수 없다는 말이 되기 때문이다. 헌법재판소의 심리 지연으로 인한 불이익을 헌법소원심판청구인에게 전가하는 것은 어느 모로 보더라도 정당하지 못하다.

헌법재판소는 본안 판단에 들어가 각국의 입법례를 살폈다. 그 결과 각국은 직권주의 소송구조를 취하는 나라이거나 당사자주의 소송구조를 취하는 나라이거나 공소제기 후 공판 전의 단계에서 그 범위에 차이는 있을지라도 일정한 범위 내에서 변호인에게 수사기록의 열람·등사를 허용하고 있음을 확인했다. 검사가 보관하는 수사기록에 대한 변호인의 열람·등사는 실질적 당사자 대등을 확보하고, 신속·공정한 재판을 실현하기 위하여 필요불가결한 것이며, 그에 대한 지나친 제한은 피고인의 신속·공정한 재판을 받을 권리를 침해하며 또한 피고인에게 보장된 변호인의 조력을 받을 권리를 침해한다고 판단했다. 수사기록에 대한 열람·등사 신청에 대하여 우리 형사소송법이 당사자주의 소송구조 및 소송서류 비공개의 원칙을 취하고 있다는 이유로 이를 전면 거부하거나 이미 자백하고 있고 개전의 정이 뚜렷하다는 등의 특별한 경우에 한하여 수사기관의 은혜적인 배려로서 그 열람·등사를 허용할 수 있다고 한다면 공소사실을 부인하고 억울한 누명을 벗기 위하여 적극적으로 방어권을 행사하고자 하는 피고인과의 사이에 불평등을 초래할 뿐만 아니라 피고인의 방어권 행사에 대한 중대한 제한을 가져와 실질적 당사자 대등을 기대할 수 없으며, 따라서 형사소송 절차의 기본이념인 적법절차의 원칙에 반하고, 피고인의 신속하고 공정한 재판을 받을 권리 및 변호인의 조력을 받을 권리를 침해한다고 보았다. 나아가 보다 구체적으로 열람·등사의 절차에 대해서는 수사기록에 대한 열람·등사 신청은 수사기록을 보관하고 있는 검사에게 직접 하여야 하는 것으로 정리했고, 열람·등사의 대상에 대해서는 피고인에 대한 수사의 범위 내에서 수집된 것으로서 장차 법원에 증거로 제출될 서류, 증거물 등과 같은 피고인의 공격과 방어의 준비를 위하여 필요한 부분만으로서 수사기록 중 증거로서 중요한 의미를 가지고 있고 증거인멸 등의 위험이 유형적으로 작은 증거들, 예컨대 압수조서, 증거물, 실황조사서, 감정서, 피고인 자신의 자술서, 피의자 신문조서 등은 제한 없이 열람·등사가 허용되고, 참고인 진술조서도 증인에 대한 신분이 사전에 노출됨으로써 증거 인멸, 증인 협박 또는 사생활 침해 등의 폐해를 초래할 우려가 없는 한 원칙적으로 허용된다고 보았다. 그러나 수사기관 내부의 의견서, 보고문서, 메모, 법률검토, 내사자료 등 피고인의 범죄사실 입증에 관련된 증거가 아닌 자료는 원칙적으로 피고인의 방어 활동과 직접 관계가 없고 이는 열람·등사의 대상이 되지 않는다고 했다. 열람·등사권의 제한에 대해서는 변호인의 수사기록에 대한 열람·등사권도 기본권 제한의 일반적 법률유보조항인 국가안전보장·질서유지 또는 공공복리를 위하여 제한되는 경우가 있을 수 있으며, 검사가 보관 중인 수사기록에 대한 열람·등사는 당해 사건의 성질과 상황, 열람·등사를 구하는 증거의 종류 및 내용 등 제반 사정을 감안하여 그 열람·등사가 피고인의 방어를 위하여 특히 중요하고 또 그로 인하여 국가기밀의 누설이나 증거 인멸, 증인 협박, 사생활 침해, 관련 사건 수사의 현저한 지장 등과 같은 폐해를 초래할 우려가 없는 때에 한하여 허용된다고 판단했다.

헌법재판소 결정에 대한 평가

헌법재판소의 위 결정에 대해서는 수사기록에 대한 열람·등사가 단순히 수사기관의 시혜를 구하는 것이 아니고, 헌법이 기본권으로 보장한 신속하고 공정한 재판을 받을 권리(헌법 제27조 제1항, 제3항)와 변호인의 조력을 받을 권리(헌법 제12조 제4항)를 실현하는 장치라는 것을 확인한 점에서 그 의의가 실로 크다.

다만, 수사기록 열람·등사권을 구체적으로 보장하는 장치에 관한 헌법재판소의 판단은 취약하고 천진난만하다고 평가되었다. 헌법재판소가 그토록 강조한 당사자주의의 관점에서 보더라도 헌법재판소의 논리구성은 전혀 납득할 수 없다는 것이다.[5]

헌법재판소는 당사자주의에서 출발하여 실질적 당사자 대등의 관점을 강조하고, 이 논리를 근거로 피고인 측이 반대 당사자인 검사에게 수사기록 열람·등사를 청구할 수 있다는 결론에 이르며, 나아가 그 열람·등사의 허용 여부를 반대 당사자인 검사로 하여금 판단하도록 하고 있다. 그러나 반대 당사자인 검사에게 수사기록의 열람·등사 여부를 판단하게 한다는 것은 이미 실천 불가능한 사항을 요구한다는 것이다.

입법에 의한 해결 및 과제

헌법재판소의 위 결정이 중요한 의의를 가졌음에도 그 한계가 명백하여 노무현 정부에서 사법개혁을 추진하여 2007년 6월 1일 형사소송법을 개정해 공판중심주의 확립 과제 중에 증거개시제도를 도입함으로써 이를 입법적으로 해결했다. 공소제기 후의 수사기록에 대해 변호인 또는 피고인이 검사에게 열람·등사를 신청할 권리를 가지고, 검사가 열람·등사를 거부할 경우 법원에 신청하여 법원으로부터 결정을 받아 열람·등사할 수 있도록 했다(형사소송법 제266조의3, 4[6])

그런데 용산참사 형사사건에서 검사가 법원의 수사기록 열람·등사 명령 중 중요 부분을 이행하지 않아 재판이 파행을 거듭한 바 있다. 당시 재판장이 검사의 열람·등사 명령 불이행에 대해 아무런 조치도 취하지 않은 채 재판의 진행을 강행하여, 변호인들이 이에 항의하여 모두 사임했다. 다른 변호인이 선임되어 1심 재판을 마무리했으나 끝내 중요 수사기록은 제출되지 않은 채 피고인들에게 유죄판결이 선고되었다. 항소심 단계에서 비로소 관련 수사기록이 제출되었다.

현행 형사소송법은 검찰이 법원의 명령에 따르지 않을 경우 당해 기록을 증거로 제출할 수 없다고만 규정하고 있다. 따라서 검찰이 피고인에게 유리한 증거를 수집하고도 이를 제출하지 않을 경우 피고인으로서는 이를 활용할 수 없다. 검사가 피고인에게 유리한 증거를 제출하지 않는 것은 검사의 객관의무에 반할 뿐만 아니라 피고인의 방어권을 정면으로 침해하는 것이다. 따라서 검사가 법원의 증거개시 명령에 불응할 경우 그 자체로 공소를 기각하거나 열람·등사 명령을 이행할 때까지 재판 절차를 중지하는 등의 실효성 있는 대책이 마련되어야 한다는 과제가 확인되었다.

공무원 노동기본권
보장을 위한 여정

2 공무원법 노동운동 금지 조항
및 형법 직무유기 조항
위헌소원 사건

공무원노조 출범

김대중 정부 출범 직전인 1998년 2월 6일 노사정위원회 3자 합의에 따라 2월 24일 법률 5516호로 '공무원직장협의회의 설립·운영에 관한 법률'(약칭 '공직협법')을 제정했고 1999년 1월부터 시행했다. 교원의 경우 1999년 1월 법률 5727호로 제정된 교원노조법에 따라 1999년 7월 1일부터 교원노조가 합법화되었다.

공직협법에 의해 설립된 전국의 공직협들은 1999년 6월 1차 대표자 간담회를 가진 이래 2001년 3월까지 12차례 대표자 간담회를 진행했다. 2000년 2월 19일 7차 전국대표자간담회에서는 '전국공무원직장협의회발전연구회'(전공연)를 창립했고, 전공연은 2001년 3월 24일 '전국공무원직장협의회총연합'(전공련)으로 조직을 변경하고 서울대 강의실에서 창립 대의원대회를 개최했다. 전공련 초대 위원장으로는 차봉천 국회사무처공직협 회장이, 수석부위원장으로 임진규 과학기술부공직협 회장이 당선되었다.

2001년 4월 48개 노동단체와 시민사회단체가 참여한 '공직 사회 개혁과 공무원 노동기본권 쟁취를 위한 공동대책위원회'(공대 위)가 출범했고, 지역별 공대위도 연달아 구성되었다. 노사정위원 회는 2001년 7월경에 공무원노조 인정을 위한 논의를 시작했으나, 행정자치부가 완강한 태도로 거부해서 교착상태에 빠졌다. 대학 교수들은 2001년 11월 노조법상 설립신고 절차를 거치지 않고 실 질적으로 노동조합 활동을 하는 헌법노조(또는 법외노조) 형태로 전 국교수노동조합을 출범시켰다. 전공련은 정부 입법 의지에 회의를 품고 발전적으로 해산하고, 2002년 3월 23일 고려대학교 기념관 에서 전국공무원노동조합(공무원노조) 창립 대의원대회를 개최하여 헌법노조 형태로 공무원노조를 출범시켰다.

이에 경찰은 병력을 투입하여 출범식을 해산시켰고, 이날 설 남술 전공련 부위원장과 김병진 전공련 서울지역공무원직장협의 회연합(서공련) 대표를 구속했다. 창립 대의원대회에서 치러지지 못했던 임원 선거가 이후 이루어져 초대 집행부로 차봉천 위원장, 이용한 사무총장이 당선되었다. 신임 지도부는 2002년 4월 4일 인 천 산곡성당에서 출범 기자회견을 열고 천막 농성에 돌입했다. 공 무원노조는 출범 후 지역별 조직을 정비하고 정부 탄압에 맞서 노 조 사수와 합법화를 위한 투쟁을 전개했다. 4월 27일 전국 동시다 발 규탄 집회, 5월 26일 공무원 노동3권 쟁취 전국 집중투쟁 결의 대회 등을 열었다. 한편 5월 26일 정용천 비대위원장이 체포·구속 되었으며 6월 27일에는 이용한 사무총장이 자진 출두했다가 구속 되었다. 차봉천 위원장은 명동성당에서 천막 농성을 하며 투쟁을 주도하다 10월 3일 체포·구속되었다.

형사사건 진행 및 헌법소원심판청구

필자는 2002년 2월 15일경 공무원노조 간부들의 형사사건을 정식으로 수임했다. 2001년 3월 24일 전공련 창립 대의원대회와 관련하여 전공련 차봉천 위원장, 노명우 부위원장, 김병진 서공련 대표 등이 건조물 침입 및 공무원법 위반(공무 이외의 집단 행위 금지 위반) 혐의로 기소된 사건을 맡았다. 2002년 3월 23일 공무원노조 창립 대의원대회 후에는 위 행사와 관련된 건조물 침입과 공무원법 위반 혐의가 추가되었다. 2002년 3월 23일 김병진 서공련 대표가 구속되었고(4월 27일에 공무원노조 서울지역본부장에 옥중 당선됨), 공무원노조 초대 집행부에서 수석부위원장으로 활동했던 노명우 부위원장이 4월 3일 구속되었다. 구속적부심사를 청구했으나 기각되었고, 두 사람이 한 건으로 기소되어[7] 2002년 5월 8일 보석 허가로 석방된 후 불구속 상태에서 재판을 받게 되었다. 김병진 본부장은 출소 후 재판을 받으며 활동하던 중 2003년 2월 11일 간암 4기 판정을 받고 입원 치료를 받다가 2003년 6월 4일 운명하여 7월 16일 자로 공소기각결정으로 형사재판 절차가 종료되었다. 공무원노조 활동 중 사망한 최초의 열사다.

　　노명우 수석부위원장은 2002년 11월 연가투쟁 건이 추가되어 2003년 1월 다시 구속되었고, 2003년 3월 11일 1심 판결이 선고되어 징역 1년에 집행유예 2년의 형을 선고받았다.[8] 항소심에서 지방공무원법 제58조 및 벌칙 조항인 제82조 중 제58조 규정 위반 부분에 대해 위헌제청 신청을 했다. 2003년 7월 9일 자로 항소기각 판결이 선고되고[9] 위헌제청신청도 기각되었다. 노명우 수석부위원장은 2003년 7월 14일 위헌제청신청 기각결정에 대해 헌법재판소에 헌법소원심판을 청구했다. 또한 항소심 판결에 불복하여 상고했으나 대법원은 사건을 2년여 가지고 있다 2005년 5월 12일 상고기각 판결을 선고했다.[10] 같은 혐의로 기소되었던 지방공무원 네 사람도 헌법소원심판을 청구하여 5건이 병합되어 결정이 선고되었다.

차봉천 위원장은 명동성당 천막 농성 투쟁을 지도하다 2002년 10월 3일 구속되었다. 공소사실은 ① 2001년 3월 24일 서울대 건조물 침입(전공련 창립 대의원대회), ② 2002년 3월 23일 고려대 건조물 침입(공무원노조 창립 대회), ③ 2002년 1월 2일부터 7월 21일까지 농성으로 출근하지 않음으로써 직무유기, ④ 기타 공무 이외의 일을 위한 집단 행위로 인한 국가공무원법 위반 등이었다. 보석청구가 받아들여져 석방된 상태에서 재판을 받았는데 1심은 2003년 1월 21일 징역 1년에 집행유예 2년 형을 선고했다.[11] 항소심에서 국가공무원법의 공무 이외의 집단적 행위 금지 조항(제66조 제1, 2항) 및 그 위반에 대한 형사처벌 조항(제84조 중 제66조 위반 부분)과 형법상의 직무유기죄 조항(제122조)에 대해 위헌제청을 신청했다. 항소심은 2003년 7월 9일 항소를 기각함과 동시에 위헌제청신청도 기각했다.[12] 피고인이 상고했으나 대법원은 2년 가까이 가지고 있다가 2005년 5월 12일 상고기각 판결을 선고했다.[13] 위헌제청신청 기각결정에 대해 2003년 7월 14일 헌법재판소에 헌법소원을 제기했다. 차봉천 위원장은 2004년 2월에 초대 위원장 임기를 마치고 17대 국회의원 선거에서 민주노동당 후보로 강남갑 지역구에 출마하기도 했고, 나아가 활발한 연대활동을 하다가 2006년 5월 전립선암 판정을 받고 2008년 9월 4일 운명하여 마석 모란공원 민족민주열사묘역에 묻혔다.

관련 조항

당시 공무원의 노동조합 활동을 전면적으로 금지하고, 또한 공무원노조 간부들을 형사처벌 하는 데 적용된 법률 조항들은 다음과 같다. 이들 조항은 현재도 동일하고, 또한 공무원들의 정치적 표현의 자유를 제한하는 데 전가의 보도처럼 여전히 악용되고 있다.

국가공무원법(1997. 12. 13. 법률 제5452호로 개정된 것)

제66조(집단 행위의 금지) ① 공무원은 노동운동 기타 공무 이외의 일을 위한 집단적 행위를 하여서는 아니 된다. 다만, 사실상 노무에 종사하는 공무원은 예외로 한다. ② 제1항 단서의 사실상 노무에 종사하는 공무원의 범위는 국회규칙·대법원규칙·헌법재판소규칙·중앙선거관리위원회규칙 또는 대통령령으로 정한다.

제84조(벌칙) 제44조·제45조·제65조·제66조의 규정에 위반한 자는 다른 법률에 특별히 규정된 경우를 제외하고는 1년 이하의 징역 또는 300만 원 이하의 벌금에 처한다.

형법

제122조(직무유기) 공무원이 정당한 이유 없이 그 직무수행을 거부하거나 그 직무를 유기한 때에는 1년 이하의 징역이나 금고

또는 3년 이하의 자격정지에 처한다.

지방공무원법

제58조(집단 행위의 금지) ① 공무원은 노동운동 기타 공무 이외의 일을 위한 집단 행위를 하여서는 아니 된다. 다만, 사실상 노무에 종사하는 공무원은 그러하지 아니하다. ② 제1항 단서에 규정된 사실상 노무에 종사하는 공무원의 범위는 조례로 정한다.

제82조(벌칙) 제42조·제43조·제57조 또는 제58조의 규정에 위반한 자는 다른 법률에 특별히 규정된 경우를 제외하고는 1년 이하의 징역 또는 300만 원 이하의 벌금에 처한다.

국가공무원법의 노동운동 금지 조항에 대한 헌법재판소 결정 변경 요구

국가공무원법 제66조, 제84조에 대해서는 이미 헌법재판소가 1992년 4월 28일 합헌결정[14]을 한 바 있다. 위 결정에서 변정수 재판관은 당연히 노동3권을 향유하여야 할 국공립학교 교원이나 기타 공무원에 대하여 노동운동을 전면 금지하고 있는 국가공무원법 제66조 제1항 및 교육공무원법 제53조 제4항 각 규정은 공무원의 노동3권의 본질적 내용을 침해하는 것이어서 헌법 제37조 제2항의 일반유보조항에 의하여서도 정당화될 수 없는 위헌적인 법률이나, 위 법률조항들이 헌법의 특별유보조항(제33조 제2항)에 근거를 두고 있기 때문에 아직은 그것에 대하여 쉽사리 위헌 선언을 할 수 없을 뿐이라는 소수 의견을 밝혔다.

필자는 국가공무원법 제66조, 제84조 위헌소원 사건에서 헌법재판소의 종전 결정을 변경해달라고 강력하게 주장했다. 당시 그 논거로는 두 가지를 주장했다.

첫째, 국가공무원법 제66조 제1항은 헌법 제33조 제1항, 제2항의 이념에 반한다는 것이다. 헌법 제33조는 구 헌법과는 달리 공무원의 노동3권을 원칙적으로 허용하고 있고, 노조법 제5조에서도 "근로자는 자유로이 노동조합을 조직하거나 이에 가입할 수 있다. 다만, 공무원과 교원에 대하여는 따로 법률로 정한다"고 규정함으로써 공무원의 노동3권을 허용하는 취지로 규정하고 있다. 따라서 헌법 제33조 제2항의 취지를 입법기관에 대하여 형성권적 법률유보를 하고 있다고 해석하더라도 국가공무원법 제66조 제1항은 '신법 우선의 원칙'에 따라 노조법 제5조에 의하여 그 적용이 정지되거나 배제되어야 한다. 또한 국가공무원법 제66조의 규정은 그 표제가 집단 행위의 금지로 비단 노동운동만이 아니라 공무 외의 일을 위한 집단적 행위 일반을 금지하는 포괄규정인 점에서 헌법 제33조 제2항을 구체화한 규정으로 되기에는 부적당한 면이 있으며, 이는 현행 헌법이 제정·공포되기 훨씬 이전부터 있었던 구래의 규정으로서 국가의 기본적 기능을 국민의 생존 배려보다도 권력적 통치 작용에 중점을 두었던 고전적인 국가관을 전제한 것으로 볼 때 1988년에 새로 시행된 헌법 제33조 제2항의 이념에 부합하는 적절한 입법이라고 볼 수 없다.

둘째, 공무원노조에 대한 사회적 합의가 이루어진 상황에서 위헌적인 법률에 근거하여 공무원노조 활동을 이유로 국가공무원법 제66조 제1항에 근거하여 형사처벌을 하는 것은 인간의 존엄성, 죄형법정주의, 국가의 기본권 보호 의무의 이념에 반할 뿐만 아니라 노동3권의 본질적인 내용을 침해하는 것이다. 공무원노조는 1989년 6급 이하 공무원들의 노동조합 설립 및 단체교섭권 인정을 내용으로 하는 노동조합법 개정법률안이 국회를 통과함에 따라 합법화될 수 있었으나, 당시 노태우 대통령의 거부권 행사로 좌절되었다. 문민정부 김영삼 대통령 시절에 WTO 체제의 출범, OECD 가입 등 변화하는 국제환경 속에서 노동관계법 개정 문제가 부각되자 1996년 '노개위'를 구성하여 공무원과 교사들에 대한 노동관계법을 전면 개정하는 문제를 논의하던 중 1998년 노사정위 '2·6 사회협약'에 따라 제1단계로서 공무원직장협의회를 허용하고, 제2단계에서 공무원노동조합을 허용하는 것을 골자로 하되 다만 단체행동권은 유보하는 것을 내용으로 하여 공무원직장협의회가 설립되었다. 그리고 공무원노조 허용과 관련하여 단체교섭 대상에 임금 문제를 포함시킬 것인지, 노조 가입 대상자를 6급 이하의 공무원으로 한정할 것인지, 단체행동권을 어느 범위까지 인정할 것인지 등이 쟁점이 되어 협상 중에 있다. 특히 헌법소원심판을 청구한 이후 국회에서 2004년 12월 31일 공무원노조법이 날치기로 통과되었고, 2006년 1월 28일부터 시행됨으로써 공무원노조가 합법화되었다. 따라서 국가공무원법 제66조 제1항은 구래의 유물로서 이를 근거로 공무원들의 노동조합 활동을 처벌하는 것은 시대착오적인 것이다.

　　지방공무원법 제58조. 제82조는 국가공무원법 제66조, 제84조와 같은 내용이다. 따라서 위헌여부에 대한 주장과 판단은 국가

공무원법에 대한 것과 동일하다.

헌법재판소의 결정과 공무원노조법의 제정

위헌으로 주장된 법률조항들은 하나같이 노동3권을 전면적으로 제한하고 우리나라를 노동 후진국에서 벗어나지 못하게 하는 대표적인 악법이다. 노동법학계에서도 비판이 많은 조항이다. 헌법재판소의 종전 결정을 변경해달라고 주장하고 있는 상황이었으므로 헌법재판소로서는 공개변론을 통해 충실하게 심리할 필요가 있었다. 그렇지만 헌법재판소는 위 사건들에 대해 공개변론을 열지 않고 오랫동안 묵혀두고 있다가 일방적으로 선고했다. 직무유기죄 조항에 대해서는 2005년 9월 29일에,[15] 지방공무원법 제58조에 대해서는 2005년 10월 27일에,[16] 국가공무원법 제66조 등에 대해서는 2007년 8월 30일에 각 합헌결정을 선고했다.[17]

　　공무원노조법이 2006년 1월 28일부터 시행되어 공무원노조는 적법화되었다. 공무원노조는 2006년 4월 민주노총에 가입했고, 설립신고를 할 것인지에 대해서는 내부 논란이 있었다. 2007년 6월 전국민주공무원노동조합(민주공무원노조)은 창립 대의원대회를 열고 설립신고를 하여 7월 12일 노동부로부터 설립신고증을 교부받은 뒤 활동했으며, 그와는 별도 조직인 공무원노조는 2007년 11월 8일 노동부로부터 설립신고증을 교부받았다. 국가공무원법 제66조와 지방공무원법 제58조는 공무원노동조합 설립이 가능한 범위에서는 적용되지 않았으나, '공무 외의 집단적 행위 금지' 부분이 여전히 공무원의 정치적 표현의 자유를 심각하게 침해하고 있다.

직무유기죄의 위헌여부

헌법소원심판청구서에서 직무유기죄의 연혁과 입법례에 대해 먼저 지적했다. 구 형법에서는 공무원의 직무유기를 처벌하는 규정이 없었으나, 1953년 9월 18일 새로이 형법(법률 제293호)을 제정하면서 이를 도입하여 공무원의 성실한 직무수행을 강세하여 신생독립국가가 가지는 초기의 혼란상을 방지하고 국가의 안정을 꾀하고자 했다. 그러나 특별권력관계에 기인한 행정법상의 징계 정도의 의의밖에 없는 행위를 일반형법에 도입한 것이라는 학계의 비판이 제기되었다. 법무부 산하 형사법개정특별심의위원회 소위원회에서 직무유기죄가 거의 사문화된 조문일 뿐 아니라 수사기관에서 공무원에 대한 강박수단으로 이용되는 사례가 있어 직무유기죄를 존치할 필요성이 없다는 견해도 제기되었다.[18] 국가 성립 초기에나 정당성을 일부 가질 공무원의 근로계약상의 성실의무를 형벌의 위협으로 강제하는 것은 현재 사회구성원의 의식에 부합하거나 시대상황에 적합한 규제는 아니다. 입법례로 직무유기 행위를 처벌함으로써 공무원의 성실한 직무수행을 강제하는 국가는 전체주의 국가인 소련, 중국, 북한, 폴란드 등의 국가를 제외하고는 없는 것으로 알려져 있다.[19] 근대 민주국가 성립 시 국가권력에 대한 철저한 불신을 국가이념의 바탕으로 했던 서구민주주의 국가들은 도리어 공무원의 성실한 직무수행은 형벌로 강제할 성질의 것이 아니라고 본 반면에, 전체주의적인 국가들은 국민 내지는 공무원들을 철저히 불신하여 직무집행의 성실성마저도 감시하고 강제하여야 할 대상으로 파악한 것이다. 국가제도가 안정화되고 사회의 민주화가 진전된 상황에서 공무원의 성실한 직무수행을 형벌의 위협으로 강제하는 것은 적절한 수단이 아니며, 개인의 자유와 권리를 최대한 존중하는 현대 민주국가의 이념에도 부합하지 않는다.

나아가 직무유기죄의 위헌성에 대해서는 ① 그 처벌 대상이 모호하고 광범위하여 '국가의 기능을 저해하고 국민에게 피해를 야기시킬 염려'라는 추상적이고 자의적인 기준으로 처벌 여부를 결정하게 되는바, 법원의 보충적 해석을 통해서도 무엇이 가벌적인 행위인지 명확히 알 수 없어 죄형법정주의의 한 내용인 명확성의 원칙에 위배된다, ② 공무원들의 형식적인 직무수행을 강제하더라도 성실한 직무수행을 보장하지는 못하므로 직무유기죄는 공무원의 성실한 직무수행을 보장하고 국가기능을 보호한다는 입법목적에 부합하는 적절한 수단이 아니며, 국가공무원법상 직무유기 행위에 대하여 파면, 해임 등의 징계처분을 할 수 있도록 규정하고, 군형법, 특정범죄가중처벌 등에 관한 법률 등에서 특수한 영역에서의 직무유기를 처벌하는 규정을 두고 있음에 비추어 일반적인 직무유기 처벌 규정은 목적 달성을 위해 필요한 최소한의 범위를 초과한 기본권의 과도한 제한으로서 과잉금지 원칙에 위배하여 청구인의 공무담임권, 직업의 자유, 일반적 행동자유권, 행복추구권 등의 기본권을 침해하며, 이 사건 법률조항은 벌금형의 규정 없이 징역·금고형 및 자격정지형만을 법정형으로 규정하고 있어 형의 선고로 국가공무원법에 의하여 공무원의 자격이 당연히 상실되므로 청구인의 공무담임권을 제한하는 과잉형벌에 해당한다, ③ 이 사건 법률조항은 벌금형을 규정하지 아니하여 판사로 하여금 적절한 양형을 선택할 수 없도록 할 뿐 아니라 행위의 개별성과 고유성에 맞추어 그 책임에 알맞은 형벌을 선고할 수 없어 형벌 개별화의 원칙을 구현하지 못하는 위헌적 규정이다, ④ 공무원의 직무내용을 불문하고 근로계약상의 채무불이행을 직무유기라 하여 일반적으로 처벌하도록 규정한 것은 일반 국민의 근로계약상 채무불이행의 경우와 비교할 때 공무원의 특수한 직무내용을 감안한다 하더라도 차별의 정도가 과도하여 평등의 원칙에 반한다, ⑤ 공무원의 신분을 얻어 사실상 근로계약을 체결한다는 것이 직무의 내용을 불문하고 직장에의 출근의무가 강제되는 것에 대한 동의는 아니며, 직장에의 출근의무가 꼭 필요한지 여부를 불문하고 형벌의 위협으로 이를 강제하는 법률은 강제노동 금지의 원칙에 반한다는 점 등을 주장했다.

이에 대해서는 법무부장관이 이해관계인으로서 합헌이라는 의견을 제출했다.

다수 의견은 다음과 같은 이유로 합헌결정을 했다. ① 형법 제122조 중 '직무' 또는 '유기'의 의미가 무엇인지, 그에 해당하는 범위가 어디까지인지 다소 불분명한 점이 있으나, 직무유기죄의 입법취지 및 보호법익, 그 적용 대상의 특수성 등을 고려할 때, '직무'란 공무원이 법령의 근거 또는 특별한 지시, 명령에 의하여 맡은 일을 제때에 집행하지 아니함으로써 그 집행의 실효를 거둘 수 없게 될 가능성이 있는 때의 구체적인 업무를 말한다. '유기'는 직무의 의식적 방임 내지 포기로서 단순한 태만, 분망, 착각 등으로 인하여 직무를 성실히 수행하지 아니한 경우나 형식적으로 또는 소홀히 직무를 수행했기 때문에 성실한 직무수행을 못한 것에 불과한 경우는 제외된다고 해석할 수 있다. 이 사건 법률조항이 지닌 약간의 불명확성은 법관의 통상적인 해석 작용에 의하여 충분히 보완될 수 있고, 건전한 상식과 통상적인 법감정을 가진 일반인 및 이 사건 법률조항의 피적용자인 공무원이라면 금지되는 행위가 무엇인지 예측할 수 있으므로 이 사건 법률조항은 죄형법정주의에서 요구되는 명확성의 원칙에 위배되지 아니한다. ② 국가기능의 장애를 초래할 수 있는 의식적 직무유기를 예방하고 공무원의 성실한 직무수행을 담보하기 위하여 행정상의 징계처분만으로 충분할 것인지, 아니면 나아가 형벌이라는 제재를 동원하는 것이 더 필요하다고 볼 것인지의 문제는 입법자의 예측판단에 맡겨야 한다. 입법자는 이 사건 법률조항의 입법목적인 국가기능의 정상적 수행 보장을 위하여 가능한 수단들을 검토하여 그 효과를 예측한 결과 보다 단호한 수단을 선택하는 것이 필요하다고 보았는데, 이러한 입법자의 판단이 현저히 자의적인 것이라고는 보이지 않는다. 이 사건 법률조항의 법정형은 상한 자체가 높지 않을 뿐만 아니라, 비교적 죄질이 가벼운 직무유기 행위에 대하여는 개전의 정상을 참작하여 선고유예까지 선고할 수 있다는 점을 고려하면 비록 벌금형을 규정하지 않았다 하더라도 행위의 개별성에 맞추어 책임에 알맞은 형벌을 선고할 수 없다거나 책임과 형벌 간의 비례 원칙에 반하는 과잉형벌이라 할 수 없다. ③ 사인 간의 근로계약과 공무원의 직무관계는 본질적으로 동일하다고 단언하기 어렵고, 국민 전체에 대한 봉사자로서의 공무원의 헌법상 지위 등을 고려할 때 이 사건 법률조항이 사인과 달리 공무원의 직무유기를 처벌한다 하여 자의적인 차별입법이라고 볼 수 없다.

반면에 권성·주선회 재판관은 다음과 같은 반대의견을 밝혔다. ① 형법 제122조가 규정하는 '직무유기'는 문언적 의미에서 볼 때 대단히 광범위한 직무영역에서 다양한 행위태양에 의하여 행하여질 수 있는 것으로, 그에 관한 대법원의 해석 역시 직무유기죄의 성립 여부에 관하여 여전히 추상적인 기준만을 제시하는 것일 뿐, 구체적으로 어떠한 직무를 어떠한 방식으로 유기하는 때에 국가기능이 저해되고 국민에게 피해기 발생할 우려가 있는지, 단순한 직무의 태만과 직무유기를 어떻게 구별할 것인지에 관하여 판단에 도움을 주는 구체적이고 유용한 기준을 제공한다고 보기 어렵다. 따라서 이 사건 법률조항은 법 적용기관인 법관의 보충적 법해석을 통하여도 그 규범내용이 확정될 수 없는 모호하고 막연한 형벌조항이라 할 것이므로 이 사건 법률조항은 죄형법정주의에서 파생된 명확성의 원칙에 위배된다. ② 형벌, 특히 징역형은 각종 자격의 제한이 따르고 인신의 자유를 박탈하는 형벌로서 다른 어떤 기본권의 제한 수단보다도 처벌되는 자의 자유를 침해하며 집행 후에도 그의 인격적 가치나 사회생활에 심각한 영향을 미치기 때문에 형벌제도는 의무 이행 확보 수단으로서 최후적·보충적인 것이 되어야 하며, 행정상 징계로서 의무 이행 확보가 가능하다면 형벌이 아닌 행정상 징계로서 제재 수단을 삼아야 한다. 이 사건 법률조항이 공무원의 직무유기 행위에 형벌을 부과함으로써 공무원의 직무수행 의무의 최소한의 이행을 확보할 수는 있겠으나, 직무수행의 진정한 성실성이나 효율성까지 담보할 수 있는 것은 아니고, 한편 직무유기죄의 구성요건을 충족하는 행위는 국가공무원법상의 징계사유에 당연히 해당하며, 그러한 행정상 징계는 공무원의 직무수행 의무의 이행을 확보하기 위한 효과적이며 충분한 수단이 될 수 있다. 그럼에도 직무유기 행위의 경중을 가리지 않고 일률적으로 형벌을 다시 부과하는 것은 국가형벌권 행사에 관한 법치국가적 한계를 넘은 것이므로 헌법에 위반된다.

특히 소수 의견은 직무유기에 대해 형사처벌을 하는 입법례가 없음을 지적했다. 즉, "형벌로써 공무원을 위협하고 처벌하는 것은 국가공무의 외견상의 수행을 담보할 수 있을지 모르겠으나, 진정한 의미의 성실한 직무수행의 결실을 맺을 수 없다 할 것이므로 이 사건 법률조항은 그 입법목적을 달성하기에 이미 부적합하다. 민주주의와 법치주의가 뿌리내린 선진 각국은 물론 세계 대다수의 국가에서 공무원의 직무유기 행위에 대하여 형벌을 부과하는 입법례를 찾아보기 힘든 것은 이러한 이치를 잘 보여준다 하겠다."

지방공무원법 제58조, 국가공무원법 제66조 합헌결정

지방공무원법 제58조 위헌소원 사건에 대해서는 2005년 10월 27일, 국가공무원법 제66조 등에 대해서는 그로부터도 거의 2년이 지난 2007년 8월 30일에 각각 합헌결정을 선고했다. 2005년 10월 당시 헌법재판소 구성은 재판소장 윤영철, 재판관 권성, 김효종, 김경일, 송인준, 주선회, 전효숙, 이공현, 조대현이었다. 2007년 8월 당시에는 재판소장 이강국, 재판관 이공현, 조대현, 김희옥, 김종대, 민형기, 이동흡, 목영준, 송두환이었다. 이공현·조대현 재판관 두 명만 양쪽 모두에 관여했고, 나머지 7인은 변경되었다. 2005년 결정에서는 전효숙·조대현·송인준·주선회 등 4명의 재판관이, 2007년 결정에서는 송두환·조대현·김종대 등 3명의 재판관이 위헌의견을 밝혔다. 위헌의견이 오히려 1명 감소하여 역사는 진보한다는 통념에 상반되는 현상이 발생했다.

두 결정의 다수 의견은 거의 동일한 견해를 밝혔다. ① '노동운동'의 개념은 근로자의 근로조건의 향상을 위한 단결권·단체교섭권·단체행동권 등 근로3권을 기초로 하여 이에 직접 관련된 행위를 의미하는 것으로 좁게 해석하여야 하고, '공무 이외의 일을 위한 집단 행위'의 개념도 모든 집단 행위를 의미하는 것이 아니라 공무 이외의 일을 위한 집단 행위 중 공익에 반하는 행위로 축소하여 해석하여야 하며, '사실상 노무에 종사하는 공무원'의 개념은 공무원의 주된 직무를 정신활동으로 보고 이에 대비되는 신체활동에 종사하는 공무원으로 명확하게 해석되므로, 위 개념들은 집행당국에 의한 자의적 해석의 여지를 주거나 수범자의 예견가능성을 해할 정도로 불명확하다고 볼 여지가 없다. ② 노동3권이 보장되는 공무원의 범위를 사실상 노무에 종사하는 공무원에 한정하고 있는 것은 노동3권의 향유주체가 될 수 있는 공무원의 범위를 법률로 정하도록 위임하고 있는 헌법 제33조 제2항에 근거한 것으로 입법자에게 부여하고 있는 형성적 재량권의 범위를 벗어난 것이라고는 볼 수 없으므로, 위 법률조항이 노동3권을 침해한 것으로 위헌이라 할 수 없다. ③ 공무원의 공무 이외의 일을 위한 집단 행위를 금지하고 있는 것은 공무원의 집단행동이 공무원 집단의 이익을 대변함으로써 국민 전체의 이익 추구에 장애가 될 소지가 있기 때문에 공무원이라는 특수한 신분에서 나오는 의무의 하나를 규정한 것이고, 위 개념이 '공익에 반하는 목적을 위하여 직무전념 의무를 해태하는 등의 영향을 가져오는 집단적 행위'라고 명백히 한정하여 해석되므로, 위 법률조항이 언론·출판의 자유와 집회·결사의 자유의 본질적인 내용을 과도하게 침해한다고 볼 수 없다. ④ 사실상 노무에 종사하는 공무원에 대하여서만 노동3권을 보장하고 그 이외의 공무원들에 대하여는 노동3권의 행사를 제한함으로써 양자를 달리 취급하는 것은 헌법 제33조 제2항에 그 근거를 두고 있을 뿐 아니라 합리적인 이유가 있으므로 헌법상 평등의 원칙에 위반되는 것이 아니다. ⑤ 국제인권규약들은 권리의 본질을 침해하지 아니하는 한 국내의 민주적인 대의절차에 따라 필요한 범위 안에서 근로기본권에 대한 법률에 의한 제한은 용인하고 있으므로 공무원의 근로3권을 제한하는 법 규정과 정면으로 배치되는 것은 아니고, 그 밖에 청구인들이 거론하는 근로기본권에 관한 국제법상의 선언, 협약 및 권고 등은 우리나라가 비준한 바 없거나 권고적 효력만을 가지고 있어 위 법률조항에 대한 위헌성 심사의 척도가 될 수 없다. ⑥ 공무원이 이 사건 각 조항을 위반하는 행위를 할 경우 국민생활의 전반에 영향을 미쳐서 일반의 공익을 침해할 개연성이 크므로 이에 대하여 형벌을 과하도록 한 법 제84조가 입법재량의 한계를 일탈하여 헌법에 위반한다고 볼 수 없다. 한편, 법 제84조의 법정형인 1년 이하의 징역 또는 300만 원 이하의 벌금 역시 입법재량의 한계를 벗어난 과중한 처벌이라고 할 만한 특별한 사정이 없다.

2005년 결정에서 전효숙·조대현 재판관은 위 조항들이 노동기본권의 본질을 침해하고 평등 원칙에 위배된다는 이유로 위헌의견을, 송인준·주선회 재판관은 위 조항들이 원칙적으로 노동3권을 침해하지만 단순 위헌 선언보다 헌법불합치결정을 선고해야 한다고 의견을 밝혔다. 2007년 결정에서 송두환 재판관은 위 조항들이 대다수 공무원의 노동기본권 자체를 일률적으로 부인하고 있어 기본권 최소 침해의 원칙에 어긋나고 노동3권의 본질적인 내용을 침해하며 평등 원칙에도 위배된다는 단순 위헌의견을, 조대현 재판관은 헌법에 합치되는 부분과 헌법에 위반되는 부분을 아울러 내포하고 있으므로 전체에 대하여 헌법 제33조 제2항의 취지에 부합되지 아니한다고 선언하고 개선 입법을 촉구해야 한다는 의견을, 김종대 재판관은 '사실상 노무에 종사하는 자'에 대한 구체적인 내용을 하위 법령에 위임한 것은 죄형법정주의의 명확성 원칙에 위반되고 위임 입법의 한계를 벗어나 위헌이라는 의견을 제시했다.

국제인권규약과 관련한 소수 의견이 주목할 만하다. 2005년 결정에서 전효숙·조대현 재판관은 "세계인권선언이나 국제인권규약들, 공무원의 노동기본권에 관한 국제노동기구의 관련 협약들 및 국제기구의 권고들은 비록 우리나라가 비준한 바 없다거나 유보되었다든지 권고적 효력만 있다는 등 직접적인 구속력이 없다고 하더라도 고도로 추상화된 헌법 규정의 의미나 내용 및 적용범위를 해석함에 있어 중요한 지침이 될 수 있으므로, 이러한 점을 존중하여 노동기본권에 관한 헌법 조항들을 해석하여 보더라도, 공무원의 노동기본권을 극도로 제한하고 있는 위 법률조항들은 헌법에 부합될 수 없는 것"이라는 의견을 밝혔다. 2007년 결정에서 송두환 재판관은 "헌법 제6조 제1항은 '헌법에 의하여 체결·공포된 조약은 물론 일반적으로 승인된 국제법규는 국내법과 같은 효력을 가진다'고 규정하여 국제법을 수용하고 존중함을 천명하고 있고, 현재 우리나라는 국회의 동의를 얻어 국제인권규약들의 대부분을 수락한 체약국이자 국제노동기구의 정식 회원국이기도 하다. 따라서 헌법의 개별 조항을 해석함에 있어서는 국제연합의 세계인권 선언이나 국제인권규약들, 국제노동기구의 협약과 권고 등 국제법 규범과 조화되도록 해석하여야 할 것이고, 국내법이 이러한 국제 적 규범에 위배된다고 하여 막 바로 위헌이라고 할 수는 없다 하더 라도, 그 국내법의 위헌여부를 판단함에 있어 중요한 기준으로 삼 아야 할 것"이라는 견해를 밝혔다.

현재 진행형인 공무원의 노동기본권 보장 문제

이명박 정부 출범 이후인 2009년 9월 26일 합법노조로 활동하고 있던 공무원노조, 민주공무원노조, 법원공무원노조 등 3개 조직이 통합하여 전국통합공무원노동조합(통합공무원노조)을 출범시켰다. 노동부는 2009년 10월 20일 공무원노조에 대해 설립신고 취소 통 보 처분을 했고, 통합공무원노조가 2009년 12월 1일 설립신고서를 접수한 것에 대해서는 12월 4일 설립신고서 반려 처분을 했다. 해 고자의 조합원 자격을 인정하고 해고자가 조합원으로 가입되어 있 다는 이유에서이다. 박근혜 정부 출범 이후 2013년 통합공무원노 조는 노동부와 수차례 협의를 거쳐 노동부의 요구에 따라 규약을 개정하고 설립신고서를 제출했다. 노동부는 설립신고증을 교부할 것이라고 언론에 밝혔음에도 결국 2013년 8월 2일 설립신고서를 반려했다. 노동부는 규약의 관련 조항(제7조 제2항) 본문은 공무원노 조법의 취지를 반영했으나, 단서조항은 중앙집행위원회가 해직자 를 조합원으로 인정하는 근거가 될 수 있으며, 대의원대회에서 해 직자의 신분을 보장한다고 밝힌 바 있어 향후 해직자의 노조 가입 을 허용하는 방향으로 운영될 소지가 크다고 반려사유를 밝혔다.

이후 통합공무원노조는 노동부와 협의를 거쳐 설립신고 절차를 밟기 위해 노력했으나, 박근혜 정부의 노동부가 끝내 설립신고증을 교부하지 않아 법내노조의 지위를 회복하지 못했었다. 촛불시민혁명으로 문재인 정부가 출범한 이후 공무원노조는 2018년 초 선거에서 재직자로 임원을 구성했고, 2018년 3월 24일에 개최된 정기 대의원대회에서 해직자를 조합원으로 인정하던 규약을 개정한 후 다시 고용노동부에 설립신고서를 제출했다. 고용노동부는 2018년 3월 29일 설립신고서와 규약 등을 엄밀하게 심사한 결과 기존 위법사항이 모두 시정돼 설립신고서 수리에 하자가 없다고 최종 판단하고 설립신고증을 교부했다.[20]

해고자의 조합원 자격을 인정한다는 이유로 노동조합의 법적 지위를 부정하는 것은 ILO 제87호 협약에 위반되고 나아가 헌법상의 자주적 단결권을 심각하게 침해하는 것으로 위헌의 소지가 농후하다. 공무원노조가 설립신고증을 교부받음으로써 법적 지위를 회복한 것은 진전으로 평가할 수 있겠으나, 해고자의 조합원 자격을 부정하는 법률을 그대로 인정한 것은 아쉬움이 남는다. ILO 제87호 협약의 비준과 관련 법률의 개정을 통해 깨끗하게 정리해야 하는 과제가 여전히 남아 있다.

노동사건에서
역사의 진보는 없는가

3

필수공익사업 직권중재제도 조항
및 필수유지업무제도 조항의
위헌소원 사건

관련 법률의 변천과정

노동쟁의조정법 (1987. 11. 28. 법률 제3967호로 개정되어 1996. 12. 31. 법률 제 5244호 노동조합 및 노동관계조정 법 제정으로 폐지 된 것, 이하 '구 노동쟁의조정법')	제4조 제5호(공익사업의 정의) 이 법에서 공익사업이라 함은 다음의 사업으로서 공중의 일상생활에 없어서는 아니 되거나 그 업무의 정지 또는 폐지가 국민경제를 현저히 위태롭게 하 는 사업을 말한다. 1. 공중운수사업 2. 수도·전기·가스 및 정유사업 3. 공중위생 및 의료사업 4. 은행사업 5. 방송·통신사업 제30조 제3호(중재의 개시) 노동위원회는 다음 각 호의 1에 해당하는 경우에 중재를 행한다. 1. 관계당사자의 쌍방이 함께 중재의 신청을 한 때 2. 관계당사자의 일방이 단체협약에 의하여 중재신청을 한 때 3. 공익사업에 있어서 노동위원회가 그 직권 또는 행정관청의 요구에 의하여 중재에 회부한다는 결정을 한 때 제31조(중재 시의 쟁의행위의 금지) 노동쟁의가 중재에 회부된 때에는 제14조의 규정에 불구하고 그날로부터 15일간은 쟁의 행위를 할 수 없다. 제47조(벌칙) …… 제31조의 규정에 위반……한 자는 1년 이하의 징역 또는 100만 원 이하의 벌금에 처한다.

노동조합 및 노동관계조정법 (1997. 3. 13. 법률 제 5310호로 제정된 것, 이하 '구 노조법')	제62조(중재의 개시) 노동위원회는 다음 각 호의 1에 해당하는 때에는 중재를 행한다. 3. 제71조 제2항의 규정에 의한 필수공익사업에 있어서 노동 위원회위원장이 특별조정위원회의 권고에 의하여 중재에 회 부한다는 결정을 한 때 제63조 (중재 시의 쟁의행위의 금지) 노동쟁의가 중재에 회부된 때에는 그날부터 15일간은 쟁의행위를 할 수 없다. 제71조(공익사업의 범위 등) ② 이 법에서 "필수공익사업"이라 함은 제1항의 공익사업으로서 그 업무의 정지 또는 폐지가 공 중의 일상생활을 현저히 위태롭게 하거나 국민경제를 현저히 저해하고 그 업무의 대체가 용이하지 아니한 다음 각 호의 사 업을 말한다. 1. 철도(도시철도를 포함한다) 및 시내버스(특별시·광역시에 한한 다) 운송사업 2. 수도·전기·가스·석유정제 및 석유공급사업 3. 병원사업 4. 은행사업 5. 통신사업 제75조(중재회부의 결정) 노동위원회의 위원장은 제74조 제1항 의 규정에 의한 권고가 있는 경우에는 공익위원의 의견을 들어 그 사건을 중재에 회부할 것인가의 여부를 결정하여야 한다. 제91조(벌칙) 다음 각 호의 1에 해당하는 자는 1년 이하의 징역 또는 1천만 원 이하의 벌금에 처한다. 1. …… 제63조의 규정에 위반한 자
노동조합 및 노동관계 조정법 (2006. 12. 30. 법률 제8158호로 개정되어 2008. 1. 1. 시행된 것, 이하 '현행 노조법')	제42조의2(필수유지업무에 대한 쟁의행위의 제한) ① 이 법에서 "필수유지업무"라 함은 제71조 제2항의 규정에 따른 필수공 익사업의 업무 중 그 업무가 정지되거나 폐지되는 경우 공 중의 생명·건강 또는 신체의 안전이나 공중의 일상생활을 현저히 위태롭게 하는 업무로서 대통령령이 정하는 업무를 말한다. ② 필수유지업무의 정당한 유지·운영을 정지·폐지 또는 방해 하는 행위는 쟁의행위로서 이를 행할 수 없다. 제71조(공익사업의 범위 등) ② 이 법에서 "필수공익사업"이라 함은 제1항의 공익사업으로서 그 업무의 정지 또는 폐지가 공 중의 일상생활을 현저히 위태롭게 하거나 국민경제를 현저히

저해하고 그 업무의 대체가 용이하지 아니한 다음 각 호의 사업을 말한다.

1. 철도사업, 도시철도사업 및 항공운수사업
2. 수도사업, 전기사업, 가스사업, 석유정제사업 및 석유공급 사업
3. 병원사업 및 혈액공급사업
4. 한국은행사업
5. 통신사업

제89조(벌칙) 다음 각 호의 어느 하나에 해당하는 자는 3년 이하의 징역 또는 3천만 원 이하의 벌금에 처한다.

1. …… 제42조의2제2항의 규정에 위반한 자

구 노동쟁의조정법상 공익사업의 직권중재제도 조항에 대한 헌법재판

구 노동쟁의조정법은 공익사업의 노동쟁의에 대해 노동위원회가 직권으로 중재에 회부하여 중재재정을 할 수 있는 직권중재제도를 채택했다. 제4조에서 공중운수사업, 수도·전기·가스 및 정유사업, 공중위생 및 의료사업, 은행사업, 방송·통신사업을 공익사업으로 정하고, 제30조 제3호에서 공익사업에 대해 노동위원회가 그 직권 또는 행정관청의 요구에 의하여 중재에 회부한다는 결정을 한 때에는 강제로 중재가 개시되도록 규정했다. 제31조는 노동쟁의가 중재에 회부된 때에는 그날로부터 15일간은 쟁의행위를 할 수 없다고 규정했고, 제39조는 중재재정은 단체협약과 동일한 효력을 가진다고 규정했다. 제47조는 제31조의 규정에 위반한 자는 1년 이하의 징역 또는 100만 원 이하의 벌금에 처하도록 규정했다.

공익사업 종사 근로자는 일반 근로자와 달리 노사 쌍방 또는 일방이 중재신청을 하지 않더라도 중재기관인 노동위원회가 직권 또는 행정관청의 요구에 의하여 강제적으로 중재에 회부할 수 있다.

강제적으로 중재에 회부된 경우 그날부터 15일간 쟁의행위를 할 수 없는 것은 물론 그 기간 중에 중재재정이 행하여지기 때문에 그 후에도 쟁의행위를 할 수 없다. 결국 공익사업 종사 근로자는 구 노동쟁의조정법상 절차를 모두 준수하더라도 노동위원회가 중재회부 권한 발동을 자제하지 않는 한 쟁의행위를 할 수 없게 된다. 직권중재제도는 공익사업 종사 근로자에 대하여 헌법상 보장된 기본권인 단체행동권의 본질적 내용을 침해하며, 동시에 공익사업 종사 근로자에 대하여만 그와 같은 불평등한 제약을 가한 것이므로 평등 원칙에도 위배된다. 1987년 10월 29일 개정되기 전의 구 헌법 제31조 제3항은 공익사업체 또는 국민경제에 중대한 영향을 미치는 사업체에 종사하는 근로자의 단체행동권도 법률이 정하는 바에 의하여 제한하거나 인정하지 아니할 수 있다고 규정했으나, 현행 헌법 제33조 제3항은 위 규정을 삭제하여 법률이 정하는 주요 방위산업체에 종사하는 근로자에 대하여만 법률에 의하여 단체행동권을 제한하거나 인정하지 아니할 수 있도록 규정하고 있을 뿐이다. 따라서 공익사업 종사 근로자에 대하여 특별히 단체행동권을 제약하는 것은 헌법상 근거가 상실되었으므로, 헌법의 개정 전이라면 모르되 현행 헌법 하에서는 헌법적 근거가 없다.

중재제도는 노사 간의 집단적 분쟁을 해결하는 보조적 수단으로서 객관적이고 중립적인 중재기관이 중재에 의하여 분쟁을 조정하여 주는 제도이다. 중재제도의 취지에 따라 중재가 개시되면 노사 쌍방의 쟁의행위가 일정 기간 금지된다. 노사당사자가 그러한 제한을 감수하고 중재신청을 한 경우에만 중재를 행할 수 있도록 하는 것이 중재제도의 취지에 부합한다. 중재기관이 스스로 노사당사자의 의사와 무관하게 강제적으로 중재를 행하는 것은 중재 제도의 취지에 반한다. 공익사업에 대하여는 필요한 경우 국민경제나 생활에 미치는 영향이 현저한 쟁의행위와 마찬가지로 구 노동쟁의조정법 제40조에 규정된 긴급조정의 방법으로 쟁의행위를 규제할 수 있는 길이 열려 있으므로, 그에 더하여 직권중재까지 할 수 있도록 하는 것은 공익사업 근로자의 단체행동권에 대한 불필요한 이중적인 규제이다. 설사 일정한 공익사업에 대한 직권중재의 필요성이 용인된다 하더라도 공익사업이라 하여 언제나 직권중재가 허용되어서는 안 되고, 쟁의행위가 노사 자치의 한계를 넘어 남용될 경우에 한하여 허용되거나 쟁의행위로 인한 경제적, 사회적 손실과 직권중재로 인한 단체행동권의 제한을 비교하여 헌법상 보장된 단체행동권을 침해하지 아니하는 범위 내에서만 허용되어야 한다. 그러므로 공익사업에 대하여 아무런 제한 없이 강제적으로 중재할 수 있도록 하는 것은 헌법상 보장된 단체행동권의 본질적인 내용을 침해한다.

ILO 결사의 자유위원회는 1994년 6월 27일 공익사업의 직권중재제도의 문제점을 지적하면서, 공익사업의 파업권이 엄밀한 의미의 필수서비스에 한해 제한되도록 공익사업의 범위에 관한 조항을 개정하는 조치를 취할 것을 권고했다. 그 후에도 ILO와 OECD는 지속적으로 한국의 공익사업 또는 필수공익사업 직권중재제도의 문제점을 지적했다.

구 노동쟁의조정법상 공익사업의 직권중재제도에 대해서는 서울특별시지하철노동조합 간부들(90헌바19), 주식회사문화방송노동조합 간부들(92헌바41), 부산교통공단노동조합 간부들(94헌바49)

이 구 노동쟁의조정법 제47조, 제31조 위반으로 기소된 형사사건에서 위헌제청신청을 했다가 기각되자 헌법소원을 제기했다. 헌법재판소는 위 사건들을 병합하여 1996년 12월 26일 합헌결정을 선고했다.[21] 위 결정에서 4명의 재판관(김용준, 김문희, 정경식, 신창언)이 합헌의견, 5명의 재판관(김진우, 황도연, 이재화, 조승형, 고중식)이 위헌의견으로 위헌의견이 더 많았으나, 위헌결정을 하기 위해서는 6명이 찬성해야 한다는 의결정족수 조항으로 인해 결론적으로는 합헌결정이 선고되었다.

합헌의견은 우리나라 노동법의 역사와 노사관계의 현실에서 출발하는데, 그 관점의 객관성이 의심스럽다. "우리의 노사관계는 쌍방이 법을 제대로 준수하지 아니하고 사용자 측의 권위적·고압적인 자세와 근로자 측의 자치 역량 부족으로 마치 한풀이식의 폭력적 대응이 맞물려 노사 쌍방이 극한적인 대립양상을 보이며 심지어 정치적인 투쟁으로 나아가는 경향이 없지 아니했다. 우리의 노동관계법이 노사관계에 대하여 다분히 향도적·후견적인 성격의 규정을 마련하고 있는 것도 이러한 현실의 인식에 바탕을 두고 있는 것이다. 우리나라는 대내적으로는 1980년 중반 이후 사회의 민주화 분위기에 따라 노동쟁의의 발생빈도가 높아지고 특히 철도·지하철·교통·통신·병원 등 공공부문에서의 노사분규가 급증했을 뿐만 아니라 심지어는 전문직 종사자에 이르기까지 집단적 이익을 관철함에 있어서 대화와 타협을 통한 평화적 해결을 미덕으로 하기보다는 상대방을 인정하지 않는 극단적인 대립투쟁을 선호하는 사회적 분위기가 지속되고 있다. 대외적으로는 수출 의존도가 높은 국가경제구조 때문에 날로 치열하여지고 있는 국가 간

헌법의 현장에서

의 무역경쟁에서 생존하기 위하여 산업경쟁력을 부단히 제고하여야 하는 이중의 어려움에 직면하고 있는 실정이다. 따라서 노사문화가 열악하고 국민경제가 취약한 상황 하에서 과도한 노동쟁의행위는 해당 기업뿐만 아니라 국가 전반의 경쟁력을 저하시켜 궁극적으로는 해당 기업의 근로자는 물론 국민 전체의 복지에 오히려 위해를 초래할 수 있다. 그렇다면 이 사건 심판 대상 법률조항의 위헌여부를 판단함에 있어서도, 이와 같은 우리나라 노사관계의 역사와 우리나라가 처해 있는 현실 여건에 대한 올바른 인식 하에서 공익사업체의 노동쟁의에 대한 강제중재제도가 갖는 현실적인 기능 및 효용성을 고려하여야 할 것"이라고 지적한다. '노동자의 자치 역량 부족', '한풀이식 폭력적 대응', '극한적인 대립양상', '정치적 투쟁', '심지어는 전문직 종사자에 이르기까지' 등 노동자의 권리 주장과 쟁의행위에 대한 뿌리 깊은 부정적 시각에 근거하고 있다. 헌법재판소가 이러한 편견을 극복해야만 노동법에 대한 제대로 된 판단이 가능할 것임을 확인할 수 있다.

합헌의견의 법리적 논거는 다음과 같다. ① 우리 노사관계의 역사와 정치, 경제 및 사회적 현실 등 여러 가지 사항을 고려할 때, 직권중재제도는 사회 혼란과 일반국민의 피해를 줄이고, 신속하고 원만한 쟁의 타결을 위하여 아직까지는 필요한 제도이며, 긴급조정제도에 흡수될 수 있는 것으로서 옥상옥으로 불필요하다거나 근로자의 단체행동권을 과잉 제한하는 것이라고 단정할 수 없고, 오히려 양 제도는 공익사업체의 노동쟁의조정제도로서 상호보완적으로 각자가 그 기능을 하고 있다고 보아야 한다. ② 공익사업은 질서유지나 공공복리를 위하여 노동쟁의가 쟁의행위로 나아가지 아니하고 원만하고 신속히 타결되어야 할 '필요성'이 일반사업에 비하여 현저히 높고, 노사 쌍방의 대립이 격화되어 당사자가 중재신청에 나아가지 아니하는 경우 노사 양측에게 냉각기간을 가지게 하면서 노사분쟁 해결에 전문지식을 가지고 있는 중립적 기관인 노동위원회로 하여금 중재에 회부하도록 하는 것은 목적 수행을 위한 '부득이한 조치'이며, 노동위원회와 중재위원회의 구성이나 운영 절차, 대상조치의 존부 등 여러 가지 점을 고려하면 직권중재제도가 도모하는 목적을 달성하기 위한 방법이 '상당성'을 갖추었다고 하지 않을 수 없으므로, 과잉금지 원칙이나 비례 원칙에 위배되지 아니한다. ③ 중재회부 후 일정기간 쟁의행위를 금지하는 목적은 당사자 쌍방에게 평화적인 해결을 위한 일종의 냉각기간을 다시 부여하여 격화된 당사자의 대립을 완화시킴으로써 중재에 따른 분쟁타결의 효과를 극대화하자는 데 있으므로 그 정당성이 인정되고, 쟁의행위가 금지되는 기간은 15일이지만 그 기간 내에 중재재정이 내려지지 아니할 경우에는 언제든지 쟁의행위에 돌입할 수 있으므로 이 사건 쟁의행위 금지 규정이 단체행동권인 쟁의권 자체를 박탈하는 것은 아닐 뿐만 아니라 그 기간도 불합리하게 장기라고 할 수도 없으며, 중재재정에 대하여 재심과 행정소송의 불복 절차를 경유할 수 있는 등 대상조치도 마련되어 있고, 이익교량의 원칙에 비추어 보더라도 어느 정도의 쟁의행위의 제한은 감수하여야 할 것이므로, 일반사업에 종사하는 근로자와 공익사업에 종사하는 근로자를 합리적인 이유 없이 차별하여 평등의 원칙에 반한다고 할 수는 없다. ④ 처벌규정에 있어서 어떠한 형벌을 어떻게 규정할 것인가는 기본적으로 입법정책의 문제로서, 우리나라의 특수한 노사관계의 역사와 현실에 비추어 볼 때 죄질이 나쁘고 가벌성이 큰 경우에는 징역형에 처할 필요가 있는 경우가 발생할 수 있으므로 법 제47조의 '제31조'에 관한 부분이 신체의 자유를 과도하게 제한하는 처벌규정이라고 단정할 수 없다.

위헌의견의 논지는 다음과 같다. ① 노동3권 가운데 가장 중핵적인 권리는 단체행동권이라고 보아야 하는데, 구 헌법과 달리 현행 헌법 하에서는 주요방위산업체에 종사하는 근로자가 아닌 공익사업체에 종사하는 근로자에 대한 단체행동권을 박탈할 헌법적 근거가 소멸했고, 다만 현행 헌법 하에서도 헌법 제37조 제2항에 따라 국가안전보장·질서유지 또는 공공복리를 위하여 단체행동권을 제한할 수 있는 여지는 있으나, 이 경우에도 헌법의 개정 취지를 존중하여 정당한 단체행동권에 대한 제한은 최후의 수단으로서의 성격을 가져야 하며, 그만큼 그 제한이 정당화되려면 엄격한 요건을 충족시켜야 한다. 공익사업에서 쟁의행위가 국가경제나 국민의 일상생활에 위해를 가할 우려가 있으므로 이를 제한하는 것이 타당하다고 하더라도, 구 노동쟁의조정법 제40조 이하에 규정된 긴급조정과 이에 따른 강제중재제도에 의하여 공익사업에서의 쟁의행위를 필요한 경우에 봉쇄할 수도 있으므로 공익사업의 쟁의가 바로 국민경제나 국민의 일상생활에 위해를 미칠 가능성은 없으며, 긴급조정을 하여야 할 정도의 심각성이 없는 경우까지 단순히 공익사업이라는 이유만으로 강제중재에 회부하도록 되어 있는 구 노동쟁의조정법 제30조 제3호는 공익사업 근로자들의 단체행동권을 필요 이상으로 제한하는 것으로서 최소 침해 원칙에 위반된다. ② 구 노동쟁의조정법 제30조 제3호는 관계당사자가 합의 또는 단체협약에 기한 중재신청을 하지 아니했고 긴급조정 절차를 거친 경우가 아닌데도 단순히 공익사업이라는 이유로 노동위원회의 직권이나 행정관청의 요청에 의한 강제중재에 의하여 근로자의 단체행동권 행사를 사실상 제한함으로써 일반사업에 종사하는 근로자와 공익사업에 종사하는 근로자를 차별대우하고 있으므로 헌법 제11조 제1항에 정한 평등의 원칙에도 위배된다.

구 노조법의 필수공익사업 직권중재조항에 대한 헌법재판

구 노동쟁의조정법의 공익사업 직권중재제도에 대해 헌법재판소의 합헌결정이 있었지만 그 위헌성에 대한 논란은 계속되었다. 1995년 5월 25일 흥사단 강당에서 민주노총 준비위원회와 공공부문노조대표자회의 공동 주최로 '직권중재제도의 문제점과 개혁방안'이라는 주제로 정책토론회가 개최되었다. 당시 직권중재의 사례로 서울대병원을 비롯한 병원과 서울지하철의 예가 소개되고, 일방중재의 사례로 한진중공업의 예가 소개되었으며, 개선 방향으로 공익사업의 범위 축소, 직권중재제도 폐지, 긴급조정 요건 강화, 중재위원 선정에 당사자의 참여권 인정 등의 방안이 제시되었다.

　　1997년 3월 13일 법률 제5310호로 구 노조법이 제정(1996. 12. 26. 국회에서 날치기 처리되었다가 총파업투쟁으로 날치기 처리된 법률을 폐지하고 새롭게 제정)·시행되면서 직권중재제도에 변화가 있었다. 구 노조법은 중재의 주체로 노동위원회를 규정함으로써 노동부장관 등 행정관청의 직권중재회부 권한을 박탈했다. 구 노조법 제62조 제3호의 중재개시 요건인 필수공익사업의 경우 노동위원회위원장이 특별조정위원회의 권고에 의하여 중재에 회부할 수 있도록 했다.

구 노조법은 제71조 제1항은 공익사업의 범위에 대하여, 제2항은 필수공익사업의 범위에 대하여 각 규정하고 있다. 필수공익사업의 범위는 철도(도시철도 포함) 운송사업, 수도·전기·가스·석유정제 및 석유공급사업, 병원사업, 한국은행, 통신사업이다. 시내버스운송사업과 일반은행사업은 필수공익사업에 포함되었다가 2001. 1. 1.부터 제외되었다(구 노조법 부칙 제2조). 공익사업은 조정전치주의에 따라 조정신청을 하면 15일 동안 특별조정위원회에서 조정을 거치게 되고(제45조 제2항, 제54조, 제72조), 특별조정위원회는 필수공익사업의 노동쟁의에서 조정이 성립될 가망이 없다고 인정하는 경우에는 조정기간이 만료되기 전에 그 사건의 중재회부를 당해 노동위원회에 권고할 수 있고(제74조), 노동위원회위원장은 공익위원의 의견을 들어 그 사건을 중재에 회부할 것인가를 결정한다(제75조). 조정기간이 만료되기 전에 중재회부권고를 하도록 규정한 것은 직권중재제도가 원칙적으로 사전적으로 중재에 회부하여 쟁의행위의 돌입을 막고자 하는 취지임을 의미한다.[22] 필수공익사업의 노동쟁의가 중재에 회부된 때에는 즉시 중재가 개시되며(제61조 제3호), 노동조합은 이로부터 15일간 쟁의행위를 할 수 없게 되고(제63조), 중재위원은 3인으로서 노동위원장이 공익위원 중에서 지명하며(제64조), 중재재정이 내려지면 행정소송을 통하여 이를 다툴 수 있을 뿐이고(제69조) 노동조합은 쟁의행위를 할 수 없어 결과적으로 단체행동권을 완전히 박탈당하게 된다.

필수공익사업에서 노동쟁의가 발생했다고 하여 법률상 반드시 중재에 회부해야만 하는 것은 아니지만, 실제는 필수공익사업에서 조정을 신청하면 대부분 특별조정위원회를 거쳐 노동위원회위원장이 중재에 회부하고 그로부터 15일 이내에 중재재정이 내려져 필수공익사업 근로자의 단체행동권이 완전히 박탈되었다. 중재재정은 노동위원회 공익위원으로 구성된 중재위원회에서 일방적으로 결정되므로 직권중재제도는 단체교섭권도 본질적으로 침해한다. 노동위원회의 중재회부결정 자체에 불복하여 재심 또는 행정소송을 제기할 수 있다는 것이 대법원의 견해[23]이나, 지방노동위원회의 중재회부결정에 대하여는 중앙노동위원회에의 재심 절차를 거쳐서 행정소송을 제기해야 하므로 현실적으로 중재재정이 내려지기 전에 중재회부결정의 효력을 정지시키고 쟁의행위를 한다는 것은 불가능하다.

이러한 직권중재제도로 말미암아 필수공익사업의 사용자들은 중재재정이 사용자에게 유리하게 이루어질 것으로 예상하고 처음부터 단체교섭에 불성실하게 임하여 교섭을 결렬시킨 후 직권중재회부를 통해 사용자가 원하는 중재재정을 얻는 전략을 사용했다. 직권중재제도는 필수공익사업의 노사관계를 왜곡·파행시키는 주된 요인으로 작용했다. 외국에서는 중재가 인정되는 경우에도 중재재정이 사용자보다는 노동조합에 유리한 내용으로 이루어지기 때문에 중재에 회부되는 것에 대해 사용자가 부담스럽게 여기고 중재로 가지 않고 해결하기 위해 노력하는 것이 일반적이다. 우리나라에서도 노동위원회가 필수공익사업에서 직권중재에 회부된 노동쟁의에 대해 원칙적으로 노동조합의 요구사항을 수용하는 내용으로 중재재정을 하는 관행을 정착시켰다면 직권중재제도의 문제점이 첨예하게 부각되지는 않았을지도 모른다. 그러나 현실에서는 매년 수많은 필수공익사업 노조 간부들이 직권중재제도로 말

미암아 범죄인이 되었다. 필수공익사업의 사용자가 직권중재제도
를 악용하여 매년 노동조합의 파업을 유도하고 노동조합을 탄압하
는 전술을 구사하고, 노동조합이 부득이하게 파업을 행하고 있다
는 사정은 필수공익사업 노동조합의 파업으로 인해 엄격한 의미
의 필수서비스의 공급이 전면적으로 중단되는 것은 아니라는 점을
반증한다. 엄격한 의미의 필수서비스 공급이 전면적으로 중단된다
면 당장 공중의 생명이나 안전 및 위생에 중대한 위해가 초래되어
중대한 문제로 비화될 것임에도 병원이나 지하철 등 필수공익사
업 노동조합이 파업을 했다고 해서 그러한 사태가 발생한 적은 없
다. 필수공익사업에서 파업이 발생하더라도 엄격한 의미의 필수서
비스의 공급은 단체협약의 협정근로조항 등을 근거로 유지되었다.
그렇다면 일상적으로 행해지고 있는 필수공익사업장의 파업과 같
은 정도의 쟁의권을 보장하더라도 크게 문제는 없다는 점을 보여
준다.

   2000년 10월 24일 종로성당에서 민주노총 주최로 필수공익
사업 직권중재제도 개정을 위한 정책토론회가 개최되어 보건의료
노조와 공공연맹의 사례가 소개되고, 개정 방향으로 필수공익사업
관련 조항 폐지 및 일반공익사업으로 통일, 직권중재 및 일방중재
의 폐지(노조법 제71조 제2항, 제74조, 제79조 삭제), 긴급조정 요건의 강
화 등의 방안이 제시되었다.

   전국보건의료산업노동조합(약칭 '보건의료노조')은 2001년 4월
25일부터 5월 25일까지 지부가 소속된 가톨릭대학교 중앙의료원
과 임금협상 및 단체협약 체결을 위한 단체교섭을 실시했으나 결
렬되자, 5월 28일 중앙노동위원회에 노동쟁의조정신청을 하고 조

합원 찬반투표로 쟁의행위 안건을 가결했다. 중앙노동위원회 특별조정위원회는 조정회의를 개최했으나 노사 간에 합의가 성립하지 못했고, 중앙노동위원회위원장은 6월 12일 보건의료노조와 가톨릭대학교 중앙의료원 사이의 노동쟁의를 중재에 회부하는 결정을 했다. 보건의료노조는 6월 16일 직권중재제도가 위헌이며 보건의료노조가 파업을 실시하기도 전에 이루어진 중재회부결정은 재량권을 남용한 것이라고 주장하며 그 무효확인 또는 취소를 구하는 행정소송을 제기했다(서울행정법원 2001구23542). 서울행정법원은 구 노조법 제62조 제3호 등 직권중재 관련 조항이 위헌으로 해석될 여지가 있다고 보고 11월 16일 위헌법률심판제청을 했다.

보건의료노조 간부들은 2000년 또는 2001년 노동쟁의 과정에서 직권중재회부결정 이후에 파업을 했다는 이유로 구 노조법 위반 등 혐의로 기소되었는데, 형사소송에서 서울행정법원의 위헌제청결정을 근거로 위헌제청신청을 했다. 당시 보건의료노조 위원장 차수련은 2000년 5월 31일부터 6월 5일까지 수 개의 병원에서 파업에 돌입하여 쟁의행위를 했다는 이유로 구 노조법 제91조 제1호 위반 및 업무방해 혐의로 1, 2심에서 유죄판결을 선고받고 상고(대법원 2001도1863) 중 위헌제청신청을 했다. 보건의료노조 서울대병원지부 최선임 위원장 등은 2001년 6월 13일부터 25일까지 파업에 돌입하여 쟁의행위를 했다는 이유로 노조법 제91조 제1호 위반 및 업무방해 혐의로 1, 2심에서 각각 유죄판결을 선고받고 상고(2001도6556) 중 위헌제청신청을 했다.

서울행정법원의 위헌제청결정 이유는 비교적 간명했다. ① 노동쟁의에서 중재는 쟁의행위에 대한 대상조치로서의 성격을 가지는데, 중재로 인하여 쟁의행위가 금지되고 중재재정에 단체협약과 같은 효력이 부여되므로, 중재는 임의중재가 원칙이고, 노사 쌍방의 의사와 상관없이 제3자가 직권으로 노동쟁의를 중재에 회부하고 구속력을 부여하는 것은 노사자치주의와 교섭자치주의에 위배될 가능성이 커 과잉금지의 원칙을 엄격히 준수해야 한다. ② 쟁의행위에 대한 사후적인 조치로 긴급조정결정 및 강제중재가 가능함에도 별도의 사전적인 조치로서 강제중재가 가능하도록 하는 것은 단체행동권을 과도하게 침해하는 것이며, 이로 인하여 중재회부일로부터 15일간 및 중재재정 이후의 기간 동안 어떠한 쟁의행위도 못하게 하는 것은, 단체행동권의 행사를 사실상 박탈하여 과잉금지의 원칙에 어긋나고 기본권의 본질적 내용을 침해한다. ③ 중재재정에 대해서는 위법이나 월권에 의한 것일 경우에만 재심신청과 행정소송이 가능하고, 중재재정의 내용의 당·부당에 대해서는 심리 대상에서 제외되어, 근로자로서는 단체행동권을 적법하게 행사할 수 있는 기회 자체가 사실상 없는 결과를 초래한다. ④ 쟁의행위는 전면적 파업 외에도 부분파업 및 피케팅, 부분적 일시적 직장점거 등 쟁의행위의 방법과 파급효과가 다양한데도, 필수공익사업장에서 이루어진 모든 쟁의행위에 대해 그 경위와 경중 등 구체적인 사정을 전혀 살피지 않고서, 중재회부결정이라는 행정처분에 의해 일률적으로 모든 쟁의행위를 금지하고 그 위반 시 불법쟁의행위로 간주하여 처벌하는 것은 과잉금지 원칙에 반한다.

법원이 위헌제청신청을 받아준 것만도 고무적이었다. 서울행정법원의 위헌제청결정 후 다시 토론회가 개최되어 필자는 직권중재제도의 위헌성과 개정 방향에 대해 주제발표를 했다. 당시 직권

중재제도를 유지하면서 고려할 수 있는 개선 방안들을 검토해 보았지만, 어느 방안이나 모두 문제점을 내포하고 있어 직권중재제도를 폐지하는 것만이 본질적인 해결방법이라는 견해를 밝혔다. 이미 헌법재판소에서 5인의 재판관이 위헌의견을 밝힌 바 있다. 1명만 더 위헌의견에 가담하면 위헌결정이 가능하다. 이해관계인으로 노동부장관과 중앙노동위원회위원장이 합헌 취지의 의견서를 제출했다.

헌법재판소는 공개변론을 열지 않고 2003년 5월 15일 결정을 선고했다. 1996년 결정 선고 당시 헌법재판소 구성원은 김용준(소장), 김진우(주심), 김문희, 황도연, 이재화, 조승형, 정경식, 고중석, 신창언이었는데(위헌의견은 김진우, 황도연, 이재화, 조승형, 고중석), 2003년 결정 선고 당시에는 윤영철(소장), 한대현(주심), 하경철, 김영일, 권성, 김효종, 김경일, 송인준, 주선회였다. 중복되는 재판관이 한 명도 없다. 그런데 위헌의견이 한대현, 하경철, 김영일, 송인준 4명으로 오히려 1명이 줄었다. 노동사건에서 역사의 진보는 없는가? 합헌의견과 위헌의견은 1996년 결정의 합헌의견과 위헌의견을 거의 답습했다. 합헌결정은 여전히 노동조합의 권리주장과 쟁의행위에 대한 1996년 결정의 왜곡되고 부정적인 편견을 그대로 유지했다.

대법원은 헌법재판소의 합헌결정이 있은 후에 위헌제청신청된 형사사건들을 선고하면서 판결이유로 합헌결정을 인용하여 직권중재 관련 조항이 합헌이라는 점을 명시하고 위헌제청신청을 기각했다. "구 노조법 제62조 제3호, 제63조, 제91조 제1호는 필수공익사업에 있어서 노사 양측의 극단적인 이해 대립과 갈등으로 파업이 빈발하면 공중의 일상생활을 마비시키고 국민경제가 붕괴의 위험에 처할 수 있으므로 노사 간 합의 대신 노동위원회의 중재를 통한 쟁의의 해결이 가능하도록 함으로써 공중의 일상생활을 유지하고 국민경제를 보전하고자 하는 데에 그 입법목적이 있는 것으로서 그 입법목적이 정당하고, 법상 규정한 기본권 제한의 방법이 적절하며, 기본권 제한의 정도도 최소화하고 있을 뿐만 아니라, 보호하고자 하는 공익과 제한되는 사익 간의 균형도 유지하고 있으므로 헌법상 과잉금지의 원칙에 위배되지 아니한다"는 것이다 (대법원 2003. 12. 26. 선고 2001도1863 판결).

필수유지업무제도에 대한 헌법재판

필수공익사업의 직권중재제도에 대한 헌법재판소의 2003년 합헌 결정에도 불구하고 그 위헌성에 대한 지적과 폐지 운동은 강력하게 계속되었다. 정부와 노사당사자는 새로운 경제, 사회 환경 변화에 대응하고자 노사관계 선진화 방안을 논의하였고, 노사정대표자회의 합의와 국회의 심의를 거쳐 2006년 12월 현행 노조법으로 개정되었다. 현행 노조법은 필수공익사업에 대한 직권중재회부를 규정한 구 노조법 제62조 제3호와 중재회부의 권고 및 결정에 관한 제74조, 제75조를 삭제하여 직권중재제도를 폐지하고 대신 필수유지업무제도를 도입했다.

현행 노조법 제42조의2 제1항은 필수유지업무에 대해 '제71조 제2항의 규정에 따른 필수공익사업의 업무 중 그 업무가 정지 또는 폐지되는 경우 공중의 생명, 신체의 안전이나 건강 또는 공중의 일상생활을 위태롭게 하는 업무로서 대통령령이 정하는 업무'라고 규정했다. 제71조 제2항은 필수공익사업에 대해 '제1항의 공익사업으로서 그 업무의 정지 또는 폐지가 공중의 일상생활을 현저히 위태롭게 하거나 국민경제를 현저히 저해하고 그 업무의 대체가 용이하지 아니한 사업'으로 규정하고, 이에 해당하는 사업을 1. 철도사업, 도시철도사업 및 항공운수사업, 2. 수도사업, 전기사업, 가스사업, 석유정제사업 및 석유공급사업, 3. 병원사업 및 혈액공급사업, 4. 한국은행사업, 5. 통신사업으로 규정했다(기존의 필수공익사업에 항공운수사업, 혈액공급사업을 추가). 노조법 시행령 제22조의 2 별표 1은 해당 필수공익사업의 필수유지업무를 자세히 규정하였다. 예컨대, 병원사업 관련한 필수유지업무는 '응급의료에 관한 법률' 제2조 제2호에 따른 응급의료 업무, 중환자 치료·분만(신생아 간호를 포함한다)·수술·투석 업무, 위 업무수행을 지원하기 위한 마취, 진단검사(영상검사를 포함한다), 응급약제, 치료식 환자급식, 산소공급, 비상발전 및 냉난방 업무 등이 여기에 속하고, 혈액공급사업 중에서는 채혈 및 채혈된 혈액의 검사 업무, 혈액관리법 제2조 제6호에 따른 혈액제제 제조 업무, 혈액 및 혈액제제의 수송 업무 등이다. 필수유지업무에 대해서는 쟁의행위 기간 중에도 그 업무의 유지·운영이 강제되고, 그 위반에 대해서는 형사처벌이 규정되었다.

필수유지업무는 그 요건과 내용을 법령에서 정하고 있으나, 필수공익사업장에서 쟁의행위에 돌입할 경우 어떤 업무가 필수유지업무의 대상 업무가 되는지, 이를 유지·운영하기 위한 인력은 어느 정도 되는지 등은 사업장에 따라 다를 것이므로 그 내용을 다시 구체적으로 정하는 절차가 필요하다. 노조법에서는 이에 관하여 구체적인 규정을 두고 있다(노조법 제42조의3 내지 6, 제69조, 제70조 제2항). 필수공익사업장의 노동자와 사용자는 노조법 시행령에서 정한 필수유지업무 범위에서 그 유지수준, 대상직무, 필요인원 등 구체적 운용 방법을 협정으로 체결하여야 한다. 필수유지업무협정 체결을 위한 교섭요구는 노동관계 당사자 어느 일방이 다른 일방에게 할 수 있다. 노동조합은 필수유지업무협정이 체결되는 경우에 사용자에게 필수유지업무에 근무하는 조합원 중 쟁의행위기간 동안 근무하여야 할 조합원을 통보하여야 하고, 사용자는 이에 따라 근로자를 지명하고 이를 노동조합과 그 근로자에게 통보하여야 한다. 그리고 기 통보 또는 지명된 조합원을 변경하는 절차나 필수유지업무협정의 유효 기간에 대해서도 정할 필요가 있다. 당해 필수공익사업 노동관계 당사자는 위와 같은 내용에 관하여 필수유지협정을 서면으로 체결하여 쌍방이 서명 또는 날인하여야 한다. 노사 간에 협정이 체결되지 않을 경우 관계 당사자 일방 또는 쌍방이 노동위원회에 신청하여 노동위원회가 결정한다. 노동위원회는 특별조정위원회를 구성하여 사업장별 필수유지업무의 특성 및 내용 등을 고려하여 필수유지업무의 필요 최소한의 유지·운영 수준, 대상 직무 및 필요인원 등을 정한다. 필수유지업무제도는 노동위원회가 일방적 결정으로 쟁의권을 제한하는 직권중재제도에 대한 반성적 고려에서 도입된 제도이므로, 노사 간 교섭이 교착상태에 빠졌을 때에만 보충적으로 양 당사자 사이의 의견을 최대한 좁혀 노동위원회가 필수유지업무 유지 수준을 결정하여야 한다. 지방노동위원회의 결정이 위법하거나 월권에 의한 것이라고 인정되는 경우 당사자는 결정서의 송달을 받은 날로부터 10일 이내에 중앙노동위원회에 재심을 요청할 수 있고, 중앙노동위원회의 재심결정이 위법하거나 월권에 의한 것일 경우에는 재심결정서의 송달을 받은 날부터 15일 이내에 행정소송을 제기할 수 있다.

보건의료노조는 소속 지부의 사용자인 의료원들과 2008년 4월경부터 6월경까지 현행 노조법 제42조의3 규정에 따라 필수유지업무협정 체결을 위하여 교섭을 진행했으나 합의에 이르지 못했다. 각 의료원은 2008년 7월경 지방노동위원회에 현행 노조법 제42조의4 제1항에 따라 필수유지업무 유지·운영 수준 등의 결정신청을 했고, 이에 대해 지방노동위원회는 2008년 7월경 필수유지업무 유지·운영 수준, 대상직무 및 필요인원에 대한 결정을 했다. 보건의료노조가 위 결정에 불복하여 중앙노동위원회에 재심신청을 했으나, 중앙노동위원회는 2009년 6월경 재심신청을 기각하는 재심결정을 했다. 보건의료노조는 이에 불복하여 재심결정의 취소를 구하는 행정소송을 제기했고, 행정법원에 계류 중 필수유지업무제도 관련 조항인 현행 노조법 제42조의2 내지 6, 제89조 제1호 중 제42조의2 제2항 규정 위반 부분 등에 대해 위헌제청신청을 했다.

위헌사유로 주장한 요지는 다음과 같다. ① 이 사건 조항은 필수공익사업체의 필수유지업무에 종사하는 근로자의 단체행동권을 사전적으로 봉쇄하고 있으므로 헌법상 보장된 단체행동권을 본질적으로 침해한다. ② 이 사건 조항은 필수유지업무의 내용을 법률로 확정하고 있는 것이 아니라 대통령령으로 정하도록 하고 있는바, 이는 포괄위임 금지 원칙을 위반하는 것이고, 노조법 제42조의2에서 사용하고 있는 '공중의 일상생활을 현저히 위태롭게 하는 업무' 등의 개념은 그 의미가 불명확하므로 명확성 원칙에 위반된다. ③ 필수유지업무를 포함한 필수공익사업에서 쟁의행위가 발생하여 국민의 일상생활을 위태롭게 할 위험이 현존하는 때에는 노동부장관이 긴급조정을 결정하거나 대체근로를 사용할 수 있음에도 불구하고, 이 사건 조항은 필수유지업무에 종사하는 근로자의 단체행동권 행사를 사전적으로 봉쇄하고 있는바, 이는 과잉금지원칙의 최소침해성 원칙을 위반하는 것이다. ④ 이 사건 조항은 필수유지업무에 종사하는 근로자와 그 외의 근로자를 합리적인 이유 없이 차별하므로 평등 원칙에 위반된다.

전국의 많은 의료원에서 필수유지업무 결정 절차가 진행되었고, 지방노동위원회 결정과 중앙노동위원회 재심결정을 거쳐 서울행정법원에 중앙노동위원회 재심결정의 취소를 구하는 소송이 제기되었다. 동일한 내용으로 위헌제청신청을 했고, 서울행정법원은 원고 청구기각 판결을 선고하면서 위헌제청신청에 대해 기각결정을 했다. 이에 대해 2010년 10월 내지 12월에 헌법소원을 제기했다. 전체적으로 14건(① 고려대학교의료원, ② 가톨릭대학교 서울성모병원, ③ 가톨릭대학교 여의도성모병원, ④ 전북대학교병원, ⑤ 서울적십자병원, ⑥ 서울보훈병원, ⑦ 영남대학교 의료원, ⑧ 영남대학교 영천병원, ⑨ 원광대학교의과대학병원, ⑩ 세종병원[부천], ⑪ 경희의료원, ⑫ 이화여자대학교의료원, ⑬ 한국원자력의학원, ⑭ 한양대학교의료원)의 헌법소원이 제기되어 병합 심리되었다(2010헌바385,386,387,388,389,390,391,392, 393,394,451,452,453,481).

헌법재판소는 공개변론을 열지 않고 2011년 12월 29일 전원일치 의견(재판관 이강국, 김종대, 민형기, 이동흡, 목영준, 송두환, 박한철, 이정미)으로 합헌결정을 선고했다. 요지는 다음과 같다. ① 필수공익사업 중 필수유지업무는 필수공익사업별로 산업적 특성에 따라 구체화될 수밖에 없기 때문에 일반 공중의 생명이나 건강 등에 직접적으로 영향을 미치는 핵심적 업무인 필수유지업무를 사전에 전부 법률로써 일률적으로 정하는 것이 불가능한 점, 대통령령에 위임된 '업무가 정지되거나 폐지되는 경우 공중의 일상생활을 현저히 위태롭게 하는 업무'란 그 업무의 정지나 폐지로 '일반 사람들이 인간으로서 최소한으로 유지하여야 할 일상생활을 할 수 없을 정도로 영향을 미치는 업무'로서 그 대강의 내용을 예측할 수 있다는 점에서 현행 노조법 제42조의2 제1항이 포괄 위임 금지 원칙에 위배된다고 볼 수 없다. ② 필수유지업무는 그 정지나 폐지로 공중의 생명·건강 또는 신체의 안전 등을 위태롭게 하는 업무로서 이에 대해 아무런 제한 없이 근로자의 쟁의행위를 허용한다면 공중의 생명이나 신체, 건강 등은 위험에 처해질 수밖에 없으므로 이를 보호하기 위해 부득이 필수유지업무에 대해서는 쟁의권 행사를 제한할 수밖에 없고, 필수유지업무제도는 쟁의행위에 대한 사전적 제한이라는 성격을 가지지만, 필수유지업무제도를 통해 보호하려는 공중의 생명이나 건강은 그 침해가 현실화된 이후에는 회복이 어렵다는 점에서 사전제한이라는 이유로 과잉금지 원칙을 위반한다고 볼 수 없다. ③ 이 사건 필수유지업무는 공중의 생명·건강 또는 신체의 안전이나 공중의 일상생활을 현저히 위태롭게 하는 업무이므로 이에 대한 쟁의권 행사는 그 영향이 치명적일 수밖에 없다는 점에서 다른 업무 영역의 근로자보다 쟁의권 행사에 더 많은 제한을 가한다고 하더라도 그 차별의 합리성이 인정되므로 평등 원칙을 위반한다고 볼 수 없다.

그러나 필수유지업무제도의 위헌성은 여전히 논란의 대상이 되고 있고, 노동계에서는 그 폐지를 강력하게 요구하고 있다. 노동 3권은 근로자가 사용자와 개별적으로 근로조건에 관한 계약을 체결할 경우에 처하게 되는 근로자의 사회·경제적으로 열등한 지위를 근로자단체의 힘을 배경으로 보완·강화함으로써 사용자와 근로자 사이의 실질적인 대등성을 확보해주는 기능을 수행하는 기본권이다. 그런데 근로자의 단체행동권이 전제되지 않은 단체결성이나 단체교섭이란 무력한 것이어서 무의미하여 단체결성이나 단체교섭권만으로는 노사관계의 실질적 대등성은 확보될 수 없으므로 단체행동권이야말로 노사관계의 실질적 대등성을 확보하는 필수적인 전제이므로 노동3권 가운데 가장 중핵적인 권리는 단체행동권이다. 현행 헌법 하에서는 주요방위산업체에 종사하는 근로자가 아닌 (필수)공익사업체에 종사하는 근로자에 대한 단체행동권을 박탈할 헌법적 근거가 소멸되었다. 그렇기 때문에 헌법이 허용하고 있는 주요방위산업체에 종사하는 근로자를 제외하고 다른 근로자에 대해 단체행동권을 사전적으로 전면 금지하는 것은 단체행동권에 대한 일정한 제한을 가하는 정도에 그치는 것이 아니라 단체행동권을 본질적으로 침해하는 것이 된다. 그런데 필수유지업무제도는 필수유지업무 종사 근로자들의 단체행동권을 제한하는 정도에 그치는 것이 아니라 형사처벌의 위협으로 단체행동권의 행사 자체를 사전적으로 봉쇄함으로써 단체행동권의 본질적인 내용을 침해하고 있다. 헌법은 필수유지업무 종사 근로자에 대해 단체행동권을 법률유보의 방법으로 인정하지 아니할 수 있도록 규정하고 있지 아니하다. 그럼에도 이 사건 조항들은 필수유지종사 근로자의 단체행동권을 형벌의 위협 하에 사전적으로 봉쇄하고 있는바, 이는 헌법상 근거가 전혀 없을 뿐만 아니라 단체행동권의 본질적 내용을 침해하여 위헌임을 면할 수 없다. 나아가 필수유지업무제도는 필수유지업무 종사 근로자의 쟁의행위 전체를 금지하고 위반행위에 대해 형사처벌을 규정하고 있는바, 이는 그 목적에 비추어 과도한 처벌로서 수단의 적합성, 피해의 최소성, 법익의 균형성에 위반되어 위헌이다. '공중의 일상생활을 현저히 위태롭게 하는 업무'라는 불명확한 기준으로 그 업무에 종사하는 근로자의 단체행동권의 행사를 사전적으로 봉쇄하는 것은 수단의 적정성, 피해의 최소성 및 법익의 균형성을 인정하기 어렵다. 필수유지업무 종사 근로자의 단체행동권과 공중의 일상생활이라는 법익이 충돌하는 경우 양자 중의 한쪽을 금지하는 방법을 선택하는 것은 그 수단의 적합성, 피해의 최소성 및 법익의 균형성을 인정할 수 없고, 양자를 모두 존중한 전제 위에 조정방안을 모색하여야 비로소 합헌이라 할 수 있다. 특히 위반의 경우 형벌을 부과하는 것은 피해의 최소성 원칙을 심각하게 침해하는 것이다. 필수유지업무를 포함한 필수공익사업에서 쟁의행위가 발생하여 국민의 일상생활을 위태롭게 할 위험이 현존하는 때에는 노동부장관이 긴급조정을 결정할 수 있고(노조법 제76조), 노동부장관이 긴급조정 결정을 공표한 때에는 노동조합은 즉시 쟁의행위를 중지하여야 하며(노조법 제77조), 또한 필수공익사업의 사용자는 당해 사업 또는 사업장 파업참가자의 100분의 50을 초과하지 않는 범위 내에서 당해 사업과 관계없는 자를 채용 또는 대체하거나 도급 또는 하도급을 줄 수 있다(노조법 제43조 제3항 및 제4항). 현행 노조법은 필수유지업무 종사 근로자가 쟁의행위를 할 경우 공중의 이익을 보호하기 위하여 2중, 3중의 안전장치를 설정하고 있다. 그럼에도 단체행동권의 행사를 사전적으로 봉쇄하는 것은 수단의 적합성과 피해의 최소성 원칙을 침해한다. 결국 필수유지업무제도는 기본권 제한에 관한 과잉금지 원칙의 주요 내용인 수단의 적합성, 피해의 최소성, 법익의 균형성을 위배하여 단체행동권을 필요 이상으로 과잉 제한하여 헌법에 위반된다.

법이 개정되는 그날까지 위헌 주장은 계속될 것이다.

기소유예 받는 것보다
기소되는 게 낫다?

4 기소유예 처분 취소
헌법소원 사건

검사의 기소유예 처분에 대한 피의자의 헌법소원심판청구

기소유예 처분은 검사가 수사를 마무리하면서 피의자에 대해 범죄 혐의를 인정하면서도 여러 정상을 참작하여 기소를 유예해주는 불기소 처분의 하나다. 피의자의 입장에서는 기소되어 재판을 받는 것은 아니지만, 범죄를 저질렀다는 점이 공권력에 의해 인정된 것이므로 상당한 불이익 처분이다. 혐의를 전면적으로 부인하는 피의자의 입장에서는 수용하기 힘든 처분이다. 기소유예 처분은 확정판결과 같은 기판력이 있는 것이 아니므로 검사가 나중에 다시 이것을 문제 삼아 기소할 수도 있다. 또한 피의자가 범죄행위를 한 것을 이유로 해서 피해자가 손해배상을 청구한 민사소송에서는 결정적으로 불리한 증거가 될 수도 있다. 기소유예 처분을 받은 피의자의 입장에서는 기소유예 처분의 취소를 구할 법률적 이익이 있다.

이러한 피의자의 권리 보장을 위해 헌법재판소는 검사의 기소유예 처분이 증거가치 판단의 잘못이나 중대한 수사 미진 또는 법리오해 등에 기인한 경우 헌법상 보장된 피의자의 기본권인 평등권과 행복추구권을 침해한다고 보아 헌법소원심판을 청구할 수 있다고 인정하고 있다.[24]

　　피의자는 기소유예 처분을 한 검사를 상대로 기소유예 처분의 취소를 구하는 헌법소원을 제기할 수 있다. 헌법재판소는 심리결과 기소유예 처분이 위법하다고 인정하는 경우 기소유예 처분을 취소한다. 주문의 예는 "○○지방검찰청 2***형제****호 △△ 피의사건에서 피청구인(○○지방검찰청 검사)이 2000. 00. 00. 청구인에 대하여 한 기소유예 처분은 청구인의 평등권과 행복추구권을 침해한 것이므로 이를 취소한다" 등이다.

직장점거 후 직장폐쇄 시 퇴거불응죄 사건

노동조합이 적법한 직장점거(부분적·병존적 점거)의 형태로 쟁의행위를 하고 있는 중에 사용자가 직장폐쇄를 하고 조합원들에게 사업장에서 퇴거할 것을 요구할 때 이를 거부하는 것이 퇴거불응죄에 해당하는가 여부는 노동법학계에서 치열한 논란의 대상이다. 나우정밀 파업사건에 관한 대법원 판결[25]은 직장폐쇄로 인하여 사용자의 물권적 지배권이 전면적으로 회복된다는 법리를 근거로 해서 퇴거불응죄의 책임을 인정했다. 직장폐쇄는 노동조합의 파업에 대해 사용자가 대항하는 행위로서 업무의 정상 운영을 저해하는 결과를 낳는 행위를 말한다. 노동조합의 파업으로 인해 파업 불참자들이 근무해도 아무런 성과가 없을 때 사용자로 하여금 직장폐쇄를 통해 파업 불참자들에 대한 임금 지급의 의무를 면하게 하는 데 그 의미가 있다. 직장폐쇄의 핵심 요소는 '근로 제공의 수령 거부'

이고, 법률적 효과는 파업 불참자에 대한 임금 지급 의무의 면제다. 직장폐쇄의 대상은 파업에 참가하지 않고 근무에 임하는 비조합원 또는 파업 불참 조합원들이다. 파업 참가 조합원의 경우에는 사용자에게 임금 지급 의무가 없으므로 직장폐쇄 대상이 되지 않는다. 직장폐쇄는 노사 간 실질적 대등의 보장과 형평 원칙이라는 차원에서 허용되므로 노동조합의 쟁의행위에 대항하는 데 필요한 한에서만 그 정당성이 인정된다. 시기적으로 노동조합이 쟁의행위를 한 이후에 개시되어야 하고(대항성), 목적상 노동조합의 쟁의행위로 노사 간 교섭력의 균형이 깨지고 사용자 측에 현저히 불리한 압력이 가해지는 상황에서 수동적, 방어적인 수단으로 행해져야 하며(방어성), 정도에서 상당성이 인정되는 범위 안에서 행해져야 한다(상당성).

그런데 현실에서 직장폐쇄는 파업 중인 조합원들을 사업장에서 몰아내기 위한 방편으로 악용되고 있다. 노동조합이 파업을 시작하자마자 직장폐쇄가 공격적으로 단행되고, 직장폐쇄 후에는 구사대 또는 경비용역 인력을 투입하여 파업 농성 중인 조합원들을 몰아내는 과정에서 폭력도 행사된다. 파업 참가 중인 조합원들에 대해서만 직장폐쇄가 취해지고 파업 불참자들을 이용하여 정상적인 조업이 이루어진다. 노동조합이 파업을 철회하고 조업에 복귀하고자 할 때도 직장폐쇄를 유지하며 조합원들의 복귀를 허용하지 않고 각서나 서약서 제출을 강요한다. 직장폐쇄가 노동조합을 무력화하고 파괴하는 도구로 활용되고 있는 것이다. 직장폐쇄가 이렇게 남용되게 된 데는 위 나우정밀 파업 사건 대법원 판결이 중요한 기여를 하고 있다. 이 판례의 입장을 변경할 필요성을 절실하게 느끼고 있던 차에 한국노동연구원 파업 사건을 맡게 되었다.

정부 출연 연구기관인 한국노동연구원에는 전국공공연구노동조합 한국노동연구원지부가 조직되어 있다. 연구원에서는 그간 파업이 없었는데, 2008년 8월 갑(이하 甲)원장이 부임한 이래 노사 관계가 어렵게 전개되었고 2009년에 파업까지 발생했다. 甲원장은 2009년 2월 3일 노조 측의 통일교섭 요구를 거부했고, 2월 5일 단체교섭권을 노무법인에 위임했으며, 2월 6일에는 단체협약 해지 통보를 했다. 단체협약 해지 통보는 사실상 노조에 대한 선전포고나 마찬가지다. 흔히 노동조합에 적대적인 사용자가 노동조합 탄압을 위한 서곡으로 단체협약 해지 통보를 하고 있다. 노동조합은 노동위원회에 조정신청을 하고 조합원 찬반투표 등의 절차를 준수하여 2009년 7월 13일부터 부분 파업을 진행했다. 연구원 측은 2009년 8월 5일 지부장의 업무 복귀 및 노동조합 사무실 제공 중단을 통보했고, 8월 10일 근무시간 중 조합 활동 금지 및 조합비 일괄공제 중단을 통지했다. 이에 노동조합은 2009년 9월 21일부터 전면 파업에 들어갔다. 노사 간에 본교섭이 재개되어 11월 26일에는 노동조합이 연구원 측 수정안을 수용하겠다는 입장을 밝혀 타결이 예상되었다. 그런데 연구원 측은 갑자기 교섭 결렬을 통보하고 11월 30일 오후 10시 무렵 연구원 9층과 10층 출입문에, '12월 1일 오전 8시부터 직장폐쇄를 한다'는 공고문을 붙였다. 조합원들은 직장폐쇄 후에는 사무실 안으로 들어가지 않았다. 12월 1일부터 4일까지 9층 엘리베이터 앞 로비에서 농성을 하다가 12월 5일부터는 연구원 시설에서 완전히 벗어났다. 甲원장은 국회에서 헌법의 노동3권 보장 조항을 삭제하는 것이 자신의 소신이라고 발언한 것이 문제가 되어 12월 14일 사표를 제출했다. 노동조합은 甲원장의 사직 소식을 듣고 긴급조합원총회를 개최했다. 12월 15일부로 지부장 1인을 제외한 모든 조합원이 파업을 중단하고 업무에 복귀할 것을 결의하고, 이를 연구원 측에 통보했다. 연구원 측은 파업을 종료하고 업무에 복귀한 조합원들에 대해 사무실 출입과 업무 수행을 저지하면서 개별적으로 파업종료확인서를 작성할 것을 종용했다. 노조가 12월 18일 자로 조합원들의 개별 서명을 받은 업무복귀확인서를 노조 명의로 제출했음에도, 연구원 측은 조합원들의 업무 복귀를 허용하지 않다가 12월 30일에야 조합원들의 업무 복귀를 허용하면서 12월 15일 이후의 임금을 지급했다.

연구원은 2009년 12월 11일 자로 전체 조합원들을 ① 파업 중 행위에 대해 업무방해 혐의로, ② 직장폐쇄 이후 12월 1일부터 4일까지 9층 로비 점거에 대해 퇴거불응 혐의로 고소했다. 연구원을 지도·관리하는 경제인문사회연구회는 연구원으로부터 자료를 건네받아 전체 조합원들을 별도로 고발했다. 명백하게 파업에 참가하지 않은 조합원들도 고발한 것으로 밝혀져 뒤에 일부에 대해서는 취하하기도 했다. 영등포경찰서가 서울남부지방검찰청의 지휘를 받아 이 사건을 수사했다. 업무방해 혐의로 기소하기 위해 온갖 방법을 동원하여 철저하게 수사했다. 주요 노조 간부들의 통화 내역을 압수하고, 건물 관리 직원과 다른 층 근무자들까지 불러 조사했다. 검찰은 1년 이상 수사한 후 2010년 12월 31일 전국공공운수노조 위원장과 정책국장 그리고 연구원지부장을 퇴거불응 혐의에 대해 벌금을 명령하는 구약식 기소를 했다. 주된 혐의 사실이었던 업무방해에 대해서는 증거 불충분을 이유로 무혐의 처분했다.

검찰은 같은 날짜로 조합원 46명에 대해, 업무방해 혐의에 대해 무혐의 처분, 퇴거불응 혐의에 대해 기소유예 처분을 했다. 구약식 기소된 피고인들은 정식재판을 청구했고, 기소유예 처분을 받은 조합원들은 헌법재판소에 헌법소원[26]을 제기했다. 이 사건에서 법리적 쟁점은 정당성이 인정되는 병존적·부분적 직장점거 형태의 쟁의행위가 사용자의 직장폐쇄에 의해 위법한 것으로 전환되고, 나아가 퇴거 요구에 불응했다고 해서 퇴거불응죄가 성립되는가 여부다.

헌법소원심판청구서

청 구 인 별지 목록 기재와 같음(46명)
   청구인들 대리인 법무법인 시민 담당변호사 김선수
피청구인 서울남부지방검찰청 검사

청 구 취 지

피청구인이 청구인들에 대하여 한 2010. 12. 31. 자 폭력행위 등 처벌에 관한 법률 위반(공동퇴거불응) 피의사건에 대한 기소유예 처분을 취소한다.
라는 결정을 구합니다.

침해된 권리

헌법 제11조 제1항의 평등권, 헌법 제10조 행복추구권

침해의 원인

피청구인이 청구인들에 대하여 한 2010. 12. 31. 자 폭력행위 등 처벌에 관한 법률 위반(공동퇴거불응) 피의사건에 대한 기소유예 처분

청구이유

1. 이 사건 기소유예 처분의 경위

가. 청구인들의 지위

청구인들은 한국노동연구원(이하 '연구원'이라 함)에 근무하는 직원들로서 전국공공연구노동조합 한국노동연구원지부(이하 '노조'라 함) 간부 또는 조합원들입니다.

나. 쟁의의 전개과정

(1) 2008. 8. 22. 甲이 연구원 원장으로 부임한 이래 甲원장의 왜곡된 인식과 불통하는 자세로 인해 연구원의 노사관계가 어렵게 전개되었습니다. 甲원장은 2009. 2. 3. 노조 측의 통일교섭 요구를 거부하고 면담 요청에도 불응했으며, 같은 달 5. 단체교섭권을 노무법인에 위임하는가 하면 같은 달 6.에는 단체협약 해지 통보를 함으로써 노사관계를 파행으로 몰아갔습니다. 노조는 애초의 요구안에서 상당히 양보한 수정안을 제시하는 등 최선의 노력을 했으나 연구원 측이 거부하여 단체교섭

이 결렬에 이르게 되었고, 노조는 노동위원회에의 조정 신청과 조합원 찬반투표 등 소정의 절차를 모두 준수하여 2009. 7. 13.부터 부분파업을 진행했습니다. 연구원 측은 단체협약 해지 통보 후 6개월이 되기 직전인 2009. 8. 5. 노조 지부장에게 업무복귀 명령을 내리고 노조사무실 제공 중단을 통보했고, 같은 달 10.에는 근무시간 중 조합활동 금지 및 조합비 일괄 공제 중단을 통지하는 등 노조 자체를 인정하지 않는 태도를 취했습니다. 이에 노조는 2009. 9. 21.부터 전면파업을 진행했습니다.

조합원들은 파업의 방법으로 연구원 사무실이 있는 9층의 엘리베이터 앞 로비에 모여 농성을 하면서 보고대회 등 집회를 개최하거나 사업장 밖에서 연구원 측의 부당한 처사에 항의하고 이를 알리는 활동을 했습니다.

(2) 2009. 11. 10. 노사 간의 본교섭이 재개되어 같은 달 26.에는 28개 쟁점조항 중 '고용안정위원회' 관련 조항 하나만 제외하고 나머지 모든 조항에 대해서는 잠정 합의에 이르게 되었습니다. 2009. 11. 26. 23:00경 노조 측이 고용안정위원회 관련 조항에 대해 연구원 측의 수정안을 수용하겠다는 입장을 밝혀 원만하게 합의가 이루어질 것으로 기대되었습니다. 노조 측은 합의에 이르기 위해 최선의 노력을 했으나, 연구원 측은 이런저런 트집을 잡고 합의를 해주지 않다가 2009. 11. 30. 서울지방노동청 서울남부지청에 직장폐쇄 신고를 하고는 같은 날 22:00경 연구원 9층과 10층 출입문에 2009. 12. 1. 08:00부터 직장폐쇄를 한다는 공고문을 부착했습니다.

노조는 상급단체인 전국공공연구노동조합 간부들과 함께 2009. 12. 1. 14:00경부터 15:00경까지 9층 엘리베이터 앞 로비에서 기자회견을 개최했고, 같은 달 2. 14:00부터 15:00까지 같은 장소에서 조합원 임시총회를 개최했습니다. 위 시간을 제외하고는 노조사무실이 10층에 있기 때문에 조합원들은 주로 노조사무실을 중심으로 해서 문화제 등 행사 준비를 하면서 왕래를 했습니다.

(3) 노조는 2009. 12. 5.부터는 조합원 모두가 노조 사무실을 비롯한 연구원 시설에서 완전히 벗어나 있었고, 甲원장이 12. 14. 사표를 제출함에 따라 긴급조합원총회를 개최하여 12. 15. 08:00부로 지부장 1인을 제외한 모든 조합원들이 파업을 중단하고 업무에 복귀할 것을 결의하고 이를 연구원 측에 통보했습니다. 지부장 1인을 제외한 이유는 단체협약이 체결되지 않아 전임자가 확보되지 않은 상태여서 부득이하게 지부장 1인에 한해 지명파업을 했고, 이는 2009. 8. 5. 단체협약이 실효되는 시점에서 전면 파업 돌입 전까지도 동일하게 1인 지명파업을 실시한 적이 있었습니다.

그런데 연구원 측은 2009. 12. 14. 자로 전체 조합원들을 업무방해 및 퇴거불응 혐의로 고소했고, 12. 15. 파업을 종료하고 업무에 복귀한 조합원에 대해 사무실 출입과 업무수행을 저지하면서 개별적으로 파업종료확인서를 작성할 것을 종용했습니다. 노조가 업무복귀 의사를 명확하게 밝히기 위해 2009. 12. 18. 자로 조합원들의 개별 서명을 받은 '업무복귀확인서'를 노조 명의로 제출했음에도 연구원 측은 상당한 기간 조합원들의 업무복귀를 허용하지 않았습니다. 연구원 측은 2009. 12. 30.에 이르러서야 조합원들의 업무복귀를 허용하면서 조합원들이 복귀의사를 밝힌 12. 15. 이후의 15일분의 임금을 지급했습니다.

다. 기소유예 처분

피청구인은 연구원 측이 청구인들을 상대로 제기한 고소사건에 대한 수사를 하고 2010. 12. 31.자로 제반 업무방해 혐의에 대해서는 증거 불충분으로 인한 혐의 없음 결정을 했으나, 청구인들이 공모하여 2009. 12. 1.부터 같은 달 4.까지 사용자인 연구원의 직장폐쇄 조치에도 불구하고 연구원 9층 복도를 무단으로 점거하고 사용자의 퇴거요구에 정당한 이유 없이 불응했다고 하여 폭력행위 등 처벌에 관한 법률 위반(공동퇴거불응) 혐의에 대해서는 기소유예의 불기소 처분을 했습니다.

2. 이 사건 기소유예 처분의 기본권 침해

가. 주거의 사실상의 평온을 저해하는 행위의 부존재

퇴거불응(즉, 주거침입)죄의 보호법익은 사적 생활관계에서 누리는 주거의 사실상의 평온이고, 퇴거불응죄는 거주자나 관리자의 의사에 반하지 않고 주거에 들어가 주거의 사실상의 평온을 저해하는 행위를 하는 상태에서 퇴거요구를 받고도 응하지 않고 퇴거하지 않은 경우에 성립하는바, 청구인들은 피해자인 연구원의 사실상의 평온을 저해하는 행위를 한 바 없습니다.
이 사건 기소유예 처분이 청구인들의 피의사실로 인정한 퇴거불응 행위는 2009. 12. 1. 10:00부터 17:00까지, 12. 2. 10:00부터 17:00까지, 12. 3. 14:00부터 17:00까지, 12. 4. 10:00부터 18:00까지 연구원 9층 복도를 점거하고 퇴거요구에 불응했다는 것입니다. 그러나 청구인 등 조합원들이 연구원 9층 로비에 모여 있었던 것은 2009. 12. 1. 14:00부터 15:00까지 기자회견을 할 때, 12. 2. 14:00부터 15:00까지 임시총회를 할 때뿐이고, 그 외의 시간에는 청구인 등이 9층 로비를 점거한 사실이 없습니다.

청구인들이 9층 로비를 점거하지 아니한 시간대에 대한 부분은 그 자체로 퇴거불응죄의 책임을 질 여지가 없음에도 불구하고 기소유예 처분을 한 것은 위법합니다.

나. 연구원 9층 로비의 퇴거불응죄 객체 불해당

(1) 연구원 9층 로비는 퇴거불응죄의 객체인 사람의 주거 또는 관리하는 건조물에 해당하지 않습니다.

연구원 9층의 구조는 별첨 9층 실별 배치도와 같이 직사각형 형태의 건물에 사방 경계를 따라 사무실이 있고 중앙에 직사각형 형태로 공용부분에 엘리베이터, 화장실, 비상계단 등이 있고 그 한가운데에 로비가 있습니다. 로비에서 사무실로 통하는 곳 네 군데에는 출입문이 있습니다. 또한 위 로비는 엘리베이터 6대 포함 13.5미터×10.2미터, 넓이 137.7평방미터이고 그중 조합원들이 앉아 있던 공간은 엘리베이터 앞 공간 9미터×2.7미터, 넓이 24.3평방미터로 40여 명이 줄을 맞추어 앉아 있으면 일부분만 차지하게 되고, 다른 사람들이 통행을 하는 데 아무런 지장이 없습니다.

청구인들이 모여서 기자회견을 하거나 임시총회를 개최한 곳은 로비로서 일반인들의 출입이 자유롭게 허용되는 공용부분이어서 연구원 측의 주거 또는 관리하는 건조물에 해당하지 않습니다. 공용부분인 로비에 모여 있었다고 해서 사실상의 주거의 평온을 저해한다고 할 수 없습니다.

주거침입(또는 퇴거불응)죄의 객체로서의 '관리하는 건조물'에서 '관리'는 함부로 침입하는 것을 방지할 인적·물적 설비를 갖추는 행위로서 경비원 또는 관리원을 두거나 열쇠로 잠가 놓거나 문에 못질을 해둔 경우 등을 의미합니다. 연구원은 로비에서 사무실로 들어가는 네 개의 출입문에는 시정장치를 해놓았지만 엘리베이터에서 내리는 로비에는 아무런 출입제한 장치를 설치하지 않았고, 또한 퇴거요구 공문도 로비에서 사무실로 들어가는 출입문 등에 부착했지 9층 로비 및 1층 엘리베이터 앞이나 엘리베이터 안에 부착하지 않았습니다.

청구인들은 로비에만 있었고 출입문을 통해 사무실로 들어간 바가 없기 때문에 퇴거불응죄의 책임을 묻는 것은 부당하다고 하지 않을 수 없습니다.

(2) 이러한 견지에서 대법원 2002. 9. 24. 선고 2002도2243 판결은 사용자인 대학교 구내로서 특별히 일반 교직원들의 출입이 통제되지 아니한 주차장과 식당 또는 노동조합 사무실 등지에 출입한 행위가 주거침입죄에 해당하지 아니한다고 판단했고, 대법원 2007. 3. 29. 선고 2006도9307 판결은 회사 구내의 장소로서 평소 출입이 통제되지 아니한 로비를 점거하던 중 직장폐쇄를 내세운 회사 측의 퇴거 요구에 불응했다고 하더라도 퇴거불응죄가 성립한다고 할 수 없다고 판단했으며, 대법원 2007. 12. 28. 선고 2007도5204 판결은 사용자의 업무공간 중 일부인 회의실을 점거하던 중 직장폐쇄를 내세운 회사 측의 퇴거 요구에 불응했다고 하더라도 퇴거불응죄가 성립한다고 할 수 없다고 판단했습니다.

위와 같은 대법원 판결례에 비추어 보면 평소 일반인의 출입이 통제되지 아니하는 로비에 모여 있던 중 직장폐쇄를 내세운 연구원 측의 퇴거 요구에 불응했다고 하더라도 퇴거불응죄가 성립한다고 할 수 없습니다.

다. 위법한 직장폐쇄로 인한 퇴거불응죄 불성립

(1) 사용자의 직장폐쇄는 노사 간의 교섭태도, 경과, 근로자 측 쟁의행위의 태양, 그로 인하여 사용자측이 받는 타격의 정도 등에 관한 구체적 사정에 비추어 형평의 견지에서 근로자측의 쟁의행위에 대한 대항·방위 수단으로서 상당성이 인정되는 경우에 한하여 정당한 쟁의행위로 평가받을 수 있는 것이고, 사용자의 직장폐쇄가 정당한 쟁의행위로 인정되지 아니하는 때에는 적법한 쟁의행위로서 사업장을 점거중인 근로자들이 직장폐쇄를 단행한 사용자로부터 퇴거 요구를 받고 이에 불응한 채 직장점거를 계속하더라도 퇴거불응죄가 성립하지 아니합니다(대법원 2002. 9. 24. 선고 2002도2243 판결, 대법원 2007. 3. 29. 선고 2006도9307 판결, 대법원 2007. 12. 28. 선고 2007도5204 판결 등 참조). 한편 대법원 2000. 5. 26. 선고 98다 34331 판결은 "우리 헌법과 노동관계법은 근로자의 쟁의권에 관하여는 이를 적극적으로 보장하는 명문의 규정을 두고 있는 반면 사용자의 쟁의권에 관하여는 이에 관한 명문의 규정을 두고 있지 않은바, 이것은 일반 시민법에 의하여 압력행사 수단을 크게 제약받고 있어 사용자에 대한 관계에서 현저히 불리할 수밖에 없는 입장에 있는 근로자를 그러한 제약으로부터 해방시켜 노사 대등을 촉진하고 확보하기 위함이므로, 일반적으로는 힘에서 우위에 있는 사용자에게 쟁의권을 인정할 필요는 없다 할 것이나, 개개의 구체적인 노동쟁의의

헌법의 현장에서

장에서 근로자 측의 쟁의행위로 노사 간에 힘의 균형이 깨지고 오히려 사용자 측이 현저히 불리한 압력을 받는 경우에는, 사용자 측에게 그 압력을 저지하고 힘의 균형을 회복하기 위한 대항·방위 수단으로 쟁의권을 인정하는 것이 형평의 원칙에 맞는다 할 것이고, 우리 법도 바로 이 같은 경우를 상정하여 사용자의 직장폐쇄를 노동조합의 동맹파업이나 태업 등과 나란히 쟁의행위의 한 유형으로서 규정하고 있는(구 노동쟁의조정법 제3조) 것으로 보인다"고 판단했습니다.

(2) 사용자의 직장폐쇄는 방어성의 요건을 갖추어야만 정당성이 인정되는데, 이때 방어성은 사용자의 경제적 부담 정도를 기초로 해서 판단해야 합니다. 구체적으로는 지명파업, 부분 파업, 간헐 파업, 태업 등에 따른 쟁의 참가 근로자의 임금 상실의 범위와 쟁의행위의 영향으로 업무가 정지·폐지되는 범위 또는 취로 근로자의 근로가 무의미하게 되는 범위 사이에 현저한 불균형이 발생하는 경우, 또는 태업 등 불완전한 노무제공에 의해 완전한 노무정지의 경우보다도 훨씬 중대한 손해가 발생할 우려가 있는 경우 등에는 방어성 요건을 갖춘 것으로 평가될 수 있을 것입니다. 이런 관점에서 보면 직장폐쇄는 노동조합의 쟁의행위 일반에 대해서 허용되는 것이 아니고 예외적으로 불가피한 경우에 한하여 허용되며, 노동조합의 쟁의행위가 기업의 정상적인 운영을 저해하는 정도를 넘어서서 기업이 도저히 수인할 수 없는 과도한 침해하는 경우에만 직장폐쇄가 정당화될 수 있습니다.
근로자가 전면 파업을 행하고 있는 경우에 직장폐쇄를 하는 것은 근로자의 임금청구권에 관한 한 법적으로는 무의미합니다. 왜냐하면 이 경우에는 사용자가 거부할 수 있는 근로자의 노무제공 자체가 존재하지 않기 때문에 사용자의 임금지급 의무는 처음부터 발생하지 않는 것인데, 다시 임금지급 의무를 면하기 위해 직장폐쇄를 한다는 것은 무의미하기 때문입니다.

(3) 이 사건에서 조합원들이 전면 파업을 하고 있던 상황이므로 조합원들만을 대상으로 직장폐쇄를 할 하등의 필요성이 없었고, 따라서 연구원 측이 2009. 12. 1. 08:00부로 시행한 직장폐쇄는 방어성의 요건을 구비하지 못하여 위법합니다. 대법원 2007. 12. 28. 선고 2007도5204 판결에 의하면 직장폐쇄는 근로자의 쟁의행위로 인하여 사용자의 업무수행에 현저한 지장을 초래하거나 회복할 수 없는 손해가 발생할 염려가 있다는 등 노사 간 교섭력의 균형이 깨져 사용자가 수인할 수 있는 범위를 벗어나는 경우에만 정당성이 인정됩니다. 그런데 이 사건에서 조합원들의 파업으로 인해 연구원 측의 업무수행에 현저한 지장을 초래하거나 회복할 수 없는 손해가 발생할 염려는 전혀 없었습니다. 직장폐쇄 직전에 쟁점사항 중 단 한 가지를 제외하고는 모두 합의한 상태였고, 합의에 이르지 못한 쟁점사항도 노조 측이 연구원 측의 수정안을 수용하여 합의에 이를 수 있었습니다. 그런 상황에서 甲원장의 고집에 의해 결국 합의에 이르지 못하여 직장폐쇄까지 행해지게 되었고, 연구원 측이 주장하는 직장폐쇄 신고서의 이유로 제시된 ① 노사 간 협상 결렬, ② 80데시벨 이상의 소음 발생, ③ 규정 개정의 무효화 중 ①과 ③은 직장폐쇄로 회복될 수 있는 것이 아니며, 80데시벨 이상의 소음발생도 사실과 다르다는 점, 직장폐쇄 기간 중에 위법한 대체근로가 행하여졌다는 점에서 위 직장폐쇄는 방어성의 요건을 구비하지 못하여 위법합니다. 나아가 위 직장폐쇄가 방어성의 요건

을 구비하지 못했음은 조합원들이 2009. 12. 15. 자로 복귀의
사를 밝혔음에도 연구원 측이 이를 거부하다가 같은 달 30.에
이르러서야 복귀를 인정하고 15일분의 임금을 지급한 점에
비추어 보더라도 충분히 인정할 수 있습니다.
따라서 위법한 직장폐쇄에 근거하여 행해진 퇴거요구에 응
하지 않았다고 하더라도 퇴거불응죄는 성립하지 않는바, 이
사건 기소유예 처분은 이러한 법리를 오해한 위법한 처분입
니다.

라. 정당한 쟁의행위로 인한 퇴거불응죄 불성립

(1) 대법원 2007. 12. 28. 선고 2007도5204 판결은 "정당한 쟁
의행위로서 이 사건 회의실을 부분적, 병존적으로 점거하고
있던 피고인들로서는 협회 측의 퇴거요구(위 직장폐쇄를 이유
로 하는 것인지 여부와 상관없다)에 응하여야 할 의무가 인정되지
아니한다"고 판단했습니다.
근로자의 쟁의행위로서의 직장점거가 사용자의 권리와 조화
를 이루는 부분적·병존적인 범위에 머물러 정당성이 인정되
는 경우 사후에 사용자가 직장폐쇄의 의사표시를 했다고 해
서 갑자기 정당성이 상실되는 것으로 해석하는 것은 논리비
약이라 하지 않을 수 없습니다. 헌법상 보장된 단체행동권의
행사 범위 내에 있는 행위가 직장폐쇄라는 사후 행위에 의해
서 그 법적 성질이 질적으로 변화된다고 보기 어렵기 때문입
니다. 위 대법원 판결은 근로자의 직장점거가 정당하다면 사
용자의 퇴거 요구가 설령 정당한 직장폐쇄를 이유로 한 것이
라고 하더라도 그에 관계없이 조합원들이 이에 응할 의무가
없다고 판단한 것입니다. 결국 이는 조합원들의 직장점거로

인한 퇴거불응죄의 성립 여부는 직장폐쇄 여부와 관계없이 직장점거 자체의 정당성 여부에 의존한다는 의미로 해석할 수 있습니다.

(2) 이 사건에서 청구인들은 9층 로비에 체류하며 쟁의행위를 전개하면서 연구원 사무실의 출입에 아무런 지장이 없도록 통로를 확보해주었고, 비조합원이나 내방객 등의 출입이나 업무수행을 방해한 바도 전혀 없었으므로, 설사 청구인들의 9층 로비에서의 쟁의행위를 직장점거로 본다고 하더라도 이는 전면적·배타적 점거가 아니고 부분적·병존적 점거의 수준에 그쳐 그 정당성이 인정됩니다. 그렇기 때문에 피청구인도 청구인들에 대해 고소가 제기된 업무방해 혐의에 대해서는 혐의 없음 결정을 했던 것입니다.
따라서 연구원의 직장폐쇄가 정당하다고 하더라도 청구인들의 쟁의행위가 정당한 범위 내에 있으므로 청구인들이 연구원의 직장폐쇄를 이유로 한 퇴거 요구에 응할 의무는 없으며, 이에 불응했다고 해서 퇴거불응죄가 성립된다고 할 수 없습니다.

마. 소결

결국 이 사건에서 청구인들에게 퇴거불응죄의 죄책을 지울 수 없음이 명백함에도 불구하고 피청구인은 청구인들의 혐의를 인정하고 이 사건 기소유예 처분을 했는바, 이 사건 기소유예 처분은 피청구인의 증거가치 판단 잘못 또는 법리오해가 그 결정에 영향을 미침으로써 헌법상 보장된 청구인들의 기본권인 평등권과 행복추구권을 침해했습니다.

3. 결론

청구인들은 2010. 12. 31. 자의 이 사건 기소유예 처분 결과
통지서를 2011. 1. 3.경 송달받고, 이 사건 기소유예 처분의
취소를 구하고자 이 사건 헌법소원심판청구를 제기하기에
이르렀습니다.

입 증 방 법

갑 제1호증의 1 피의사건 처분 결과 통지서
　　　　　　 2 불기소이유 통지

첨 부 서 류

1. 심판청구서 부본　　　　　　　　　　　 1통
1. 위 입증방법　　　　　　　　　　　　　 1통
1. 대리인 선임서　　　　　　　　　　　　 1통

　　　　　　　　　　 2011. 3. .

　　　　　　　　　 청구인들 대리인
　　　　　　　　　 법무법인 시민
　　　　　　　　　 담당변호사 김선수

헌법재판소 귀중

직장폐쇄 남용 개선 과제는 차후로

정식재판을 청구한 사건은 1심에서 유죄가 선고되었고,[27] 항소심에서 항소기각,[28] 상고심에서 2012년 4월 13일 상고기각 판결이 선고되어 확정되었다.[29] 직장폐쇄와 관련된 대법원 판례의 입장을 변경해보고자 했으나, 대법원은 진지한 판단도 없이 너무 허망하게 상고를 기각하고 유죄를 선고한 원심판결을 확정했다.

기소유예 처분된 조합원들이 제기한 헌법소원 사건은 대법원 판결 선고 3개월 정도 이후인 2012년 7월 26일 자로 기각결정이 선고되었다.[30] 당시 헌법재판소가 오랜 기간 비정상적인 상태로 방치되고 있는 상황이었는데, 재판관 정원이 9명인데도 7명만이 심판에 참여했다.

이렇게 해서 직장폐쇄 후 정당한 직장점거 지속 행위의 퇴거불응죄 성립 여부에 대한 대법원 판례 변경은 다음 기회를 기약할 수밖에 없게 되었다. 이에 대해 1991년 나우정밀 사건 대법원 판결이 아직도 폐기되지 않고 효력을 유지하고 있어 많은 노동조합 간부들이 여전히 형사처벌 위협을 받고 있으며, 사용자들은 이 판결을 악용하여 공격적 직장폐쇄를 감행하고 있다. 이 폐단을 극복하기 위해서는 나우정밀 대법원 판결의 입장을 대법원 전원합의체 판결로 변경해야 한다.[31]

피의자의 입장에서는 기소유예 처분을 받는 것보다 기소되는 것이 더 낫다?

무혐의를 주장하는 피의자의 입장에서는 기소유예보다는 오히려 기소당하는 것이 더 나을 수 있다. 기소되면 형사재판 절차에서 열심히 다투어서 무죄를 받아낼 수 있다. 형사재판의 경우 검사에게 유죄를 입증할 책임이 있다. 형사소송 절차는 철저하게 공판중심주의적으로 운영되고, 피고인의 방어권이 확실하게 보장된다. 위법하게 수집된 증거는 증거능력이 없고(증거능력이 없다는 것은 유죄의 증거로 사용할 수 없다는 의미다), 원진술자가 법정에 나와서 증언하지 않는 한 전문증거는 증거능력이 없다. 전문증거에 대해서는 피고인의 반대신문권이 보장된 후에야 비로소 증거능력이 인정되는 것이다. 피고인은 반대신문을 통해 전문증거의 신빙성 등을 탄핵할 수 있다. 또한 형사소송에서는 '애매할 때는 피고인에게 유리하게' 원칙이 적용되고, 유죄를 선고하기 위해서는 합리적인 의심이 없는 정도의 증명에 이르러야 한다(형사소송법 제310조 제2항).

그런데 헌법소원심판 사건의 경우에는 청구인이 기소유예 처분이 위법하다는 점을 증명해야 한다. 헌법소원심판 사건의 심리는 원칙적으로 민사소송절차에 의한다.[32] 민사소송에서는 공문서의 경우 원칙적으로 증거능력이 인정되므로 수사기관이 작성한 수사기록은 증거능력이 인정된다. 헌법소원심판 사건에서는 공판중심주의적 심리 절차가 적용되지 않고, 변론기일을 열 것인지도 재판부 재량이고, 기소유예 처분 취소를 구하는 헌법소원심판 사건에서 공개변론을 연 예는 없다. 그리고 민사소송 절차에 의하므로 증명의 정도도 형사소송절차보다는 완화된다.

결국 기소된 피고인이 형사재판 결과 무죄를 받은 확률이나 가능성이 기소유예 처분을 받은 피의자가 헌법소원심판을 청구하여 그 취소결정을 얻는 것보다 높다고 할 수 있다. 이런 견지에서 보면 기소유예 처분이 당장은 기소보다 나은 것처럼 보이지만, 궁극적으로 다투어서 최종적으로 혐의를 벗기 위해서는 기소되어 재판을 통해 무죄를 받는 것이 나을 수 있는 것이다.

노동절의 역사적 의의에
무지한 헌법재판소

5 노동절 제외한 공휴일 규정
위헌확인 소원 사건

위헌확인 심판청구의 경위

'근로자의 날 제정에 관한 법률'(약칭 '근로자의 날 제정법')은 5월 1일을 근로자의 날로 하고 '근로기준법에 의한 유급휴일'로 정하고 있다. 그런데 공무원의 공휴일에 관해 정하고 있는 '관공서의 공휴일에 관한 규정'(약칭 '공휴일 규정') 제2조(이하 '이 사건 조항')가 근로자의 날을 관공서의 공휴일로 정하고 있지 않아 공무원들은 근로자의 날을 유급휴일로 인정받지 못하고 정상적으로 근무하고 있다. 이 사건 조항의 규정은 다음과 같다.

> 제2조(공휴일) 관공서의 공휴일은 다음과 같다. 다만, 재외공관의
> 공휴일은 우리나라의 국경일 중 공휴일과 주재국의 공휴일로 한다.
> 1. 일요일
> 2. 국경일 중 3·1절, 광복절, 개천절 및 한글날
> 3. 1월 1일

4. 설날 전날, 설날, 설날 다음 날(음력 12월 말일, 1월 1일, 2일)

5. 삭제

6. 석가탄신일(음력 4월 8일)

7. 5월 5일(어린이날)

8. 6월 6일(현충일)

9. 추석 전날, 추석, 추석 다음 날(음력 8월 14일, 15일, 16일)

10. 12월 25일(기독탄신일)

10의2. '공직선거법' 제34조에 따른 임기 만료에 의한 선거의 선거일

11. 기타 정부에서 수시 지정하는 날

법원공무원노동조합 소속 공무원들은 2013년 5월 14일 이 사건 조항이 헌법상의 평등권, 인간의 존엄과 가치, 행복추구권을 침해한다는 이유로 위헌확인심판을 청구했다. 이 사건 조항에 대해서는 2007년과 2013년에도 위헌확인심판이 청구된 적이 있었다. 두 사건은 모두, '법령에 대한 위헌확인심판은 그 법령이 시행된 사실을 안 날부터 90일 이내에, 그 법령이 시행된 날부터 1년 이내에 청구하여야 하는데, 그 기간이 경과된 다음에 청구했다'는 이유로 각하되었다.[33]

법원공무원노동조합은 청구기간 문제를 해결하기 위해 공무원으로 입사한 후 2013년 5월 1일에 처음으로 노동절을 맞이한 조합원들을 청구인으로 모집하여 위원장을 포함해 151명 명의로 이 사건 조항이 위헌임을 확인하는 결정을 구하는 헌법소원심판을 청구했다. 이들은 2013년 5월 1일 비로소 이 사건 조항으로 평등권이 침해되었음을 알게 되었으므로 그로부터 90일 이내에 위헌확인심판청구를 하면 청구기간 문제가 해결된다.

근로자의 날(노동절)의 역사적 의의와 우리나라에서의 연혁

근대 자본주의 성립 초기에 수많은 근로자들이 14시간 이상의 근로와 저임금 등으로 노동력의 재생산조차 곤란한 정도로 열악한 환경에서 근로했다. 미국의 근로자들은 1886년 5월 1일을 기해 1일 8시간 노동제를 요구하며 역사적인 총파업 투쟁을 전개했고, 이에 대해 경찰을 동원한 유혈진압이 이루어지고 파업 주동자에게 사형이 선고되어 집행되기도 했다. 1889년 7월 파리에서 노동자들의 국제조직으로 설립된 제2인터내셔널 창립대회에서 1886년 5월 1일 총파업을 기념하여 5월 1일을 노동절로 정하고, 1890년 5월 1일부터 전 세계 노동자들이 매년 5월 1일을 노동절로 기념해오고 있다.

노동절은 전 세계 근로자들의 근로조건 개선을 위한 투쟁을 기리고 연대의 의지를 표명하는 역사적인 기념일로, 대부분의 국가에서 모든 근로자들의 유급휴일로 삼아 전 세계 근로자들이 하나로 연대하고 노동 현안 문제 해결을 도모하는 행사를 개최하고 있다. 미국, 캐나다, 영국, 독일, 프랑스, 벨기에, 이탈리아, 스웨덴, 스위스, 러시아, 일본, 중국, 태국, 브라질 등 대다수 국가에서 노동절에 공무원들도 휴무하고 각종 기념 및 연대행사 등을 개최·참석하고 있다(다만 미국과 캐나다의 노동절은 9월 첫째 주 월요일).

우리나라에서는 1923년 5월 1일 조선노동총연맹이 '노동시간 단축, 임금 인상, 실업 방지' 등을 요구하며 노동절 행사를 처음 주최한 후 매년 5월 1일을 노동절로 기념해 왔다. 해방 후에도 5월 1일을 노동절로 기념해왔는데, 1958년부터 한국노동조합총연맹의 전신인 대한노동조합총연맹 창립일인 3월 10일을 노동절로 정했다. 1963년에는 근로자의 날 제정법을 제정하여 '노동절'의 명칭을 '근로자의 날'로 변경했고, 1994년 3월 9일 법률 제4738호로 개정된 근로자의 날 제정법에서 5월 1일로 변경하여 현재에 이르고 있다.

이 사건 심판청구의 적법성 및 이 사건 조항의 위헌성

이 사건 심판청구는 대통령령 자체를 헌법소원의 대상으로 하는데, 법령 또는 법령 조항 자체가 헌법소원의 대상이 되려면 구체적인 집행 행위를 기다리지 않고 법령 또는 법령 조항 그 자체에 의하여 자유의 제한, 의무의 부과, 권리 또는 법적 지위의 박탈 등 직접 기본권이 침해되어야 한다.[34] 또한 그러한 정도에 이르지 않더라도 법규범의 내용이 일의적이고 명백한 것이어서 집행 행위 이전에 이미 국민의 권리관계를 직접 변동시키거나 법적 지위가 그 집행 행위의 유무나 내용에 의하여 좌우될 수 없을 정도로 확정된 상태인 경우,[35] 또는 집행 행위를 대상으로 하는 구제 절차가 없거나 구제 절차가 있다고 하더라도 권리구제의 기대가능성이 없고 기본권 침해를 당한 청구인에게 불필요한 우회절차를 강요하는 것밖에 되지 않는 경우[36] 등에는 구체적인 집행 행위가 예정되어 있더라도 당해 법령 등을 직접 헌법소원심판의 대상으로 삼을 수 있다. 그런데 이 사건에서 청구인들은 이 사건 조항 자체로 인해 근로자의 날이 공휴일에서 배제됨에 따라 직접 기본권을 침해당했으므로 법령 자체를 대상으로 한 헌법소원의 요건이 구비되었다.

공무원인 근로자 역시 헌법과 노동관계법에 의한 근로자에 해당한다는 점에 대해서는 다른 의견이 있을 수 없으며, 따라서 공무원인 근로자 역시 근로자의 날을 기념하는 주체가 된다. 이 사건 조항은 공무원이 근무의무로부터 벗어날 수 있는 공휴일을 정함에 있어 근로자의 날을 제외함으로써 공무원인 근로자들이 근로자의 날을 기념하지 못하고 근무하도록 강제하고 있다. 근로자의 날을 기념하고 연대활동을 하여야 할 필요성과 당위는 공무원인 근로자라고 해서 다른 근로자와 다를 바가 없다. 그런데도 이 사건 조항으로 말미암아 공무원인 근로자인 청구인들은 근로자의 날을 유급휴일로 인정받지 못하고 있는바, 이는 합리적인 이유 없이 일반 근로자들에 비하여 공무원인 근로자인 청구인들을 차별하는 것으로서 평등권을 침해한 것이다. 일반 근로자들이 휴무하는 근로자의 날에 공무원인 근로자는 반드시 근무해야만 하는 중차대한 필요성이나 절실한 이유는 눈을 씻고 찾아봐도 찾을 수 없다. 또한 이 사건 조항으로 인해 근로자의 날이 공무소의 공휴일로 인정되지 못함에 따라, 공무소에 근무하는 공무원 신분이 아닌 근로자들과 용역업체에 소속되어 공무소에서 청소 등의 업무에 종사하고 있는 근로자들도 근로자의 날에 휴무하지 못하고 있다. 나아가 공무소와 관련된 업무를 담당하는 업종, 예컨대 법원 또는 검찰 관련 업무를 담당하는 변호사 사무실 등에 종사하는 근로자들의 경우에도 근로자의 날에 휴무하지 못하고 근무해야 하는 불이익을 입고 있다. 법원 등 공무소에 출장소를 두고 있는 은행 등에 근무하는 근로자들의 경우에도 이 사건 조항으로 말미암아 근로자의 날에 근무를 하고 있다.

공동체의 구성원으로서 생활함에 있어서는 공동체의 다른 구성원들과 함께 휴무를 갖는 것이 매우 중요하다. 공동체의 다른 구성원들과 함께 휴무를 해야만 가정생활과 사회생활을 원만하게 꾸려나갈 수 있기 때문이다. 비근한 예로 많은 유치원과 초등학교들이 근로자의 날에 휴무를 하면서 체육대회를 개최하면서 부모들의 참여를 독려하고 있다. 이로 인해 공무원인 부모들은 휴가를 내고 체육대회에 참여하거나 아니면 체육대회에 참여하지 못함으로써 자녀들에게 아픈 기억을 남기고 있다. 이 사건 조항 때문에 우리가 살고 있는 공동체는 근로자의 날에 휴무하는 사람들과 휴무하지 못하는 사람들로 나뉘게 되었고, 이로 말미암아 근로자의 날에 휴무하지 못하는 사람들에 속하는 청구인들은 공동체의 일원에서 배제되었다는 자괴감과 상대적 박탈감을 느끼게 됨으로써 인간의 존엄과 가치 및 행복추구권을 심각하게 침해당했다. 결국 이 사건 조항은 공무원인 근로자인 청구인들의 헌법상 기본권인 평등권과 인간의 존엄과 가치 및 행복추구권을 침해하여 위헌이다.

안전행정부장관과의 공방

안전행정부장관이 2013년 8월 20일 이해관계기관의 입장에서 의견서를 제출했다.

우선, 이 사건은 입법부작위를 대상으로 한 심판청구인데, 입법자의 입법의무를 인정할 수 없어 부적법하므로 각하결정을 해야 한다고 주장했다. 그러나 이 사건은 진정입법부작위 사안이 아니고 입법의 불완전·불충분성으로 기본권을 침해한 사안으로 그 불완전·불충분한 입법 자체에 대한 헌법소원이 가능하므로 심판청구의 적법 요건을 구비했다. 입법부작위는 두 가지 유형으로 구분된다. 첫째, 입법자가 헌법상 입법의무가 있는 어떤 사항에 관하여 전혀 입법을 하지 아니함으로써 "입법행위의 흠결이 있는 경우"인 진정입법부작위와 둘째, 입법자가 어떤 사항에 관하여 입법은 했으나 그 입법의 내용·범위·절차 등이 당해 사항을 불완전, 불충분 또는 불공정하게 규율함으로써 "입법행위에 결함이 있는 경우"인 부진정입법부작위다.[37] 헌법재판소는 진정입법부작위에 대한 헌법소원은, 헌법에서 기본권 보장을 위하여 법령에 명시적인 입법위임을 했음에도 입법자가 이를 이행하지 아니한 경우이거나, 헌법해석상 특정인에게 구체적인 기본권이 생겨 이를 보장하기 위한 국가의 행위의무 내지 보호의무가 발생했음이 명백함에도 불구하고 입법자가 아무런 입법조치를 취하지 아니한 경우에 한하여 허용되는 것으로 해석하고 있다.[38] 반면에 부진정입법부작위는 입법행위 자체는 존재하고 그 입법행위에 기본권 침해 또는 평등 원칙 위반 등 결함이 있는 것이므로 당해 입법행위 자체에 대해 헌법소원 등을 청구할 수 있다. 입법자가 적극적인 입법행위를 했고, 그 결과인 법률 등이 불완전·불충분함으로써 기본권(자유권 또는 평등권)이 침해된다면, 국민은 원칙적으로 입법자의 잘못된 입법행위에 대해 대항해야지 잘못된 입법행위를 정당한 입법행위의 부작위로 간주하여 부작위에 대한 헌법소원을 제기하는 것은 잘못이기 때문이다.

공무원의 공휴일에 관하여 규정한 이 사건 조항은 헌법 제32조 제3항(근로조건의 기준은 인간의 존엄성을 보장하도록 법률로 정한다), 헌법 제7조 제2항(공무원의 신분과 정치적 중립성은 법률이 정하는 바에 의하여 보장된다)에 근거하여 제정된 국가공무원법 제67조(공무원의 복무에 관하여 필요한 사항은 이 법에 규정된 것 외에는 …… 대통령령으로 정한다)의 위임 규정에 근거하여 대통령령으로 제정된 것이다. 그런데 이 사건 조항은 공무원을 일반 근로자와 차별하여 근로자의 날을 공휴일로 정하지 않음으로써 공무원인 근로자의 평등권과 인간의 존엄과 가치 및 행복추구권 등을 침해했는바, 이는 입법 자체의 부작위에 해당하는 것이 아니라 입법의 불완전·불충분성으로 기본권을 침해하는 경우에 해당한다.

평등권 침해와 관련하여 안전행정부장관은, 공무원인 근로자의 근로조건의 하나인 공휴일을 어떻게 정할 것인지는 광범위한 입법재량이 인정되는 분야이므로 헌법에서 특별히 평등을 요구하는 경우도 아니고 차별 취급으로 관련 기본권에 중대한 제한을 초래하는 경우도 아니므로 완화된 심사기준에 따라 평등 원칙 위반 여부를 가리면 되는데, 공무원은 국민 전체에 대한 봉사자로서 일반 근로자와는 특별한 근무관계에 있다는 점, 공무원의 보수는 재정의 회주의 원칙상 국회가 최종적인 결정권한을 가진다는 점, 근로자의 날을 관공서의 공휴일로 정할 것인지 여부는 공무원의 복무조건과 복지수준 등을 고려하고 공무원의 편익과 국민들의 불편의 정도를 비교·형량하여 결정할 사항이라는 점, 일요일을 제외한 일반 공휴일 수 15일은 주요 선진국과 비교해보더라도 적은 편이 아니어서 공무원인 근로자의 휴식권을 광범위하게 규제한다고 볼 수 없다는 점 등에 비추어 보면 근로자의 날을 근로기준법상의 유급휴일로 규정함에도 관공서의 공휴일로 규정하지 않았다고 하여 자의적인 입법으로 볼 수 없으므로 평등 원칙에 위반되지 않는다고 주장했다.

헌법재판소는 평등 위반 여부를 심사함에 있어, 헌법에서 특별히 평등을 요구하고 있는 경우와 차별적 취급으로 인하여 관련 기본권에 대한 중대한 제한을 초래하게 되는 경우에는 차별 취급의 목적과 수단 간에 비례관계가 성립하는지를 검토하는 엄격한 심사척도를 적용하고, 그렇지 않은 경우에는 차별을 정당화하는 합리적인 이유가 있는지, 즉 자의적인 차별이 존재하는지를 검토하는 완화된 심사척도를 적용한다.[39] 엄격한 심사를 한다는 것은 자의금지 원칙에 따른 심사, 즉 합리적 이유의 유무를 심사하는 것에 그치지 아니하고 비례성 원칙에 따른 심사, 즉 차별 취급의 목적과 수단 간에 엄격한 비례관계가 성립하는지를 기준으로 한 심사를 행함을 의미한다.[40]

공무원은 비록 그 담당업무에 특수성이 있다고는 하지만 본질적으로 근로자이며, 이에 대해서는 헌법 제33조 제2항이 '공무원인 근로자'라고 표현하여 명확하게 확인하고 있다. 그런데 이 사건 조항이 근로자의 날을 관공서의 공휴일로 정하지 않음으로써 공무원인 근로자들은 일반 근로자들과 달리 근로자의 날에 휴무하지 못함으로써 근로자의 날을 기념하는 행사 등에 참여하지 못하게 되어 일반 근로자들과의 연대활동에 제한을 받게 되었을 뿐만 아니라 적정한 휴식권을 보장받지도 못하게 되었다. 이는 단순히 공무원인 근로자들이 하루 더 쉴 수 있느냐는 차원의 문제에 머무는 것이 아니라 대한민국에서 근로자로서의 지위와 연대활동을 인정받지 못했다는 차원에서 매우 중요하고도 심각한 차원의 문제이다. 이 사건 조항의 차별적 취급으로 인하여 공무원들인 근로자들은 헌법 제33조 제2항에서 보장한 근로자로서의 기본권, 헌법 제32조 제3항에서 보장한 인간의 존엄성을 보장하는 근로조건 법정주의에서 도출되는 휴식권, 헌법 제10조에서 보장한 인간의 존엄과 가치 및 행복추구권 및 거기에서 도출되는 근로자로서의 존엄과 가치 등에 중대한 침해를 입게 되었다. 따라서 이 사건 조항의 평등 원칙 위반 여부를 심사함에는 차별 취급의 목적과 수단 간에 엄격한 비례관계가 성립하는지를 검토하는 엄격한 심사척도를 적용하여야 한다.

　　공무원인 근로자들에 대하여 근로자의 날을 공휴일로 지정하여 이를 공식적으로 기념할 수 있도록 하지 않고 일반 근로자들과 차별 취급하는 것은 그 적합성이나 비례성을 인정할 수 없다. 안전행정부장관은 근로자의 날을 관공서의 공휴일로 추가 지정할 것인지 여부는 폭넓은 입법재량이 인정되는 정책적 분야라는 취지로 주장했으나, 오히려 공무원도 당연히 근로자이므로 공무원에 대해 근로자의 날을 공휴일에서 제외하기 위해서는 특별한 근거가 있어야 한다. 그러한 특별한 근거를 제시함이 없이 단순히 폭넓은 입법재량이 인정되는 분야라고 주장하는 것은 본말이 뒤바뀐 것이다. 안전행정부장관은 공무원이 국민 전체에 대한 봉사자로서 일반 근로자와는 특별한 근무관계에 있고 공무원의 보수는 재정의회주의 원칙상 국회가 최종적인 결정권한을 가진다는 점 등을 차별 취급의 목적으로 제시한다. 그러나 위와 같은 목적을 위해 국가공무원법을 비롯한 관련 법률과 시행령에 많은 특별 규정들을 두고 있으므로 굳이 근로자의 날을 공휴일로 지정하지 아니하여야만 하는 필요성을 찾을 수 없다. 공무원인 근로자를 일반 근로자들과 달리 근로자의 날 하루 더 근무하게 하는 것이 위와 같은 공무원의 특수한 지위를 유지하기 위해 적합한 수단이 되지도 않을 뿐만 아니라 그 목적과 수단 사이에 엄격한 비례관계도 찾을 수 없다.

설사 이 사건이 엄격한 심사척도를 적용하여야 할 사안이 아니라 완화된 심사척도를 적용하여야 할 사안에 해당한다고 하더라도 공무원에 대해 일반 근로자와 달리 근로자의 날을 공휴일로 지정하지 않아 근로자의 날을 기념하지 못하도록 함으로써 차별을 하는 것에는 이를 정당화하는 합리적인 이유가 존재하지 않으므로 자의적인 차별에 해당한다. 안전행정부장관은 주요 선진국의 공휴일 수와 우리나라의 일반 공휴일 수를 단순 비교하여 근로자의 날을 공휴일로 지정하지 않은 것이 자의적인 차별 취급에 해당하지 않는다고 주장하나, 이는 근로자의 날을 단순한 휴무의 차원으로만 이해하고 근로자의 날의 역사적 의의와 그 기념의 세계적 연대의 의미를 몰이해한 것으로 부당하다. 우리나라에서 공무원인 근로자들이 이 사건 조항으로 말미암아 근로자의 날을 공휴일로 인정받지 못한다는 것은 우리나라 일반 근로자들과의 연대는 물론이고 전 세계 근로자들과의 연대에서도 제외된다는 의미가 있다. 따라서 이를 단순히 공무원인 근로자들이 공휴일을 하루 더 인정받아 휴무할 수 있는지 여부라는 관점에서만 접근한 안전행정부장관의 주장은 본질을 이해하지 못한 것이다. 이 사건 조항이 근로자의 날을 관공서의 공휴일로 규정하지 않고 있는 것은 우리나라의 국제적 위상을 실추시키는 것으로서 시급히 시정되어야 할 사항이기도 하다. 또한 공휴일 수만 단순 비교하는 것은 공휴일에 실제 휴무하는지 또 유급연차휴가의 일수와 실제 사용 여부 등을 고려하여야 한다는 점까지 감안하면 설득력이 없다. OECD 국가 중에서 우리나라 근로자들의 노동시간이 월등하게 길다는 것은 주지의 사실이다. 안전행정부장관은 근로자의 날을 관공서의 공휴일로 지정하면 공무원인 근로자들이 휴식권을 보장받아 편익을 누리게 되나, 반면 일반 국민들이 필요한 행정서비스를 제공받지 못하여 불이익을 겪게 되는데, 공무원의 편익이 국민들이 겪게 되는 불이익보다 더 크다고 할 수 없다고 주장한다. 일반 국민 대부분은 근로자로서 근로자의 날을 유급휴일로 보장받고 있으며 그렇기 때문에 공무원인 근로자들도 자신들과 동일한 규정의 적용을 받는 것에 대해 오히려 당연하게 여긴다. 대부분의 국민들이 휴무하는 근로자의 날에 공무인인 근로자들만 근무하도록 하는 것은 국민을 두 종류로 분리하는 효과가 있고, 한 공동체의 통합과 연대에도 전혀 도움이 되지 않는다. 국민들이 자신의 휴무일에 행정서비스를 받지 못하는 불이익은 그 정도가 중하다고 할 수 없다. 그러한 논리라면 토요일과 일요일 등에도 공무원들은 휴무할 수 없다고 하여야 한다. 공무원인 근로자들이 근로자의 날 하루를 더 휴무한다고 해서 국민들의 행정서비스 이용에 커다란 불이익이 초래된다고 할 수 없다. 금융권 등 대다수의 민원업무 처리기관이 근로자의 날을 휴일로 운영하고 있어 공무원의 평일 대비 업무량이 극히 미미한 수준이다. 국민들의 행정서비스 이용이라는 측면만을 고려한다면 오히려 일반 근로자들이 유급휴일로 인정받지 못하는 다른 공휴일을 조정하는 것이 타당하다. 제18대 국회에서 근로자의 날을 법정공휴일로 하는 '공휴일에 관한 법률'을 제정하는 안이 제출된 바 있는데, 당시 이를 검토하는 행정안전위원회 수석전문위원 보고서는 "근로자의 날은 이미 대부분의 민간사업장에서 유급공휴일로 정하고 있어 형평성 측면에서 현실적으로 쉬지 못하고 있는 영세 사업장의 근로자, 공무원 등에도 적용될 필요성이 있다"

고 인정한 바 있다. 다만 아쉽게도 위 법률안은 입법에 이르지 못하고 회기 만료로 자동 폐기되었다. 이 사건 조항이 근로자의 날을 관공서의 공휴일로 정하지 않은 것은 엄격한 심사 척도에 의하든 완화된 심사 척도에 의하든 평등의 원칙에 위배되어 위헌을 면할 수 없다.

인간의 존엄과 가치 및 행복추구권 침해와 관련하여 안전행정부장관은 기본권을 제한하면서 인간의 존엄과 가치를 침해한다거나 기본권을 형성하면서 최소한의 필요한 보장조차 규정하지 않음으로써 결과적으로 인간의 존엄과 가치를 훼손한다면 헌법 제10조에서 규정한 인간의 존엄과 가치에 위반되고, 헌법 제10조의 행복추구권은 국가에 적극적으로 급부를 요구할 수 있는 것을 내용으로 하는 것이 아니라 국민이 행복을 추구하기 위한 활동을 국가권력의 간섭 없이 자유롭게 할 수 있다는 의미의 자유권으로서의 성격을 가지는데, 이 사건 조항이 근로자의 날을 공휴일로 정하지 않아 공무원인 근로자가 스스로 공동체 내에서 자신의 생활을 자신의 책임 하에 스스로 결정하거나 형성하지 못하게 함으로써 인간의 존엄과 가치를 훼손한다고 볼 수 없으며, 공무원인 근로자의 행복을 추구하기 위한 활동을 본질적으로 침해하는 규정이 아닌 이상 이 사건 조항이 청구인들의 행복추구권을 침해하는 규정이라고 할 수 없다고 주장했다.

헌법 제10조에서 규정한 인간의 존엄과 가치는 '헌법이념의 핵심'으로 국가는 헌법에 규정된 개별적 기본권을 비롯하여 헌법에 열거되지 아니한 자유와 권리까지도 이를 보장하여야 하며, 이를 통하여 개별 국민이 가지는 인간으로서의 존엄과 가치를 존중하고 확보하여야 한다는 헌법의 기본원리를 선언한 조항이다. 헌법재판소는 이와 관련하여 "자유와 권리의 보장은 1차적으로 헌법상 개별적 기본권 규정을 매개로 이루어지지만, 기본권 제한에 있어서 인간의 존엄과 가치를 침해한다거나 기본권 형성에 있어서 최소한의 필요한 보장조차 규정하지 않음으로써 결과적으로 인간으로서의 존엄과 가치를 훼손한다면 헌법 제10조에서 규정한 인간의 존엄과 가치에 위반된다"고 판단했다.[41] 공동체의 구성원으로서 생활함에 있어서는 공동체의 다른 구성원들과 연대하고 동일한 시기에 휴무를 갖는 것이 인간의 존엄과 가치 및 행복추구권의 관점에서 매우 중요하다. 나아가 공동체의 다른 구성원들과 함께 휴무를 해야만 가정생활과 사회생활을 원만하게 꾸려나갈 수 있기도 한 것이다. 이 사건 조항 때문에 우리 공동체는 근로자의 날에 휴무하는 사람들과 휴무하지 못하는 사람들로 나뉘게 되었고, 이로 말미암아 근로자의 날에 휴무하지 못하는 사람들에 속하는 공무원인 근로자들은 이 공동체의 일원에서 배제되었다는 자괴감과 상대적 박탈감을 느끼게 됨으로써 인간의 존엄과 가치 및 행복추구권을 심각하게 침해당했다. 따라서 이 사건 조항은 청구인들이 근로자임에도 공동체의 다른 구성원들, 특히 일반 근로자들과 같은 날에 휴무하지 못하고 공동체의 일원에서 배제되는 것과 같은 박탈감을 초래하여 기본권 제한에 있어서 인간의 존엄과 가치 및 행복추구권을 침해했다. 설사 위와 같은 점이 독자적으로 인간의 존엄과 가치 및 행복추구권을 침해한 것으로 인정되기 어렵다고 하더라도 최소한 평등권 침해의 위헌성을 뒷받침하는 강력한 근거가 된다.

헌법재판소 결정, 8 대 1의 의미

헌법소원 사건에서 공개변론을 열 것인지는 전적으로 헌법재판소가 결정한다. 당사자가 원한다고 해서 공개변론이 열리는 것은 아니다. 당사자로서는 청구서를 제출하고 난 이후에는 무작정 기다리는 수밖에 없다. 공개변론을 요구하는 의견을 개진할 수 있으나, 공개변론을 열 것인지는 헌법재판소의 재량사항이다. 우리는 안전행정부장관의 주장을 반박하는 서면을 제출하고는 결과를 기다렸다.

헌법재판소는 2015년 5월 28일 8:1(김이수 재판관)의 의견으로 이 사건 심판청구를 기각하는 결정[42]을 선고했다. 청구인 중 한 명인 법원공무원노동조합 위원장은 2000년 7월 1일 공무원으로 임용되었으므로 청구기간 경과가 문제로 될 수도 있으나, 다른 150명의 청구인들이 청구기간을 지켰으므로 헌법재판소는 청구기간 준수 여부의 문제는 별도로 판단하지 않았다.

다수 의견은 이 사건 조항이 평등권 등 기본권을 침해하지 않는다고 보아 기각의견이었고, 소수 의견은 이 사건 조항이 공무원의 평등권을 침해한다고 보아 위헌의견이었다. 2015년 5월 헌법재판소 결정 선고 당시 8:1 구도가 지속되었다. 통합진보당 해산심판청구 사건에서도 그랬고, 교원노조법 제2조 위헌제청사건에서도 그랬다. 1988년 헌법재판소가 처음 출범하고 제1기 재판부가 구성되었을 때 주요 사건에서 변정수 재판관 1인의 소수 의견과 나머지 8인의 다수 의견 분포를 이룬 적이 있었다. 주요 기본권 관련 쟁점에 대해 형성된 김이수 재판관 1인 소수 의견과 나머지 8인의 다수 의견 분포는 헌법재판소 구성이 제1기 재판부 수준으로 후퇴했음을 의미한다.

헌법재판소가 우리 사회 최고의 규범적 판단을 하는 사법적 기관이라면 우리 사회의 다양한 가치를 반영할 수 있도록 그 구성에서 다양성이 확보되어야 한다. 정당의 자유, 노동3권, 근로자의 평등권 등의 중요한 기본권 관련 쟁점에 대해 8 대 1 구도로 굳어진 구성은 헌법재판소가 그 기능을 수행하기에 부적합한 수준으로 전락했음을 보여준다.

명칭의 문제

5월 1일을 '노동절'이 아니라 '근로자의 날'로 호칭하는 것부터 바로잡을 필요가 있다. 5월 1일을 세계적으로 '메이데이May Day'라 하고, 우리나라에서는 '노동절'이라 부르고 기념하여 왔다. 우리나라에서는 이승만 정권하에서 노동절이 3월 10일로 변경되었고, 5·16쿠데타 후 군사정권에 의해 법률로 '근로자의 날'로 명칭까지 변경했다. '노동'에 대한 우리 사회의 뿌리 깊은 적대와 배제의 산물이다. 수출 주도에 의한 성장 위주 정책을 무리하게 추진하면서 투쟁의 이미지를 가진 노동이란 용어를 의도적으로 배제한 것으로 보인다. 그러나 사회적으로 통용되는 노동절이란 명칭 대신 근로자의 날이란 명칭을 법률상 사용할 필요는 전혀 없다. '근로자의 날'은 법률상 명칭이므로 역사성과 사회통념을 반영하여 법률을 바꾸어 '노동절'로 변경해야 한다.

노동절의 역사적 의의에 대한 무지

다수 의견은 "공무원에게는 일반 근로자의 주휴일에 상응하는 일요일을 제외하고도 연간 16일의 법정유급휴일이 더 보장되고 있으므로 공무원에게 근로자의 날까지 법정유급휴일로 정하여 보장할 만한 필요성은 그리 크다고 보기 어렵다"고 하여 노동절의 의의를 근로조건으로서의 유급휴일의 보장이라는 관점에서만 찾았다. 이는 김이수 재판관이 소수 의견에서 지적한 바와 같이 노동절이 갖는 역사적 의의를 제대로 이해하지 못한 것이다. 김이수 재판관은 노동절은 "역사적으로 전 세계 근로자들의 근로조건 개선을 위한 투쟁을 기리고, 근로조건과 복지수준 개선을 위한 의지를 표명하며, 무엇보다도 전 세계 근로자들의 연대와 단결된 힘을 과시하는, 근로자 전체의 기념일로서의 의미를 갖고 있으므로 일반 근로자에게든 공무원에게든 그 의미의 중대성에 있어서는 차이가 없다"고 정확하게 지적했다. 또한 김이수 재판관도 적절하게 지적하고 있는 바와 같이 일반 근로자의 경우 법정유급휴일은 근로기준법상의 주휴일뿐이지만, 단체협약이나 취업규칙을 통하여 법정유급휴일 외에 약정유급휴일도 상당히 보장받고 있으므로, 약정유급휴일은 배제하고 법정유급휴일만을 기준으로 공무원과 일반 근로자를 비교하는 것은 부당하다.

　다수 의견은 역사적으로 볼 때 노동절은 사용자에 대항하는 개념으로서의 근로자가 근로조건의 향상을 위해 투쟁했던 노동운동의 산물이라고 전제하고, 공무원의 근로관계는 그 직무의 특수성으로 말미암아 일반 근로자처럼 근로자와 사용자의 이원적 구조를 전제로 투쟁과 타협에 의하여 발전되어 왔다고 보기 어려우므로 노동절이 갖는 역사적 의의도 일반 근로자와 공무원이 서로 같다고 볼 수 없다고 판단했다. 그러나 공무원도 근로자로서 근로조건의 향상을 위해 사용자인 국가 또는 지방자치단체와 투쟁하는 노동운동의 주체임에 틀림없다. 담당직무에 특수성이 인정된다고 해서 근로자로서의 지위가 부정되는 것이 아니고, 전체 근로자의 기념일인 노동절이 갖는 의미가 달라지는 것도 아니다. 다수 의견은 공무원 지위의 특수성을 평계로 공무원의 근로자로서의 지위를 가능한 한 부정하려는 편견에 기초한 것에 불과하다.

향후 과제

이 사건 조항의 문제점에 대해서는 국회에서도 인정하고 입법을 통한 해결이 추진되었다. 제18대 국회에서도 법률안이 제안된 바 있었고, 제19대 국회에서도 근로자의 날을 법정공휴일로 정하는 '국경일 및 공휴일에 관한 법률안'이 제출된 바 있다. 그렇지만 국회는 이런저런 정치적인 이유 때문에 입법을 하지 못하고 제19대 국회 임기가 종료됨에 따라 자동적으로 폐기되었다. 제20대 국회에서 제18대 국회 및 제19대 국회에서 입법에 실패한 '국경일 및 공휴일에 관한 법률'을 제정한다면 본질적인 해결이 될 것이다.

　이 문제는 꼭 입법이 필요한 것도 아니다. 정부가 대통령령인 이 사건 조항만 개정하면 된다. 정부의 의지만 있으면 당장 가능한 일이다. 공무원이 노동자로서 그 지위를 자각하고 연대활동을 하는 것을 언제까지 묶어두겠다는 것인가? 하루라도 빨리 이런 비정상적인 상태를 해소해야겠다.

에필로그

헌법재판 30년 평가와
개헌 시 헌법재판제도 개선 방안

1. 헌법재판소의 출범과 헌법재판의 활성화

헌법재판소의 출범

우리나라에서 헌법재판소는 4·19혁명 후 제2공화국 헌법에서 처음 도입되었다가 5·16쿠데타 이후에 폐지되었다. 그 후 헌법재판은 대법원 또는 헌법위원회에서 담당했다. 1987년 6월항쟁으로 개정된 1987년 헌법으로 헌법재판소가 다시 도입됐다. 1987년 헌법이 헌법재판소를 도입한 것은 우리 역사에서 헌법재판 담당기관들이 제 기능을 전혀 하지 못한 것에 대한 반성에 따른 것이다. 헌법재판소는 시민들의 민주화 투쟁의 소산이다. 국가권력과 다수파의 권한 남용과 횡포를 견제하여 소수파의 인권과 민주주의를 수호하라는 것이 헌법이 헌법재판소에 명한 사명이다.

1987년 헌법에 따라 헌법재판소법이 1988년 8월 5일 제정되어 1988년 9월 1일부터 시행되었다. 1988년 9월 15일 소장을 포함한 9인의 재판관이 임명됨으로써 헌법재판소가 출범했다. 처음에는 상임위원 6인, 비상임위원 3인이었는데, 1991년 11월 30일 헌법재판소법을 개정하여 9인의 재판관 전원을 상임으로 했다. 헌법재판소는 2013년 창립 25주년을 맞았고, 2018년에는 30주년을 맞는다. 그동안 우리 사회에 결정적인 영향을 미치는 중요한 결정들을 많이 했다.

헌법재판의 활성화

헌법재판소가 출범한 이후 헌법재판이 활성화되었다. 많은 법률조항들의 위헌성이 헌법재판소에서 심리되고 판단되었다. 헌법재판소는 헌법소원의 대상을 가능한 한 확대하는 방향으로 적극적으로 해석했다. 결정도 단순 합헌 또는 단순 위헌결정만이 아니라 헌법불합치결정, 한정 위헌결정, 한정 합헌결정 등 변형결정들을 도입해 그 폭을 넓혔다.

1988년 9월 출범한 이래 헌법재판소에는 2017년 3월 말까지 총 3만 1,280건의 사건이 접수되어 위헌결정 576건, 헌법불합치결정 188건, 한정 위헌결정 70건, 한정 합헌결정 28건, 헌법소원 등 인용결정 607건을 기록했다. 그중 법률에 대한 위헌결정은 473건, 헌법불합치결정은 130건, 한정 위헌결정은 50건, 한정 합헌결정은 28건이다.

헌법재판소 사건 통계표(1988.09.01. ~ 2017.03.31. 현재)[1]

구분		위헌법률	탄핵	정당해산	권한쟁의	헌법소원			합계
						§68①	§68②	계	
접수		920	2	2	101	2만4,220	6,035	3만255	3만1,280
처리	위헌	273				103	200	303	576
	헌법불합치	59				58	71	129	188
	한정위헌	18				20	32	52	70
	한정합헌	7					21	21	28
	인용		1	1	17	588		588	607
	합헌	320				4	1,991	1,995	2,315
	기각		1		20	7,093		7,093	7,114
	각하	69		1	34	1만5,187 (1만3,688)	3,299 (2,980)	1만8,486 (1만6,688)	1만8,590 (1만6,688)
	기타					8	2	10	10
	취하	123			16	628	117	745	884
	계	869	2	2	87	2만3,639	5,733	2만9,422	3만382
미제		51			14	531	302	833	898

※ 주 1) 정당해산심판 사건 2건 중 1건은 재심사건임.
   2) 지정재판부의 처리건수는 ( ) 안에 기재하고 본란의 숫자에 합산표시 했음.

일본의 저조한 헌법재판과의 비교

일본은 최고재판소가 헌법재판을 담당하고 있으나, 헌법판단이 극히 저조하다. 일본 최고재판소 재판관을 역임한 바 있는 이즈미 도쿠지 泉德治는 일본 최고재판소가 1950년 출범한 후 65년간 법령위헌판결이 10건, 처분위헌판결·결정이 10건으로 극히 저조했다고 소개한다. 일본과 한국의 위헌판단 건수 차이는 일본 최고재판소가 위헌심사와 일반법령위반심사를 병행하는데 비해, 한국 헌법재판소는 위헌심사만 전문으로 하는 데서 비롯된다고 분석했다.[2] 이즈미 도쿠지는 최고재판소의 직무를 위헌심사에 특화하자는 주장에 대해서는 반대한다. 한편, 최고재판소에 근무하다가 사무총국의 횡포를 견디지 못하고 사임한 세기 히로시瀨木比呂志는 독일형 헌법재판소 설치를 사법개혁 방안으로 주장하기도 한다.[3]

2. 헌법재판 30년 평가

종합적 평가

헌법재판을 담당하는 전문기관으로서 헌법재판소가 설립되어 30년 활동함으로써 헌법재판이 활성화되고 그로 말미암아 우리 사회의 인권의식 수준을 높이는 데 크게 기여했다.

표현의 자유 신장에 기여한 결정들로는 다음을 들 수 있다.[4] ▲ 문화·예술분야의 검열제도에 대한 위헌결정으로 영화, 음반에 대한 공연윤리위원회 사전심의제도 위헌결정(1996. 10. 4. 선고 93헌가 13 등 / 1996. 10. 31. 선고 94헌가6 결정), '저속' 간행물을 발간한 출판사에 대해 등록 취소를 가능케 한 출판사 및 인쇄소의 등록에 관한 법률 위헌결정(헌재 1998. 4. 30. 95헌가16), 비디오물에 대한 한국공연예술진흥협의회의 사전심의 위헌결정(헌재 1999. 9. 16. 선고 99헌가1 결정), 영상물등급위원회의 등급분류보류제도 위헌결정(헌재 2001. 8. 30. 선고 2000헌가9 결정), 영화진흥법상 '제한상영가' 등급제 헌법불합치결정(헌재 2008. 7. 31. 선고 2007헌가4 결정) 등이 있다. ▲ 집회의 자유에 대한 위헌결정으로 외교기관 경계 100미터 이내 집회 금지 조항에 대한 한정 위헌결정(헌재 2003. 10. 30. 선고 2000헌바67 결정),[5] 야간옥외집회 금지에 대한 헌법불합치결정(헌재 2009. 9. 24. 선고 2008헌가25 결정) 등이 있다.[6] ▲ 온라인상 표현과 관련한 위헌결정으로 소위 '불온통신' 위헌결정(헌재 2002. 6. 27. 99헌마480), 전기통신기본법상 '허위통신'(헌재 2010. 12. 28. 2008헌바157 등), 정보통신망법상 본인 확인제 위헌결정(헌재 2012. 8. 23. 2010헌마47 등), 공직선거법 제93조 제1항 "기타 이와 유사한 것"에 '인터넷'이 포함된다고 해석하는 한 위헌이라는 한정 위헌결정(헌재 2011. 12. 29. 2007헌마1001 등 결정) 등이 있다.[7]

변호인의 조력을 받을 권리를 신장하는 데 기여한 결정들로는[8] 구속된 피의자, 피고인의 변호인과 자유로운 접견교통권 침해에 대한 헌법소원을 인용한 결정(헌재 1992. 1. 28. 선고 91헌마111 결정), 수용시설에서의 서신검열 등 위헌확인을 인용한 결정(헌재 1995. 7. 21. 선고 92헌마144 결정), 등사 신청 거부 처분 취소를 인용한 결정(헌재 1997. 11. 27. 선고 94헌마60 결정), 변호인의 변호권도 헌법상 기본권으로 인정한 결정(헌재 2003. 3. 27. 선고 2000헌마474 결정), 불구속 피의자, 피고인의 변호인의 조력을 받을 권리를 인정한 결정(헌재 2004.

9. 23. 선고 2000헌마138 결정), 접견 불허 처분 등의 위헌확인을 인용한 결정(헌재 2004. 12. 16. 선고 2002헌마478 결정), 형의 집행 및 수용자의 처우에 관한 법률 제43조 제3항 등 위헌확인을 인용한 결정(헌재 2012. 2. 23. 선고 2009헌마333 결정), 소송대리인인 변호사와의 접견을 원칙적으로 접촉 차단 시설이 설치된 장소에서 하도록 규정한 형의 집행 및 수용자의 처우에 관한 법률 제41조 등에 대한 헌법불합치결정(헌재 2013. 8. 29. 선고 2011헌마122 결정), 변호인에 대한 후방 착석 요구 행위는 변호인의 피의자 신문에 참여할 권리 등을 침해한다는 결정(헌재 2017. 11. 30. 선고 2016헌마503 결정), 열람·등사 신청 거부 행위의 위헌확인을 인용한 결정(헌재 2017. 12. 28. 선고 2015헌마632 결정) 등이 있다.[9]

여성의 지위와 성평등 등과 관련한 주요 결정으로는[10] 호주제 헌법불합치결정(헌재 2005. 2. 3. 선고 2001헌가9 등 결정), 제대군인 가산점 제도 위헌결정(헌재 1999. 12. 23. 선고 98헌마363 결정), 남성 징병제 합헌결정(헌재 2011. 6. 30. 선고 2010헌마460 결정), 혼인빙자간음죄 조항 위헌결정(헌재 2009. 11. 26. 선고 2008헌바58 결정), 간통죄 조항 위헌결정(헌재 2015. 2. 26. 선고 2009헌바17 결정) 등이 있다.

일본군 '위안부' 헌법소원에 대한 위헌결정(헌재 2011. 8. 30. 선고 2006헌마788 결정), 대통령의 긴급조치에 대한 위헌결정 등도 중요한 의미를 가진다.

반면, 한계를 노정한 결정들도 있다. 국가안보와 관련된 쟁점에서는 사상의 자유, 표현의 자유 등 기본권보다는 국가안보를 더 강조했다. 법조 전문 취재작가 이범준은 저서《헌법재판소, 한국현대사를 말하다》에서 헌법재판소는 제3자 개입죄 합헌결정으로 사상·공안 분야에서 보수적이라는 점을 명확히 했다고 평가한다. 제1기 재판소[11]는 국가안보와 관계가 적은 형사소송절차 등에서는 인권을 보호하는 데 적극적이었지만, 국가안보나 공공질서 유지에 해당하는 공안사건에서는 기존 법질서를 존중했다는 것이다.[12] 이러한 경향은 현재까지 지속되고 있다. 대표적인 예로는 국가보안법 제7조에 대한 한정 합헌결정(헌재 1990. 4. 2. 선고 89헌가113 결정 등), 양심적 집총·병역거부(병역법 제88조 제1항 제1호)에 대한 합헌결정(헌재 2004. 8. 26. 선고 2002헌가 1 결정, 2011. 8. 30. 선고 2008헌가22 결정) 등을 들 수 있다.

헌법재판소는 사회권에 대해 폭넓은 입법재량권을 인정함으로써 사회권 보장에 소극적이었다는 평가를 받는다. 장애인과 관련하여[13] 공직선거 후보자가 장애인인지 여부를 구별하지 않고 모든 후보자들에 대하여 동일하게 선거사무원 수와 선거운동 방법을 제한한 규정(후보자나 그 배우자가 중증장애인인 경우 선거인에게 명함을 배부할 수 있는 자에 활동보조인에 관한 규정을 따로 두지 않고 있음)에 대한 합헌결정(헌재 2009. 2. 26. 선고 2006헌마626 결정, 헌법불합치의견: 김희옥·김종대·민형기·송두환), 선거운동 기간 중의 방송광고, 방송시설 주관 후보자연설의 방송, 선거방송토론위원회 주관 대담·토론회의 방송에 있어서 청각장애 선거인을 위한 자막 또는 수화통역의 방영을 의무사항으로 규정하지 아니한 공직선거법 제70조 제6항 등에 대한 합헌결정(헌재 2009. 5. 28. 선고 2006헌마285 결정), 후보자가 시각장애 선거인을 위한 점자형 선거공보 1종을 책자형 선거공보 면수 이내에서 임의로 작성할 수 있도록 한 공직선거법 제65조 제4항에 대한 합헌결정(헌재 2014. 5. 29. 선고 2012헌마913 결정), 대통령 선거와 지역구 국회의원 선거 및 지방자치단체의 장 선거에서, 점자형 선거공보를 책자형 선거공보의 면수 이내에서 의무적으로 작성하도록 하면서, 책자형 선거공보에 내용이 음성으로 출력되는 전자적 표시가 있는 경우에는 점자형 선거공보의 작성을 생략할 수 있도록 규정한 공직선거법 제65조 제4항에 대한 합헌결정(헌재 2016. 12. 29. 선고 2016헌마548 결정) 등을 들 수 있다. 외국인과 관련하여[14] 기본권 주체성을 인정하고(헌재 2001. 11. 29. 선고된 99헌마494 결정), 외국인 산업연수생에 대해 퇴직급여(제34조), 임금채권 우선변제(제37조), 연차유급휴가(제59조), 임산부의 보호(제72조) 등 근로기준법의 주요 조항의 적용을 배제한 노동부예규인 '외국인산업기술연수생의 보호 및 관리에 관한 지침'에 대해 권리성질성에 근거하여 위헌결정 (헌재 2007. 8. 30. 선고 2004헌마670 결정)을 했으나, 외국인의 기본권 침해 여부를 심사하는 데 있어서 국민의 경우와 달리 완화된 기준을 적용하여 합헌결정(사업장 변경 횟수 제한 조항에 대한 헌재 2011. 9. 29. 선고 2009헌마351 결정, 사업장 변경 허가 제한 기간 조항에 대한 헌재 2011. 9. 29. 선고 2007헌마1083, 2009헌마230·352[병합] 결정, 출국만기보험금의 지급시기 제한 조항에 대한 헌재 2016. 3. 31. 선고 2014헌마367 결정)을 한 것은 한계라 할 수 있다.

조세법률주의와 관련해서 조세 정의보다는 재산권 보호에 더 치중한 측면이 있다. 대표적으로는 토지공개념 관련 법안들인 개발이익 환수에 관한 법률 제10조 제3항 단서에 대한 위헌결정(헌재 1998. 6. 25. 선고 95헌바35 결정)과 택지소유상한에 관한 법률 제2조 제1호 나목 등에 대한 위헌결정(헌재 1999. 4. 29. 선고 94헌바37 결정)이 있다.

선거 관련법에서 선거의 공정과 평온을 중시하여 유권자의 표현의 자유 보호에 불충분했다는 평가를 받았다.[15] 선거운동을 원칙적으로 금지했던 구 대통령선거법 조항에 대한 위헌결정을 했으나(헌재 1994. 7. 29. 93헌가4 등 결정), 선거에 영향을 미치게 하기 위한 현수막의 설치, 표찰의 착용, 인쇄물의 제작, 배포 등을 금지하는 구 지방의회선거법 제57조에 관한 합헌결정(헌재 1995. 4. 20. 선고 92헌바29 결정), 낙선운동 특히 장외 집회와 거리행진, 서명운동, 후보자 이름을 명시한 현수막 게시 금지 등 선거법 조항들에 대한 합헌결정(헌재 2001. 8. 30. 선고 2000헌마121 등 결정, 헌재 2001. 12. 20. 선고 2000헌바96 결정) 등이 대표적인 예이다.

한편, 관습헌법 법리를 동원하여 행정수도 이전 법률을 위헌으로 결정(헌재 2004. 10. 21. 선고 2004헌마554 신행정수도의 건설을 위한 특별조치법 위헌확인 사건 결정, 반대의견 전효숙 재판관)한 것은 역사에 두고두고 회자될 것이다. 위 결정에 대해 민변은 '서울이 수도'라는 사실이 관습헌법의 일부라고 하는 헌재의 해석은 그동안 헌법학계와 판례에서 전혀 거론된 바 없는 것임에도 헌재가 국민 모두에게 생소한 관습헌법 이론을 동원하여 특별조치법을 위헌으로 선언한 데에는 통상적인 헌법해석이 아닌, 특별조치법에 담긴 정책 내용을 반대하고자 하는 정치적 의도를 가리기 위한 것이라는 의혹을 지울 수 없으며, 따라서 위 결정은 삼권분립에 터 잡은 정상적인 헌법기관에 의한 사법권능의 행사가 아니라, 자의적이고 부당한 정치적 결정이라는 비난을 면할 수 없다는 취지의 논평을 했다.[16]

헌법재판소는 노동권에 지극히 소극적 나아가 부정적이었고, 국제적 인권규범의 원용[17]에도 소극적이었다. 이에 대해서는 뒤에서 별도로 검토한다.

소수 의견의 중요성

헌법재판소 결정에는 여러 요인 또는 시대적 한계로 인해 법정의견이 되지 못한 소수 의견들이 많았다. 소수 의견, 특히 약자와 소수자의 인권 보장에 충실한 관점의 소수 의견은 헌법재판소가 사회의 다양한 가치를 포용하고, 언젠가는 법정 의견으로 변경될 가능성에 대한 희망을 줌으로써 헌법재판소의 위상을 지켜주었다고 할 수 있다.

헌법재판소 출범 직후 제1기 헌법재판소에서 변정수 재판관이 용감하게 8:1의 소수 의견을 밝힘으로써 초창기 헌법재판소가 국민들의 신뢰를 잃지 않고 확고하게 자리 잡을 수 있도록 하는 데 결정적인 기여를 했다.

<변정수 재판관 단독 의견 >

① 1990. 1. 15. 선고 89헌가103 결정: 노동쟁의조정법 제13조의 등에 관한 위헌심판(단순 위헌의견)

② 1990. 4. 2. 선고 89헌가113 결정: 국가보안법 제7조에 대한 위헌심판(단순 위헌의견)

③ 1990. 8. 27. 선고 89헌가118 결정: 도로교통법 제50조 제2항 등에 관한 헌법소원(한정 합헌의견이 아닌 단순 위헌의견)

④ 1991. 3. 11. 선고 91헌마21 결정: 지방의회의원선거법 제36조 제1항에 대한 헌법소원(헌법불합치가 아닌 단순 위헌결정)

⑤ 1991. 4. 1. 선고 89헌마17·85·100·109·129·167(병합) 결정: 사

회보호법 위헌여부에 관한 헌법소원(위헌의견)

⑥ 1991. 7. 8. 선고 91헌마4 결정: 불기소처분에 대한 헌법소원(항고·재항고 없이 헌법소원청구 인정)

⑦ 1992. 2. 25. 선고 89헌가104 결정: 군사기밀보호법 제6조 등에 대한 위헌심판(전부 위헌의견)

⑧ 1992. 4. 14. 선고 90헌바23 결정: 국가보안법 제9조 제2항에 대한 헌법소원(위헌의견)

⑨ 1992. 4. 28. 선고 90헌바27내지34 결정: 국가공무원법 제66조에 대한 헌법소원(위헌의견)

⑩ 1992. 6. 26. 선고 90헌가23 결정: 정기간행물의 등록 등에 관한 법률 제7조 제1항(정기간행물을 발행하고자 하는 자에게 일정한 물적 시설을 갖추어 등록할 것을 요구)의 위헌심판(위헌의견)

⑪ 1992. 6. 26. 선고 90헌바25 결정: 소액사건심판법 제3조에 대한 헌법소원(위헌의견, 상고권도 재판받을 권리에 포함됨, 대리인 김선수)

⑫ 1992. 11. 12. 선고 89헌마88 결정: 교육법 제157조(국정교과서제도)에 관한 헌법소원(위헌의견)

⑬ 1992. 12. 24. 선고 91헌마168 결정: 고발인이 검사의 불기소처분에 대하여 헌법소원심판을 청구할 수 있는지(인용의견)

⑭ 1993. 3. 11. 선고 88헌마5 결정: 노동쟁의조정법 제12조 제2항 중 '국가·지방자치단체에 종사하는 노동자'에 관한 부분의 위헌여부(위헌의견)

⑮ 1993. 3. 11. 선고 92헌바33 결정: 노동조합법 제45조의2 등 위헌소원(단순 위헌의견)

⑯ 1994. 2. 24. 선고 93헌마33 결정: 광주민주화운동관련자 보상 등

에 관한 법률 위헌확인(단체가 그 구성원들의 기본권 침해를 주장하는 경우 자기 관련성 인정)

2012년 이후 박근혜 정부에서 김이수 재판관이 홀로 8:1의 소수 의견을 밝힘으로써 국민들이 헌법재판소를 포기하지 않도록 하는 데 기여했다.

<김이수 재판관 단독 의견>

① 2014. 2. 27. 선고 2014헌마7 결정: 헌법재판소법 제40조 제1항 등 위헌확인(한정 합헌의견)

② 2014. 12. 19. 선고 2013헌다1 결정: 통합진보당 해산심판청구(기각의견)

③ 2015. 4. 30. 2012헌바95·261, 2013헌가26, 2013헌바 77·78·192·264·344, 2014헌바100·241, 2015헌가7(병합): 국가보안법 제7조 제1항 등 위헌소원 등(이적행위 중 '동조' 부분에 대한 위헌의견)

④ 2015. 5. 28. 선고 2013헌마343 결정 / 2015. 11. 26. 2015헌마756 결정: 노동절을 공휴일에서 제외한 공휴일 규정 위헌소원(위헌의견)

⑤ 2015. 5. 28. 선고 2013헌마671, 2014헌가21(병합) 결정: 교원의 노동조합 설립 및 운영 등에 관한 법률 제2조(정치활동 금지) 위헌확인 등(위헌의견)

⑥ 2015. 6. 25. 선고 2013헌바86 결정: 도시 및 주거환경정비법 제49조 제6항 위헌소원(도시정비법 제49조 제6항 본문 중 주택재건축사업구역 내 임차권자에 관한 부분 위헌의견)

⑦ 2016. 5. 26. 선고 2013헌마879 결정: 통행제지행위 관련 공권력 행사(희망버스) 위헌확인(헌법적 해명의 필요성이 인정되므로 청구에 대한 심판이익 인정)

⑧ 2016. 11. 24. 선고 2015헌바413·414(병합) 결정: 근로기준법 제2조 제1항 제1호 위헌소원(특수형태근로종사자 적용 배제 조항에 대한 심판청구의 적법성 인정)

⑨ 2016. 12. 29. 선고 2015헌마880 결정: 기소유예 처분 취소 등 (과거사위 장준하 진상조사 관련 김희수 변호사 사건)(민사사건 수임 부분 취소 의견)

헌법재판소는 변정수, 김이수 두 재판관께 크게 빚졌다고 할 수 있다. 양승태 대법원장 시기(2011년 9월~2017년 9월) 대법원 전원합의체 판결 116건 중 39건(33.6%)[18]이 13:0으로 같은 견해를 취함으로써 대법원 구성의 획일성으로 말미암아 국민의 신뢰를 상실한 것에 비추어 보면 헌법재판소의 소수 의견은 더욱 빛난다고 할 수 있다.

3. 노동사건에 대한 헌법재판소 결정 평가

노동권에 대한 이해의 문제

법률도 문제지만, 이를 해석·적용하는 헌법재판소나 법원의 결정과 판결은 더욱 심각하다는 것이 일반적인 평가다. 한국에서 노동3권에 대한 억압적인 질서가 개선되지 못하고 지속적으로 유지되고 있는 데에는 사법기관이 기여한 바가 크다는 것이다.[19] 노사 갈등의 중요한 국면에서 노동기본권과 사회정의보다는 시장근본주의의 법적 표현인 재산권 절대 원칙과 사적 자치 원칙을 우선함으로써 자본의 권리를 옹호하고 노동의 권리를 무시했다고 한다.[20] 노동법의 모든 영역에 걸친 헌법재판소 결정이나 대법원 판결들에서 '기업이 살아야 근로자도 산다'는 정책론이 규범론을 압도하고 있고, 특히 노동3권의 본질적 내용을 왜소화하고 노동3권을 규율하는 법률에 대해 그 내용 여하를 불문하고 포괄적인 입법적 형성을 인정해왔다는 견해[21]도 있다.

    헌법재판소와 법원은 노동법의 이념적 기초인 생존권을 근거로 도리어 노동기본권이 가진 자유권적인 가치를 경시했다는 평가다. 단결의 자유는 근로자의 생존을 보장하기 위하여 필요한 부차적이거나 수단적인 권리로만 이해되었고, 노동기본권이 가진 자유권적이고 독자적인 의의는 부정되었다. 노동기본권의 이념적인 기초가 되는 생존권 사상에 대한 왜곡된 이해는 노동기본권을 국가에 의하여 '주어진' 또는 '허용된' 범위 내에서만 행사할 수 있다는 방식으로 협소하게 이해하는 경향을 낳았다. 단체행동권을 단체교섭권의 수단 또는 보충적인 것으로만 이해하는 단체교섭권 중심의 사고는 그러한 왜곡을 심화했다. 단체교섭의 합법적인 범위를 좁은 의미의 '근로조건의 결정'으로 제한하고 쟁의행위의 목적과 단결권의 주체를 여기에 직접 결부시킴으로써 노동기본권의 전 영역을 극도로 왜소화했다.[22] 헌법재판소는 노동3권의 법적 성질에 대해 초반에는 생존권(사회권)적 기본권이라는 견해를 밝혔으나(헌법재판소 1991. 7. 22. 선고 89헌가106 결정),[23] 후에는 사회적 보호 기능을 담당하는 자유권 또는 사회권적 성격을 띤 자유권이라는 혼합권설의 견해를 채택했다(헌법재판소 1998. 2. 27. 선고 94헌바13,26, 95헌바44 결정).

노동3권의 상호관계에 대해서도 각각의 독자성을 인정하기보다는 어느 권리가 중심을 이루는지 관점에서 접근함으로써 마치 핵심적 권리와 부수적 권리가 있는 것처럼 여김으로써 부수적 권리로 취급한 권리의 제한을 합헌적으로 해석하는 우를 범했다. 특히 단체교섭권을 중심으로 파악하는 견해는 단체행동권에 대한 제한 조항들의 합헌성을 손쉽게 인정하는 경향이 있다. 헌법재판소 1996. 12. 26. 선고 90헌바19 등 판결의 재판관 5인(김진우·황도연·이재화·조승형·고중석) 위헌의견은 단체행동권 중심설의 견해를 밝혔으나,[24] 이 견해가 헌법재판소의 공식적인 견해로 채택되었다고 볼 수 있을지는 의문이다.

국제 노동기준에 대한 지나치게 엄격한 태도

헌법재판소는 국제 노동기준을 철저하게 무시하고, 국내법에 배치되는 국제법규의 효력을 인정한 사례가 거의 없다. 헌법재판소는 극단적인 법률실증주의의 관점에서 노동기본권에 관한 국제문서들의 법적 효력을 부인했다.[25]

헌재 결정	요지
2008. 12. 26. 선고 2006헌마 462 결정 등	ILO 회원국의 80% 이상이 비준한 제87호와 제98호 협약은 아직 비준하지 않았고 일반적으로 승인된 국제법규로 볼 만한 '객관적인 근거'가 없다는 이유로 재판의 근거가 될 수 없다.
헌재 1991. 7. 22. 선고 89헌 가106 결정	세계인권선언은 각 조항이 바로 보편적인 법적 구속력을 가지거나 국제법적 효력을 갖는 것으로 볼 것은 아니다.
헌재 2005. 10. 27. 선고 2003 헌바50 결정	사회권규약의 단결권 보장 조항은 일반적 법률유보 조항과 국가안보 또는 공공질서를 위하여 또는 타인의 권리와 자유를 보호하기 위하여 민주사회에서 필요한 범위 내에서는 단결의 자유를 제한할 수 있다는 조항을 근거로, 시민권규약의 단결권 보장 조항은 가입 시 당해 조항을 유보했다는 것을 근거로 국내법적 효력을 부정했다.
헌재 1998. 7. 16. 선고 97헌바 23 결정	평화적인 파업에 징역형을 가하는 업무방해죄를 적용하는 문제에 대해 강제노동의 폐지에 관한 ILO 제105호 협약을 우리나라가 비준한 바가 없고, 헌법 제6조 제1항에서 말하는 일반적으로 승인된 국제법규로서 헌법적 효력을 갖는 것이라고 볼 만한 근거도 없다는 이유로 위헌성 심사의 척도가 될 수 없다.

다만, 헌법재판소 결정의 소수 의견은 한국은 국회의 동의를 얻어 국제인권규약들의 대부분을 수락한 체약국이자 ILO의 정식 회원국으로서 UN의 세계인권선언이나 국제인권규약들, ILO의 협약들과 권고들을 국제적 협력의 정신을 존중하여 되도록 그 취지를 살릴 수 있도록 노력해야 하므로 입법권자가 노동3권을 보장하는 공

무원의 범위를 정함에 있어서도 이러한 점을 고려해야 하고 헌법 규정의 의미나 내용 및 적용범위를 해석함에 있어 중요한 지침이 될 수 있다고 지적했다.[26] 위 견해도 ILO 기본협약을 해석 지침 정도로 이해한 것이고, 일반적으로 승인된 국제법규로서의 효력을 인정한 것은 아니다.

국가인권위원회는 2008년 5월 26일 전원위원회 결정으로 이주노조 설립신고서 반려 처분 취소소송(대법원 2007두4995)에 관하여 재판부에 의견을 제출했다. 국가인권위원회는 위 사건의 1심과 2심 재판부는 모두 국내법만을 기준으로 판단했으나, 국제인권규약[27]에 비추어 외국인근로자가 출입국관리법에 의할 때는 체류자격이 없다고 할지라도 이와 법적 규율의 대상을 달리하는 근로관계에 있어서는 노동조합을 결성할 적법한 권리가 있다는 의견을 제출했다. 국가인권위원회는 "인류의 보편적인 규범에 따라 인권을 보호하고 향상시키고자 하는 국제인권조약의 존중과 이행은 국제사회에서 한국의 위상을 고려했을 때 매우 중요"하다고 밝혔다.

대한민국 정부는 유엔 인권이사회에 제출한 자유권규약 제2차 정기보고서 등에서 다음과 같이 밝힌 바 있다. "자유권규약은 국회의 동의 아래 체결·공포했으므로 별도의 국내 입법조치 없이 국내법과 같은 효력을 갖는다. …… 규약 비준 전에 제정된 법률과 규약의 조항이 상충하는 경우 규약이 우선적으로 적용된다. 대한민국에서 제정되는 법률은 규약에서 보장하는 권리를 침해해서는 안 되며, 그러한 법률은 헌법 위반이 될 것이다. …… 개인이 규약에서 보장하고 있는 권리의 침해를 이유로 소송을 제기하는 경우 법원은 통상 규약에 상응하는 국내법을 토대로 판결을 하고, 규약 내용과 상응하는 국내 법률이 없을 경우에는 규약의 조항이 법원에 의하여 직접 원용될 것이다."[28]

　　국제인권조약에 대한 사법부 태도의 문제점으로 다음과 같은 점이 지적된다.[29] 첫째, 대한민국 사법부는 국제인권조약의 비준 여부만으로 재판에서 적용 가능성을 형식적으로 판단하는 경향이 있다. 비준하지 않은 협약, 가입 당시 유보한 조항의 국내법적 효력을 전면적으로 부정하고 있다. 둘째, 별다른 근거를 제시하지 않고 '일반적으로 승인된 국제법규'에 해당하지 않는다고 판단하는 경향이 있다. 셋째, 사회권규약이 보장한 권리의 성격에 대해 잘못 이해하고 있다. 사회권규약 제8조의 결사의 자유는 즉각적으로 이행이 보장되어야 하고 위반 시 사법적 구제의 대상이 됨에도 불구하고[30] 사회권규약의 모든 권리를 점진적 달성 의무만이 부과되는 것으로 오해하고 있다. 넷째, 국제인권조약의 구체적 규정의 해석에서 별다른 논증 없이 문제가 된 국내법규가 국제인권조약에 위반되지 않는다고 해석하는 경향이 있다. 다섯째, 국제적 인권감독기구가 대한민국 정부에 대해 한 권고를 '그것만으로 당해 법률조항이 위헌으로서 당연히 효력을 상실하는 것은 아니다'라고 배척하는 경향이 있다.

국제 노동기준을 포함한 국제인권규약에 대한 적극적 태도가 요청된다. 결사의 자유 관련 ILO 핵심협약은 비준 전이라도 헌법 제6조 ①항의 '일반적으로 승인된 국제법규'에 해당하는 것으로 적극적으로 해석할 필요가 있다. ILO 핵심협약을 비준할 경우에는 국내법과 동일하거나 우선적 효력을 갖는 것으로 평가하여 이에 위반되는 법률 조항들을 위헌으로 판단하거나 효력이 없는 것으로 해석하는 것이 가능할 것이다.

노동 관련 위헌결정례

순번	선고일	사건번호	사건명	결과	주요 쟁점
1	1993. 03. 11	88헌마5	노동쟁의조정법 제12조 제2항 중 '국가·지방자치단체에 종사하는 노동자'에 관한 부분 헌법소원	헌법불합치	쟁의금지규정이 현업공무원의 단체행동권을 침해하는지 여부 (대법원 1991. 5. 24. 선고 91도 324 판결로 의미 반감)
2	1995. 03. 23	92헌가14	노동조합법 제46조 위헌제청	위헌*	노동위원회 구제명령 위반 죄 조항의 적법절차 원리 및 과잉금지 원칙 위반 여부
3	1997. 08. 21	94헌바19 97헌가11 95헌바34	근로기준법 제30조의2 제2항 위헌소원	헌법불합치*	임금채권우선변제규정이 도산 등 기타 사유에 있는 사용자의 재산권이나 평등권을 위배하는지 여부
4	1998. 03. 26	96헌가20	노동조합법 제46조의3 위헌제청	위헌*	단체협약 위반에 대한 벌칙 조항의 죄형법정주의 위반 여부
5	1999. 11. 25	95헌마154	노동조합법 제12조 등 위헌확인	위헌각하	노조의 정치활동금지와 관련된 법규정이 단결권, 평등권, 표현의 자유를 위반하는지 여부

헌법의 현장에서

순번	선고일	사건번호	사건명	결과	주요 쟁점
6	2002. 07. 18	2000 헌마 707	평균임금 결정 고시 부작위 위헌확인	위헌 확인	산재법 및 근기법상 노동부장관이 평균임금 고시의무를 이행하지 않는 경우 평등권 및 재산권 등을 침해하는지 여부
7	2003. 02. 27	2000 헌바 26	구 사립학교법 제53조의2 제3항, 교원지위 향상을 위한 특별법 제9조 위헌확인	헌법 불합치	재임용 거부 사유와 재임용을 거부당한 교원의 구제 절차를 규정하지 아니한 법률규정이 헌법 제31조 제6항의 교원지위법정주의에 위반되는지 여부 (대법원 2004. 4. 22. 선고 2000두7735 전원합의체 판결, 김민수 교수 사건)
8	2006. 02. 23	2005 헌가 7, 2005 헌마 1163	교원지위 향상을 위한 특별법 제10조 제3항 위헌확인	위헌*	교원징계재심위원회의 결정에 대하여 교원에게만 행정소송을 제기할 수 있도록 하고 학교법인에게는 이를 금지한 규정이 평등권을 침해하는지 여부
9	2007. 08. 30	2004 헌마 670	산업기술연수생 도입기준 완화 결정 위헌확인	위헌	외국인산업기술연수생에 대한 근기법의 일부 조항 적용 배제가 평등권 침해에 해당하는지 여부
10	2009. 05. 28	2005 헌바 20 외	산업재해보상보험법 제38조 제6항 위헌소원	위헌	산재법상 최고보상제도의 개정에 따라 종전 지급받던 장해연금의 감액이 재산권을 침해하는지 여부

순번	선고일	사건번호	사건명	결과	주요 쟁점
11	2010. 02. 25	2008 헌가 6	산업안전보건법 제69조 제1호 위헌제청	위헌*	산재법상 보고의무 미이행에 따른 처벌이 포괄 위임 입법 금지 또는 죄형법정주의에 위반되는지 여부
12	2013. 08. 29	2011 헌바 390	구 고용보험법 제35조 제1항 위헌소원	위헌	직업능력개발훈련비용의 부정수급에 따른 반환, 추가 징수, 지급 제한 처분 조항이 포괄 위임 금지 원칙에 위배되는지 여부
13	2013. 09. 26	2013 헌바 170	사립학교교직원 연금법 제42조 제1항 등	위헌 합헌	금고 이상의 형에 따른 퇴직급여 감액조항이 재산권 및 인간다운 생활을 침해하는지 여부
14	2015. 12. 23	2014 헌바 3	근로기준법 제35조 제3호 위헌소원	위헌	6개월 미만 근로한 자에 대한 해고예고제도의 적용제외 규정이 근로권과 평등권에 위배되는지 여부 (헌재 2001. 7. 19. 선고 99헌마 663 합헌결정)
15	2016. 03. 31	2014 헌가 2 2015 헌가 24	구 고용보험법 제35조 제1항 부분 위헌제청	위헌	부정한 방법으로 고용안정 및 직업능력개발사업의 지원을 받은 자에 대한 반환명령이 포괄 위임 금지 원칙에 위배되는지 여부

순번	선고일	사건번호	사건명	결과	주요 쟁점
16	2016. 09. 29	2014 헌바 254	산업재해보상보험법 제37조 제1항 제1호 다목 등 위헌소원	헌법불합치	출퇴근재해의 판단 기준을 사업주의 지배관리 하로 한정하는 것이 평등 원칙에 위배되는지 여부 (헌재 2013. 9. 26. 선고 2011헌바271; 헌재 2013. 9. 26. 선고 2012헌가16 합헌결정)
17	2017. 09. 28	2015 헌마 653	청원경찰법 제5조 제4항 중 국가공무원법 제66조 제1항 중 '노동운동' 준용 부분 위헌확인	헌법불합치 (2018. 12. 31. 시한)	청원경찰의 노동운동을 포괄적으로 금지하는 것이 노동3권을 침해하는지 여부 (헌재 2008. 7. 31. 선고 2004헌바9 합헌결정)

노동자 보호 조항 또는 사용자 처벌 조항에 대해 위헌결정(주로 죄형법정주의 또는 포괄 위임 금지 위배를 이유로)을 한 예는 순번 2번, 3번, 4번, 8번, 11번 등이 있다.

위헌결정을 했지만 시기를 놓치는 바람에 그 의미가 반감된 예로는 순번 1번이 있다. 노동쟁의조정법상 공무원의 쟁의행위 금지 조항이 현업공무원의 단체행동권을 침해하는 범위 내에서는 위헌이라는 점이 헌법과 국가공무원법 등에 의해 명백하고 1988년에 헌법소원이 제기되었음에도 5년이 지난 1993. 3. 11.에야 헌법불합치결정을 했으나, 이미 대법원에서 1991. 5. 24. 선고 91도324 판결로 위 규정의 '공무원'에는 현업공무원이 해당되지 않는다고 판단함으로써 헌법재판소의 결정은 뒷북을 치는 결과가 되었다.

반면에 대법원과의 관계에서 헌법재판소가 앞장서서 위헌결
정을 함으로써 존재의의를 증명한 사례로는 순번 7번(교수재임용 거
부 관련 사립학교법 및 교원지위향상특별법 조항 위헌)과 16번(산재보험법상 통
근재해 관련 조항) 등이 있다.

합헌결정을 변경하여 위헌 또는 헌법불합치결정을 한 예는
2015년 이후부터 나타나고 있는데 위 순번 14번, 16번, 17번 등이
이에 해당한다.

헌법재판소가 합헌결정을 했지만 입법으로 해결한 예는 다
음과 같다.

	선고일	사건번호	쟁점	비고
1	1992. 04. 28.	90헌바27~34 (별개의견 변정수)	국가공무원법 제66조 제1항	공무원노조법 제정
	2007. 08. 30.	2003헌바51, 2005헌가5 (반대의견 조대현, 김종대, 송 두환)		
	2005. 10. 27.	2003헌바50 등 (반대의견 전효숙, 조대현, 송 인준, 주선회)	지방공무원법 제58조 제1항	

2	1991. 07. 22.	89헌가106 (반대의견 이시윤, 김양균, 변정수)	사립학교교원의 노동삼권 부정	교원노조법 제정
3	1993. 03. 11.	92헌바33 (변정수 반대의견, 김진우·이시윤·김양균 한정 합헌의견)	제3자 개입금지 구 노동조합법 제12조의2	2006. 12. 30. 삭제
	1990. 01. 15.	89헌가103 (변정수 반대의견, 김진우·이시윤·김양균 한정 합헌의견)	제3자 개입금지 구 노동쟁의조정법 제13조의2	
4	1996. 12. 26.	90헌바19, 92헌바41, 94헌바49 (위헌의견 김진우, 황도연, 이재화, 조승형, 고중석)	직권중재제도 (구 노쟁법 제30조 제3호)	법 개정으로 폐지(필수유지업무제도)
	2003. 05. 15.	2001헌가31 (한대현, 하경철, 김영일, 송인준)		

4. 개헌 시 헌법재판제도 개선 방안

헌법 개정 논의 과정에서 헌법재판제도의 개선과 관련하여 논의된 쟁점들을 표로 정리하면 다음과 같다.

쟁점	현행	대통령 개헌안	국회개헌특위 자문위안[31]	검토
헌재의 심판 사항	1. 법원의 제청에 의한 법률의 위헌여부 심판 2. 탄핵의 심판 3. 정당의 해산 심판 4. 국가기관 상호 간, 국가기관과 지방자치단체 간 및 지방자치단체 상호 간의 권한쟁의에 관한 심판 5. 법률이 정하는 헌법소원에 관한 심판	6. 대통령 권한 대행의 개시 또는 대통령의 직무 수행 가능 여부에 관한 심판 7. 그밖에 법률로 정하는 사항에 관한 심판	6. 기타 법률이 정하는 사항에 관한 심판	○ 한정적 열거로 인한 지나친 경직성으로 탄력적인 제도 설계가 불가능. ○ 탄력적 제도 도입을 위해 '법률로 정하는 사항에 관한 심판'을 인정할 필요 있음.
재판관 자격	'법관의 자격을 가진 9인의 재판관'	'법관의 자격' 요건 삭제	'법관의 자격' 요건 삭제	헌법재판의 특수성과 헌재 구성의 다양성을 위해 '법관 자격' 요건 삭제

재판관 임명 절차	제111조 ② …… 재판관은 대통령이 임명한다. ③ 제2항의 재판관 중 3인은 국회에서 선출하는 자를, 3인은 대법원장이 지명하는 자를 임명한다.	제111조 ② …… 재판관은 대통령이 임명한다. ③ 제2항의 재판관 중 3명은 국회에서 선출하는 사람을, 3명은 대법관회의에서 선출하는 사람을 임명한다.	헌법재판소 재판관을 국회가 재적 의원 5분의 3 이상의 찬성으로 선출하여 대통령이 임명한다.	○ 국민의 대표 기관인 국회가 재판관을 선출하도록 함으로써 헌법 재판소의 민주적 정당성 및 국민대표 비례성 제고. ○ 가중다수결에 대해서는 검토 필요.
재판관 임기와 연임	제112조 ① 헌법재판소 재판관의 임기는 6년으로 하며, 법률이 정하는 바에 의하여 연임할 수 있다.	현행과 동일	제112조 ① 헌법재판소 재판관의 임기는 9년으로 하며, 연임할 수 없다.	○ 연임을 위해 임명권자 또는 지명권자를 의식하고 재판하는 폐단을 방지하기 위해 연임 폐지. ○ 헌법재판의 전문성, 헌법이념의 가치성과 논증 설득력 등을 위해 임기 연장 필요.
재판 소장 임명	제111조 ④ 헌법재판소의 장은 국회의 동의를 얻어 재판관 중에서 대통령이 임명한다.	제111조 ④ 헌법재판소의 장은 재판관 중에서 호선한다.	헌법재판소의 장은 재판관 중에서 호선한다.	○ 소장 호선 제도의 장단점과 도입 여부

헌법재판소 심판사항 확대

현행 헌법 제111조 제1항은 헌법재판소 심판사항으로 "1. 법원의 제청에 의한 법률의 위헌여부 심판, 2. 탄핵의 심판, 3. 정당의 해산심판, 4. 국가기관 상호 간, 국가기관과 지방자치단체 간 및 지방자치단체 상호 간의 권한쟁의에 관한 심판, 5. 법률이 정하는 헌법소원에 관한 심판"을 규정하고 있다. 한정적으로 열거하여 지나친 경직성으로 말미암아 탄력적인 제도 설계가 불가능하다. 새로운 심판사항을 추가하는 제도 도입이 불가능하게 되어있다.

대통령 개헌안은 "6. 대통령 권한대행의 개시 또는 대통령의 직무 수행 가능 여부에 관한 심판, 7. 그밖에 법률로 정하는 사항에 관한 심판"을 추가했고, 국회 개헌특위 자문위는 "6. 그 밖의 법률로 정하는 사항에 관한 심판"을 추가했다. 법률로 헌법재판소 심판사항으로 정할 경우로는 다음을 생각해볼 수 있다. 법률안에 대한 국민발안권이 인정된 상황에서 국민이 발안한 법률안을 국회가 수정의결하고 국민발안한 법률안과 사실상 동일하다면서 국민투표에 회부하지 않을 수 있다. 반면에 법률안을 발안한 국민들은 동일성을 부정하면서 국민발안한 법률안 원안에 대한 국민투표를 요구하여 국민투표를 실시해야 하는지 여부가 문제될 수 있다. 이런 경우 두 법률안의 동일성 인정 여부와 국민투표 실시 여부에 대해 헌법재판소가 결정하는 제도를 설계할 수 있을 것이다. 헌법재판소 심판사항을 법률로 정할 수 있는 여지를 인정해서 탄력적으로 대응할 수 있도록 할 필요가 있다.

헌법재판관의 자격

현행 헌법 제111조 제2항은 헌법재판소는 '법관의 자격을 가진 9인의 재판관으로 구성'된다고 규정하고 있다. 헌법재판관의 요건으로 '법관 자격'을 요구하는 것은 헌법재판의 특성을 무시하고, 헌법재판소 구성의 다양성을 막는 장애요인이 되므로 이를 폐지하는 것이 바람직하다. 대통령 개헌안과 국회 개헌특위 자문위 개헌안에서는 법관 자격 요건을 삭제했다.

헌법재판관 임명 절차

현행 헌법은 헌법재판소의 구성 등에 대해 제111조는 "② …… 재판관은 대통령이 임명한다. ③ 제2항의 재판관 중 3인은 국회에서 선출하는 자를, 3인은 대법원장이 지명하는 자를 임명한다. ④ 헌법재판소의 장은 국회의 동의를 얻어 재판관 중에서 대통령이 임명한다"고 규정하고 있다.

　　대통령 개헌안은 제111조 "② 헌법재판소는 9명의 재판관으로 구성하며, 재판관은 대통령이 임명한다. ③ 제2항의 재판관 중 3명은 국회에서 선출하는 사람을, 3명은 대법관회의에서 선출하는 사람을 임명한다"고 규정했다. 제18대 국회에서 국회의장 자문기구인 '헌법연구 자문위원회'('제18대 국회자문위')는 헌법재판소장과 재판관은 재적의원 3분의 2 이상의 찬성으로 국회에서 선출하고 대통령이 임명하되, 재판관 3분의 1은 대법관 중에서 선출하는 방안을 제시했다.[32] 제19대 국회에서 국회의장 소속 '헌법개정자문위원회'('제19대 국회 자문위')는 헌법재판소장 포함 9명의 헌법재판관으로 구성하며, 법관의 자격을 가진 사람은 7명 이하로 하였다. 헌법재판소장은 국회(참의원)의 동의를 받아 대통령이 임명하고, 재판관은 인사추천위원회 추천으로 국회(참의원)의 동의를 받아 대통령이 임명하도록 했다.[33] 제20대 국회의 '국회헌법개정특별위원회 자문위원회'('제20대 국회 개헌특위 자문위')는 헌법재판소 재판관을 국회가 재적의원 5분의 3 이상의 찬성으로 선출하여 대통령이 임명하도록 했다.[34] 국회 자문기구 논의의 공통점은 헌법재판소를 국회 주도로 구성하면서 대법원장의 지명 몫을 완전히 배제하고, 대통령의 실질적 임명권을 최대한 축소하는 방안을 제시했다는 것이다.[35]

대법원장이 헌법재판관 3명을 지명하는 것에 대해서는 많은 문제점이 지적되었다. 첫째, 헌법재판의 민주적 정당성을 해친다. 헌법재판은 대의기관의 입법을 무효화하는 권한을 지니고 있으므로 그에 걸맞은 민주적 정당성을 지녀야 한다. 국민으로부터 선출되지 않은 대법원장이 재판관 3인을 직접 지명하는 것은 헌법재판에 요청되는 민주적 정당성을 가져오지 못한다. 둘째, 헌법재판의 많은 사건은 법원의 재판과 직간접으로 연관되어 있고, 법률의 위헌결정은 법원이 합헌으로 본 많은 법률조항을 폐지하거나 무효화하는 것이므로 법원 판례와 연관되어 있고, 재판에 대한 헌법소원은 한정 위헌 판단의 대상이 되므로 대법원장은 헌법재판관의 선임에 직접 관여할 입장이 되지 못한다. 셋째, 대법원장은 사실상 대법관으로 승진하지 못한 법원장급을 재판관으로 지명함으로써 헌법재판소의 위상을 떨어뜨려 왔다.[36]

대통령이 헌법재판관 3명을 국회 동의 없이 임명하는 것도 문제로 지적되었다. 헌법재판소가 정부·여당에 편향적인 인사들로 구성될 우려가 높기 때문이다.

헌법 개정의 기회에 헌법재판관 모두에 대해 국회의 동의를 거치도록 하는 방안을 도입할 필요가 있다.

헌법재판소장 임명

현행 헌법은 제111조 제4항은 "헌법재판소의 장은 국회의 동의를 얻어 재판관 중에서 대통령이 임명한다"고 규정하고 있고, 대통령 개헌안과 제20대 국회 개헌특위 자문위 개헌안은 헌법재판소장을 재판관들이 호선하도록 했다.

헌법재판소장의 호선에 대해서는 찬반양론이 가능하다.[37] 호선제를 도입하더라도 호선 후 대통령의 임명을 받게 하는 것이 타당한 방안인지에 대한 추가적인 검토가 필요하다는 견해도 있다.[38]

헌법재판관의 임기와 연임

현행 헌법 제112조는 "① 헌법재판소 재판관의 임기는 6년으로 하며, 법률이 정하는 바에 의하여 연임할 수 있다. ② 헌법재판소 재판관은 정당에 가입하거나 정치에 관여할 수 없다. ③ 헌법재판소 재판관은 탄핵 또는 금고 이상의 형의 선고에 의하지 아니하고는 파면되지 아니한다"고 규정하고 있다. 대통령 개헌안은 현행 헌법 규정을 유지했다.

헌법재판관의 임기를 6년으로 하고 연임할 수 있게 하는 것에 대해 많은 비판이 있었다. 헌법재판관직은 오직 헌법과 국민만을 바라보는 자리여야 하고, 연임제도로 인한 심판의 공정성에 대한 오해를 방지해야 하므로 단임제로 하는 것이 타당하다는 것이다. 헌법재판은 그 전문성과 헌법 이념의 고도의 가치성과, 논증의 설득력 요청으로 인하여 헌법재판관은 대법관보다 더 긴 임기가 필요하다.[39] 9년, 10년, 정년제 등의 제안이 있다. 대통령 개헌안은 현행과 동일하게 규정했고, 국회 개헌특위 자문위는 9년 단임제를 다수 의견으로 했다. 9년 단임제로 할 경우 일률직 구성의 위험을 예방하기 위해 3년마다 3명씩 교체할 수 있도록 시차를 두어 임명하는 것도 고려해볼 수 있을 것이다.

헌법의 현장에서

미주

1부

1) 한국YMCA 중등교육자협의회 산하 서울·부산·광주·춘천지역협의회 소속 중등교사 546명(초등교사 20명)이 1986년 5월 10일을 기해 일제히 발표한 선언. "학생들과 함께 진실을 추구해야 하는 우리 교사들은 오늘의 참담한 교육 현실을 지켜보며 가슴 뜯었다"로 시작되는 이 선언은 교육민주화의 조건으로 △ 교육의 정치적 중립성 보장 △ 교사의 교육권과 시민적 제권리 보장 △ 교육행정의 비민주성과 관료성의 배제 △ 자주적인 교원단체의 설립과 활동의 자유 보장 △ 보충수업과 심야학습의 철폐를 주장했다. 선언 발표 직후인 5월 15일 교사들은 '민중교육지사건'으로 해직된 교사들을 중심으로 '민주교육실천협의회'를 결성, 교육민주화운동에 박차를 가하는 한편, 5월 21일 '자살학생위령제', 7월 17일 '민주교육탄압저지대회', 8월 29일 '민중교육지사건 1주년에 즈음한 민주교육실천대회' 등의 실천활동을 전개해나갔다. 교사들의 이러한 움직임에 대해 당국은 탄압조치로 일관, 한국 YMCA 중등교육자협의회 전국회장 윤영규尹永奎 등 3명의 전남지역 교사들을 도서 벽지로 전보발령 조치한 데 이어 이에 항의하는 위 교사들을 구속하는 등 1986년 5월부터 1987년 4월까지 11명 구속, 6명 타도전출, 26명 해임, 9명 정직 등 150여 명의 교사들을 교육민주화운동과 관련 처벌했다. [네이버 지식백과] 교육민주화선언教育民主化宣言 (한국근현대사사전, 2005. 9. 10., 가람기획)

2) 이범준,《헌법재판소, 한국 현대사를 말하다》, 궁리, 2015(1판 4쇄), 98면.

3) 〈사립학교 노조 금지 합헌-위헌 공방〉, 한겨레, 1990년 4월 17일.

4) 임종률,《노동법》제12판, 박영사, 2014, 20면.

5) 이영희,《노동법》, 법문사, 2001, 3면 이하.

6) 서울고등법원 2014. 9. 19.자 2014아413 결정(재판장 판사 민중기, 판사 유헌종, 판사 김관용).

7) 서울고등법원 2014. 9. 19.자 2014아366 결정(재판장 판사 민중기, 판사 유헌종, 판사 김관용).

8) 제2조(정의) 이 법에서 "교원"이라 함은 초·중등교육법 제19조 제1항에서 규정하고 있는 교원을 말한다. 다만, 해고된 사람으로서 '노동조합 및 노동관계조정법' 제82조 제1항에 따라 노동위원회에 부당노동행위의 구제신청을 한 사람은 '노동위원회법' 제2조에 따른 중앙노동위원회의 재심 판정이 있을 때까지 교원으로 본다.

9) 대법원 2004. 2. 27. 선고 2001두8568 판결 참조.

10) 이준상, 〈대통령의 선거중립 의무 준수 요청 등 조치 취소 — 대통령 헌법소원 신청 사건(헌법재판소 2008. 1. 17. 2007헌마700, 판례집 20-1상, 139)〉, 《헌법재판소 결정 해설집》, 헌법재판소, 2009.

11) 인터넷 미디어인 오마이뉴스(청구인)가 2002년 대통령 선거에 출마 의사를 밝힌 민주당 대선 예비주자 7명에 대하여 2002. 2. 5.부터 2002. 2. 26.까지 '열린 인터뷰'를 기획했다. 이에 대해 서울특별시 선거관리위원회 위원장(피청구인)은 2002. 2. 1. 청구인에게 '대통령 선거 입후보 예정자를 초청하여 인터뷰라는 명목으로 대담·토론회를 개최하는 행위 및 이를 생중계하거나 동영상물 등에 게시하여 불특정 다수의 선거구민이 열람할 수 있도록 하는 행위는 공직선거 및 선거부정방지법 제254조(선거운동기간위반죄)에 위반된다'는 이유로 '열린 인터뷰'의 중지를 촉구하면서 위 행사를 개최할 경우 행사 진행을 제지한다는 내용의 공문을 발송했다. 청구인이 2002. 2. 5. '열린 인터뷰'를 감행하려하자, 피청구인은 선거관리위원 50여 명을 파견하여 청구인의 사무실을 에워싸고 토론 예정자인 노무현 고문 및 다수의 시민기자들이 사무실에 출입하는 것을 저지했다. 이에 청구인은 피청구인의 2002. 2. 1.자 '선거법위반행위에 대한 중지 촉구' 및 2002. 2. 5. '열린 인터뷰를 무산시킨 행위'는 청구인의 언론의 자유와 평등권 등을 침해한다는 주장으로 피청구인 행위의 위헌확인을 구하고자 2002. 2. 7. 이 사건 헌법소원심판을 청구했다.

12) 오마이뉴스 사건의 중지 촉구는 장래에 개최될 예정인 대담·토론회에 관하여 서울특별시 선거관리위원회가 사전에 공직선거법 위반에 해당될 것이라는 법적 평가를 한 후 그러한 의견을 오마이뉴스에 표명하면서 만일 그 위반 행위를 하는 경우 위 선거관리위원회가 취할 수 있는 조치를 통고한 것인 데 반하여, 이 사건 조치는 청구인의 과거의 행위가 위법임을 유권적으로 확인하고 이를 청구인에게 통지하면서 그 재발 방지를 촉구한 것이다. 결국 오마이뉴스 사건의 중지 촉구는 권고적·비권력적 행위인 공명선거 협조 요청에 불과하여 피통고자에 대하여 직접적인 법률효과를 발생시키지 않는 것이지만, 이 사건 조치는 위법 행위에 대한 유권적인 판단 및 그에 대한 경고를 함으로써 청구인의 기본권을 실질적으로 제한하고 있으므로, 오마이뉴스 사건의 판시가 이 사건에 적용된다고 볼 수 없다.

13) 친일반민족행위자 재산의 국가귀속에 관한 특별법(약칭 친일재산귀속법)에서 사용하는 용어의 정의(제2조 정의)는 다음과 같다.
1. "재산이 국가에 귀속되는 대상인 친일반민족행위자(이하 '친일반민족행위자'라 한다)"라 함은 다음 각 목의 어느 하나에 해당하는 자를 말한다.
가. '일제강점하 반민족행위 진상규명에 관한 특별법' 제2조 제6호·제8호·제9호의 행위를 한 자(제9호에 규정된 참의에는 찬의와 부찬의를 포함한다). 다만, 이에 해당하는 자라 하더라도 후에 독립운동에 적극 참여한 자 등으로 제4조의 규정에 따른 친일반민족행위자재산조사위원회가 결정한 자는 예외로 한다.
나. '일제강점하 반민족행위 진상규명에 관한 특별법' 제3조에 따른 친일반민족행위진상규명위원회가 결정한 친일반민족행위자 중 일제로부터 작위爵位를 받거나 이를 계승한 자. 다만, 이에 해당하는 자라 하더라도 작위를 거부·반납하거나 후에 독립운동에 적극 참여한 자 등으로 제4조에 따른 친일반민족행위자재산조사위원회가 결정한 자는 예외로 한다.
다. '일제강점하 반민족행위 진상규명에 관한 특별법' 제2조의 규정에 따른 친일반민족행위를 한 자 중 제4조의 규정에 따른 친일반민족행위자재산조사위원회의 결정에 따라 독립운동 또는 항일운동에 참여한 자 및 그 가족을 살상·처형·학대 또는 체포하거나 이를 지시 또는 명령한 자 등 친일의 정도가 지극히 중대하다고 인정된 자.
일제강점하 반민족행위 진상규명에 관한 특별법(약칭 반민족규명법)법에서 "친일반민족행위"라 함은 일본제국주의의 국권침탈이 시작된 러일전쟁 개전 시부터 1945년 8월 15일까지 행한 다음 각 호의 어느 하나에 해당하는 행위를 말한다(제2조 정의).

6. 을사조약·한일합병조약 등 국권을 침해한 조약을 체결 또는 조인하거나 이를 모의한 행위.

8. 일본제국의회의 귀족원의원 또는 중의원으로 활동한 행위.

9. 조선총독부 중추원 부의장·고문 또는 참의로 활동한 행위.

14) '사정'이란 일제강점기에 시행된 토지조사사업 및 임야조사사업에 의해 토지조사부나 지적도를 토대로 소유자나 경계를 정하는 행정처분을 의미한다.

15) 서울행정법원 2008. 10. 2. 선고 2007구합43617 판결: 재판장 판사 정종관, 판사 권창영, 판사 정혜은 / 서울행정법원 2009. 1. 7. 선고 2007구합43259 판결: 재판장 판사 전성수, 판사 손금주, 판사 이용우 / 서울행정법원 2009. 6. 5. 선고 2008구합7564 판결.

16) 서울고등법원 2009. 11. 20. 선고 2008누31125 판결: 재판장 판사 서기석, 판사 이상윤, 판사 박종욱.

17) 대법원 2012. 4. 26. 선고 2009두22522 판결: 재판장 대법관 민일영, 주심 박일환, 신영철, 박보영.

18) 병합된 사건은 2008헌바141 사건(망 민ㅇ휘의 후손 20인), 2009헌바14 사건(망 이ㅇ로의 후손 1인), 2009헌바19 사건(망 민ㅇ석의 후손 1인), 2009헌바36 사건(망 이ㅇ춘의 후손 5인), 2009헌바247 사건(망 민ㅇ휘의 후손 27인), 2009헌바352 사건(망 조ㅇ근의 후손 9인), 2010헌바91 사건(망 서ㅇ훈의 후손 1인) 등이다.

19) 다만 김종대 재판관은 헌법재판소가 헌법 제13조 제2항에 대하여 특별한 사유가 있는 경우에는 소급입법에 의한 재산권 박탈도 허용될 수 있다고 해석한다면, 이는 새로운 헌법적 내용을 형성해내는 것이므로, 타당한 헌법해석이라고 볼 수 없고 권력분립 원칙에도 반한다는 견해를 밝혔다.

20) 친일 재산에는 취득 당시 반사회적 가치 내지 범죄성이 내재하고 있었고, 과거사 청산 절차를 밟지 못한 우리나라에서는 그 반사회성 및 범죄성이 현재까지도 지속되고 있다고 보았다.

21) 우리의 근대적인 토지소유권제도는 일제에 의해 1912년 토지사정부 등이

작성되면서 이루어졌으므로, 사정되기 이전에 친일반민족행위와 무관하게 취득했던 토지라고 하더라도 위 시기에 취득한 것으로 간주되고, 그 결과 이 사건 추정조항에 따라 친일 재산으로 추정되며 친일반민족행위자가 위 추정을 번복하려면, 해당 토지를 1904년 이전에 실제로 취득했다는 점을 입증해야 하나, 토지사정부가 작성되기 이전에는 토지소유권에 관한 대세적 공시 방법이 마련되지 아니했고, 100여 년 전의 사실관계를 입증하기도 어려우므로, 이 사건 추정조항에 의해 친일 재산과 무관한 재산까지도 박탈당할 가능성이 크다는 것이 그 이유다.

22) 친일반민족행위자를 단죄하고 친일 재산을 국가에 귀속시키는 일이 반드시 필요한 작업이라고 하더라도, 그러한 작업은 헌법에 합치하는 방법에 의하여 이루어져야 한다는 전제하에, 이 사건 귀속조항은 진정소급입법에 의한 재산권의 박탈에 해당되는데, 헌법 제13조 제2항은 4·19민주혁명과 5·16 군사쿠데타를 거치면서 각종 소급입법에 의한 정치적·사회적 보복이 반복되어온 헌정사를 바로잡기 위하여 도입된 것으로서 예외를 두지 않는 절대적 금지명령이므로 이 사건 귀속조항은 별도의 헌법적 근거 없이 진정소급입법에 의해 재산권을 박탈하므로 헌법 제13조 제2항에 위반된다는 것이 그 이유다.

23) 서울행정법원 2009. 6. 5. 선고 2008구합7564 판결.

24) 서울고등법원 2010. 5. 27. 선고 2009누19658 판결. 재판장 판사 박병대.

25) 심리불속행 기각 판결은 '상고심 절차에 관한 특례법' 제4조의 규정에 따라 더 나아가 심리를 하지 아니하고 판결로 상고를 기각하는 것으로 이유를 적지 않을 수도 있다.

26) 대법원 2010. 10. 28. 선고 2010두12576 판결.

27) 헌법재판소는 2011. 3. 31. 선고 2008헌바141등 결정에서 친일 재산을 소급적으로 국가에 귀속시키는 친일 재산 귀속조항이 소급입법 금지 원칙에 반하지 아니한다고 판단한 바 있다. 이 사건 법률조항이 정한 '일제로부터 작위를 받거나 계승한 자'의 경우, 친일 세력의 상징적 존재로서 그 지위 자체로 친일 세력의 형성·확대에 기여하고, 일제강점 체제의 유지·강화에 협력함으로써 당시 조선사회에 심대한 영향력을 미쳤다고 볼 수 있는바, 그 밖의 재산귀속 대상인 친일반민족행위자와 질적으로 다르다고 할 수 없고, 이 사건 법률조항에

대하여 위 합헌결정과 달리 판단할 사정이 존재하지 아니하므로 이 사건 법률조항은 소급입법 금지 원칙에 위반되지 아니한다.

28) 제청신청인이, 일제로부터 작위를 받았다고 하더라도 '한일합병의 공으로' 작위를 받지 아니한 자는 종전의 친일재산귀속법에 의하여 그 재산이 국가귀속의 대상이 되지 아니할 것이라고 신뢰했다고 하더라도, 그러한 신뢰는 친일재산귀속법이 제정경위 및 입법목적 등에 비추어 확고한 것이라거나 보호가치가 크다고 할 수 없는 반면, 이 사건 법률조항에 의하여 달성되는 공익은 매우 중대하므로 이 사건 법률조항은 신뢰 보호 원칙에 위반되지 아니한다.

29) 이 사건 법률조항이 정한 '일제로부터 작위를 받거나 계승한 자'의 경우, 일본제국주의의 식민통치에 협력하고 우리 민족을 탄압하는 행위를 했다고 볼 수 있고, 작위를 거부·반납하거나 후에 독립운동에 적극 참여한 자와 같이 친일 정도가 상대적으로 경미한 자는 제외되는 점에서 친일 정도가 중대한 경우에 한정되고 있으며, 이 사건 법률조항은 정의를 구현하고 민족의 정기를 바로세우며 일본제국주의에 저항한 3·1운동의 헌법이념을 구현하기 위한 것인 점 등을 고려할 때 이 사건 법률조항이 과잉금지 원칙에 위반하여 제청신청인의 재산권을 침해한다고 할 수 없다.

30) 이 사건 법률조항이 정한 '일제로부터 작위를 받거나 계승한 자'는 친일 정도가 중대하다고 할 것인 바, '한일합병의 공으로' 작위를 받거나 이를 계승한 자와 비교하여 친일 행위의 성격 내지 정도가 본질적으로 다르다고 할 수 없다. 따라서 이 사건 법률조항이 이들을 서로 구분하지 아니했다고 하더라도 이를 합리적 이유 없는 차별 취급에 해당한다고 볼 수 없다.

31) 친일재산귀속법에 정한 친일 재산은 재산조사위원회가 국가귀속 결정을 하여야 비로소 국가의 소유로 되는 것이 아니라 친일재산귀속법의 시행에 따라 그 취득·증여 등 원인행위 시에 소급하여 당연히 국가의 소유로 된다. 그러므로 제청법원은 당해 사건의 본안판단에 있어서 국가귀속 결정의 효력 유무를 먼저 판단할 필요는 없고, 재산조사위원회의 친일반민족행위자 결정이 사실 오인에 의한 것이라고 하더라도 이를 당연무효라고 보기 어려운 이상, 유효하다는 전제하에 판단하여야 할 것이다. 따라서 이 사건 부칙조항의 위헌여부가 당해 사건 재판의 전제가 된다고 할 수 없으므로 위 조항에 대한 위헌법률심판 제청은 부적법하다.

32) 이 사건 법률조항이 재판 중인 사건에 적용되는지를 밝히는 이 사건 부칙조항의 재판의 전제성은 인정되어야 한다. 부칙조항이 위헌이라면 국가귀속 결정의 처분시를 위법성 판단의 기준으로 하여야 하고, 제청법원이 구법에 따라 '한일합병의 공'으로 작위를 받은 경우에 해당하지 않는 것으로 판단한다면 국가귀속 결정은 위법하게 된다. 위법한 국가귀속 결정이 취소소송의 대상인지, 아니면 당해 민사소송의 선결문제에 불과해 그 소송에서 위법성의 심사를 할 수 있는 것인지 여부는 제청법원이 판단할 것이므로, 이에 관한 제청법원의 판단을 존중하는 것이 상당하다. 이 사건 부칙조항의 위헌성을 살펴보면 부칙조항은 종전 법에 따른 친일반민족행위자 결정을 개정법에 따른 것으로 보아 그 결정의 하자를 소급적으로 치유하자는 것이다. 처분 대상을 확대하여 새로운 처분을 하여야 하는데, 위원회의 활동이 종료되었다면 절차규정을 마련해서 새 처분을 할 기관을 신설하여 하는 것이 적법한 절차인데 편의적으로 부칙조항의 신설로 이를 갈음하는 것은 적법절차의 원칙에 위배되어 헌법에 위반된다.

33) 서울중앙지방법원 2014. 2. 7. 선고 2010가합1550 판결.

34) 서울고등법원 2015. 2. 6. 선고 2014나18898 판결.

35) 대법원 2015다13997 판결. 〈1승3패로 끝난 '친일 이해승' 후손의 재산찾기〉, 한겨레, 2017년 1월 4일.

36) 〈헌재, '미디어법' 2차 권한쟁의심판 공개변론〉, 법률신문, 2010년 7월 9일.

37) 공무원은 노동운동이나 그 밖에 공무 외의 일을 위한 집단 행위를 하여서는 아니 된다. 다만, 사실상 노무에 종사하는 공무원은 예외로 한다.

38) 교원의 노동조합은 일체의 정치활동을 하여서는 아니 된다.

39) ① 공무원이 다음 각 호의 어느 하나에 해당하면 징계 의결을 요구하여야 하고 그 징계 의결의 결과에 따라 징계처분을 하여야 한다.
1. 이 법 및 이 법에 따른 명령을 위반한 경우

40) 헌법재판소 2011헌바32, 2012헌바185 위헌소원 사건.

41) 헌법재판소 2011헌가18 사건.

42) 대전지방법원 2010. 2. 25. 선고 2009고단2786,4126,2009고정2259 판결,

판사 김동현.

43) 대전지방법원 2010. 5. 14 선고 2010노618 판결; 판사 금덕희(재판장), 이진성, 이보람.

44) 대법원 2012. 4. 19. 선고 2010도6388 전원합의체 판결.

45) 헌법재판소 2014.8.28. 선고 2011헌바32,2011헌가18,2012헌바185(병합) 결정.

46) 대법원 2008. 9. 18. 선고 2007두22320 전원합의체 판결.

47) 대법원 2010. 7. 22. 선고 2008두4367판결.

48) 대법원 2012. 2. 23. 선고 2011두7076판결.

49) 중앙노동위원회 2012. 5. 2.자 중앙2012재부해12 결정 주문 "2. 이 사건 사용자(현대자동차)가 2005. 2. 2. 이 사건 근로자(최병승)에 대해 행한 해고는 부당해고임을 인정한다. 3. 이 사건 사용자는 이 사건 재처분판정서를 받은 날부터 30일 이내에 이 사건 근로자를 원직에 복직시키고, 해고일부터 복직일까지 정상적으로 근로했다면 받을 수 있었던 임금상당액을 지급하라."

50) 서울고등법원 2010. 11. 12. 선고 2007나56977 판결.

51) 아산공장 사건은 헌법재판소 2010헌바474 사건, 최병승 사건은 헌법재판소 2011헌바64 사건.

52) 제4조(기간제 근로자의 사용) "① 사용자는 2년을 초과하지 아니하는 범위 안에서 (기간제 근로계약의 반복갱신 등의 경우에는 그 계속 근로한 총 기간이 2년을 초과하지 아니하는 범위 안에서) 기간제 근로자를 사용할 수 있다. 다만, 다음 각 호의 어느 하나에 해당하는 경우에는 2년을 초과해 기간제 근로자로 사용할 수 있다. (1.~6. 생략.) ② 사용자가 제1항 단서의 사유가 없거나 소멸되었음에도 불구하고 2년을 초과해 기간제 근로자로 사용하는 경우에는 그 기간제 근로자는 기간의 정함이 없는 근로계약을 체결한 근로자로 본다."

53) 헌법재판소 2010헌마219 사건, 2010헌마265 사건.

54) 헌법재판소 2013. 10. 24. 2010헌마219 · 265(병합) 결정.

55) 재판관 이정미, 조용호.

56) 헌법 제8조 ④ 정당의 목적이나 활동이 민주적 기본질서에 위배될 때에는 정부는 헌법재판소에 그 해산을 제소할 수 있고, 정당은 헌법재판소의 심판에 의하여 해산된다.

57) 헌법 제111조 ① 헌법재판소는 다음 사항을 관장한다.
1. 법원의 제청에 의한 법률의 위헌여부 심판
2. 탄핵의 심판
3. 정당의 해산심판
4. 국가기관 상호 간, 국가기관과 지방자치단체 간 및 지방자치단체 상호 간의 권한쟁의에 관한 심판
5. 법률이 정하는 헌법소원에 관한 심판

58) 헌법재판소법 제2조(관장사항) 헌법재판소는 다음 각 호의 사항을 관장한다. 3. 정당의 해산심판

59) 헌법재판소 2014. 12. 19. 선고 2013헌다 1 통합진보당 해산심판청구 사건 결정(이하 '이 사건 결정')

60) 헌법재판소 2014. 12. 19. 선고 2013헌사907 정당활동정지 가처분신청 사건 결정.

61) "이 사건 가처분신청은 이유 없으므로 주문과 같이 결정한다."

62) 재판소장 박한철, 주심 재판관 이정미, 재판관 이진성·김창종·안창호·강일원·서기석·조용호. 위 8인의 의견이 법정 의견이 되었다(이하 '다수 의견').

63) 김이수 재판관의 반대의견(이하 '소수 의견').

64) 헌법 제113조 ① 헌법재판소에서 법률의 위헌결정, 탄핵의 결정, 정당해산의 결정 또는 헌법소원에 관한 인용결정을 할 때에는 재판관 6인 이상의 찬성이 있어야 한다.

65) 재판관 안창호·조용호(이하 '보충 의견').

66) 미군정 당시에 제정된 '군정법령 제55호'에는 정당의 등록에 관한 규정만

있을 뿐, 정당의 해산이나 등록 취소에 관한 언급은 전혀 없었다. 이승만 정권이 아무런 법적 근거 없이 '행정처분'으로 진보당을 해산한 것이다. 한홍구, 〈민주화로 태어난 헌법재판소, 기득권 수호 첨병으로〉, 한겨레, 2014년 12월 22일.

67) 대법원은 2011년 1월 20일 전원합의체 판결로 조봉암 진보당 중앙위원장에 대한 재심에서 국가변란과 간첩 혐의에 대해 무죄를 선고했다.

68) 헌법 교수들은 이 사건 심판청구에 대해 ▲ 극단의 반공주의를 헌법보나 상위에 놓으려는 시도이다(송기춘), ▲ 전체 진보정치세력에 대해 이념전쟁을 선포하는 것이고 우리 사회에서 헌법 수호의 과제와 민주주의적 관용을 둘러싼 소모적인 정치적 분열만 일으킬 것이다(전광석), ▲ 지난 정부부터 급속도로 배양되어 진보진영을 억압하는 수단이 되었던 종북 담론을 악용하여 한 국회의원과 정당인을 구속·기소하는 이른바 '내란음모 사건'을 거쳐, 이제는 그 정당을 위헌이라고 규정하고 이를 해산할 것을 청구하기에 이른 것으로, 다수의 권력으로부터 소수 정당을 보호하고 이를 통해 정치의 다원성을 확보하고자 하는 민주주의적 요청을 묵살한 채 대선 승리로 정치권력을 장악한 전리품 격으로 한 진보정당의 생명줄을 끊어버리고 이를 빌미로 진보진영을 비롯한 모든 반대정파들의 입을 막고 몸을 묶어두기를 기도하는 것이다(한상희), ▲ '사법의 정치화' 현상이 가장 극단화된 모습이어서 한편으로는 매우 유감이고 또한 우려스럽기만 하다(이종수), ▲ 보수정치세력이 진보정치세력 전반을 공격하는 담론 무기인 종북 매카시즘이 정점으로 치닫게 만드는 일종의 변곡점에 해당한다(이호중), ▲ 단순히 반민주적이라는 표현만으로는 설명될 수 없는, 반대세력에 대한 모든 권력과 수단을 통한 배제라는 엄청난 폭력성이 있다(김종서) 등의 비판적인 견해를 밝혔다.

69) 한홍구, 앞의 글. "2012년 12월 4일 대통령 후보 텔레비전 토론회에서 통합진보당의 이정희 후보가 충성 혈서를 써가며 일본군 장교가 된 다카기 마사오를 들먹이며 친일과 독재의 후예인 박근혜 후보를 떨어뜨리려 나왔다고 했을 때 통합진보당의 해산은 이미 결정된 것인지도 모른다."

70) 통합진보당 소송대리인단에 합류한 이재정 변호사의 고민은 김선수 대표집필, 《통합진보당 해산 결정, 무엇이 문제인가》, 도서출판말, 2015, 7〜8면 참조.

71) 김선수(단장), 이재화, 김진, 전영식, 이광철, 이한본, 이재정, 고윤덕, 윤영

태, 신윤경, 최용근, 김종보.

72) 천낙봉, 심재환, 하주희, 조지훈, 김유정.

73) 검사 정점식(단장), 김석우, 변필건, 민기홍, 이희동, 이인걸, 진동균, 최대건, 최재훈, 이태승, 신대경, 이혜은, 이재만.

74) 권성, 임성규, 김동윤.

75) 청구인 추천 참고인 김상겸(동국대학교 교수), 장영수(고려대학교 교수), 유동열(자유민주연구원 원장). 피청구인 추천 참고인 정태호(경희대학교 교수), 송기춘(전북대학교 교수), 정창현(국민대학교 교수).

76) 청구인 신청 증인 곽인수, 이종화, 이광백, 이종철, 김영환, 이성윤. 피청구인 신청 증인 노회찬, 박경순, 김장민, 박창식, 김인식, 권영길.

77) 이 사건 결정 4∼5면.

78) 김선수 대표집필, 앞의 책, 48∼50면; 고윤덕, 〈결론 내려놓고 퍼즐 맞추기 한 판결-통합진보당 정당해산 사건〉, 《민주사회를 위한 변론》105호, 민주사회를 위한 변호사 모임, 2015 상반기, 206∼207면.

79) 이재화 변호사는 재판이 끝난 후 《기획된 해산 의도된 오판》(도서출판 글과 생각, 2015)이란 제목으로 변론기를 책으로 출판했다.

80) 헌법재판소법 제40조(준용규정) ① 헌법재판소의 심판 절차에 관하여는 이 법에 특별한 규정이 있는 경우를 제외하고는 헌법재판의 성질에 반하지 아니하는 한도에서 민사소송에 관한 법령을 준용한다. 이 경우 탄핵심판의 경우에는 형사소송에 관한 법령을 준용하고, 권한쟁의심판 및 헌법소원심판의 경우에는 '행정소송법'을 함께 준용한다. ② 제1항 후단의 경우에 형사소송에 관한 법령 또는 '행정소송법'이 민사소송에 관한 법령에 저촉될 때에는 민사소송에 관한 법령은 준용하지 아니한다.

81) 이성환 등, 〈정당해산심판제도에 관한 연구〉, 《헌법재판자료》제15권, 헌법재판소, 2004, 159면.

82) 의안번호 ZZ19076.

83) 헌법재판소법 제57조(가처분) 헌법재판소는 정당해산심판의 청구를 받은 때에는 직권 또는 청구인의 신청에 의하여 종국결정의 선고 시까지 피청구인의 활동을 정지하는 결정을 할 수 있다.

84) 헌법재판소 2014. 2. 27. 선고 2014헌마7 결정.

85) "정당해산심판은 정당의 강제 해산을 통해 헌법상 기본권인 정당의 자유, 결사의 자유와 정치적 표현의 자유 등 기본권을 제한하는 성격을 갖고, 당사자 사이의 절차적 지위의 대등성을 기대하기 어려우며, 위헌 정당의 강제 해산과 정당재산의 국고귀속이 이루어진다는 특수성을 가지므로, 민사소송에 관한 법령의 준용 범위는 제한적으로 해석되어야 한다."

86) 민사소송법 제356조(공문서의 진정의 추정) ① 문서의 작성방식과 취지에 의하여 공무원이 직무상 작성한 것으로 인정한 때에는 이를 진정한 공문서로 추정한다. ② 공문서가 진정한지 의심스러운 때에는 법원은 직권으로 해당 공공기관에 조회할 수 있다. ③ 외국의 공공기관이 작성한 것으로 인정한 문서에는 제1항 및 제2항의 규정을 준용한다.

87) 형사소송법 제308조의2(위법수집증거의 배제) 적법한 절차에 따르지 아니하고 수집한 증거는 증거로 할 수 없다.

88) 형사소송법 제309조(강제 등 자백의 증거능력) 피고인의 자백이 고문, 폭행, 협박, 신체구속의 부당한 장기화 또는 기망 기타의 방법으로 임의로 진술한 것이 아니라고 의심할 만한 이유가 있는 때에는 이를 유죄의 증거로 하지 못한다.

89) 형사소송법 제307조(증거재판주의) ① 사실의 인정은 증거에 의하여야 한다. ② 범죄사실의 인정은 합리적인 의심이 없는 정도의 증명에 이르러야 한다.

90) 그 문서의 작성 명의자가 진정하게 작성한 것임을 인정하는 것.

91) 전문증거(hearsay evidence, 傳聞證據): 사실인정의 기초가 되는 사실을 체험자 자신이 직접 공판정에서 진술하는 대신에 다른 형태(타인의 증언이나 진술서)로 간접적으로 법원에 보고하는 증거.

92) 제4차 변론조서. 피청구인 대리인 변호사 이재화: "그 부분은 청구인들이 알아서 불필요한 것을 철회해주시면 이런 문제가 없는데 쓰레기 같은 증거까

지 트럭으로 제출하여서 이런 문제가 생기는 것입니다. 그 부분에 대해서 청구인들의 잘못 때문에 피청구인이 손해를 볼 수는 없는 것이라고 생각합니다."

93) 헌법 제113조 ② 헌법재판소는 법률에 저촉되지 아니하는 범위 안에서 심판에 관한 절차, 내부 규율과 사무처리에 관한 규칙을 제정할 수 있다.

94) 헌법재판소법 제10조(규칙 제정권) ① 헌법재판소는 이 법과 다른 법률에 저촉되지 아니하는 범위에서 심판에 관한 절차, 내부 규율과 사무처리에 관한 규칙을 제정할 수 있다.

95) 헌법재판소심판규칙 제39조(문서송부의 촉탁) 서증의 신청은 제34조의 규정에 불구하고 문서를 가지고 있는 사람에게 그 문서를 보내도록 촉탁할 것을 신청하는 방법으로 할 수도 있다. 다만, 당사자가 법령에 따라 문서의 정본이나 등본을 청구할 수 있는 경우에는 그러하지 아니하다.
제40조(기록 가운데 일부 문서에 대한 송부촉탁) ① 법원, 검찰청, 그 밖의 공공기관(다음부터 이 조문에서 이 모두를 "법원 등"이라 한다)이 보관하고 있는 기록 가운데 불특정한 일부에 대하여도 문서송부의 촉탁을 신청할 수 있다. ② 헌법재판소가 제1항의 신청을 채택한 경우에는 기록을 보관하고 있는 법원 등에 대하여 그 기록 가운데 신청인이 지정하는 부분의 인증등본을 보내줄 것을 촉탁하여야 한다. ③ 제2항에 따른 촉탁을 받은 법원 등은 그 문서를 보관하고 있지 아니하거나 그 밖에 송부촉탁에 따를 수 없는 특별한 사정이 없으면 문서 송부촉탁 신청인에게 그 기록을 열람하게 하여 필요한 부분을 지정할 수 있도록 하여야 한다.

96) 제3차 변론조서.

97) 당시 가처분 사건의 독자적인 쟁점도 아래와 같이 정리되었는데, 해산결정을 하면서 가처분에 대해서는 기각결정을 했고 그 이유는 제시되지 않았다.
① 헌법재판소법 제57조의 위헌여부
② 가처분의 필요성과 관련해서 현저한 손해나 급박한 위험이 존재하는지 여부와, 가처분의 인용으로 인한 불이익이 가처분의 기각으로 인하여 침해되는 공익보다 중대한지 여부
③ 가처분을 인용하기 위해 필요한 헌법재판관 정족수

98) 소위 내란 관련 사건은 그 2심 판결 선고 전까지 'RO사건'이라고 표현되었다.

99) 참고인들 진술의 구체적인 내용은 이재화, 앞의 책, ; 고윤덕, 앞의 글, 208
~212면 참조.

100) 고윤덕, 앞의 글, 211면.

101) 1992년 김영환이 중심이 되어 만든 북한의 주체사상을 신봉한 지하혁명
조직으로, 정식 명칭은 민족민주혁명당이다. 김영환은 1992년부터 북한으로
부터 지령을 받으면서 활동하다가 1997년에 조직 해체를 선언했다. 그는 1999
년 당국에 체포되었으나 전향을 하여 공소보류처분을 받고 처벌을 면했다.

102) 고윤덕, 앞의 글, 219면.

103) 구체적인 증인신문 내용은 이재화, 앞의 책, ; 고윤덕, 앞의 글, 219~231면.

104) 고윤덕, 앞의 글, 229~231면.

105) 고윤덕, 앞의 글, 231면.

106) 고윤덕, 앞의 글, 214~216면; 이재화, 앞의 책, 68~73면.

107) 고윤덕, 앞의 글, 216면.

108) 고윤덕, 앞의 글, 232~234면.

109) 각 변호사의 최종구술변론 요지는 고윤덕, 앞의 글, 235~239면.

110) 경정결정 이유: 2014. 12. 19. 선고한 결정의 이유 중 결정서 제48면 제18,
19행의 "윤OO('민중의소리' 대표, 제19대 총선 성남 중원구 피청구인 예비후보)", 제
57면 제4, 5행의 "인천시당 위원장 신창현"을 각 삭제하고, 제47면 제4행의 "한
청연단체협의회"를 "한국청년단체협의회"로, 제56면 제16행의 "이의엽"을
"강사 이의엽"으로, 같은 면 제17행의 "위원 안동섭"을 "강사 안동섭"으로, 제
121면 제20행의 "2017."을 "2014."로, 제134면 제14, 15행의 "(1천인 이상)"을
"(시·도당별 1천인 이상)"으로, 제140면 제12행의 "의원, 비례대표"를 "의원 31
인, 기초 비례대표"로, 제259면 제7행의 "위원"을 "강사"로 각 정정하는 것으로
경정한다.

111) 민사소송법 제211조 제1항은 "판결에 잘못된 계산이나 기재, 그 밖에 이
와 비슷한 잘못이 있음이 분명한 때에 법원은 직권으로 또는 당사자의 신청에

따라 경정결정을 할 수 있다"고 규정하고 있다.

112) 대법원 2015. 1. 22. 선고 2014도10978 전원합의체 판결.

113) 이재화, 〈통합진보당 해산, 헌법재판소는 청와대의 아바타였다〉, 민중의 소리, 2016년 12월 4일.

114) 전국시대 제齊나라의 영공靈公은 궁중의 모든 여자들에게 남장을 시켰다. 그러자 백성들이 모두 남장을 했다. 영공이 백성들에게 "여자인데 남자 옷을 입는 자는 옷을 찢고 허리띠를 잘라버리겠다"고 하며 남장을 금지시켰으나, 서로 바라보면서 그치지를 않았다. 영공은 재상인 안자晏子에게 물었다. "과인이 관원을 시켜 여자들의 남장을 금지시키고 옷을 찢고 허리띠를 자르는데도 서로 바라만 보면서 그치지 않는 것은 무엇 때문이오?" 안자가 대답했다. "왕께서는 궁중의 여자들에게는 남장을 하라고 하시면서 백성들에게만 하지 말라고 하십니다. 그것은 마치 쇠머리를 문에 걸어놓고 안에서는 말고기를 파는 것과 같은 일입니다. 궁중에서도 남장을 못 하게 하시면 백성들 사이에서도 감히 못 할 것입니다." 영공은 옳다고 하며 궁중에서도 남장을 하면 안 된다는 명을 내렸다. 한 달여가 지나자 아무도 남장을 하지 않았다靈公好婦人而丈夫飾者. 國人盡服之. 公使吏禁之. 曰, 女子而男飾者, 裂其衣, 斷其帶. 裂衣斷帶, 相望而不. 晏子見, 公問曰, 寡人使吏禁女子而男子飾, 裂斷其衣帶, 相望而不止者何也. 晏子對曰, 君使服之於內, 而禁之於外. 猶懸牛首於門, 而賣馬肉於內也. 公何以不使內勿服, 則外莫敢爲也. 公曰, 善. 使內勿服. 踰月, 而國莫之服.

115) 중국 춘추시대에 진晉나라 헌공이 인근 우방인 괵나라와 우虞나라를 정복하고자 우선 우나라 왕에게 뇌물을 주고 길을 빌려달라고 하여 괵나라를 무너뜨린 뒤 돌아오면서 우나라까지 멸망시켰다는 고사에서 유래한 말이다. 진나라로부터 제안을 받은 우나라 왕은 재상인 궁지기宮之奇와 논의했는데, 궁지기는 진나라의 의도를 간파하고 우나라와 괵나라는 입과 입술의 관계로서 입술이 없으면 이가 시리듯이脣亡齒寒 괵나라가 무너지면 우나라도 위험하다고 간언했으나 우왕은 이를 듣지 않았다.

116) 송宋나라에 한 농부가 있었다. 하루는 밭을 가는데 토끼 한 마리가 달려가더니 밭 가운데 있는 그루터기에 머리를 들이받고 목이 부러져 죽었다. 그것을 본 농부는 토끼가 또 그렇게 달려와서 죽을 줄 알고 밭 갈던 쟁기를 집어던지고

그루터기만 지켜보고 있었다. 그러나 토끼는 다시 나타나지 않았고 그는 사람들의 웃음거리가 되었다.

117) 유방은 항우와 일진일퇴의 공방전을 계속하다가 홍구를 경계로 천하를 양분하고 싸움을 멈췄다. 항우는 유방의 아버지와 아내를 돌려보내고 팽성을 향해 철군 길에 올랐다. 이어 유방도 철군하려 하자 참모인 장량과 진평이 유방에게 진언하기를, "한나라는 천하의 태반을 차지하고 제후들도 따르고 있사오나 초나라는 군사들이 몹시 지쳐 있는 데다가 군량마저 바닥이 났사옵니다. 이야말로 하늘이 초나라를 멸하려는 천의天意이오니 당장 쳐부숴야 하옵니다. 지금 치지 않으면 '호랑이를 길러 후환을 남기는 꼴[養虎遺患]'이 될 것이옵니다." 여기서 마음을 굳힌 유방은 말머리를 돌려 항우를 추격하기 시작했다. 이듬해 유방은 한신韓信, 팽월 등의 군사와 더불어 해하垓下(안휘성安徽省 내)에서 초나라 군사를 포위, '사면초가四面楚歌' 작전을 폈다. 이에 항우는 오강烏江(안휘성 내)으로 패주하여 자결하고, 유방은 천하 통일을 이루게 된다.

118) 공손추가 '호연지기浩然之氣'에 이어 '지언知言', 즉 '사리에 맞는 말'에 대해 물었을 때 맹자가 답한 내용이다. "지언, 즉 사리에 맞는 말은 무엇을 말하는가. 편파적인 말은 그 감춰진 것을 알아채고, 함부로 하는 말은 그 부족한 것을 알아채고, 간사한 말은 그 도리에서 떠난 바를 알아채고, 회피하는 말은 그 궁한 처지를 알아채야 한다何謂知言, 詖辭知其所蔽 淫辭知其所陷 邪辭知其所離 遁辭知其所窮."

119) 이사李斯가 훗날 진시황이 되는 정왕政王에게 모든 외국인 관리賓客 추방의 부당함을 간언한 간축객서李斯諫逐客書에 있는 내용이다. "태산은 적은 흙 알갱이도 사양하지 않아 그렇게 커질 수 있고, 하해는 실개천도 가리지 않아 그 깊음을 이룰 수 있는 것입니다. 임금은 어떠한 백성이라도 물리치지 않아야 그 덕을 천하에 밝힐 수 있습니다泰山不讓土壤 故能成其大 河海不擇細流 故能就其深 王者不卻衆庶 故能明其德.《한비자》〈대체편〉에는 "태산불립호오 고능성기고 강해불택소조 고능성기부太山不立好惡 故能成其高 江海不擇小助 故能成其富(태산은 좋고 싫음을 내세우지 않으므로 능히 그 높이를 이룰 수 있으며, 강과 바다는 작은 흐름을 가리지 않았기 때문에 능히 그 풍부함을 이룰 수 있었다)"라는 구절이 있다.

120) "(현명한 군주는) 지혜로써 마음을 더럽히지 않으며, 사리를 추구함으로써 몸을 더럽히지 않는다. 또한 법술에 의해 국가의 어지러움을 다스리고, 상벌에

의해 시비를 분별하며, 저울에 의해 물건의 경중을 분명하게 한다. 하늘의 이치에 역행하지 않으며, 사람의 본성을 상하게 하지도 않는다. 터럭을 불면서 남의 작은 흠을 찾으려 하지 않으며, 때를 씻어 알기 힘든 상처를 찾지 않는다不以智累心 不以私累己 寄治亂於法術 託是非於賞罰 屬輕重於權衡 不逆天理 不傷情性 不吹毛而求小疵 不洗垢而察難知."

121) 자공子貢이 정치政治에 관해 묻자, 공자는 "식량을 풍족하게 하고足食, 군대를 충분히 하고足兵, 백성의 믿음을 얻는 일이다民信"라고 대답했다. 자공이 "어쩔 수 없이 한 가지를 포기해야 한다면 무엇을 먼저 해야 합니까?" 하고 묻자, 공자는 군대를 포기해야 한다고 답했다. 자공이 다시 나머지 두 가지 가운데 또 하나를 포기해야 한다면 무엇을 포기해야 하는지 묻자, 공자는 식량을 포기해야 한다며, "예로부터 사람은 다 죽음을 피할 수 없지만, 백성의 믿음이 없이는 (나라가) 서지 못한다自古皆有死 民無信不立"고 대답했다.

122) "어떤 사람은 이렇게 말했다. '하늘의 이치는 사사로움이 없어 항상 착한 사람과 함께한다.' 백이와 숙제는 착한 사람이라고 할 수 있지 않은가? 그러나 그들은 어진 덕망을 쌓고 행실을 깨끗하게 했건만 굶어 죽었다. …… 하는 일이 올바르지 않고 법령이 금지하는 일만을 일삼으면서도 한평생을 호강하고 즐겁게 살며 대대로 부귀가 이어지는 사람이 있다. 그런가 하면 걸음 한 번 내딛는 데도 땅을 가려서 딛고, 말을 할 때도 알맞은 때를 기다려 하며, 길을 갈 때는 작은 길로 가지 않고, 공평하고 바른 일이 아니면 떨쳐 일어나서 하지 않는데도 재앙을 만나는 사람은 그 수를 헤아릴 수 없을 만큼 많다. 이런 사실은 나를 매우 당혹스럽게 한다. 만약에 이러한 것이 하늘의 도라면, 옳은 것인가 그른 것인가? 或曰 天道無親 常與善人 若伯夷叔齊 可謂善人者非邪 積仁絜行如此而餓死 且七十子之徒 仲尼獨薦顔淵爲好學 然回也屢空 糟糠不厭 而卒蚤夭 天之報施善人 其何如哉 盜蹠日殺不辜) 肝人之肉 暴戾恣睢 聚黨數千人橫行天下 竟以壽終 是遵何德哉 此其尤大彰明較著者也 若至近世 操行不軌 專犯忌諱 而終身逸樂 富厚累世不絶 或擇地而蹈之 時然後出言 行不由徑 非公正不發憤 而遇禍災者 不可勝數也 餘甚惑焉 儻所謂天道 是邪非邪

123) 김선수 대표집필, 앞의 책, 130~13면.

124) 제18차 변론조서.

2부

1) 이 규정은 2007년 6월 1일 "제35조(서류·증거물의 열람·등사) ① 피고인과 변
호인은 소송계속 중의 관계 서류 또는 증거물을 열람하거나 등사할 수 있다. ②
피고인의 법정대리인, 제28조에 따른 특별대리인, 제29조에 따른 보조인 또는
피고인의 배우자·직계친족·형제자매로서 피고인의 위임장 및 신분관계를 증
명하는 문서를 제출한 자도 제1항과 같다"로 개정되었고, 2016년 5월 29일 "제
35조(서류·증거물의 열람·복사) ① 피고인과 변호인은 소송계속 중의 관계 서
류 또는 증거물을 열람하거나 복사할 수 있다. ② 피고인의 법정대리인, 제28조
에 따른 특별대리인, 제29조에 따른 보조인 또는 피고인의 배우자·직계친족·
형제자매로서 피고인의 위임장 및 신분관계를 증명하는 문서를 제출한 자도 제1
항과 같다. ③ 재판장은 피해자, 증인 등 사건관계인의 생명 또는 신체의 안전을
현저히 해칠 우려가 있는 경우에는 제1항 및 제2항에 따른 열람·복사에 앞서
사건관계인의 성명 등 개인정보가 공개되지 아니하도록 보호조치를 할 수 있
다. ④ 제3항에 따른 개인정보 보호조치의 방법과 절차, 그 밖에 필요한 사항은
대법원규칙으로 정한다"로 개정되었다.

2) 공소를 제기하는 단계에서는 공소장 한 장만 법원에 제출한다는 원칙.

3) 〈황교안, 검사 때 수사기록 등사 거부해 '위헌' 판정〉, 한겨레, 2013년 2월 16일.

4) 〈한 종교에 '올인'한 미스터 국보법〉, 시사인, 2015년 6월 4일; 〈황교안, 한국
법 두 번이나 물 먹였다〉, 메트로신문, 2015년 5월 31일.

5) 신동운, 〈공판절차에 있어서 피고인의 방어권 보장 ― 수사기록 열람·등사
권 확보를 중심으로〉, 《형사재판의 제 문제》4권, 형사실무연구회, 2003.

6) 제266조의3(공소제기 후 검사가 보관하고 있는 서류 등의 열람·등사) ① 피고인
또는 변호인은 검사에게 공소 제기된 사건에 관한 서류 또는 물건(이하 "서류
등"이라 한다)의 목록과 공소사실의 인정 또는 양형에 영향을 미칠 수 있는 다음
서류 등의 열람·등사 또는 서면의 교부를 신청할 수 있다. 다만, 피고인에게 변
호인이 있는 경우에는 피고인은 열람만을 신청할 수 있다.
1. 검사가 증거로 신청할 서류 등

2. 검사가 증인으로 신청할 사람의 성명·사건과의 관계 등을 기재한 서면 또는 그 사람이 공판기일 전에 행한 진술을 기재한 서류 등

3. 제1호 또는 제2호의 서면 또는 서류 등의 증명력과 관련된 서류 등

4. 피고인 또는 변호인이 행한 법률상·사실상 주장과 관련된 서류 등(관련 형사 재판확정기록, 불기소처분기록 등을 포함한다)

② 검사는 국가안보, 증인보호의 필요성, 증거인멸의 염려, 관련 사건의 수사에 장애를 가져올 것으로 예상되는 구체적인 사유 등 열람·등사 또는 서면의 교부를 허용하지 아니할 상당한 이유가 있다고 인정하는 때에는 열람·등사 또는 서면의 교부를 거부하거나 그 범위를 제한할 수 있다.

③ 검사는 열람·등사 또는 서면의 교부를 거부하거나 그 범위를 제한하는 때에는 지체 없이 그 이유를 서면으로 통지하여야 한다.

④ 피고인 또는 변호인은 검사가 제1항의 신청을 받은 때부터 48시간 이내에 제3항의 통지를 하지 아니하는 때에는 제266조의4제1항의 신청을 할 수 있다.

⑤ 검사는 제2항에도 불구하고 서류 등의 목록에 대하여는 열람 또는 등사를 거부할 수 없다.

⑥ 제1항의 서류 등은 도면·사진·녹음테이프·비디오테이프·컴퓨터용 디스크, 그 밖에 정보를 담기 위하여 만들어진 물건으로서 문서가 아닌 특수매체를 포함한다. 이 경우 특수매체에 대한 등사는 필요 최소한의 범위에 한한다.

제266조의4(법원의 열람·등사에 관한 결정) ① 피고인 또는 변호인은 검사가 서류 등의 열람·등사 또는 서면의 교부를 거부하거나 그 범위를 제한한 때에는 법원에 그 서류 등의 열람·등사 또는 서면의 교부를 허용하도록 할 것을 신청할 수 있다.

② 법원은 제1항의 신청이 있는 때에는 열람·등사 또는 서면의 교부를 허용하는 경우에 생길 폐해의 유형·정도, 피고인의 방어 또는 재판의 신속한 진행을 위한 필요성 및 해당 서류 등의 중요성 등을 고려하여 검사에게 열람·등사 또는 서면의 교부를 허용할 것을 명할 수 있다. 이 경우 열람 또는 등사의 시기·방법을 지정하거나 조건·의무를 부과할 수 있다.

③ 법원은 제2항의 결정을 하는 때에는 검사에게 의견을 제시할 수 있는 기회를 부여하여야 한다.

④ 법원은 필요하다고 인정하는 때에는 검사에게 해당 서류 등의 제시를 요구할 수 있고, 피고인이나 그 밖의 이해관계인을 심문할 수 있다.

⑤ 검사는 제2항의 열람·등사 또는 서면의 교부에 관한 법원의 결정을 지체 없

이 이행하지 아니하는 때에는 해당 증인 및 서류 등에 대한 증거신청을 할 수 없다.

7) 서울지방법원 2001고단12845, 2002고단3581, 3582 판결.

8) 서울지방법원 2003. 3. 11. 선고 2001고단12845, 2002고단3581, 2003고단 1105(병합) 판결.

9) 서울지방법원 2003. 7. 9. 선고 2003노2647 판결.

10) 대법원 2005. 5. 12. 선고 2003도4339 판결.

11) 서울지방법원 2003. 1. 21. 선고 2001고단10150, 12845, 2002고단896, 3581, 3582, 9953(병합) 판결.

12) 서울지방법원 2003. 7. 9. 선고 2003노1118 판결.

13) 대법원 2005. 5. 12. 선고 2003도4331 판결.

14) 헌법재판소 1992. 4. 28. 선고 90헌바27내지34 결정.

15) 헌법재판소 2005. 9. 29. 선고 2003헌바52 결정.

16) 헌법재판소 2005. 10. 27. 선고 2003헌바50·62, 2004헌바96, 2005헌바 49(병합) 결정.

17) 헌법재판소 2007. 8. 30. 선고 2003헌바51, 2005헌가5(병합) 결정.

18) 형법개정요강 소위원회 심의 결과, 1989.

19) 유기천, 《형법학, 각론 강의 下》, 290면.

20) 〈전국공무원노조, 합법노조로 전환…고용부, 설립신고증 교부〉, 중앙일보, 2018년 3월 29일.

21) 헌법재판소 1996. 12. 26. 선고 90헌바19, 92헌바41, 94헌바49(병합) 결정.

22) 수원지방법원 성남지원 2002. 6. 7. 선고 2002고단622 한국가스공사노동조합 파업 사건에 관한 형사판결은 특별조정위원회의 중재회부권고는 조정기간 만료 전에 이루어져야 하는데, 조정기간 만료 후에 중재회부 권고 및 결정이 이루

어진 경우에는 중재회부결정 후 15일간 쟁의행위를 금지하는 노조법 제63조가 적용되지 아니하므로 중재회부결정 후에 쟁의행위를 했다고 하여 그 쟁의행위를 위법하다고 할 수 없다고 판시했다.

23) 대법원 1995. 9. 15. 선고 95누6724 판결 등.

24) 헌재 2007. 7. 26. 2006헌마948 결정, 헌재 2006. 4. 27. 2005헌마646 결정, 헌재 2010. 7. 29. 2009헌마205 결정, 헌재 2015. 2. 26. 2013헌마789 결정, 헌재 2015. 3. 26. 2014헌마1089 결정 등.

25) 대법원 1991. 8. 13. 선고 91도1324 판결.

26) 헌재 2011헌마142.

27) 서울남부지방법원 2011. 8. 8. 선고 2011고단280 판결(판사 장성관).

28) 서울남부지방법원 2011. 12. 8. 선고 2011노1125 판결(재판장 판사 이림, 판사 설정은, 판사 최환영).

29) 대법원 2012. 4. 13. 선고 2012도44 판결(대법관 이인복[재판장], 김능환[주심], 안대희, 박병대).

30) 이유는 다음과 같다. "청구인들은 서울남부지방검찰청 2010형제26204, 26205호 폭력행위 등 처벌에 관한 법률 위반죄(공동퇴거불응) 등의 사건에 대하여 피청구인이 2010. 12. 31.에 한 기소유예 처분이 헌법상 보장된 청구인들의 평등권 등을 침해했다고 주장하며 위 기소유예 처분의 취소를 구하는 이 사건 헌법소원심판을 청구했다. 그러나 기록을 자세히 살펴보아도, 피청구인이 현저히 정의와 형평에 반하는 수사를 했거나, 헌법의 해석, 법률의 적용 또는 증거 판단에 있어서 위 기소유예 처분의 결정에 영향을 미친 중대한 잘못이 있었거나, 달리 헌법재판소가 관여할 정도의 자의적인 처분을 함으로써 이로 말미암아 청구인들이 주장하는 기본권을 침해했다고 볼 자료가 없다. 그렇다면 청구인들의 이 사건 심판청구는 이유 없으므로 이를 모두 기각하기로 하여 관여 재판관 전원의 일치된 의견으로 주문과 같이 결정한다."

31) 대법원 판례 변경의 필요성과 과제에 대해서는 김선수, 〈직장점거, 직장폐쇄 및 퇴거불응죄 관련 판결 검토〉,《김지형 대법관 퇴임기념 노동법실무연구》

제1권, 2011, 590~626면.

32) 헌법재판소법 제40조(준용규정) ① 헌법재판소의 심판 절차에 관하여는 이 법에 특별한 규정이 있는 경우를 제외하고는 헌법재판의 성질에 반하지 아니하는 한도에서 민사소송에 관한 법령을 준용한다. 이 경우 탄핵심판의 경우에는 형사소송에 관한 법령을 준용하고, 권한쟁의심판 및 헌법소원심판의 경우에는 행정소송법을 함께 준용한다.

33) 헌법재판소 2007. 8. 21.자 2007헌마865 결정, 헌법재판소 2013. 2. 5.자 2013헌마38 결정.

34) 헌재 1992. 11. 12. 91헌마192 결정 등.

35) 헌재 2005. 12. 22. 2004헌마142 결정 등.

36) 헌재 1999. 11. 25. 98헌마55 결정 등.

37) 헌재 2007. 5. 31. 선고 2006헌마1000 결정.

38) 헌재 1989. 9. 29. 선고 89헌마13 결정, 헌재 1994. 12. 29. 선고 89헌마2 결정, 헌재 1996. 11. 28. 선고 93헌마258 결정 등.

39) 헌재 1999. 12. 23. 선고 98헌바33 결정, 헌재 1999. 12. 23. 선고 98헌마363 결정, 헌재 2001. 2. 22. 선고 2000헌마25 결정 등.

40) 헌재 1999. 12. 23. 선고 98헌마363 결정 등.

41) 헌재 2004. 10. 28. 선고 2002헌마328 결정, 헌재 2009. 11. 26. 선고 2007헌마734 결정, 헌재 2011. 3. 31. 선고 2009헌마617 2010헌마341 결정 등.

42) 헌법재판소 2015. 5. 28. 선고 2013헌마343 결정.

에필로그

1) 헌법재판소 홈페이지 '사건통계〉일반통계〉심판사건 총괄표'(http://www.ccourt.go.kr/cckhome/kor/info/selectEventGeneralStats.do).

2) 이즈미 도쿠지 지음, 《일본 최고재판소를 말하다》, 이범준 옮김, 궁리, 2016.

3) 세기 히로시 지음, 《절망의 재판소》, 박현석 옮김, 사과나무, 2014, 245~246면.

4) 김선휴, 〈헌법재판소 결정을 통해 본 표현의 자유 30년의 역사〉, 서울대학교 법학연구소 공익인권법센터, 《'인권의 창, 헌법의 길' 학술회의 자료집》, 2018. 5. 14, 3~18면 참조.

5) 다만, 법원 경계 100미터 내 집회 금지 조항에 대한 합헌결정(헌재 2005. 11. 24. 선고 2004헌가17 결정), 국회의사당 경계 100미터 내 집회 금지 조항에 대한 합헌결정(헌재 2009. 12. 29. 선고 2006 헌바20 등 결정)이 있었다.

6) 다만 기자회견과 미신고집회 주최자 처벌조항에 대해서는 합헌결정(헌재 2009. 5. 28. 선고 2007헌바22 결정; 헌재 2014. 1. 28. 선고 2011헌바174 등)이 있었다.

7) 다만, 정보통신망법 임시조치제도 합헌결정(헌재 2012. 5. 31. 선고 2010헌마88 결정), 전기통신사업법상 통신자료 제공 요청 각하결정(헌재 2012. 8. 23. 선고 2010헌마439 결정), 정보통신망법상 명예훼손죄에 대한 합헌결정(헌재 2016. 2. 25. 선고 2013헌바105 등 결정) 등이 있다.

8) 김영중, 〈헌법상 변호인의 조력을 받을 권리의 의미〉, 《'인권의 창, 헌법의 길' 학술회의 자료집》, 19~31면.

9) 다만, 헌재 2008. 9. 25. 선고 2007헌마1126 결정은 국선변호인의 조력을 받을 권리가 헌법상 권리는 아니라고 판단했다.

10) 김선화, 〈헌법재판소, 포스트식민주의를 말하다〉, 《'인권의 창, 헌법의 길' 학술회의 자료집》, 55~83면; 김선화, 〈국민의 국방의무와 남성징병제〉, 같은 책, 85~105면.

11) 1988년 9월 헌법재판소가 출범할 때부터 재판소장과 재판관의 임기인 6년의 기간이 지난 1994년까지를 말한다. 재판소장 조규광, 재판관 이성렬, 변정수, 김진우, 한병채, 이시윤, 최광률, 김양균, 김문희.

12) 이범준, 《헌법재판소, 한국 현대사를 말하다》, 궁리, 2009, 93면.

13) 김재왕, 〈장애인 차별 사건으로 본 헌법재판〉, 《'인권의 창, 헌법의 길' 학술회의 자료집》, 107~118면.

14) 이주영, 〈헌법재판소와 외국인의 사회권〉, 같은 책, 119~144면.

15) 김선휴, 앞의 글, 7~10면.

16) 2004년 10월 21일 민변 논평('충격적인 헌법재판소의 위헌결정에 대하여').

17) 헌재 2004. 12. 16. 선고 2002헌마478 결정은 금치 처분을 받은 수형자에 대하여 금치 기간 중 운동을 금지하는 행형법시행령 제145조 제2항 중 운동 부분의 위헌여부에 대한 판단에서, "헌법 제10조에서 '모든 국민은 인간으로서의 존엄과 가치를 가지며, 행복을 추구할 권리를 가진다'라고 천명하고 있다. 이는 우리 헌법이 보장하고 있는 모든 기본권의 이념적 기초일 뿐 아니라 그 종국적 목적임을 엄숙히 확인하는 것이라 아니할 수 없다. 이는 비록 자유형 수형자, 그 중에서도 규율을 위반하여 금치 처분을 받은 수형자라고 하여도, 우리와 같은 인간으로서 가지는 기본적인 존엄과 가치를 훼손할 수 없다는 의미를 내포한 것이다. 우리나라가 가입되어 있는 시민적 및 정치적 권리에 관한 국제규약(이른바 B규약) 제10조에서 '자유를 박탈당한 모든 사람은 인도적으로 또한 인간의 고유한 존엄성을 존중하여 취급되어야 한다'고 규정하고, 제7조에서 '가혹한, 비인도적인 또는 모욕적인 처우나 형벌'의 금지규정을 두고 있는 것은 바로 이와 같은 인간에 대한 기본적 권위를 존중하는 보편적 정신의 제도적 발현이라 할 것이다"라고 판단했다.

18) 〈대법 전원합의체 '소수 의견' 실종〉, 한국일보, 2016년 10월 10일. / 대한민국법원종합법률정보(http://glaw.scourt.go.kr/wsjo/panre/sjo050.do#1528782041747). / 1. 대법원 2012. 1. 19. 선고 2009후2234 판결, 2. 대법원 2012. 1. 19. 선고 2010다95390 판결, 3. 2012. 2. 16. 선고 2010다82530 판결, 4. 대법원 2012. 5. 17. 선고 2011다87235 판결, 5. 2012. 6. 18. 선고 2010두16592 판결(이유에 대한 보충 의견 있음), 6. 대법원 2012. 10. 18. 선고 2010다103000 판결, 7. 대법원 2012. 10. 18. 선고 2010다52140 판결, 8. 대법원 2012. 10. 18. 선고 2010두12347 판결, 9. 대법원 2012. 11. 22. 선고 2010두22962 판결, 10. 대법원 2012. 11. 22. 선고 2010두19270 판결, 11. 대법원 2012. 12. 20. 선고 2010후2339 판결, 12. 2012. 12. 20. 선고 2011두30878 판결, 13. 대법원 2013. 1. 17. 선

고 2011다83431 판결, 14. 대법원 2013. 4. 18.자 2011초기689 결정, 15. 대법원 2013. 4. 18. 선고 2010두11733 판결, 16. 대법원 2013. 5. 16. 선고 2011도2631 판결, 17. 대법원 2013. 7. 18. 선고 2012다5643 판결, 18. 대법원 2013. 9. 26. 선고 2013다26746 판결(키코 사건), 19. 대법원 2013. 9. 26. 선고 2012다13637 판결(키코 사건), 20. 대법원 2013. 9. 26. 선고 2012다1146 판결(키코 사건), 21. 대법원 2013. 9. 26. 선고 2011다53683 판결(키코 사건), 22. 대법원 2013. 9. 26. 선고 2012후2463 판결, 23. 대법원 2014. 7. 16. 선고 2013므2250 판결, 24. 대법원 2014. 7. 16. 선고 2012므2888 판결, 25. 대법원 2014. 12. 18. 선고 2011다50233 판결, 26. 대법원 2015. 1. 22. 선고 2011후927 판결, 27. 대법원 2015. 1. 22. 선고 2014다46211 판결, 28. 대법원 2015. 5. 21. 선고 2012다952 판결, 29. 대법원 2015. 6. 25. 선고 2015도1944 판결, 30. 대법원 2015. 7. 16. 선고 2015도2625 판결(원세훈 국정원장 사건), 31. 대법원 2015. 7. 16. 선고 2014두5514 판결, 32. 대법원 2015. 7. 23. 선고 2015다200111 판결(이유에 대한 보충 의견 있음, 형사사건 변호사보수약정 사건), 33. 대법원 2015. 8. 20. 선고 2012두23808 판결, 34. 2015. 11. 19. 선고 2012다114776 판결, 35. 대법원 2016. 5. 19. 선고 2014도6992 판결, 36. 대법원 2017. 1. 19. 선고 2013후37 판결, 37. 대법원 2017. 3. 23. 선고 2016다251215 판결, 38. 대법원 2017. 4. 20. 선고 2015두45700 판결, 39. 대법원 2017. 5. 18. 선고 2012두22485 판결.

대법원 2012. 5. 17. 선고 2009다105406 판결은 결론은 만장일치 의견이나, 이유에 대한 별개 의견이 있으므로 제외한다.

19) 조경배, 〈결사의 자유 관련 ILO 핵심협약 비준을 위한 법제 개선 과제 및 실천방안〉, 《결사의 자유 관련 ILO 핵심협약 비준 방안 토론회 자료집》, 국가인권위원회·이인영 의원실, 2015. 9. 30., 63면.

20) 조경배, 앞의 글, 63~64면. "경영권 관련 대법원 2003. 11. 13. 선고 2003도687 판결이 그 결정판이라 할 수 있다. 이 판결에서 대법원은 헌법뿐만 아니라 법률 조항 어디에도 없는 '경영권'을 헌법적인 지위로 높이고 노동기본권의 가치를 깎아내렸다. 대법원이 이 판결에서 강조한 기업의 경쟁력, 국가경제 등의 수사는 과거 사회 전체의 이익이란 미명하에 개인의 희생을 강요해왔던 과도한 국가주의 논리가 사회적 약자인 근로자에게 고통을 전가하는 논리로 사용되었다."

21) 정인섭, 〈근로삼권의 규범론과 정책론〉, 《노동법학》 제17호, 한국노동법학회(2003. 12.), 148~149면.

22) 조경배, 앞의 글, 65면.

23) 노동삼권은 사용자와 근로자 간의 실질적인 대등성을 단체적 노사관계의 확립을 통하여 가능하도록 하기 위하여 시민법상의 자유주의적 법원칙을 수정하는 신시대적 시책으로서 등장한 생존권적 기본권들이다.

24) "근로3권은 근로자가 사용자와 개별적으로 근로조건에 관한 계약을 체결할 경우에 처하게 되는 근로자의 사회·경제적으로 열등한 지위를 근로자단체의 힘을 배경으로 보완·강화함으로써 사용자와 근로자 사이의 실질적인 대등성을 확보해주는 기능을 수행하는 기본권이다. 그런데 근로자의 단체행동권이 전제되지 않은 단체결성이나 단체교섭이란 무력한 것이어서 무의미하여 단체결성이나 단체교섭권만으로는 노사관계의 실질적 대등성은 확보될 수 없으므로, 단체행동권이야말로 노사관계의 실질적 대등성을 확보하는 필수적인 전제이다. 그러므로 근로3권 가운데 가장 중핵적인 권리는 단체행동권이라고 보아야 한다."

25) 조경배, 앞의 글, 40면.

26) 헌법재판소 2005. 10. 27. 선고 2003헌바50·62, 2004헌바96, 2005헌바49(병합) 결정 소수 의견은 "ILO의 협약들 중 공무원의 근로기본권과 관련된 제87호 협약, 제98호 협약 및 제151호 조약(공공부문에서의 단결권 보호 및 고용조건의 결정을 위한 절차에 관한 협약) 등은 군인, 경찰, 중요한 정책결정이나 관리를 담당하는 고위직 공무원 또는 고도의 기밀업무를 담당하는 공무원을 제외하고는 원칙적으로 모든 영역의 공무원에게 단결권과 단체교섭권을 보장하고 단체행동권의 제한도 필수사업에 종사하는 자 등으로 엄격한 한계 내에서 허용되도록 규정하고 있고, 국제연합의 세계인권선언을 구체화한 국제인권규약인 경제적·사회적·문화적 권리에 관한 국제규약, 시민적·정치적 권리에 관한 국제규약 또한 공무원의 노동3권을 원칙적으로 보장하는 취지로 해석되며, ILO의 '결사의 자유위원회'나 UN의 '경제적·사회적·문화적 권리위원회'는 우리나라에 대하여 가능한 한 빨리 모든 영역의 공무원들에게 근로기본권을 보장할 것을 권고하고 있다. 이러한 선언, 조약, 권고들이 비록 비준한 바 없다거나

유보되었다든지 권고적 효력만 있다는 등 직접적인 구속력이 없다고 하더라도 고도로 추상화된 헌법 규정의 의미나 내용 및 적용범위를 해석함에 있어 중요한 지침이 될 수 있다"고 밝혔다.

27) '모든 형태의 인종차별 철폐에 관한 국제협약(1979. 1. 4. 발효)' 제5조, '경제적·사회적·문화적 권리에 관한 국제규약(1990. 7. 10. 발효)' 제2조 제2항 및 제8조 제1항, 2항, '시민적·정치적 권리에 관한 국제규약(1990. 7. 10. 발효)' 제2조 제1항 및 제26조, 인종차별철폐위원회 일반권고(No. 30, 2004) 및 최종견해(2007. 8. 17.), ILO의 외국인근로자에 관한 권고(1975, No. 151), 유럽평의회 의원총회의 결의(1509, 2006) 및 유엔인권이사회의 한국에 대한 인권상황 정기검토 보고서 등.

28) CCPR/C/114/Add. 1, 20/08/98, paras. 9~10.

29) 윤애림, 〈국제인권법의 국내 적용과 사법부〉, 《노동법학》 제65호, 2018. 3, 203~206면.

30) CESCR General Comment 3, The Nature of States Parties Obligation (1990. 12. 14.) paras. 1, 5.

31) 국회 헌법개정특별위원회 자문위원회의 개정안과 필자의 의견을 종합하여 마련. 국회 헌법개정특별위원회 자문위안은 http://www.n-opinion.kr/?page_id=126&uid=1580&mod=document&pageid=1, 《국회헌법개정특별위원회 자문위원회 보고서》, 2018. 1, 87~91면. 자문위 기본권·총강분과는 별도로 활동 백서를 제출했다. http://www.n-opinion.kr/?page_id=126&uid=1795&mod=document&pageid=1, 《헌법개정특별위원회 기본권·총강분과 활동 백서》, 2018. 1. 위 국회 개헌특위 자문위 보고서, 412~422면.

32) 헌법연구 자문위원회, 《헌법연구 자문위원회 결과보고서》, 대한민국국회, 2009, 289~290면.

33) 제19대 국회 자문위는 양원제 도입을 제안하였다. 국회 헌법개정 자문위원회, 《활동결과보고서 Ⅰ》, 대한민국국회, 2014, 210면.

34) 국회헌법개정특별위원회 자문위원회, 《국회헌법개정특별위원회 자문위원회 보고서》, 대한민국국회, 2018, 415면.

35) 조규범, 〈헌법재판소 구성방식에 관한 대통령 개헌안의 쟁점〉, 《이슈와 논점》 제1450호, 국회 입법조사처, 2018. 4. 11.

36) 이명웅, 〈대통령의 헌법재판소 개헌안에 대한 이견異見〉, 대한변협신문 684호, 2018. 4. 16.

37) 헌재소장 호선제도는 헌재의 독립성 강화에 도움이 될 수 있는 장점이 있으나, 재판관들이 소장 자리를 염두에 두고 내부 정치에 치중할 우려가 있다는 것이 단점으로 지적되고 있다.

38) 조규범, 앞의 글.

39) 이명웅, 앞의 글.